AF204467

ANNA SAVAS
Keeping Secrets

ANNA SAVAS

KEEPING SECRETS

Roman

LYX in der Bastei Lübbe AG
Dieser Titel ist auch als E-Book und als Hörbuch erschienen.

Die Bastei Lübbe AG verfolgt eine nachhaltige
Buchproduktion. Wir verwenden Papiere aus nachhaltiger
Forstwirtschaft und verzichten darauf, Bücher einzeln in Folie
zu verpacken. Wir stellen unsere Bücher in Deutschland und
Europa (EU) her und arbeiten mit den Druckereien
kontinuierlich an einer positiven Ökobilanz.

Originalausgabe:
Copyright © 2021 by Bastei Lübbe AG, Köln
Dieses Werk wurde vermittelt durch die Literarische Agentur
Thomas Schlück GmbH, 30161 Hannover.
Textredaktion: Stephanie Janek
Umschlaggestaltung: © ZERO Werbeagentur, München
unter Verwendung von Motiven von © FiAethereal Eucalyptus –
Alphabet Gold by Veris Studio / creativmarket.com
Satz: Greiner & Reichel, Köln
Gesetzt aus der Adobe Caslon
Druck und Verarbeitung: GGP Media GmbH, Pößneck
Printed in Germany
ISBN 978-3-7363-1534-1

5 7 6 4

Sie finden uns im Internet unter lyx-verlag.de
Bitte beachten Sie auch: luebbe.de und lesejury.de

Liebe Leser:innen,

dieses Buch enthält potenziell triggernde Inhalte.
Deshalb findet ihr auf der letzten Seite eine Triggerwarnung.

Achtung: Diese enthält Spoiler für das gesamte Buch!

Wir wünschen uns für euch alle
das bestmögliche Leseerlebnis.

Eure Anna und euer LYX-Verlag

Für Elena,
weil du die beste Beste Freundin der Welt bist.

Keeping Secrets
Playlist

Please Don't Go – Joel Adams
Mad World – Jasmine Thompson
As Long as You Love Me – Sleeping At Last
Secrets – Slaves
Control – Zoe Wees
Demons – Imagine Dragons
Salvation – Gabrielle Aplin
Power Over Me – Dermot Kennedy
Walls – Kings of Leon
Daylight – Taylor Swift
Body on Fire – Slaves
My Escape – Ravenscode
I Ran – Hidden Citizens
Still I Fly – Roadtrip Romance
I Think We're Alone Now – Hidden Citizens

1. KAPITEL

Tessa

Das ist ein Fehler. Ein riesengroßer Fehler. Fehler. FEHLER. Das Wort wurde in meinem Kopf immer lauter. Als würde mich jemand anschreien.

Zitternd atmete ich ein. Es würde alles gut werden. Ich würde das schaffen. Ich war nur für den Job hier. Einige Wochen, höchstens ein paar Monate, dann würde ich wieder verschwinden und vergessen, dass diese Stadt jemals eine Rolle in meinem Leben gespielt hatte.

Warum bist du dann früher hergekommen als nötig? Die Stimme in meinem Kopf war hartnäckig und nervig. Aber sie hatte recht. Was machte ich jetzt schon hier, obwohl die Dreharbeiten erst Anfang nächster Woche beginnen würden?

Ich kannte die Antwort, war allerdings nicht bereit, sie mir auch einzugestehen.

Stattdessen versuchte ich, mich auf meine Umgebung zu konzentrieren. Alles wirkte seltsam vertraut und fremd zugleich. Acht Jahre waren vergangen, seit ich dieser Stadt den Rücken gekehrt hatte. Ich war früher zwar nicht oft in diesem Viertel gewesen, doch Faerfax' besonderer Charme war fast überall und in beinahe jeder Straße zu spüren.

Das Univiertel von Faerfax wirkte zwar wie eine Kleinstadt, aber in der Ferne hoben sich Hochhäuser vom strahlend blauen Himmel ab. Die Sonne spiegelte sich in den gläsernen

Fassaden, das war sogar von hier deutlich zu erkennen. Die Gebäude schrien nach Geld, Macht und Ruhm, als wollten sie der Wall Street Konkurrenz machen.

Hier in der Nähe der Uni waren die Straßen jedoch beschaulich, gesäumt von Bäumen, deren Blätter sich allmählich rot und gelb verfärbten, obwohl es erst Anfang September war. Cafés und Geschäfte reihten sich aneinander. Kleine, niedliche Gebäude in bunten Farben, mit weißen Türen und Fensterläden.

Ich lief den gepflasterten Bürgersteig entlang und bemühte mich krampfhaft, die Bilder der Vergangenheit zu verdrängen, die vor mir aufstiegen. Ich musste mich ablenken. Dringend. Ablenkung war das Einzige, was mich davor bewahrte, in den Erinnerungen zu ertrinken. Erinnerungen, die mich überrollten, seit ich einen Fuß in diese Stadt gesetzt hatte.

Jahrelang hatte ich es geschafft, alles zu verdrängen und jetzt …

Ich stieß einen spitzen Schrei aus, als ich um die nächste Ecke bog und ein Fahrrad haarscharf an mir vorbeibretterte. Fluchend stürzte der Fahrer auf die Straße, das Fahrrad folgte eine Sekunde später mit einem lauten Scheppern. »Scheiße! Alles okay?« Bestürzt kniete ich mich neben den Fahrer und berührte ihn vorsichtig an der Schulter.

»Sag mal, spinnst du?« Er schoss so unvermittelt hoch, dass ich das Gleichgewicht verlor und auf meinem Hintern landete.

»Was?«, stammelte ich perplex und kam wenig elegant wieder auf die Füße.

»Wie blind kann man sein? Das ist ein Radweg!«, fauchte er und schien mich mit seinem wutentbrannten Blick töten zu wollen. Fassungslos starrte ich ihn an. Ich schluckte die Entschuldigung, die mir gerade noch auf der Zunge gelegen hatte, herunter.

Er war etwa einen Kopf größer als ich, hatte dunkelblonde Haare und trug eine eckige Brille, die den Sturz glücklicherweise überlebt hatte. Aber ich war gerade nicht in der Stimmung, um deswegen allzu große Erleichterung zu empfinden.

»Du hast doch genauso wenig aufgepasst«, entfuhr es mir. Was bildete er sich eigentlich ein?

»Das ist doch wohl nicht dein Ernst! Du bist um die Ecke –« Er verstummte mitten im Satz und sah sich suchend um. Fast meinte ich, Panik in seinen Augen zu erkennen.

»Scheißescheißescheiße!«, rief er, als sein Blick auf das Fahrrad fiel, das mit verdrehtem Vorderreifen auf der Straße lag. Er stürzte darauf zu und zerrte eine Tasche unter dem Rad hervor.

Mein Herz rutschte mir in die Hose, als er einen Laptop herauszog, der den Sturz, im Gegensatz zu seiner Brille, ganz offensichtlich nicht unbeschadet überstanden hatte. Ein langer Riss zog sich quer über die Oberfläche.

Der Typ stieß einen geschockten Schrei aus, gefolgt von einer langen Reihe unaussprechlicher Flüche. Er wirbelte zu mir herum, sein Gesicht war rot angelaufen, und er bebte vor Zorn.

»Siehst du das? Siehst du, was du angerichtet hast? Wenn meine Daten nicht zu retten sind und ich meine Abgabe verpasse, dann –«

»Dann was?«, unterbrach ich ihn herausfordernd und überraschte mich selbst damit wohl mehr als ihn. Für gewöhnlich ging ich jeder Konfrontation, so gut es ging, aus dem Weg, um nicht mehr Aufmerksamkeit auf mich zu ziehen als nötig. Doch in diesem Moment vergaß ich mein höfliches, zuvorkommendes Ich, das niemals stritt und erst recht keinen Streit anzettelte. Der Typ hatte irgendwas an sich, das es mir unmöglich machte, einfach klein beizugeben und den Mund zu halten.

»Es ist doch nicht meine Schuld, dass dein Laptop kaputt ist! Du bist doch hier langgerast wie ein Irrer!«

»Ich bin ... was?!« Empört starrte er mich an.

Ich atmete tief ein und versuchte, mich zu beruhigen. »Hör mal, es tut mir echt leid, dass dein Laptop kaputtgegangen ist«, sagte ich versöhnlich und kramte in meiner Handtasche nach meinem Portemonnaie. Zwar hatte ich nicht besonders viel Bargeld dabei, aber hier würde es mit Sicherheit einen Geldautomaten geben. Vermutlich wäre es am sinnvollsten, unsere Kontaktdaten auszutauschen und diese Angelegenheit über die Versicherung laufen zu lassen. Doch ich würde den Teufel tun und diesem Kerl verraten, wer ich war. »Vielleicht können wir –«

»Willst du mich verarschen? Du willst mir *Geld* geben?« Er klang so wütend, dass ich unwillkürlich die Schultern hochzog. »Du willst mir ernsthaft ... Kein Scheißgeld der Welt kann diesen Laptop ersetzen!« Einen Augenblick lang schien er zu überlegen, was er mir sonst noch an den Kopf werfen könnte, dann drehte er sich ohne ein weiteres Wort um und griff nach seinem Fahrrad. Ich meinte, ihn etwas murmeln zu hören, das klang wie »Ich hoffe, wir sehen uns nie wieder«, dann schwang er sich auf den Sattel und ließ mich einfach stehen. Sprachlos starrte ich ihm hinterher. Was zur Hölle war das denn gewesen?

Ich brauchte einen Moment, um mich zu fangen, bevor ich meinen Weg fortsetzen konnte. In mir brodelte es.

Ich war für gewöhnlich wirklich niemand, der Streit suchte, aber diese Sache hätte ich gerne ausdiskutiert. Auch wenn das absolut dämlich gewesen wäre.

Ich konnte die Schlagzeile förmlich vor mir sehen, sollte die Presse jemals davon Wind bekommen: *Tessa Thorn rastet in der Öffentlichkeit aus – Hat Hollywoods Liebling auch eine dunkle Seite?*

Das war überzogen und furchtbar überdramatisiert, nur so war die Regenbogenpresse nun mal. Und selbst ein simpler Streit, wie dieser eben hätte werden können, wäre ein gefundenes Fressen für sie.

Seit Jahren wurde ich auf Schritt und Tritt verfolgt und stand unter ständiger Beobachtung. Ich hatte mir nie auch nur den kleinsten Fehler erlaubt. Kein Alkohol, keine Drogen, keine Affären und keine Zickereien am Set. Sie fanden trotzdem was. Das taten sie immer. Und wenn es nichts zu berichten gab, dachten sie sich eben etwas aus oder interpretierten alles Mögliche in weite Pullis und unglückliche Gesichter hinein. Ich hatte in den letzten Jahren angeblich eine Essstörung und eine Depression gehabt, erst vorigen März hatte es Gerüchte um eine Schwangerschaft und schließlich um eine Abtreibung gegeben. Ich war gerade mal zwanzig und hatte laut der Presse schon mehr Dramen erlebt als andere in ihrem ganzen Leben. Glücklicherweise hatte von den wahren Dramen in meinem Leben keiner auch nur den Hauch einer Ahnung.

Natürlich gab es auch positive Berichte, Interviews, die interessant gewesen waren, und Fotoshootings, die wahnsinnig viel Spaß gemacht hatten. Aber die *Vogue* war schließlich auch ein anderes Kaliber als das *OK! Magazine*.

Allmählich gelang es mir, mich wieder mehr auf meine Umgebung zu konzentrieren. Die Straße hatte sich während der letzten Minuten gefüllt, Teenager liefen lachend an mir vorbei. Wahrscheinlich war gerade Schulschluss.

Mein Puls schoss in die Höhe. So war das nicht geplant. Ich hatte mir die Stadt ansehen wollen, *bevor* alle aus der Schule kamen oder Feierabend hatten, damit ich so wenig Menschen wie möglich begegnete, und so die Gefahr, erkannt zu werden, deutlich geringer war. Ich wollte allein durch die Straßen streifen, ohne weitere Passanten, und mich voll und ganz mit meinen Gefühlen befassen. Und damit, was diese Stadt mit mir machte.

Das war's dann wohl.

Jetzt musste ich aufpassen und vorsichtiger sein. Instinktiv zog ich mir die Beanie-Mütze etwas tiefer in die Stirn und wünschte, ich hätte einen meiner überdimensionalen Schals dabei, um ihn halb vor mein Gesicht zu ziehen. Hatte ich aber nicht, weil es September und für diese Art von Schals noch viel zu warm war. Also blieb mir nichts anderes übrig, als den Kopf gesenkt zu halten und zu hoffen, dass niemandem auffiel, wer sich da zwischen ihnen die Straße entlangschlängelte.

Ich wollte nur den ersten Tag überstehen, bevor alle in der Stadt erfuhren, dass ich bereits da war, drei Tage zu früh. Nur den ersten Tag.

Alles andere würde ich hinbekommen.

Nur heute nicht.

Der Unfall vorhin nagte noch immer an mir. Es war doch nicht meine Schuld gewesen, dass wir fast zusammengestoßen wären und sein Laptop kaputtgegangen war. Oder? Hatte ich vielleicht tatsächlich nicht richtig aufgepasst?

Nein. Wenn, dann waren wir beide schuld daran. Obwohl er so getan hatte, als hätte er nichts falsch gemacht. Ich schnaubte ungehalten. Idiot.

Doch ich kam nicht dazu, mir weiter Gedanken über diesen Typen und seinen Laptop zu machen, weil ich spürte, wie sich die Atmosphäre um mich herum veränderte. Es war, als würde die Luft sich verdichten, als würde ich plötzlich alles wie unter Wasser hören.

Zunächst war da nur ein leises Tuscheln, eine ungläubige Frage. *Ist das wirklich Tessa Thorn? Echt?* Dann folgte ein schrilles Quietschen, nachdem das erste Mädchen sich hundertprozentig sicher war, mich erkannt zu haben. Aufgeregte, hohe Stimmen, die in meinen Ohren schmerzten.

Krampfhaft starrte ich geradeaus zum Ende der Straße, als würden sie mich nicht sehen, wenn ich sie nicht direkt anschaute.

Doch es dauerte nicht lange, da ließen sie sich nicht mehr ignorieren.

Nicht nur Teenager glotzten mich ungläubig an. Auch Leute in meinem Alter, vermutlich Studenten der Faerfax University, die Schauplatz meines neuen Films werden würde. Wahrscheinlich waren auch Erwachsene darunter, die in ihrer Mittagspause ein paar Besorgungen machten und jetzt aus den kleinen Lokalen spähten, um herauszufinden, warum alle auf der Straße innegehalten hatten und staunten wie bei einem Weltwunder. Allerdings war ich kein Wunder. Ich war bloß eine Schauspielerin.

Sie alle zeigten auf mich, verstohlen, wie sie glaubten, aber ich spürte es. Ich musste es nicht mal sehen, um es zu wissen. Ich war es gewohnt. Ein paar zogen ihre Handys aus den Taschen und richteten ihre Kameras auf mich.

Eine Stimme in meinem Inneren schrie mir zu, dass ich weglaufen sollte.

Mit aller Macht kämpfte ich gegen sie an.

Ich konnte nicht weglaufen.

Ich *durfte* nicht weglaufen.

Weglaufen wäre zu auffällig, und ich durfte nicht auffallen. Na ja, nicht mehr als ohnehin schon.

Gib ihnen das Unerwartete. Die Stimme meiner Tante Susan war lauter als meine eigene Angst. *Gib ihnen das Unerwartete, Tessa.* Das hatte sie früher immer gesagt, wenn ich vor etwas Angst gehabt hatte. Als ich noch am Anfang meiner Karriere gestanden hatte und nicht mehr als ein eingeschüchtertes, vierzehnjähriges Mädchen gewesen war.

Die Leute erwarteten etwas. Immer. Nicht nur von mir. Und die wenigsten kamen damit klar, wenn man etwas tat, womit sie nicht rechneten.

Die meisten um mich herum glaubten wahrscheinlich, dass ich den Blick senken und mich so unauffällig wie möglich zwischen ihnen hindurchmogeln würde, solange mich niemand direkt ansprach. Weil sie dachten, dass ich nicht fotografiert werden wollte – auch wenn sie das nicht davon abhielt, es zu tun. Sie waren neugierig, und sie vergaßen, dass ich im Grunde eine von ihnen war. Bloß eine junge Frau, die durch Faerfax schlenderte und sich die Stadt anschaute.

Es war ein naiver Gedanke, das wusste ich. Aber ich wünschte, jemand würde mich so sehen. Leider würde das nicht passieren, und ich konnte absolut nichts dagegen tun.

Meine Schritte wurden langsamer, bis ich schließlich stehen blieb. Ich reckte das Kinn, das Herz schlug mir bis zum Hals.

Furcht jagte durch meinen Körper, meine Haut kribbelte. So hatte ich mir das nicht vorgestellt. Aber es war egal, was ich mir vorgestellt hatte und was ich mir wünschte. Ich hatte eine Rolle zu spielen. Schließlich war ich Tessa Thorn.

Dann blickte ich direkt in ihre Kameras.

Abgesehen von mir gab es nur zwei Menschen, die wussten, dass Tessa Thorn für mich nur eine Rolle von vielen war. Eine Rolle, die ich zwar permanent spielte, aber auch sie war nur eine Figur, die ich mir selbst auf den Leib geschrieben hatte. Seit Ewigkeiten war ich dieses Mädchen, die Schauspielerin mit dem hellen Lachen, der freundlichen Art und einer nicht zu leugnenden Leidenschaft für die emotionalsten Filme Hollywoods. Doch es gab Augenblicke, in denen sie mir entglitt.

Tage, an denen es mir schwerfiel, sie zu halten. Heute war so ein Tag.

Allerdings brauchte ich sie jetzt, mit all den Leuten um mich herum, dringender denn je.

Für ein paar Sekunden schloss ich die Augen und atmete tief ein und aus. Und als ich die Augen wieder aufschlug, war ich sie.

Ich kleisterte ein strahlendes Lächeln auf mein Gesicht, voller Begeisterung darüber, hier sein zu dürfen, in dieser großartigen Stadt, um meinen neuen Film zu drehen. Es war, als hätte jemand einen Schalter umgelegt, als hätten sie sich alle insgeheim diese Reaktion von mir erhofft. Ein junges Mädchen war die Erste, die sich traute, mich um ein Autogramm und ein Selfie zu bitten. Danach ging alles ganz schnell. Plötzlich war ich umringt von Dutzenden Frauen, Männern und Teenagern, die ein Foto mit mir wollten, und die mich mit Fragen bombardierten. Sie kannten keine Zurückhaltung. Warum auch? Schließlich war ich es gewohnt, in der Öffentlichkeit zu stehen.

Ich ignorierte die Fragen zu meinem Privatleben, erklärte, dass ich noch nichts über den Film verraten durfte, verteilte Komplimente, kritzelte meinen Namen in Notizbücher, auf lose Zettel und Unterarme und strahlte in unzählige Kameras. Und während ich gute Miene zum bösen Spiel machte und lächelte und lächelte und lächelte, begann mein Herz, immer schneller zu schlagen.

Die Panik rollte auf mich zu wie eine turmhohe Welle. Meine Hände begannen zu zittern. Nicht besonders stark – noch nicht –, trotzdem verkrampften sich meine Finger um den Stift, den ich gerade in der Hand hielt.

Ich musste all meine Kraft aufbringen, um weiterzulächeln, um bloß niemandem zu zeigen, dass etwas ganz und gar nicht stimmte. Doch ich wusste, dass ich verloren hatte, als sich meine Brust zusammenschnürte.

Das Atmen fiel mir schwer.

Ich musste weg.

Schnell.

Mit einem bedauernden Lächeln und einer gemurmelten Entschuldigung zwängte ich mich durch die Menge. Zum ersten Mal wünschte ich, ich hätte meinen Bodyguard Simon mitgenommen. Er hätte jeden, der mir im Weg stand, zur Seite geschoben und mich an einen Ort gebracht, wo ich mich wieder sammeln konnte.

Wie sich jedoch herausstellte, brauchte ich Simon gar nicht. Die Leute ließen mich durch, ohne mich aufzuhalten. In L.A. wären mir einige von ihnen jetzt hinterhergelaufen und hätten mich weiter mit Fragen bombardiert. Meistens waren es Touristen, die völlig außer sich waren, wenn sie jemandem gegenüberstanden, den sie sonst nur von ihrem Fernsehbildschirm zu Hause oder von der Kinoleinwand kannten. In Faerfax dagegen blieben die Leute an Ort und Stelle stehen, niemand folgte mir. Sie sahen mir nur hinterher, kichernd und quietschend und viel zu neugierig. *Sie wissen es. Sie wissen, was passiert ist. Man kann es dir ansehen.*

Kalter Schweiß trat mir auf die Stirn, meine Augen begannen zu brennen, und meine Haut kribbelte. So sehr, dass ich mich am ganzen Körper kratzen wollte.

Ich wollte schreien. Aber nicht hier. Nicht jetzt. Ich musste die Fassung bewahren, bis ich allein war.

Taumelnd fand ich mich schließlich in einer menschenleeren Seitenstraße wieder und lehnte mich keuchend an eine Hauswand. Der kalte Stein in meinem Rücken fühlte sich beruhigend an. Ich schloss die Augen.

Einatmen, ausatmen. Einatmen, ausatmen. Einatmen, ausatmen. Panikattacken waren nichts Neues für mich, sie hatten lange Zeit zu meinem Leben gehört, und ich hatte sie nur mit sehr viel Mühe in den Griff bekommen. Meine letzte lag fast zwei Jahre zurück. Diese hier traf mich vollkommen unvorbereitet. Es gab keinen Auslöser, nichts, was die Panik erklärte.

Außer der Tatsache, dass ich in Faerfax war.

Einatmen, ausatmen. Einatmen, ausatmen. Einatmen, ausatmen.

Vielleicht hätte ich den Film absagen und in Los Angeles bleiben sollen. Vielleicht hätte ich mich selbst nicht so herausfordern sollen.

Einatmen, ausatmen. Einatmen, ausatmen. Einatmen, ausatmen.

Scheiße!

Einatmen, ausatmen. Einatmen, ausatmen. Einatmen, ausatmen.

Meine Gedanken rasten. Bilder huschten durch meinen Kopf. Ich schlug mir die Hände vors Gesicht, als könnte ich sie dadurch vertreiben.

Einatmen, ausatmen. Einatmen, ausatmen. Einatmen, ausatmen.

Nein. Ich würde das schaffen. Ich hatte schon ganz andere Dinge geschafft, also würde ich auch ein paar Wochen in Faerfax überstehen. Es waren nur ein paar Wochen. Nur ein paar Wochen.

Ich ließ die Hände sinken. Alles würde gut werden. Ganz sicher. Allmählich verschwand das Engegefühl in meiner Brust, mein Herz beruhigte sich, und ich konnte wieder atmen.

Einatmen, ausatmen. Ein –

»Hey, alles okay?«

Eine sanfte Stimme riss mich so unvermittelt aus meiner Trance, dass ich heftig zusammenzuckte und mit dem Hinterkopf gegen die Mauer knallte.

»Mist«, fluchte ich und rieb mir den Kopf.

Ein rothaariges Mädchen in meinem Alter schob sich in mein Blickfeld, ihre grünen Augen musterten mich besorgt. Sie hatte eine Hand gehoben, als wäre ich ein scheues Reh, das sie nicht vertreiben wollte.

»Tut mir leid, ich wollte dich nicht erschrecken. Geht's dir gut?«

Mein Kopf dröhnte, trotzdem brachte ich ein stummes Nicken zustande. Doch das Mädchen schien nicht überzeugt, sie runzelte die Stirn. Ich musste in keinen Spiegel sehen, um zu wissen, dass ich wie eine lebendige Tote aussah.

»Du bist ganz schön blass. Vielleicht solltest du dich lieber hinsetzen? Möchtest du reinkommen?« Sie deutete auf die Tür hinter sich.

Misstrauisch erwiderte ich ihren Blick. Ich war allein mit einem fremden Mädchen in einer schmalen Gasse in einer Stadt, die ich nicht mehr kannte. Es wäre leichtsinnig und dumm, einfach so mit ihr mitzugehen. Ihr herzförmiges Gesicht strahlte jedoch solch eine Liebenswürdigkeit und Offenheit aus, dass es mir schwerfiel, ihre Einladung nicht anzunehmen. Sie war etwas kleiner als ich, schlank, aber dennoch kurvig. Rote Locken kringelten sich auf ihren Schultern, und auf ihren Wangen tanzten unzählige Sommersprossen. Sie war sehr hübsch, auf eine natürliche, unaufdringliche Art und Weise.

»Das ist der Hintereingang eines Cafés. Siehst du?« Sie deutete auf ein kleines Schild, auf dem in geschwungenen Buchstaben *Café Happiness* stand. »Du brauchst dir keine Sorgen zu machen. Ich bin keine Serienmörderin.« Sie grinste fröhlich, und ich entspannte mich ein wenig.

Ein schwaches Lächeln huschte über mein Gesicht. Ich war fix und fertig. »Sagen Serienmörder so was nicht immer?«

»Wahrscheinlich, aber meine Schwester reißt mir den Kopf ab, wenn ich in ihrem Café eine Sauerei veranstalte. Also los, komm rein. Du siehst aus, als könntest du einen Tee vertragen.«

Noch immer zögerte ich, doch meine zittrigen Beine nahmen mir die Entscheidung ab. Ich sollte mich tatsächlich einen Moment setzen und ein bisschen zur Ruhe kommen.

»Okay«, sagte ich und folgte ihr.

2. KAPITEL

Cole

»Cole! Cole Williams!« Eine Papierkugel traf mich präzise zwischen den Augenbrauen, und ich zuckte überrascht zusammen. »Schön, dass du auch endlich bei uns angekommen bist.« April schenkte mir ein zuckersüßes Lächeln, und die anderen kicherten.

Ich verzichtete auf eine Antwort und senkte den Blick wieder auf meine Notizen. April hatte mir schon letzte Woche mehrere Aufträge für die nächsten Ausgaben der *Faerfax News* aufgehalst, und ich hatte nicht vor, mich diese Woche freiwillig für einen weiteren Artikel zu melden. Es gab hier schließlich noch andere Journalisten, oder vielmehr Studenten auf dem Weg dahin.

Außerdem musste ich erst mal meine alten Artikel retten, ehe ich etwas Neues schreiben konnte, nachdem mein Laptop heute Morgen einen unerwarteten Tod gestorben war. Die letzten Versionen meiner Texte hatte ich nämlich nicht mehr in die Cloud geladen, bevor ich mich auf den Weg zur Uni gemacht hatte.

Wütend knirschte ich mit den Zähnen, als ich an den Unfall und das Mädchen dachte, mit dem ich beinah zusammengestoßen wäre. Es war definitiv ihre Schuld gewesen, dass ich mich langgelegt hatte. Und dass ich jetzt einen neuen Laptop brauchte.

»Cole! Kannst du jetzt bitte mal zuhören?«

Ich seufzte. »Was ist denn los, Schwesterchen?«

Aprils Augen formten sich zu Schlitzen, und sie funkelte mich wütend an. Vielleicht hätte ich mir den Spruch lieber verkneifen sollen. Sie hasste es, wenn ich sie vor den anderen so nannte. Was ich sogar verstehen konnte, schließlich war sie die Chefredakteurin der Unizeitung und ich nur ihr jüngerer Bruder. Leider neigte ich dazu, mich in den unpassendsten Augenblicken unmöglich zu benehmen.

April schenkte mir ein schmallippiges Lächeln. »Herzlichen Glückwunsch, du darfst den Artikel schreiben.«

Ich erstarrte, während hinter mir ein empörtes Schnauben zu hören war, welches ich jedoch geflissentlich ignorierte. »Was für einen Artikel?«, fragte ich gedehnt.

»Kannst du nicht einmal zuhören?«, fauchte Kirsten und verzog abfällig das Gesicht. Sie strich sich eine Strähne ihres glatten, hellbraunen Haars hinters Ohr und presste ihre rot geschminkten Lippen fest aufeinander, als müsste sie sich davon abhalten, mir irgendetwas wenig Schmeichelhaftes an den Kopf zu werfen. Sie hasste mich seit meinem ersten Tag hier bei der Zeitung. Keine Ahnung, warum, aber ich hatte mich auch nie bemüht, es herauszufinden.

»Alter, du hast gerade den Jackpot geknackt.« Marc, der bei der Zeitung hauptsächlich für die Berichte über unsere Sportteams verantwortlich war, klopfte mir so fest auf die Schulter, dass ich fast vornüberkippte. In seinen Augen lag eine Mischung aus Neid und Aufregung.

»Ach, hab ich das?« Ich hatte nicht den blassesten Schimmer, worum es eigentlich ging. Vielleicht sollte ich zukünftig doch zwischendurch mal zuhören.

Marc nickte. »Tessa Thorn ist echt scharf«, merkte er an, als wäre es das Wichtigste auf der Welt, wie *scharf* jemand war.

Nur mit Mühe verkniff ich mir einen sarkastischen Kommentar. »Und sie dreht *hier* einen Film! An unserer Uni! Ist das zu glauben?« Er konnte unser Glück anscheinend kaum fassen.

Mit einem Schnauben wandte ich mich meiner Schwester zu. »Ganz toll. Ein Film wird an der Uni gedreht. Wie absolut aufregend.« Ich verdrehte die Augen und konnte spüren, wie Kirsten hinter mir zu kochen begann. Sie ließ sich viel zu leicht auf die Palme bringen. Beinahe hätte ich gegrinst, doch im gleichen Augenblick überkam mich eine dunkle Vorahnung.

»Und was genau hab ich jetzt mit der Sache zu tun?«, wollte ich wissen, betont gelangweilt, um Kirsten noch ein bisschen mehr anzustacheln. Im Gegensatz zu mir schien sie sich brennend für diesen dämlichen Filmdreh zu interessieren. Vermutlich war ich ein schlechter Mensch, weil ich es witzig fand, sie zu ärgern. Tja, Pech.

April hatte die Arme vor der Brust verschränkt, ihr Gesicht war ausdruckslos, doch ihre Augen funkelten belustigt. Meine Schwester war knallhart, ganz gleich, wie lieb und unschuldig sie mit ihren langen, blonden Locken und den strahlend blauen Augen auch wirken mochte. Manchmal glaubte ich, sie nutzte ihr Aussehen absichtlich, um andere zu manipulieren.

Sie setzte zu einer Antwort an, kam aber nicht dazu. Kirsten schob sich an mir vorbei und baute sich vor meiner Schwester auf.

»April, lass mich den Artikel schreiben, bitte! Cole weiß diese Chance überhaupt nicht zu schätzen!«, platzte es aus ihr heraus, und ich sah, wie Melissa und Amy sich einen genervten Blick zuwarfen. Während Kirsten und ich quasi über alles schrieben, was Berichtenswertes in der Stadt und an der

Uni passierte, war Melissa ausschließlich für die Buchbesprechungen zuständig und Amy für die Theateraufführungen. Die beiden waren keine Fans von Kirsten, das hatte ich im letzten Semester schon bemerkt. Und so, wie Kirsten sich meistens benahm, konnte ich das vollkommen nachvollziehen.

Meine Lippen zuckten, und ich war drauf und dran, eine äußerst unpassende Antwort zu geben, doch ein warnender Blick meiner Schwester hielt mich davon ab.

Flehentlich sah Kirsten April an, doch sie schüttelte energisch den Kopf. »Nein, es bleibt dabei. Cole schreibt den Artikel.«

Ich stand auf und packte mein Tablet in den Rucksack.

»Schön.« Breit grinsend sah ich in die Runde. »Sagt ihr mir jetzt noch, wer Tessa Thorn ist?«

»Das ist nicht dein Ernst!« Kirstens Stimme war nur noch ein schrilles Kreischen. Sie war kurz davor zu platzen. »Du weißt nicht, wer *Tessa Thorn* ist?« Sie klang so entsetzt, dass ich fast gelacht hätte.

Stattdessen zuckte ich mit den Schultern. »Nein, keine Ahnung.« Das war gelogen. Natürlich hatte ich schon von Tessa Thorn gehört, dem strahlenden Stern am Hollywoodhimmel. Dass sie hier in Faerfax ihren neuesten Film drehen würde, war seit Wochen Gesprächsthema Nummer eins in der Stadt. Eigentlich hatte die ganze Sache geheim bleiben sollen, bis die Dreharbeiten starteten, aber jemand von der Filmcrew hatte die Info an die Presse durchsickern lassen, und seitdem herrschte in Faerfax Ausnahmezustand. Es war zum Kotzen.

Melissa und Amy kicherten, Marc feixte, und unser Fotograf Chris unterdrückte nur mit Mühe ein Lächeln, als Kirsten herumwirbelte und wutschnaubend aus der Redaktion stürmte. Es war erst die zweite Woche des neuen Semesters, noch war unser Team nicht vollzählig. In den nächsten Tagen und Wochen würden die Erstsemester dazustoßen. Neulinge, die sich bewerben konnten, und die, wenn sie Glück hatten, bei uns lernen würden, wie eine Zeitung funktionierte.

»Cole, in mein Büro! Sofort!« April wartete nicht auf mich, sondern war schon durch die Tür.

Der Raum war so klein, dass er allerhöchstens eine Abstellkammer gewesen sein konnte, bevor meine Schwester ihn für sich entdeckt hatte. Wenigstens gab es ein Fenster.

Unsere Redaktion war nicht besonders groß. Es war gerade genug Platz für sechs Schreibtische, was der Hauptgrund dafür war, dass ich meine Arbeit meistens zu Hause erledigte. Ein weiterer Grund für meine ständige Abwesenheit in der Redaktion war Kirsten, die mir hier nicht nur meine Konzentration, sondern auch den letzten Nerv raubte.

Wahrscheinlich nicht nur mir.

Deshalb konnte ich verstehen, dass April sich in diesen Schuhkarton von einem Büro zurückzog. Immerhin gab es eine Tür, und sie konnte ungestört arbeiten, egal, wie winzig der Raum war.

Seufzend folgte ich ihr. Ich wusste genau, welche Predigt mich gleich erwarten würde.

»Musst du sie immer so provozieren?«, fragte sie, noch bevor ich die Tür hinter mir geschlossen hatte.

»Ach, komm schon, April. Kirsten zu ärgern ist so was von witzig.« Grinsend ließ ich mich auf den Stuhl vor ihrem Schreibtisch fallen, während April sich auf die Tischkante setzte. »Tu nicht so, als fändest du es nicht wenigstens ein bisschen lustig.«

»Eines Tages wirst du mit deinen Späßen richtig auf die Nase fallen.« Sie runzelte die Stirn, Sorge blitzte in ihren Augen auf.

»Aber bis es so weit ist – «

»Ich meine es ernst, Cole! Du musst dich langsam mal zusammenreißen«, unterbrach sie mich schroff. »Ich habe dir den Artikel nicht einfach so gegeben, weil ich gerade Lust dazu hatte.«

»Warum hast du es dann getan? Ich wollte den Mist gar nicht haben.«

»Genau das ist der Punkt! Du wolltest den Auftrag nicht haben. Eine der begehrtesten Schauspielerinnen unserer Zeit dreht ausgerechnet hier bei uns an der Uni ihren nächsten Film, und du willst darüber nicht schreiben. Du *solltest* es aber wollen! Was glaubst du, würde Richard sagen, wenn er wüsste, dass du dich nicht mal darum bemüht hast.«

Genervt stöhnte ich auf. »Also hast du mir diesen Mist nur wegen Onkel Richard aufs Auge gedrückt?«

»Nein, verdammt! Cole, wenn du ernsthaft und erfolgreich schreiben willst, dann musst du auch hin und wieder über Themen schreiben, die dich vielleicht nicht brennend interessieren. Du musst deine Gefühle dabei außen vor lassen. Weißt du, was für eine Chance das ist? Wir sind die einzige Zeitung, die Exklusivinfos zum Dreh bekommt, okay? Du bist der Einzige, der mit ans Set und beobachten darf. Das Ganze ist ein riesengroßes Ding. Der Film ist noch nicht mal gedreht, und es wird schon spekuliert, ob er Tessa Thorns erfolgreichster sein wird. Niemand weiß bisher, worum genau es geht, aus allem wird ein großes Geheimnis gemacht.« Hektische, rote Flecken kletterten Aprils Hals hinauf.

Ich zog die Augenbrauen hoch. »Wie kommt's überhaupt, dass wir was schreiben dürfen, wenn das Ganze so supergeheim ist?«

»Weil der Film auf einem Buch basiert, das ein paar Wochen früher erscheinen wird. Die Autorin ist sehr erfolgreich, aber das ist ihre erste Romanverfilmung. Sie hat hier studiert, deswegen wird hier auch direkt gedreht. Das war wohl eine ihrer Bedingungen oder so. Jedenfalls war Direktor Winston während seiner Studienzeit bei der Unizeitung – die Schriftstellerin übrigens auch –, und er hat das irgendwie angeleiert. Mehr weiß ich auch nicht. Ich weiß nur, dass das eine unfassbare Chance für uns ist. Nicht mal die *Faerfax Times* darf mehr über den Dreh schreiben als das, was öffentlich einsehbar ist«, erklärte sie, griff nach einem Stift und begann, ihn zwischen den Fingern zu drehen. Das hatte sie schon als Kind gemacht, wenn sie nervös gewesen war.

Mit zusammengekniffenen Augen betrachtete ich sie. Da steckte doch noch mehr dahinter. »Also, das ist alles? Ich soll einen Artikel über die Dreharbeiten schreiben.«

April schenkte mir ihr einnehmendstes Lächeln. »Nicht ganz. Du bekommst einen Einblick hinter die Kulissen und darfst über alles schreiben, aber Faerfax und die Uni sollen auch im Fokus stehen. Und«, sie atmete tief durch, »es soll dazu noch ein Porträt über Tessa Thorn geben.«

Entsetzt riss ich die Augen auf. »Das soll ein Witz sein, oder? Ich muss ein Hollywoodsternchen interviewen?«

»Nicht nur interviewen, Cole. Es soll ein Porträt werden. Du erinnerst dich daran, was ein Porträt ist, oder?« Sie hatte jetzt ihren typisch belehrenden Blick aufgesetzt und war voll und ganz Chefredakteurin. Meine große Schwester war verschwunden. »Du sollst über Tessa Thorn schreiben, die *wahre* Tessa zum Vorschein bringen. Was sie fühlt, was sie denkt. Das ist es, was die Leute wirklich lesen wollen. Tessa Thorn ist berühmt geworden, weil sie Gefühle so greifbar machen kann, dass jeder Zuschauer genau dasselbe empfindet wie sie beziehungsweise ihre Figuren. Versuch, das in deinem Text einzufangen.«

»Aber warum? Warum muss ich das machen?« Es war mir egal, dass ich wie ein trotziger Fünfjähriger klang. »Kirsten hätte dir wahrscheinlich ihre ewige Liebe geschworen, wenn du ihr den Job gegeben hättest.«

»Weil ich das sage. Diese Artikel müssen gut werden. Sie müssen brillant werden! Und du hast recht: Kirsten würde total ausflippen, wenn sie den Job bekommen würde, und du weißt, wie sie drauf ist, wenn sie aufgeregt ist. Die Sache würde ein riesengroßes Drama werden. Sie könnte absolut nichts für sich behalten. Melissa und Amy würden es gut hinbekommen, aber du bist besser als die beiden. Und Marc *kann* diesen Artikel nicht schreiben. Er würde mehr Zeit darauf verschwenden, das arme Mädchen ins Bett zu kriegen, als den Text zu schreiben, den ich haben will.«

Eindringlich sah sie mich an, sie lehnte sich zu mir herüber, ihr Gesicht glühte. »Cole, denk doch mal nach. Wenn du das gut hinkriegst, dann gibt Onkel Richard dir vielleicht einen Job bei der *Times*. Möglicherweise werden deine Texte später sogar dort veröffentlicht, wenn der Film erschienen ist. Du kannst diese Chance nicht einfach sausen lassen!«

Unwillig verzog ich das Gesicht. Ich brauchte ihre Hilfe nicht. Ich würde es auch ohne sie und diesen dämlichen Filmdreh schaffen, dass Richard endlich meine Existenz bemerkte. Es war schließlich nicht so, als würde er mich nicht bereits seit meiner Geburt kennen.

Stirnrunzelnd musterte ich April. Ich sah ihr an, dass das immer noch nicht alles war. »Warum machst du es dann nicht selbst? Wenn das so eine große Chance ist?«

»Ich habe keine Zeit. Und ich darf offen gestanden auch nicht.« Sie wurde rot. Verblüfft richtete ich mich auf. April wurde nie rot. »Richard hat mir vor ein paar Wochen angeboten, einige Artikel für die *Faerfax Times* zu schreiben. Ich kann nicht studieren, die Unizeitung leiten und für zwei Zeitungen gleichzeitig arbeiten. Und die Tatsache, dass ich einen Vertrag bei der *Times* habe, schließt mich automatisch für diese Sache aus.«

»Das ist nicht dein Ernst.« Fassungslos starrte ich sie an, während mein Körper sich augenblicklich verkrampfte. April hatte es geschafft.

Verlegen rieb sie sich die Nase. »Ich hätte es dir früher sagen sollen, ich weiß. Aber ich hatte das Gefühl – «

Sie verstummte, als ich aufstand, um den Tisch herumging und sie fest umarmte. »Ich bin stolz auf dich«, murmelte ich und ignorierte, dass mein Magen sich schmerzhaft verknotete.

Sie hatte es geschafft. Sie war drin.

»Danke.« Sachte schob April mich von sich und wuschelte mir durch die Haare, so wie sie es schon immer getan hatte. »Wenn du diesen Job gut machst, wirst du auch deine Chance bekommen. Du bist gut, Cole! Vergiss das nicht«, sagte sie, als ahnte sie, was in mir vorging. Ich wusste, dass ich gut war. Bisher war ich nur nicht gut genug gewesen, und das nagte mehr an mir, als ich je zugeben würde.

»Also komme ich aus dieser Nummer nicht wieder raus?«

April schüttelte den Kopf. »Nein. Ich nutze jetzt mal meine Macht als Chefredakteurin. Du wirst das machen, Cole.« Seufzend gab ich nach. »Weiß Tessa Thorn denn schon von ihrem Glück mit dem Porträt? Oder muss ich sie erst noch anbetteln, damit ich über sie schreiben darf?«

Ihr typisches, strahlendes Lächeln kehrte auf Aprils Gesicht zurück. »Ich habe heute Morgen mit ihrer Agentin gesprochen. Ich maile dir gleich alles, was du brauchst.«

»Will ich wissen, wie du an die Nummer der Agentin gekommen bist?«

»Selbst wenn, würde ich es dir nicht verraten. Ich schütze meine Quellen.« Ein schelmisches Funkeln trat in ihre Augen. »Außerdem braucht jedes Mädchen seine Geheimnisse.«

Ich maile dir gleich alles, was du brauchst. Aprils Worte schwirrten mir durch den Kopf, während ich eine halbe Stunde nach unserem Gespräch ungläubig die Mail anstarrte, die sie mir geschrieben hatte. Ich hatte mit zwei, drei Zeilen gerechnet, nicht mit einem halben Roman.

Hey Cole,
anbei alle Infos, die du für den Artikel über den Film und das Porträt von Tessa Thorn benötigst. Im Anhang findest du die Termine, an denen du das Set besuchen darfst. Die Dreharbeiten beginnen am Montag, die Filmcrew wird aber wohl schon am Wochenende anreisen.
Ich habe dir auch eine Liste mit allen Kontaktdaten angehängt. Um einen Termin mit Tessa Thorn kümmerst du dich bitte selbst, ihre Mailadresse findest du ebenfalls in der Liste.
Ich habe heute Morgen mit ihrer Agentin Mallory Highsmith telefoniert. Sie wollte Tessa über alles informieren. Wie schon erwähnt, sind beide Artikel für die Unizeitung geplant, sollen aber auch auf unserem Blog erscheinen. Für beide Medien ist das eine riesige Chance, wir können so endlich mehr Reichweite bekommen.
Über den Film selbst weiß ich noch nicht viel mehr als den Titel: »Blue Dreams«. Erscheinen soll er nächstes Jahr im Herbst. Deswegen gibt es noch keinen Termin für deine Artikel, wahrscheinlich sollen sie pünktlich zum Erscheinungs-

termin des Films veröffentlicht werden. Dazu werde ich mich
aber noch einmal abstimmen und dir eine Info geben, sobald
ich Näheres weiß.
Du hast also noch etwas Zeit – aber wage es nicht, rumzu-
trödeln. Ich kenne dich, Cole. Fang besser so früh wie möglich
mit deiner Recherche für das Porträt an. Und bitte, wenn
du am Set bist, benimm dich. Ich weiß, du bist kein Fan von
Hollywood und allem, was dazugehört. Aber du bist nun mal
der Beste, und ich möchte, dass du auch dein Bestes gibst, nicht
dass es später heißt, ich hätte dir den Job nur gegeben, weil
du mein kleiner Bruder bist. Wir wissen beide, wie gut du
bist. Den Artikel über die Dreharbeiten wirst du problemlos
hinbekommen, da bin ich mir sicher.
Was das Porträt angeht: Schreib nicht das, was alle anderen
schon geschrieben haben. Schreibe über den Menschen Tessa
Thorn. Eine junge Frau, die die unterschiedlichsten und
schwierigsten Rollen der letzten Jahre gespielt hat. Lass uns
Tessa kennenlernen, ihre Beweggründe verstehen und das
Mädchen hinter der Schauspielerin sehen.
Wenn du das schaffst, wirst du alles schaffen, was du dir
vornimmst.
Ich glaube an dich!
April

Seufzend schloss ich Aprils Mail, öffnete den Browser und gab
Tessas Namen in die Suchmaschine ein.

Recherche ist das A und O eines guten Porträts, und ich war
mir sicher, April würde es wie auch immer herausfinden, wenn
ich nicht sofort damit anfing, alles über Tessa Thorn in Erfah-
rung zu bringen.

Das Internet wusste deutlich mehr über sie als ich. Blogs
und Zeitschriften überschlugen sich fast, wenn es um ihr Ta-

lent und ihr Aussehen ging. Sie galt offenbar als *die* Neuentdeckung der letzten Jahre.

Mit vierzehn war sie quasi über Nacht berühmt geworden, mit sechzehn dann das erste Mal für den Teen Choice Award nominiert worden. Inzwischen war sie zwanzig und hatte in so vielen Filmen mitgespielt, dass ich mich fragte, ob sie noch ein Leben außerhalb des Sets hatte.

Ich klickte mich von Seite zu Seite, ließ die Klatschseiten außen vor und konzentrierte mich auf die Artikel, in denen es nicht um eine neue Beziehung, ihr Gewicht oder sonst eine nebensächliche Kleinigkeit ging, die viel zu sehr aufgebauscht wurde. Als die Buchstaben vor meinen Augen verschwammen, machte ich mit Videos von Interviews zu ihren Filmen weiter.

Und während ich mir ein Video nach dem anderen ansah, stellte ich fest, dass Marc unrecht hatte. Tessa war nicht scharf. Sie war schön.

Ihr Gesicht war schmal, mit scharf geschnittenen Wangenknochen und vollen Lippen. Beherrscht wurde es von geschwungenen, dunklen Augenbrauen, die ihrem Blick etwas Undurchdringliches verliehen. Sie hatte lange, leicht gewellte Haare, die genauso dunkelbraun waren wie ihre großen Augen.

Irgendwoher kannte ich sie, aber ich kam grad nicht drauf, an wen sie mich erinnerte.

»Bist du auf der Suche nach einer neuen Freundin, oder was machst du da?« Julians spöttische Stimme ließ mich ertappt zusammenzucken. Ich drehte mich um und entdeckte meinen besten Freund und Mitbewohner direkt hinter mir. Er sah mich nicht an, sondern starrte wie gebannt auf meinen Computerbildschirm.

Ich saß selten am Schreibtisch, meistens arbeitete ich vom Sofa aus. Aber da mein Laptop mir gerade nicht zur Verfügung stand, blieb mir nichts anderes übrig.

»Ich befürchte, sie spielt nicht ganz in deiner Liga, Cole.«

»Was du nicht sagst«, brummte ich, während Julian zum Sofa schlenderte und sich mit einem erschöpften Seufzen fallen ließ. Belustigt musterte ich ihn. Die Uni hatte erst vor zwei Wochen angefangen. Bis die Klausuren und Projektarbeiten anstanden, dauerte es noch ewig. Es war noch nicht so viel passiert, was seine Müdigkeit um diese Uhrzeit rechtfertigte. Es sei denn, er war schon wieder die halbe Nacht wachgehalten worden.

»Also, warum googelst du eine Schauspielerin, deren Filme du nicht einmal guckst?«, erkundigte Julian sich, bevor ich ihn nach seiner neuesten Eroberung fragen konnte.

»Wie du vielleicht mitbekommen hast, wird ihr neuer Film hier in der Stadt gedreht, und ich habe jetzt das große Glück, darüber schreiben zu dürfen.« Der ätzende Unterton in meiner Stimme war nicht zu überhören.

»*Du* sollst über Tessa Thorn schreiben?« Er klang dermaßen ungläubig, dass ich in jeder anderen Situation beleidigt gewesen wäre. Gut, ich hatte mich auch nie in der Rolle des Filmreporters gesehen, die mir von April aufgedrängt worden war.

Genervt fuhr ich mir mit einer Hand durch die Haare. »Warum benutzt eigentlich jeder ihren vollen Namen? *Tessa Thorn*. Das klingt, als wäre sie –«

»Was? Eine Berühmtheit? Eine der schönsten Frauen auf diesem Planeten?«

Ich stöhnte auf und verdrehte die Augen. »Ja, so ungefähr.«

»Und du sollst über sie und ihren neuen Film schreiben?« Julian grinste breit, als ich nickte. »Hat Marc sich schon überlegt, wie er dich aus dem Weg räumt, damit er den Artikel schreiben und sich mit ihr treffen kann?«

»Ich glaube, Kirsten hat da mehr Ambitionen als Marc«, entgegnete ich trocken.

Julians Lachanfall hielt auch noch an, als ich mich zu ihm aufs Sofa setzte, nachdem ich mich von meinem Schreibtischstuhl erhoben hatte, in den angrenzenden Küchenbereich gegangen war und zwei Flaschen Cola aus dem Kühlschrank geholt hatte.

»Also, warum sollst ausgerechnet du diesen Artikel schreiben?« Julians grüne Augen blitzten neugierig auf. Er lehnte sich entspannt zurück, trank einen Schluck von seiner Cola und sah mich abwartend an.

»Weil ich der Einzige war, der es nicht machen wollte«, nuschelte ich. Fast wünschte ich, ich hätte den Job doch haben wollen, damit ich das nächste Mal, wenn mir jemand diese Frage stellte, nicht ganz so dumm dastehen würde.

»Das ist so typisch. Du bist garantiert der einzige Journalist der Welt, der nicht über sie schreiben will.«

»Ich möchte ernsthaften Journalismus betreiben und keinen Klatsch verbreiten. Die Geschichte einer Schauspielerin interessiert mich halt nicht.« Ich zuckte mit den Schultern, und Julian stieß ein verächtliches Schnauben aus.

»Hör mit dem Scheiß auf, Cole. Du hast keine Ahnung, worüber du eigentlich schreiben willst, *das* ist das Problem.« Er prostete mir mit seiner Flasche zu, doch ich sparte mir eine Antwort.

Julian hatte recht. Ich wusste tatsächlich nicht, worüber genau ich schreiben wollte. Allerdings interessierte mich echt nicht, was Tessa Thorn wohl zu sagen hatte. Die Filme, die sie drehte, würde ich mir freiwillig nie ansehen – zu viel emotionales Drama, zu wenig Action –, ich hatte keine Ahnung von Mode oder so einem Scheiß, und ich glaubte nicht, dass sie irgendwas erzählen würde, was ich auch nur ansatzweise berichtenswert fand. Ihr neuer Film war da keine Ausnahme. Es gab schlicht und ergreifend Wichtigeres. Die meisten Schauspieler in Hollywood waren absolut überbezahlt, dafür dass sie so taten, als wären sie jemand anderes, um ein Millionenpublikum zu begeistern.

Es war nicht so, als könnte ich das nicht verstehen. Wir Menschen wollten uns unterhalten lassen, ablenken von dem, was auf der Welt passierte, von unseren eigenen Problemen und Gefühlen. Deswegen ließen wir uns von Serien und Filmen berieseln. Das war nichts Verwerfliches. Mir ging es ja nicht anders als allen anderen.

Trotzdem könnte man mit dem Geld, das jeder Schauspieler für einen einzigen Film bekam, so viel Gutes tun.

Aber meine Ansichten, die garantiert nicht jedermanns Zustimmung fanden, spielten da jetzt keine Rolle. Ich seufzte schwer.

»Vielen Dank, ich kenne mein Problem«, entgegnete ich trocken. »Ich hab eh keine Wahl. April bringt mich um, wenn ich das Porträt nicht so schreibe, wie sie will.«

»Und was will sie?« Julian knibbelte am Etikett seiner Flasche herum und sah mich mit hochgezogenen Augenbrauen an.

»Dass wir die echte Tessa kennenlernen und bla, bla, bla. Du kennst doch April.« Ich zuckte mit den Schultern. »Können wir jetzt bitte das Thema wechseln?«, fragte ich, doch bevor Julian zu einer Antwort ansetzen konnte, flog die Tür zu unserer Wohnheimwohnung auf und knallte so heftig gegen die Wand, dass wir zusammenzuckten.

»Leute!« Jamies Stimme klang atemlos. »Habt ihr schon gehört?«

Er warf mir sein Smartphone zu, das ich reflexartig auffing. Mein Blick fiel sofort auf das Display, von dem mir das Foto eines Mädchens entgegenleuchtete. Ein dunkelhaariges Mädchen, in Jeans und Sweatshirt, eine dunkelgrüne Beanie-Mütze auf dem Kopf. Mit einem selbstbewussten Lächeln blickte sie direkt in die Kamera. Sie stand mitten in der Innenstadt von Faerfax vor einem kleinen Restaurant. Der Herbstwind ließ ihre langen Haare um ihr Gesicht wirbeln, was dem Bild eine seltsame Dramatik verlieh.

Sie war das Mädchen, das ich heute Morgen fast umgefahren hatte.

Und den Bruchteil einer Sekunde später erkannte ich, wer sie wirklich war.

Tessa Thorn.

Scheiße.

3. KAPITEL

Tessa

Das *Café Happiness* verschlug mir fast den Atem, und für einen Moment vergaß ich, wo ich war. Ich vergaß den Film, ich vergaß, dass in ein paar Tagen die gesamte Crew hier auftauchen und dass ich dann würde arbeiten müssen. Ich vergaß den Druck, der wegen dieses Films auf mir lastete, weil alle Hoffnungen auf dieser Geschichte lagen. Und auf mir. Ich vergaß sogar die Panikattacke.

Das *Happiness* war kein besonders großes Café, es gab vielleicht acht oder neun Tische. Zwei große, die für mehr Leute bestimmt waren, an den restlichen fanden höchstens vier Gäste Platz. Und man hätte auch keine Stühle vom Nachbartisch herüberziehen können, damit sich noch zwei, drei weitere Personen daransetzen konnten. Es gab nämlich keine Stühle.

Um die Tische herum hingen Holzschaukeln von der Decke herab. Manche mit einer hölzernen Lehne, die meisten allerdings ohne. Die Vorstellung, auf einer Schaukel zu sitzen und Kaffee zu trinken, ohne etwas zu verschütten, erschien absurd. Aber es saßen tatsächlich einige Gäste an den Tischen, und keiner von ihnen schien dieses Problem zu haben.

»So reagieren die meisten, wenn sie das erste Mal herkommen.« Das Mädchen kicherte. Erst jetzt fiel mir auf, dass wir uns gar nicht vorgestellt hatten. Allerdings hatte ich auch kein

Bedürfnis danach, ihr zu sagen, wer ich war. Für den Moment gab ich mich damit zufrieden, ihren Namen ebenfalls nicht zu kennen.

Während ich mich weiter staunend umsah, schob sie mich sanft, aber bestimmt zu einem freien Tisch hinten in der Ecke.

»Setz dich, ich bin gleich wieder da«, sagte sie und verschwand, bevor ich protestieren konnte. Vorsichtig ließ ich mich auf die Schaukel sinken und stellte überrascht fest, dass sie sich nur minimal bewegte. Bevor ich mir darüber Gedanken machen konnte, warum die Schaukeln so stabil waren, kam sie zurück und stellte eine Tasse vor mir auf den Tisch, aus der ein herrlicher Duft nach Orangen und Ingwer aufstieg.

Seufzend atmete ich ein. Meine Muskeln entspannten sich, ich hatte gar nicht gemerkt, wie sehr ich mich verkrampft hatte, und ein Gefühl des Friedens durchflutete mich.

»Besser?« Das Mädchen schenkte mir ein Lächeln, als wüsste sie, dass allein der Geruch von diesem Tee alles besser machte, und strich sich eine rote Locke hinters Ohr.

Ich nickte. »Danke.« Meine Stimme klang seltsam rau.

Dann reichte sie mir ihre Hand. »Ich bin übrigens Ella.«

»Tessa«, erwiderte ich.

Ich straffte mich, wartete auf hektisches Luftschnappen oder ein aufgeregtes Quietschen, weil es ihr wie Schuppen von den Augen fiel.

Aber Ella legte nur den Kopf zu einer Seite und musterte mich so intensiv, dass alles in mir danach schrie, wegzulaufen. Doch ich konnte nicht weglaufen. Ich musste die panische Tessa in meinem Inneren bezwingen und die Schauspielerin Tessa wieder das Kommando übernehmen lassen. Doch dieses Mal ließ ich mich selbst im Stich.

Ich brachte kein Wort heraus, obwohl ich daran gewöhnt war zu reden, wenn es jemandem die Sprache verschlug, wenn er mich erkannte. Dabei war ich nichts Besonderes. Niemand, der andere vor Ehrfurcht erstarren ließ. So sollte das nicht sein. Ich war nur ein Mädchen, das vor sich selbst davonlief. Mein Herz schlug wie wild. *Sag was, sag was, sag was.* Ich wusste in diesem Moment nicht, ob ich Ella oder mich selbst meinte.

»Ich weiß«, sagte Ella schließlich. Wieder lächelte sie, ihre Augen blitzten aufmunternd. »Ich hab dich draußen schon erkannt.«

Ihre Antwort verschlug *mir* jetzt für einen Augenblick die Sprache, und eine unangenehme Stille breitete sich zwischen uns aus. Obwohl sie nur mir unangenehm zu sein schien, Ella wirkte sehr entspannt.

»Aber warum …«, stammelte ich und wusste auf einmal nicht weiter. Heute war so was von nicht mein Tag.

»Warum ich dir dann eine Tasse Tee angeboten habe, anstatt dich nach einem Selfie zu fragen und völlig auszuflippen?« Ihre Augen funkelten, und ihre Mundwinkel zuckten.

»Das ist arrogant, oder?« Ich stöhnte auf. »Ja, das ist total arrogant.«

Ella grinste breit, wodurch die Sommersprossen auf ihrer Nase zu tanzen schienen. »Nein, du bist dran gewöhnt, das ist alles.«

»Macht es das irgendwie besser?«, fragte ich zweifelnd und versuchte krampfhaft, mich wieder in den Griff zu kriegen. Aber ich schaffte es nicht, und schließlich gab ich auf.

»Ein bisschen.« Sie lachte. Ein helles, melodisches Lachen.

Ich trank einen Schluck von meinem Tee, um Zeit zu gewinnen, mir eine Antwort zu überlegen, die nicht bescheuert klang. Das Gespräch war so normal. Und ich war superschlecht darin, eine gewöhnliche Unterhaltung zu führen. Ich hatte keine Freunde, die einzigen beiden Menschen, mit denen ich über etwas anderes sprach als über den Job, waren meine Tante und meine Therapeutin. Ich hatte Ewigkeiten nicht mehr mit jemandem geredet, der in meinem Alter war und nichts von mir wollte. Kurz kam mir Logan in den Sinn, aber auch mit ihm hatte ich nicht normal geredet. Er war wie ich. Ein aufstrebendes Talent in Hollywood.

»Danke.« Das Wort rutschte mir einfach so heraus. Es war ehrlich gemeint, trotzdem hätte ich es am liebsten sofort zurückgenommen. Ich wusste nicht, warum, doch Ella hatte etwas an sich, das es mir schwer machte, mich zu verstellen und in die Rolle zu schlüpfen, die ich tagtäglich spielte. Eine Erinnerung schob sich in meinen Kopf, ein kleines rothaariges Mädchen, mit dem ich als Kind gespielt hatte. Bevor alles schiefgelaufen war.

Auf einmal fragte ich mich, ob Ella dieses Mädchen sein könnte. Und ob wir uns in meinem anderen Leben gekannt hatten.

»Wofür bedankst du dich?« Ella neigte den Kopf, ihr Blick war sanft.

Ich zuckte mit den Schultern. »Keine Ahnung. Einfach danke.«

»Na dann … immer gerne.« Sie lächelte, trank einen Schluck aus ihrer eigenen Tasse und sah mich dann sorgenvoll an. Ihre Wangen verfärbten sich rot. »Ich weiß, es geht mich nichts an, und wahrscheinlich hast du hundert Leute, mit denen du eher darüber sprichst als mit mir … Aber geht's dir gut?«

Ihre Frage ließ mich erstarren. *Lügen. Du musst lügen. Spiel ihr was vor. So wie immer.*

Ich hatte jedoch keine Kraft mehr zu lügen. Ich wusste nicht, ob es an Faerfax lag und an meiner Vergangenheit, die nur wenige Meilen entfernt auf mich wartete. Vielleicht war auch die Panikattacke schuld. Vielleicht war gerade alles zu viel für mich.

»Nein. Aber das wird schon. Was du da draußen gesehen hast –«

»Ist nie passiert«, unterbrach Ella mich. »Ich werde es niemandem erzählen, versprochen. Ich wollte nur wissen, ob es dir gut geht.«

Ich glaubte ihr, warum auch immer. Sie würde niemandem was von meinem Zusammenbruch erzählen. Ella würde mein Geheimnis für sich behalten. Dankbar lächelte ich sie an und stand auf. »Das ist lieb von dir. Leider muss ich jetzt los.«

Ella erhob sich ebenfalls und strich sich eine Haarsträhne aus der Stirn. »War schön, dich kennenzulernen. Vielleicht sieht man sich ja mal wieder.«

»Die Dreharbeiten werden eine Weile dauern. Und ich weiß jetzt, wo ich wahnsinnig guten Tee bekomme. Wahrscheinlich sehen wir uns wirklich wieder«, erwiderte ich mit einem Lächeln und wandte mich Richtung Tür.

»Warte. Du kannst wieder hinten rausgehen. Vorne ist um die Uhrzeit immer viel los.«

Ella lotste mich zurück zur Hintertür, und ich wollte das Café gerade verlassen, als ich innehielt und mich noch einmal umdrehte. *Tu es nicht. Das ist dumm und gefährlich.*

Tu das nicht!

»Hast du morgen schon was vor?«, fragte ich.

Die Suite, die ich während der Dreharbeiten bewohnen würde, wirkte kühl und im Vergleich zu der Gemütlichkeit im *Happiness* trostlos, als ich sie betrat. Vollkommen unpersönlich, wie Hotelzimmer nun mal waren. Das Bett stand neben einem großen Fenster, es gab ein Sofa, einen runden Tisch,

um den vier Stühle standen, und einen begehbaren Kleiderschrank, der nicht ansatzweise gefüllt war. Einen Großteil
meiner Klamotten hatte ich in L. A. gelassen, ich hatte hauptsächlich Jeans, Pullis und kuschelige Strickkleider eingepackt.
Mehr brauchte ich nicht, und ich legte auch nicht besonders
viel Wert auf eine extravagante Garderobe. Nicht in Faerfax.

Mein Blick huschte zu den cremefarbenen Wänden der
Suite, dann zu der weißen Bettwäsche und den geblümten Vor-
hängen, die wohl Freundlichkeit vortäuschen sollten.

Plötzlich sehnte ich mich mit einer Heftigkeit nach einem
richtigen Zuhause, dass es mir für einen Moment den Atem
raubte. Nicht nach der Villa in Los Angeles, in der ich nur
dann wohnte, wenn ich nicht drehte. Das war nicht mein
Zuhause und würde es auch nie sein.

Die Villa war vom Stil her sehr modern und entsprach eher
Tante Susans Geschmack als meinem, schließlich hatte sie die
Villa eingerichtet. Obwohl ich auch nicht hätte sagen können,
was meinem Geschmack überhaupt entsprechen würde.

Ich hatte während der letzten Jahre so wenig darüber nachgedacht, was *ich* wollte, dass ich es vermutlich nicht einmal
dann gewusst hätte, wenn ich mir tatsächlich Gedanken darüber gemacht hätte.

Inzwischen wusste ich nicht einmal mehr, wer ich war. Und
noch weniger, wer ich sein wollte.

Die einzige Sache, die ich bewusst wollte, war, zu vergessen.
Alles zu vergessen.

Erschrocken zuckte ich zusammen, als mein Handy klingelte und mich unsanft aus meinen Gedanken riss. Susans Name
blinkte mir entgegen, und ich atmete zischend aus.

Ich wartete einen kurzen Augenblick, bis sich mein Herzschlag endgültig normalisiert hatte, dann nahm ich ab. »Hey,
Suzie«, sagte ich und hoffte, dass meine Stimme fröhlich ge-

nug klang, damit sie mir abnahm, dass alles in Ordnung war. Susan war der einzige Mensch auf der Welt, der mich wirklich kannte. Sie war die Einzige, die alles über mich wusste. Abgesehen von Dr. Philipps.

»Tessa, geht's dir gut?« Der besorgte Unterton in ihrer Stimme war nicht zu überhören. Ich hätte mich doch direkt nach meiner Ankunft bei ihr melden sollen.

»Ja, alles gut. Der erste Tag war gut. Richtig gut.« Beim dritten »gut« merkte ich selbst, dass es einen Tick zu viel war.

Susan seufzte mitfühlend. »Was ist passiert?«

Es würde nichts nützen, wenn ich ihr verschwieg, wie der Tag gelaufen war. Sie würde so lange nachbohren, bis ich ihr alles erzählt hatte. Also tat ich es, um einer unnötig langen Diskussion zu entgehen.

Sie seufzte erneut. »Willst du Dr. Philipps anrufen?«

»Nein, ich bekomme das hin«, erwiderte ich leise. Tränen brannten in meinen Augen, und ich musste mich zwingen, sie runterzuschlucken. Ich würde jetzt nicht weinen.

»Bist du sicher?«

»Ja, bin ich. Ich muss das tun. Und was soll ich denn sonst machen? Den Film absagen? Mallory bringt mich um.«

»Denk jetzt nicht an Mallory, Tessa.« Susan klang wütend. »Sie ist deine Agentin, und sie hat viel Geld an dir verdient. Aber deine Gesundheit ist wichtiger!«

»Ich weiß«, versuchte ich sie zu beschwichtigen. »Und wenn ich merke, dass ich mit der Situation nicht klarkomme, werde ich Dr. Philipps anrufen, versprochen. Aber ich muss das machen, okay? Ich kann den Film nicht ohne jegliche Erklärung absagen. Jeder reißt sich um die Rolle. Wie würde es aussehen, wenn ich jetzt einfach abspringe? Und mit welcher Begründung? Ich bin in Faerfax aufgewachsen und kann dort nicht drehen, weil –«

»Schon gut«, unterbrach Susan mich sanft. »Ich verstehe dich ja. Ich mache mir bloß Sorgen. Du bist so ein liebenswertes Mädchen, Tessa.«

Ich hörte den Schmerz in ihrer Stimme, konnte fast vor mir sehen, wie sich ein dunkler Schatten über ihr Gesicht schob. Und ich wusste, an wen sie dachte. Für ein paar Sekunden schwiegen wir beide. Dann räusperte Susan sich und wechselte das Thema. »Mallory hat mich heute übrigens gebeten, dir auszurichten, dass du zwischendurch deine Mails checken sollst. Sie hat irgendwas von einem Zeitungsartikel gesagt. Ich habe keine Ahnung, worum es geht, aber vielleicht siehst du dir die Sache mal an. Es klang dringend.«

Nur mit Mühe gelang es mir, ein genervtes Stöhnen zu unterdrücken. Mallory Highsmith war seit fünf Jahren meine Agentin. Sie war diejenige, die mich auf der Bühne meiner Schule entdeckt und nach Hollywood geholt hatte, nachdem ich zu meiner Tante nach Los Angeles gezogen war. Ihr hatte ich alles zu verdanken. Sie war die energischste Frau, die ich kannte, und bekam grundsätzlich immer ihren Willen.

Ich mochte Mallory. Sie gehörte zur Familie. Irgendwie. Ich vertraute ihr bedingungslos, und ich wusste, dass sie nur das Beste für mich wollte. Wenn es allerdings um meine Person in den öffentlichen Medien ging, waren wir selten einer Meinung.

»Tessa?«, fragte Susan, als ich nicht antwortete.

»Ja, ich schau gleich nach«, entgegnete ich hastig. »Wir telefonieren dann morgen wieder, okay?« Plötzlich wollte ich nur noch meine Ruhe. Nicht mehr reden. Einfach ins Bett krabbeln, mir einen Film ansehen und die Welt um mich herum vergessen.

»Na gut. Dann bis morgen. Pass auf dich auf. Und denk dran: Ich hab dich lieb.«

Ich nickte, erwiderte die Worte jedoch nicht. Susan wusste, wie sehr ich sie liebte. Aber ich konnte es nicht sagen. Ich brachte die Worte nicht über die Lippen, obwohl es doch eigentlich so leicht sein müsste. Drei Worte. Mehr nicht. Doch jedes Mal, wenn ich es probierte, fühlte es sich an, als würden sie mir im Hals stecken bleiben. Es tat weh. »Bis morgen«, sagte ich, legte auf und warf das Handy nicht gerade vorsichtig Richtung Bett. Es landete mit einem dumpfen Geräusch auf dem weißen Stoff der Decke.

Kurz war ich versucht, einfach zu ignorieren, dass Mallory mir eine Mail geschrieben hatte. Aber ich wusste, sie würde mich spätestens in zwei Stunden anrufen, wenn ich mich nicht bei ihr meldete.

Also setzte ich mich auf das Bett, nahm meinen Laptop vom Nachttisch, fuhr ihn hoch und rief das Mailprogramm auf. Ungeduldig, weil ich die Sache so schnell wie möglich hinter mich bringen wollte, öffnete ich die Mail. Während ich sie las, spürte ich, wie mir der Mund aufklappte. Ob vor Entsetzen oder Verblüffung konnte ich nicht sagen.

Meine liebe Tessa,
ich mache es kurz und knapp, weil ich weiß, dass du nicht viel davon halten wirst. Die Unizeitung der Faerfax University wird einen Artikel über deinen neuen Film schreiben – die Autorin und der Direktor haben beide während ihres Studiums dort gearbeitet.
Ich habe heute Morgen mit April Williams, der Chefredakteurin der Unizeitung, darüber gesprochen – ein ganz reizendes Mädchen, wirklich. Ein Journalist der Unizeitung wird die Dreharbeiten begleiten und darüber einen Artikel schreiben. Außerdem möchten sie neben diesem Artikel auch ein Porträt über dich veröffentlichen …

Die restlichen Worte verschwammen vor meinen Augen. Mallory neigte dazu, sehr lange Mails zu schreiben, egal wie kurz und knapp sie es anfangs immer machen wollte.

Wieder und wieder las ich ihre Mail, während ich wie erstarrt dasaß und mir das Herz bis zum Hals schlug. Das konnte unmöglich ihr Ernst sein!

Dass jemand die Dreharbeiten begleiten würde, störte mich nicht. Dort war ich in meinem Element, geschützt von der Sicherheit, die mir das Filmset und meine Rolle boten. Ein Porträt dagegen war eine ganz andere Nummer. Ich war zwar keine Expertin, hatte mich jedoch im Laufe der letzten Jahre genug mit Journalisten herumschlagen müssen, um zu wissen, dass sich ein Porträt nicht einfach so runterschreiben ließ. Es war kein kurzer Bericht, kein Interview, in dem nur meine Antworten zitiert wurden. Ein Porträt ging viel, viel tiefer.

Wie betäubt tippte ich eine Antwort. Sie bestand nur aus einem Wort.

Nein.

Ich wollte den Laptop gerade zuklappen, als Mallorys Antwort in mein Postfach flatterte. Sie schien nur darauf gewartet zu haben, dass ich mich endlich meldete.

Tessa, ich weiß, du möchtest das nicht. Aber denk darüber nach. Wenn du das machst, hast du die Kontrolle. Du kannst bestimmen, was über dich geschrieben wird.
Dir muss klar sein, dass sie über dich berichten werden, während du in dieser Stadt bist. Egal ob du kooperierst oder nicht. Wenn du es nicht auf diese Weise machst, werden sie schreiben, was sie wollen. Und du weißt, dass das nicht das ist, was du willst.
xoxo M.

Mit anderen Worten: Ich hatte nicht wirklich eine Wahl. Frustriert stöhnte ich auf, klappte meinen Laptop zu und schob ihn von mir weg. Mallory würde in das Fehlen einer Antwort schon das Richtige interpretieren, das tat sie immer.

Ich würde es machen. Es passte mir nicht, aber es gehörte nun mal zum Job, und sie hatte recht. Wenn ich nicht zumindest beeinflusste, was sie über mich schrieben, würden sie irgendwas schreiben, und das hasste ich. Ich hasste es, wenn Gerüchte in die Welt gesetzt wurden, wenn sie sich Geschichten ausdachten, die nicht wahr waren.

Eigentlich sollte es mich nicht kümmern. Es sollte mir egal sein, was das Internet und die Menschheit von mir dachte. Schließlich war ich diejenige, die eine Lüge lebte. Ich war diejenige, die sich eine Geschichte ausgedacht hatte, diejenige, die nicht die Wahrheit sagte.

Es sollte mir egal sein. Aber das war es nicht.

Weil ich die Kontrolle haben musste.

4. KAPITEL

Tessa

Ich hatte mich unter meinem Bett verkrochen. Mein Gesicht lag auf dem kalten Boden, und ich musste mich zwingen, nicht zu niesen, obwohl der Staub in meiner Nase kitzelte. Aus dem Wohnzimmer drangen laute Stimmen zu mir nach oben. Sie stritten wieder. Das taten sie immer. Laut und schrill und so durchdringend, dass ich mir am liebsten die Ohren zugehalten hätte. Aber das war unter dem Bett nicht möglich, und ich hatte weder Kopfhörer noch ein Handy, um mit Musik diesen Streit ausblenden zu können.

Mein Herz raste, in meinen Augen brannten Tränen. Vom Staub, redete ich mir ein. Ich weinte nicht. Ich wollte nicht weinen. Ich wollte keine Angst haben.

Aber ich hatte Angst. Davor, dass sie sich irgendwann die Köpfe einschlagen würden.

Ich würde weglaufen. Weit weg. Sie wollten mich ohnehin nicht hier haben, keiner von beiden. Vielleicht könnte ich zu Tante Susan. Sie würde –

»Wo steckst du schon wieder, du kleine Kröte? Komm endlich!« Sie klang wütend. Kröte. So nannten sie mich ständig. Ich hasste das. Ich hatte einen Namen. Sie hatte mir einen Namen gegeben. Allerdings konnte ich mich nicht erinnern, wann ich ihn in diesem Haus das letzte Mal gehört hatte.

Ich machte mich so klein ich konnte, atmete flach. Wenn sie mich

49

nicht hörten, würden sie mich auch nicht finden. Ich hatte Angst, wenn sie so wütend waren.

Es war nicht immer so. Manchmal – viel zu selten – gab es auch gute Tage. Tage voller Lachen, an denen es Eis zum Frühstück gab und wir den ganzen Tag Filme schauten und uns aufs Sofa kuschelten.

Heute war kein guter Tag. Es hatte lange keinen guten Tag mehr gegeben.

Das Klingeln meines Weckers riss mich aus dem Schlaf. Mit heftig pochendem Herzen und keuchendem Atem fuhr ich hoch. Im ersten Augenblick fehlte mir jegliche Orientierung. Es war zu dunkel, viel zu dunkel. Adrenalin jagte durch meinen Körper, und ich tastete hektisch nach meinem Smartphone. Ich fühlte Panik in mir aufsteigen.

Erst als mein aufleuchtendes Display grelles Licht durch das Zimmer schickte, erinnerte ich mich wieder daran, wo ich war.

Faerfax.

In einem Hotel im Univiertel. Nicht am anderen Ende der Stadt.

Ich brauchte noch ein paar Sekunden, bis ich meinen Wecker endlich zum Schweigen bringen konnte, dann ließ ich mich erschöpft wieder in die Kissen sinken. Ich fühlte mich so müde, als hätte ich seit Tagen nicht geschlafen. Dabei war ich an wenig Schlaf gewöhnt, ich konnte damit umgehen. Nur diese Albträume trieben mich jedes Mal in den Wahnsinn. Ich schloss die Augen, wollte nichts lieber, als weiterzuschlafen. Aber die Angst vor weiteren Albträumen trieb mich aus dem Bett.

Ich stellte mir nicht umsonst einen Wecker, wenn ich eigentlich ausschlafen konnte. Das schrille Klingeln riss mich Morgen für Morgen sehr verlässlich aus meinen Träumen. Anders konnte ich ihnen nicht entkommen.

Energisch schob ich die Bilder des Traums in den hintersten Winkel meines Kopfes, verschloss sie in einer Kiste mit Erinnerungen und zog die Vorhänge auf.

Der Himmel war leuchtend blau, die Sonne schien so strahlend, als wollte sie mir sagen, dass das hier ein neuer Tag war, ein neues Leben. Und dass meine Vergangenheit mir nichts mehr anhaben konnte. Ein mulmiges Gefühl breitete sich in mir aus. Ich bezweifelte stark, dass das wirklich so war.

Kopfschüttelnd wandte ich mich vom Fenster ab und blieb unschlüssig mitten im Zimmer stehen. Ella und ich waren erst am Nachmittag verabredet, und ich hatte keine Ahnung, womit ich mich die nächsten Stunden beschäftigen sollte.

Es gab Tage, da fühlte ich mich nach den Albträumen müde und antriebslos. So wie heute. Normalerweise ging ich an diesen Tagen joggen, auch wenn ich das Laufen hasste. Mir fehlte eindeutig die Kondition, und ich musste dafür das Haus verlassen und mich im Park unter die Leute mischen. Zwei gute Gründe, um es nicht zu tun. Aber nach diesen Nächten, wenn ich mich am Morgen ausgelaugter fühlte als am Abend, bevor ich schlafen gegangen war, half frische Luft am allerbesten, damit ich wieder zu mir selbst fand.

Wenn ich jedoch das Gefühl hatte, vor überschüssiger Energie förmlich zu platzen, war Yoga mein Heilmittel. Es brachte mich zurück auf den Boden. Heute würde Yoga allerdings nicht reichen. Also holte ich meine Laufsachen aus dem begehbaren Kleiderschrank, machte mich fertig und verließ das Hotel. Es war noch früh, die Straßen weitestgehend leer, und weil ich heute nicht nur eine Mütze trug, sondern mir auch ein dünnes Tuch um den Hals gewickelt und halb über mein Gesicht gezogen hatte, erkannte mich niemand, als ich loslief.

Zwei Stunden und eine ausgiebige Dusche später wusste ich jedoch wieder nichts mit mir anzufangen. Inzwischen war ich hellwach und wurde von Minute zu Minute unruhiger. Normalerweise war das ein sicheres Anzeichen dafür, dass eine Runde Yoga helfen würde, aber nachdem ich fast eineinhalb Stunden durch die Stadt gejoggt war – immer darauf bedacht, die Orte meiner Vergangenheit zu meiden –, war ich mir sicher, dass mein Körper streiken würde, sollte ich ihm noch mehr abverlangen.

Ich gab es nicht gerne zu, aber das Treffen mit Ella machte mich nervös. Ich musste mich irgendwie beschäftigen. Schließlich griff ich nach dem Buch auf meinem Nachttisch und versuchte krampfhaft, mich auf die Worte zu konzentrieren. Als ich zum vierten Mal dieselbe Seite las, ohne zu begreifen, worum es eigentlich ging, legte ich das Buch entnervt weg.

Meine Gedanken rasten. Sprangen von meinem Treffen mit Ella zu diesem verdammten Film, der so wahnsinnig gut werden könnte, wenn ich nicht versagte. Kurz überlegte ich, ob ich meinen Text erneut durchgehen sollte, aber ich hatte mich die letzten Wochen so intensiv mit dem Skript auseinandergesetzt, dass ich meinen Text wahrscheinlich im Schlaf runterbeten konnte.

Das Drehbuch war lange Zeit durch Hollywood gegeistert, die Produzenten hatten sich darum gerissen wie die Verlage um den Roman. Jeder wollte diesen Film machen. Und jeder wollte in diesem Film mitspielen, ungeachtet der Tatsache, dass über das Drehbuch kaum etwas bekannt gegeben wurde, bis alle Verträge unterschrieben waren. Ich hatte nicht einmal zu hoffen gewagt, dass ich die Hauptrolle ergattern würde. K.C. Stewart war meine absolute Lieblingsautorin. Ich hatte jeden ihrer Romane gelesen, obwohl ich sonst keine besonders große Leseratte war. Aber ihre Bücher hatten etwas an sich, das mich jedes Mal in seinen Bann zog. So wie Millionen andere junge Frauen auch. K.C. Stewart hatte eine riesige Fanbase, was einer der Gründe dafür war, dass jede junge Schauspielerin die Rolle wollte und gleichzeitig Angst davor hatte. Der Druck, den diese Rolle mit sich brachte, war enorm. Trotzdem hatte ich um die Rolle gekämpft wie eine Besessene. Weil ich wusste, dass ich es gut machen würde, und weil ihre Bücher mich auf mehr als eine Weise gerettet hatten.

An dem Abend, an dem ich erfahren hatte, dass ich die Rolle bekommen hatte, war ich in Tränen ausgebrochen.

Ich hatte den Vertrag unterschrieben und danach erst erfahren, dass die Geschichte in Faerfax spielen und auch dort gedreht werden würde. Ausgerechnet in der Stadt, in die ich niemals zurückkehren wollte.

Mein erster Impuls war es, alles abzusagen. Ich erinnerte mich noch genau an die Angst, die mein Herz zum Rasen gebracht hatte, als mir der Drehort mitgeteilt worden war. Ich war nicht in Panik geraten, so wie gestern, auch wenn ich allen Grund dazu gehabt hätte. Viel hatte jedoch nicht gefehlt.

Allerdings kam eine Absage schon dann nicht mehr infrage, als nur einen Tag, nachdem ich meine Unterschrift unter den Vertrag gesetzt hatte, der Cast veröffentlicht wurde. Die Medien, die Fans, alle überschlugen sich förmlich vor Vorfreude, obwohl auch zu diesem Zeitpunkt noch nicht öffentlich gemacht wurde, was denn nun eigentlich Thema des Films und seines dazugehörigen Romans sein würde.

Sieben Wochen waren seitdem vergangen. Noch nie hatte ich an einem Film mitgearbeitet, bei dem im Vorfeld alles so akribisch und bis ins kleinste Detail geplant worden war.

Jede Bekanntgabe – von der Eröffnung, dass es einen Film geben würde, bis zum Vorstellen des Casts – beschränkte sich aufs absolute Minimum, damit keine Informationen an die Öffentlichkeit gelangten, die noch eine Weile geheim bleiben sollten.

Und in den letzten sieben Wochen hatte ich mich Tag für Tag gefragt, ob ich das Richtige tat.

Aber es gab keinen plausiblen, glaubhaften Grund, meinen Vertrag aufzukündigen, ganz abgesehen davon, dass die Produktionsfirma mich vermutlich auch verklagt hätte, wenn ich so kurz vor Drehbeginn ausgestiegen wäre. Und das hätte mir gerade noch gefehlt. Eine Klage würde Aufmerksamkeit auf sich ziehen, und man würde herauszufinden versuchen, was hinter meinem Rückzug steckte. Zu viel Neugierde würde mir zum Verhängnis werden. Niemand durfte von meinem Leben vor meinem Einzug in Hollywood erfahren.

Ich hätte meine Gesundheit vorschieben können, doch das war viel zu nah an der Wahrheit, und das Endergebnis wäre dasselbe geblieben. Irgendjemand hätte angefangen zu schnüffeln.

Unruhig ging ich in meinem Zimmer auf und ab. Ich brauchte dringend Ablenkung, sonst würde ich noch wahnsinnig werden. Ich griff nach meinem Laptop, suchte nach einem Film bei Netflix, obwohl es einen unverschämt großen Fernseher gab, und checkte dann doch zuerst meine Mails, in der Hoffnung, dass Mallory mir geschrieben hatte, ich würde dieses bescheuerte Porträt doch nicht machen müssen. Hatte sie natürlich nicht getan. Stattdessen fand ich eine Mail von Cole Williams mit dem Betreff *Artikel für Faerfax News*. Cole Williams. Das musste der Journalist sein, dem ich diesen Mist zu verdanken hatte. Obwohl das vermutlich nicht fair war. Er machte wahrscheinlich auch nur seinen Job. Irgendwie kam mir sein Name bekannt vor. Es dauerte einen Augenblick, bis es mir wieder einfiel. April Williams war laut Mallorys Mail die Chefredakteurin der Unizeitung. Ob die beiden wohl verwandt oder vielleicht sogar verheiratet waren? Letzteres erschien mir zwar unwahrscheinlicher, aber unmöglich war es nicht. Ich zögerte einen Moment und schloss das Mailprogramm dann, ohne die Nachricht zu lesen.

Normalerweise antwortete ich so schnell wie möglich auf Mails, doch ich ahnte, dass diese Nachricht mir heute nicht guttun würde. Meine Gedanken und Gefühle waren jetzt schon ein einziges Chaos. Es mochte vielleicht nicht besonders professionell und ein bisschen unhöflich sein, aber ich brauchte diesen Tag für mich. Einen einzigen freien Tag. Morgen würde ich mich wieder um die Arbeit kümmern.

Außerdem war ich mir sicher, Cole Williams würde es überleben, wenn ich mich morgen erst bei ihm meldete.

Es fiel mir schwer, mich zu entspannen. Meine Finger zuckten unruhig, sie brauchten etwas zu tun. Schließlich stand ich auf und holte mein Strickzeug aus dem Kleiderschrank. Während ich ein Paar Socken strickte und mir einen romantischen Teenie-Film ansah, der in mir den Wunsch weckte, ein ganz normales, unaufgeregtes Leben zu führen und mich zu verlieben, lösten sich meine verkrampften Muskeln.

Stricken war vielleicht nicht unbedingt das coolste Hobby, aber ich liebte es. Es war beruhigend, und es beschäftigte meine zappeligen Hände. Schön waren die Socken und Schals, die ich strickte, nicht, dafür fehlte mir leider das handwerkliche Geschick. Aber ich mochte meinen überlangen Schal, und bisher hatte sich auch niemand über die Socken beschwert. Ich hatte schon so viele Paare gestrickt, dass ich eines Tages beschlossen hatte, sie zu spenden. Außerdem war Kalifornien jetzt auch nicht unbedingt der Bundesstaat, in dem man dicke Socken brauchte. Zumindest nicht mehr als acht Paare.

Die nächsten 99 Minuten lang begleitete ich Lara Jean und Peter auf ihrem Weg zum Happy End, und als der Abspann über den Bildschirm flimmerte, kehrte ich mit einem Seufzen in mein eigenes Leben zurück.

Immerhin zeigte mir ein Blick auf die Uhr, dass ich mich endlich auf den Weg zu Ella machen konnte.

In L.A. hätte ich mir jetzt wahnsinnig viele Gedanken über mein Outfit gemacht, aber ich war mir sicher, dass es Ella absolut egal war, welche Klamotten ich trug, und schlüpfte schließlich nur in eine bequeme Jeans und einen übergroßen dunkelroten Strickpulli.

Meine Beanie-Mütze, unter die ich meine Haare stopfte, und eine Sonnenbrille vervollständigten mein Outfit, und ich hoffte, dass das reichen würde, um nicht erkannt zu werden. Ich setzte mir meine Kopfhörer auf und machte mich zu den Klängen einer Coverversion von *Mad World* auf den Weg. Kopfhörer hielten die meisten Menschen davon ab, jemanden anzusprechen, man wirkte distanziert, ohne irgendwas dafür tun zu müssen. So war es auch jetzt. Blicke streiften mich, doch niemand schien mich richtig wahrzunehmen. Unbehelligt erreichte ich die Adresse, die Ella mir auf einen Zettel geschrieben hatte und stellte verblüfft fest, dass ich wieder vor dem Café landete.

Ich nahm meine Kopfhörer ab und trat näher an das Gebäude heran. Durch das große Fenster konnte ich sehen, dass das *Happiness* brechend voll war. Wenn ich dort hineinging, würde ich mich der Meute quasi selbst zum Fraß vorwerfen.

Ich spürte, wie mir das Blut aus dem Gesicht wich.

Hatte ich mich so in Ella getäuscht? Ich kannte sie nicht und hatte auch nur ein paar Minuten mit ihr gesprochen. Aber dass sie für unser Treffen einen Ort voller Menschen auswählte, hätte ich nicht von ihr erwartet. Sie hatte mir für einen kurzen Moment ein Gefühl von Sicherheit gegeben, davon, zumindest ansatzweise normal zu sein.

War das naiv? Vermutlich.

Wahrscheinlich hätte ich mit so etwas rechnen müssen, weil jeder irgendwas von mir wollte. Und sei es nur, einen weiteren

Zusammenbruch zu provozieren, damit man ihn medienwirksam nutzen konnte.

Aber dieses Mal war ich leichtgläubig und naiv gewesen, weil ich es sein wollte. Weil Ella ein kleiner Lichtblick am Ende meiner Einsamkeit gewesen war, eine potenzielle Freundin. Zumindest für diesen einen Tag.

»Hey, ich bin hier oben!« Wie gestern riss mich Ellas fröhliche Stimme aus meinen Gedanken. Irritiert hob ich den Kopf und entdeckte Ella, die sich winkend aus einem Fenster des oberen Stockwerks lehnte. Direkt über dem Café.

Erleichterung durchströmte mich. Ich hatte mich doch nicht geirrt. Meine Menschenkenntnis war zwar miserabel, aber offenbar doch nicht *so* miserabel.

»Du musst durch die Eingangstür und dann direkt nach links und nach oben und nicht durch die rechte Tür. Die führt ins Café. Ist ein bisschen verwirrend, tut mir leid.« Mit hochgezogenen Augenbrauen trat ich auf den Hauseingang zu und entdeckte im nächsten Augenblick eine zweite Tür, hellbraun und sehr unauffällig, die nicht ins Café, sondern nach links und zu der Wohnung darüber führte. Sie war nicht abgeschlossen, und ich fand mich in einem schmucklosen Treppenhaus wieder, das zwei Stockwerke nach oben führte. Ella lehnte bereits im Türrahmen der ersten Wohnung, als ich die Treppe nach oben stieg, und lächelte mich so strahlend an, dass ich unwillkürlich auch lächeln musste.

»Komm rein«, begrüßte sie mich und trat zur Seite.

Es gab keinen Flur, stattdessen standen wir sofort mitten im Wohnzimmer. Drei Türen gingen von dem großen Raum ab. Das Wohnzimmer war hell und einladend eingerichtet, und mein Blick fiel als Erstes auf den großen Korbsessel, der von der Decke hing und optisch perfekt in das Café gepasst hätte. Bücherregale nahmen eine ganze Wand ein, und an jeder freien Stelle standen Pflanzen. Zwischen zwei Regalen stand ein dunkles Klavier.

Angrenzend ans Wohnzimmer gab es eine offene Küche. Die Schränke wirkten schon älter, aber man konnte erkennen, dass Ella sich gut um ihre Küche kümmerte. Alles war blitzsauber und aufgeräumt. Mein Blick schweifte zurück zum Mittelpunkt des Wohnzimmers, ein großes, schokoladenbraunes Sofa, auf dem bestimmt vier Leute bequem Platz fanden.

Schweigend beobachtete Ella mich dabei, wie ich mich umguckte. Aus dem Augenwinkel sah ich, dass sie stolz lächelte. Und das zu Recht. Die Wohnung war wunderschön, ein Meisterwerk der Gemütlichkeit.

»Deine Wohnung ist toll!«, sagte ich mit ehrlicher Begeisterung, und Ella wurde rot.

»Danke«, erwiderte sie verlegen und deutete aufs Sofa. »Setz dich. Möchtest du einen Tee?«

»Gerne.«

Ella ging rüber in die Küche und setzte Wasser auf, während ich an das Bücherregal trat und meine Finger über die Rücken fahren ließ.

Es war eine Angewohnheit, die nicht jeder schätzte, aber ich konnte nicht anders, ich musste jedes Buch anfassen. Ich war keine große Leserin, weil mir oft die Zeit fehlte, und wenn ich dann doch mal Zeit dafür hatte, fiel es mir schwer, mich auf die Buchstaben vor meinen Augen zu konzentrieren. Filme waren eher mein Ding. Ich liebte alte Hollywoodstreifen mit Audrey Hepburn oder Filme im Stil von *La La Land*. Doch auch wenn ich keine Leseratte war, hatte ich eine Schwäche für Bücher. Für den Geruch, die runden Buchrücken und das leise Knistern des Papiers beim Umblättern einer Seite.

»Wenn du dir ein Buch ausleihen möchtest, bediene dich.« Ich drehte mich zu Ella um, die gerade lächelnd zwei Teetassen auf den Couchtisch stellte. Erst jetzt fiel mir auf, dass der Tisch aus einem dicken Baumstamm bestand.

»Danke«, sagte ich und setzte mich neben sie aufs Sofa.

»Kein Problem. Ich hab ja genug.« Ihre Augen funkelten belustigt, sie zog die Beine an und wirkte vollkommen entspannt.

Es mochte arrogant und vermessen klingen, aber die meisten Menschen waren in meiner Anwesenheit nicht so gelöst wie Ella. Sie schienen immer auf eine Art nervös und auf der Hut zu sein, als würden sie auf etwas warten. Dass Ella so anders reagierte, verwirrte und beruhigte mich gleichermaßen.

Ich trank einen Schluck Tee, süß und fruchtig, mit einem Hauch Rosmarin. »Also, kommst du aus Faerfax?«, fragte ich neugierig und lenkte das Gespräch bewusst auf Ella, bevor sie sich nach mir erkundigen konnte.

Sie nickte, die roten Locken wippten fröhlich um ihr Gesicht. »Ich habe mein ganzes Leben hier verbracht.« Wieder überlegte ich, ob wir wohl als Kinder miteinander gespielt hatten und uns jetzt nur nicht wiedererkannten.

»Studierst du an der Faerfax University?«

Der Schatten, der über Ellas Gesicht huschte, war deutlich zu erkennen, und ich bereute meine Frage sofort. »Nein. Mir fehlt das Geld für die Studiengebühren, und für ein Stipendium waren meine Noten an der Highschool nicht gut genug.« Sie lachte verbittert. »Mathe hat's mir versaut.«

»Das tut mir leid.« Mitgefühl durchströmte mich und der Wunsch, Ella irgendwie helfen zu können.

»Muss es nicht. Es ist nicht so, als bräuchte ich dieses Studium. Es würde manche Dinge vielleicht leichter machen, aber ich *brauche* es nicht.« Sie klang, als wollte sie sich selbst davon überzeugen.

Zweifelnd zog ich die Augenbrauen hoch, doch sie kam meiner nächsten Frage zuvor. »Ich möchte Schriftstellerin werden.

Das war schon immer mein Traum, und das geht auch ohne diese oder eine andere Uni. Ich brauche nur eine Chance. Und bis es so weit ist, arbeite ich eben bei meiner Schwester im Café.«

Ich trank noch einen Schluck und stellte meine Tasse auf den Tisch. »Das klingt toll. Ich bin schon auf dein erstes Buch gespannt«, erwiderte ich lächelnd.

Röte kroch Ellas Wangen hoch. »Na ja, zuerst sollte ich es vielleicht beenden.« Erneut zuckte sie mit den Schultern. Doch ihr war anzumerken, dass es ihr nicht so gleichgültig war, wie sie tat.

»Was schreibst du denn?«

»Im Moment gar nichts. Ich habe gerade eine kleine Schaffenskrise. So lässt es sich vermutlich am besten beschreiben. Dabei hab ich viele Ideen, aber mein Kopf ist so voll, dass ich nicht richtig weiß, wo ich anfangen soll. Ich hab im Moment zu wenig Zeit, um alles so zu planen, wie ich es gerne hätte.« Sie räusperte sich verlegen. »Aber was du wohl eigentlich wissen wolltest: Ich schreibe Romane. Kurze Texte liegen mir nicht so. Zwischendurch bekomme ich zwar etwas hin, das an ein Gedicht oder einen Poetry-Slam erinnert, das Wahre ist das allerdings nicht für mich. Ich brauche viele Worte, um Gefühle rüberbringen zu können.«

Ich schmunzelte. »Ich glaube, du brauchst generell viele Worte.«

»Das war schon immer so. Dad sagt immer, ich neige dazu zu schwafeln und die Leute mit unnötigen Informationen vollzustopfen.«

Zweifelnd neigte ich den Kopf und zog die Augenbrauen zusammen. »Das glaube ich nicht. Nicht immer ist weniger mehr.«

»Danke! Genauso sehe ich das auch.« Das für sie typische strahlende Lächeln kehrte auf ihr Gesicht zurück. »Wie gefällt dir Faerfax denn?«, wollte sie wissen.

»Ich bin noch nicht lange hier, und mein erster Versuch, mich in der Stadt umzusehen, ist nicht so wahnsinnig gut gelaufen, also bin ich noch etwas unentschlossen«, erwiderte ich, froh darüber, dass es eine Frage war, die ich leicht und bis zu einem gewissen Grad auch ehrlich beantworten konnte. Ich war tatsächlich noch unentschlossen. Zwar aus anderen Gründen, als Ella vermutlich annehmen würde, aber ich hatte nicht gelogen. Das war ein Schritt in die richtige Richtung.

»Okay, dann erkläre ich dir mal, was man über Faerfax wissen muss. Wenn die Dreharbeiten angefangen haben, wirst du vermutlich nicht mehr viel Zeit haben, dich umzusehen, doch du wärst dann zumindest auf alle Eventualitäten vorbereitet.« Ella rieb sich die Hände, und ich musste automatisch lachen. Ihre Augen glitzerten fröhlich, als sie loslegte.

Einiges von dem, was sie mir erzählte, kam mir bekannt vor. Aber entweder hatte sich in den letzten acht Jahren hier sehr viel verändert oder ich kannte die Stadt, in der ich aufgewachsen war, nicht mal ansatzweise so gut, wie ich gedacht hatte.

Mehrmals stellte ich eine Zwischenfrage, wenn Ella etwas zum Kino, den Studentenpartys und dem Sportangebot erzählte. Nicht nur, weil ich tatsächlich neugierig war, sondern vor allem, damit sie keine Gelegenheit hatte, mich über die Dreharbeiten auszuquetschen oder etwas zu fragen, das sich schwierig oder nur mit einer Lüge beantworten ließ. Ich war mir nicht sicher, ob ihr auffiel, dass ich das Gespräch konsequent von mir ablenkte. Wenn es so war, ließ sie mich jedenfalls nichts davon spüren. Vielleicht merkte sie auch, dass ich nicht gerne über mich selbst redete.

Die Zeit verging wie im Flug. Mit Ella zu reden war viel zu leicht. Ich konnte mich nicht daran erinnern, wann ich mich das letzte Mal so entspannt und gelöst gefühlt hatte. Sie übte keinerlei Druck auf mich aus, wollte nicht, dass ich dieses oder jenes tat. Sie fragte mich nicht aus, sondern behandelte mich wie ein normales Mädchen.

Ich war so daran gewöhnt, von Menschen umgeben zu sein, die mir sagten, was ich anzuziehen, zu tun und zu sagen hatte, dass mich diese Normalität traf wie ein Schlag.

Ja, ich hatte Susan, aber sie war meine Tante, sie kannte mich besser als jeder andere Mensch, und sie machte sich Sorgen. Unsere ganze Beziehung war geprägt von der Angst, dass mich meine Vergangenheit eines Tages einholen und zerquetschen würde.

Ella und ich wurden unterbrochen, als die Wohnungstür plötzlich mit einem Knall aufflog. Erschrocken sprang ich auf und wirbelte herum, mein Puls raste, in Erwartung, einen Fotografen oder Journalisten zu entdecken, der herausgefunden hatte, dass ich hier bei Ella war und jetzt unbefugt in ihre Wohnung eindrang.

»Ella, wo steckst du? Ich brauche –« Die Stimme verstummte abrupt. Ein dunkelhaariger junger Typ sah mich mit leuchtend blauen, weit aufgerissenen Augen an. Sprachlos öffnete er den Mund und klappte ihn wieder zu. Er war groß, sehr schlank, und obwohl man nicht leugnen konnte, dass er ziemlich attraktiv war, wirkte er noch sehr jungenhaft. So als würde es noch ein paar Jahre dauern, bis sich sein komplettes Potenzial entfaltete.

Ella erhob sich ebenfalls, sie war blass geworden, auch wenn sie den Typen zu kennen schien und er offensichtlich kein übereifriger Fotograf war, der in fremde Wohnungen einbrach.

Hallo, Paranoia.

Ellas Blick zuckte zu der Uhr, die in der Küche an der Wand hing, und ihr Gesicht wurde noch eine Spur bleicher. »Wieso ist es schon so spät?«, fragte sie murmelnd, dann wandte sie sich mir zu, das schlechte Gewissen stand ihr ins Gesicht geschrieben. Der Typ stand immer noch reglos da und sah mich fassungslos an. »Tut mir leid, ich habe überhaupt nicht auf die Zeit geachtet. Ich hab dir gestern ja schon erzählt, dass ich noch mit Freunden verabredet bin, und eigentlich wolltest du vorher gehen. Aber jetzt ist es schon so spät und … Es tut mir echt leid.« Die Worte sprudelten so schnell aus ihr heraus, dass ich sie kaum verstand. Ich wusste genau, wofür sie sich entschuldigte, und mir wurde warm ums Herz, weil es so absolut unnötig war. Sie hatte mir gestern gesagt, dass sie sich am Abend noch mit Freunden treffen würde und deshalb nicht so viel Zeit für mich hätte, aber ich hatte heute genauso wenig auf die Uhrzeit geachtet wie sie. Es war nicht ihre Schuld, dass ich immer noch hier war und jetzt unerwartet einem ihrer Freunde gegenüberstand.

»Das muss es nicht«, sagte ich und lächelte sie aufmunternd an. »Also dann …« Ich griff nach meinen Sachen, bereit, mich auf den Weg zu machen und zögerte.

Ich wollte nicht zurück ins Hotel, in dieses einsame Zimmer. Schon der Gedanke, den Rest des Abends allein zu verbringen, versetzte mir einen Stich.

»Vielleicht könnte ich auch bleiben?« Die Worte platzten aus mir heraus, bevor ich darüber nachgedacht hatte, und ich spürte, wie ich rot wurde, als Ellas Augen sich weiteten. »Also nur, wenn das für euch okay ist.«

Ich warf Ellas Freund einen kurzen, fragenden Blick zu. In diesem Moment war es mir egal, wie unhöflich es war, mich selbst einzuladen. Ich wollte nur nicht allein sein.

»Klar ist das okay«, erwiderte Ella, und da war es wieder, ihr strahlendes Lächeln. Erleichterung durchflutete mich.

»Ähm, Mädels, ich will mich ja nicht einmischen, aber ich bin auch noch da.« Ellas Freund hob die Hand und fuhr sich durch die Haare.

Ella lachte. »Wie konnte ich dich nur vergessen? Tessa, das ist Jamie. Er ist mein bester Freund und Mitbewohner.« Das Grinsen in ihrer Stimme war nicht zu überhören, und sie sah ihn mit spöttisch funkelnden Augen an. »Jamie, ich schätze, du hast Tessa erkannt.«

Aus zusammengekniffenen Augen warf er ihr einen giftigen Blick zu, doch um seine Lippen spielte ein kaum wahrnehmbares Lächeln, und ich hatte den Verdacht, dass die beiden sich wohl öfters neckten. Dann ging ein Ruck durch seinen Körper, er kam auf mich zu und streckte mir eine Hand entgegen. Sie war warm, und ich spürte Schwielen an seinen Fingerkuppen, als ich sie ergriff.

»Schön, dich kennenzulernen«, sagte er mit einem weichen Lächeln und ließ mich los. Dann warf er Ella einen tadelnden Blick zu. »Wenn du nächstes Mal jemanden in unsere Wohnung einlädst und es sich dabei zufällig um eine Berühmtheit handelt, warn mich doch bitte vor, damit ich mich nicht wie der letzte Depp benehme, wenn ich nach Hause komme, und zumindest so tun kann, als würde ich das alles total normal finden, ja?« Seine Mundwinkel zuckten, und ich begriff, dass er sich jetzt nur noch mit Mühe ein breites Grinsen verkneifen konnte. Ich mochte Jamie auf Anhieb.

Und Ella mochte ich gleich noch etwas mehr. Sie hatte nicht einmal ihrem besten Freund gesagt, dass wir verabredet waren. Für viele mochte das nur eine Kleinigkeit sein, aber mir bedeutete es eine Menge. Vor allem bedeutete es, dass ich Ella vertrauen konnte. Egal, wie voreilig diese Einschätzung auch sein mochte.

Mit einem reumütigen Ausdruck in den großen Augen legte Ella ihre Arme um Jamies Taille und guckte zu ihm hoch. »Es tut mir echt leid. So war das nicht geplant und –«

Wieder flog die Wohnungstür auf, und zwei heftig diskutie-

rende Jungen kamen herein, gefolgt von einem genervt drein-
schauenden Mädchen.

Sie stürmte auf Ella zu, die Jamie hastig losließ, und fiel ihr
theatralisch um den Hals. »Bring sie zum Schweigen, ich bitte dich! Den ganzen Weg geht das schon so! Ich ertrage diese
Diskussion nicht mehr!«

»Worum geht's denn dieses Mal?«, fragte Ella schmunzelnd,
als das Mädchen sich wieder von ihr löste. Sie war klein, mit
kinnlangen schwarzen Haaren und dunkelbraunen Augen.

Mit einem anklagenden Blick in den dunklen Augen wirbelte sie herum. »Es ging um –« Dann stieß sie ein hohes
Quietschen aus, als sie mich entdeckte, und wurde auf einen
Schlag kreidebleich. »Oh, Scheiße!« Sie sah so erschüttert aus,
dass ich lachen musste.

»Hi, ich bin Tessa«, stellte ich mich vor, auch wenn sie mich
offensichtlich erkannt hatte.

Stumm starrte sie mich aus großen Augen an. Ella kam uns
beiden schließlich zu Hilfe. »Das ist Cassidy. Und das sind
Julian und Cole.« Sie deutete auf die beiden Typen, die jetzt
hinter mir standen, und als ich mich zu ihnen umdrehte, um
mich auch ihnen vorzustellen, erstarrte ich.

Einer von ihnen, der größere von beiden, lächelte mich
freundlich an, seine grünen Augen blitzten neugierig. »Hi, ich
bin Julian«, sagte er, doch seine Worte kamen nur gedämpft
bei mir an.

Denn es war der andere, der meinen Blick gefangen hielt.
Cole.

Ich erkannte ihn sofort. Er war derjenige, der mich fast mit
seinem Fahrrad überfahren hatte. Gestern war mir gar nicht
aufgefallen, dass er auf eine unaufdringliche Weise ziemlich
gut aussah.

Sein dunkelblondes Haar fiel in wirren Locken in seine

Stirn und benötigte dringend einen Haarschnitt. Er war etwa eineinhalb Kopf größer als ich, sodass ich kaum zu ihm aufblicken musste, um in seine Augen sehen zu können. Doch ihre Farbe war durch die Tatsache, dass er eine Brille trug, kaum zu erkennen. Definitiv nicht blau. Ich sah Grün und noch etwas anderes, war mir aber nicht sicher, ob es eine Mischung aus Braun oder Grau war. Mein Blick wanderte ganz automatisch über sein Gesicht, den markanten Kiefer und die leicht unsymmetrischen Züge, die ihn nicht nur attraktiv, sondern auch interessant gemacht hätten, hätte er die Lippen nicht zu einem schmalen Strich zusammengepresst und mich nicht so wütend angefunkelt, dass ich beinahe vor ihm zurückgewichen wäre.

Nein, Cole schien über meine Anwesenheit alles andere als begeistert zu sein.

5. KAPITEL

Tessa

Cole strahlte eine so heftige Abneigung aus, dass mir ein Schauer über den Rücken lief. In seinem Blick lag pure Verachtung. Wow. Nachdem unsere erste Begegnung schon so klasse gelaufen war, schien die zweite richtig vielversprechend zu werden.

Stumm starrten wir einander an, so lange, dass es sogar den anderen auffiel.

»Also entweder die beiden verlieben sich gerade unsterblich und auf den ersten Blick ineinander oder sie kennen sich bereits«, hörte ich Jamie hinter mir amüsiert sagen, laut genug, dass wir ihn alle verstehen konnten.

Coles Gesicht zeigte keine Regung. Ich dagegen schluckte schwer, mein Herz schlug viel zu schnell. Am besten wäre es, wenn ich sofort verschwand. Ich sollte nicht hier sein. Aber ich bewegte mich nicht von der Stelle. Ich konnte nicht. Coles Anwesenheit in Ellas Wohnung hatte mich zu sehr überrumpelt. Nie im Leben hätte ich damit gerechnet, ihn je wiederzusehen.

»Wenn er so aussieht, wenn er sich verliebt, soll er sich bitte nie in mich verlieben«, sagte Cassidy mit einem Schnauben.

»Das wird auch nicht passieren, Cass.« Coles Stimme klang hart, doch für einen Wimpernschlag blitzten seine Augen amüsiert auf, auch wenn er immer noch mich anschaute.

Ich atmete tief ein und entschloss mich zu versuchen, diese unerträgliche Situation etwas erträglicher zu machen, indem ich mich noch einmal bei ihm entschuldigte, obwohl ich immer noch davon überzeugt war, dass der Unfall unser beider Schuld gewesen war.

»Es …«, setzte ich an, doch Cole gab mir keine Chance für eine weitere Entschuldigung. Ohne ein Wort löste er seinen Blick von mir und schob sich an mir vorbei.

Fassungslos starrte ich ihm hinterher.

»Hat dein Laptop den Sturz überlebt?«, platzte es aus mir heraus, bevor ich mich aufhalten konnte. Hinter mir zog Julian scharf die Luft ein. Offenbar schien zumindest er darüber Bescheid zu wissen, was zwischen uns vorgefallen war.

Es war dumm gewesen, das zu fragen. Cole schien mir niemand zu sein, den man leichtfertig reizen sollte, aber sein Verhalten ließ mich innerlich kochen. Mich musste nicht jeder mögen, das war auch gar nicht möglich, allerdings hatte ich auch nicht vor, mich so behandeln zu lassen. Nicht hier und nicht jetzt und erst recht nicht von ihm. Ich hatte mich bemüht, die Sache in Ordnung zu bringen, und er hatte mich eiskalt abblitzen lassen.

»Sie kennen sich also echt schon.« Ein triumphierender Unterton schwang in Jamies Stimme mit.

Langsam drehte Cole sich wieder um, machte einen Schritt zurück in meine Richtung und erwiderte meinen Blick mit hochgezogenen Augenbrauen. Ich straffte die Schultern, verfluchte mich innerlich aber, dass ich nicht einfach die Klappe halten konnte.

»Nein, hat er nicht.« Cole runzelte die Stirn, Ärger blitzte in seinen Augen auf. Ich hielt den Atem an, wartete darauf, dass er noch einen Vorwurf hinterherschieben würde, doch Ella kam ihm zuvor.

»Woher genau kennt ihr zwei euch?«, mischte sie sich ein und sah zwischen mir und Cole hin und her. Sie wirkte beunruhigt, und ich konnte es ihr nicht verdenken. Während der letzten zwei Minuten war die Stimmung im Raum von fröhlich-aufgedreht zu feindselig-abwägend umgeschlagen. Ich war mir nicht sicher, ob der Stimmungsumschwung von mir oder Cole ausging. Aber ich wusste, dass ich mich besser gefühlt hatte, bevor er gekommen war.

Cole schnaubte, ließ sich aber zu keiner Antwort herab.

»Wir hatten gestern einen kleinen Unfall«, erklärte ich und schenkte Cole ein versöhnliches Lächeln, in der Hoffnung, die Situation doch noch retten zu können. Nur weil unsere erste Begegnung eine Katastrophe gewesen war, musste es jetzt ja nicht genauso schlimm werden.

Doch Cole sah das offenbar anders. Er verdrehte abfällig die Augen. »Ein kleiner Unfall, den mein Laptop leider nicht überlebt hat.« Seine Worte klangen bissig, sein Tonfall war hart, und Empörung stieg in mir auf. Etwas tief in mir drin wollte sich aufregen und mit ihm streiten, weil er sich wie ein Arsch benahm, aber ich ließ es nicht raus. Stattdessen knirschte ich mit den Zähnen und atmete tief durch.

»Das mit deinem Laptop tut mir leid, das wollte ich gerade schon sagen. Ich könnte dir helfen, einen neuen – «

»Vergiss es. Ich will nichts von dir«, fiel er mir harsch ins Wort. Er presste die Zähne so fest aufeinander, dass seine Kieferknochen deutlich hervortraten. »Ich dachte, das hätte ich dir gestern schon klargemacht!«

Halt die Klappe, Tessa, reiß dich zusammen. Bleib ruhig.

Ich reagierte auf Coles Feindseligkeit, ohne über die Konsequenzen nachzudenken. Ohne daran zu denken, dass sich außer uns noch vier weitere Personen im Raum befanden, die mich nicht kannten.

»Du bist nicht besonders gut darin, Entschuldigungen anzunehmen, oder?« Ich verschränkte die Arme vor der Brust und funkelte Cole wütend an.

So viel dann dazu, ruhig zu bleiben.

Jamie feixte. »Ich glaube, das könnte lustig werden«, sagte er leise in Julians Richtung. Doch ich bekam nicht mit, was Julian antwortete.

»Und du bist nicht besonders gut darin, mir aus dem Weg zu gehen«, zischte Cole.

Empört schnappte ich nach Luft. Was hatte er für ein Problem? Es war doch nur ein Laptop. Die Daten ließen sich mit Sicherheit retten, und das Gerät konnte man leicht ersetzen.

Mir lag schon eine bissige Antwort auf den Lippen, als ich sah, wie ein Ruck durch seinen Körper ging. Cole wurde blass, nur eine Spur, doch ich sah es trotzdem. Irritiert kniff ich die Augen zusammen.

Eine Reihe von Gefühlen jagte über sein Gesicht, von Ärger über Trotz bis hin zu Resignation. Als er sich wieder gefangen hatte, war sein Gesicht vollkommen leer. Jede Regung war verschwunden. Ich schauderte. Und ob ich wollte oder nicht, ich wurde neugierig. Irgendwas entging mir. Etwas, das nur Cole wusste. Die anderen sahen nämlich ungefähr so verwirrt aus, wie ich mich fühlte. Außer Julian. Er wirkte eher so, als würde eine riesengroße Katastrophe auf ihn zukommen.

Eine unangenehme Stille breitete sich zwischen uns aus, und in meinem Hals bildete sich ein fetter Kloß. Alles in mir sträubte sich gegen diese Stille und gegen Coles kalten Blick. Ich suchte nach meiner Rolle, nach einem freundlichen Lächeln und einer aufrichtigen Entschuldigung. Aber mein Gehirn war plötzlich wie leer gefegt. Tessa Thorn war mir wieder einmal verloren gegangen, und ich hatte keine Ahnung, was ich sagen sollte.

Es war Ella, die die Situation rettete. Sie knuffte Cole in die Seite und grinste ihn an, doch die Warnung in ihren Augen war nicht zu übersehen. »Cole, ich bin sicher, du beabsichtigst, mit deiner miesen Laune besonders cool zu wirken, aber weißt du was? Das funktioniert nicht. Wir wissen alle, wie charmant du sein kannst. Lass Tessa lieber diese Seite von dir kennenlernen, ja?« Sie blinzelte ihn unschuldig an und tätschelte seine Schulter.

Julian gab ein unterdrücktes Prusten von sich, das er nicht besonders geschickt als Hustenanfall tarnte, während Cassidy gar nicht erst versuchte, ihr Lachen zu verstecken. Cole dagegen zog die Augenbrauen hoch und bedachte Ella mit einem Blick, der jeden anderen in Flammen hätte aufgehen lassen. Doch Ella ließ sich davon nicht beeindrucken. Auch dann nicht, als Cole mit einem verschlagenen Funkeln in den Augen einen Schritt auf sie zutrat. Er beugte sich vor, brachte seine Lippen ganz nah an Ellas Ohr, und es schien ihn so gar nicht zu stören, dass wir anderen sie gespannt beobachteten.

Etwas in mir regte sich, als Coles Blick für den Bruchteil einer Sekunde zu mir zuckte, und mein Herz machte erneut einen Satz. Dieses Mal allerdings aus anderen Gründen.

Ein herausforderndes Lächeln spielte um seine Lippen, als er sich wieder Ella zuwandte. Und obwohl er seine Aufmerksamkeit voll und ganz auf sie richtete, fühlte es sich an, als würde dieses Lächeln mir allein gelten. Energisch drängte ich die Hitze zurück, die sich in meinem Inneren ausbreitete. Was hatte er vor?

»Du hast keine Ahnung, *wie* charmant ich sein kann.« Er senkte seine Stimme zu einem verführerischen Flüstern. Damit hatte er mit Sicherheit schon einige Mädchen rumgekriegt. Aus dem Augenwinkel sah ich, wie Jamie die Stirn runzelte, doch meine Aufmerksamkeit wurde schnell wieder auf Ella gelenkt, weil sie schallend zu lachen begann.

»Und ich hab auch nicht vor, das jemals herauszufinden.«

Cole

»Da verpasst du was«, erwiderte ich und zuckte gleichmütig mit den Schultern.

Ella schüttelte lachend den Kopf, doch in ihrem Blick flackerte eine Warnung auf. *Übertreib es nicht*, schien sie sagen zu wollen. Zum Glück war Mason zurzeit wieder mal in Dallas. Wenn er jetzt hier wäre, würde er mich einen Kopf kürzer machen, so wie ich gerade mit seiner Freundin sprach.

Ich wusste selbst nicht, was das sollte. Es war absolut dämlich, keine Ahnung, was ich eigentlich mit meinem Benehmen bezweckte. Ich flirtete nie mit Ella oder Cassidy. Wir waren Freunde und so etwas, was ich gerade gesagt hatte, hatte zwischen uns definitiv nichts verloren. Aber wie so oft, wenn ich mit einer Situation leicht überfordert war, hatte mein gesunder Menschenverstand für einen Moment ausgesetzt, und mein Mund hatte das Kommando übernommen und was vollkommen Unpassendes von sich gegeben. Glücklicherweise kannte Ella mich gut genug, um mich nicht ernst zu nehmen.

Aus dem Augenwinkel sah ich, dass Tessa schmunzelte, und plötzlich lag meine Aufmerksamkeit wieder voll und ganz auf ihr. Mein Geplänkel mit Ella war vergessen.

Was zum Teufel hatte *sie* hier verloren? Warum zur Hölle war sie da? Eine der berühmtesten Schauspielerinnen Hollywoods, ausgerechnet in der Wohnung meiner ältesten Freundin?

Ich wollte Ella mit Fragen löchern, aber jetzt war nicht der richtige Zeitpunkt dafür. Nicht solange Tessa noch hier war. »Okay Leute, ich sterbe vor Hunger, was haltet ihr von Pizza?«, fragte Ella und kniff mich nicht gerade sanft in die Seite, ein weiterer warnender Blick ließ mich die Augen verdrehen.

Ich sparte mir eine Antwort, schlenderte wortlos zu Ellas Korbsessel und fläzte mich hinein, ohne Tessa auch nur eine Sekunde aus den Augen zu lassen, während Ella sich ums Abendessen kümmerte.

Sie sah anders aus als auf den Fotos, die ich von ihr im Internet gesehen hatte. Viel normaler und jünger. Sie war immer noch schön, wirkte allerdings weniger abgehoben. Wahrscheinlich lag es daran, dass sie Jeans und einen Pulli trug anstatt eines extravaganten Kleides und dass sie fast vollständig auf Make-up verzichtet hatte.

Inmitten meiner Freunde wirkte sie seltsam verloren. Als würde sie nicht hierhergehören. Und das tat sie auch nicht, verdammt noch mal!

Sie gehörte nach Hollywood, von mir aus auch ans Filmset in Faerfax, aber definitiv nicht hierhin.

Meine Freunde schienen das allerdings anders zu sehen als ich.

Sie hatten sich mit Tessa aufs Sofa gesetzt – Jamie hockte auf dem Boden, weil nicht genug Platz für alle war – und hingen förmlich an ihren Lippen. Vermutlich sollte ich mich am Gespräch beteiligen, schauen, was ich aus Tessa herausbekam. Das wäre das, was April tun würde und was ich eigentlich tun sollte. Aber ich hatte keinen Nerv dafür, so zu tun, als fände ich es nicht absolut scheiße, dass sie hier war, egal wie wichtig jede Information für diesen bescheuerten Artikel war.

Ich fragte mich, ob Tessa wusste, dass die Mail, die sie heute Mittag bekommen hatte, von mir war. Wusste sie, dass ich derjenige war, der über sie schreiben würde?

Mit wachsender Neugier beobachtete ich sie. Sie wirkte locker und entspannt, und ich bezweifelte, dass sie den Journalisten Cole Williams mit mir in Verbindung brachte. Sonst hätte sie sich gerade nicht mit mir gestritten. Ich wusste nicht viel über Tessa Thorn, aber was ich wusste, war, dass sie nie Probleme machte. Sie hatte keine Fehden mit anderen Hollywoodstars, noch nicht einmal solche, die nur dafür benutzt wurden, um Aufmerksamkeit auf sich zu ziehen. Gespielte Streitereien, die nach der erfolgreichen Veröffentlichung eines neuen Films oder Musikalbums wieder aus der Welt geräumt wurden.

Über Tessa Thorn ließ sich kaum ein böses Wort finden, es kam einem fast vor, als wäre sie eine Heilige. Natürlich gab es diverse Gerüchte, sogar eins über einen Schwangerschaftsabbruch, aber jedem, der bei Verstand war, musste klar sein, was für ein Quatsch das war. Die schlimmsten Klatschblätter verbreiteten auch die schlimmsten Gerüchte, allerdings war Tessa nicht die Einzige, die da schlecht wegkam. Sogar Jennifer Aniston und Emma Watson hatten in diesen Zeitschriften negative Schlagzeilen, und mir war es ein Rätsel, wie solche Magazine sich halten konnten. Wer glaubte denn ernsthaft diesen Scheiß, den sie da veröffentlichten. Abgesehen von ein paar Ausnahmen schwärmten jedoch alle von Tessa, davon, wie viel Zeit sie sich für ihre Fans nahm, wie schön, talentiert und nett sie war. Bla, bla, bla. Niemand konnte so perfekt sein.

Auch nicht Tessa.

Und unser kleiner Streit war der beste Beweis dafür.

Während der nächsten zwei Stunden schaute ich nur zu. Ich sagte kein Wort, obwohl Ella mir dafür mehrmals einen giftigen Blick zuwarf. Es war aber deutlich spannender, Tessa bei dem Gespräch zu beobachten, als mich selbst daran zu beteiligen.

Es ging gar nicht mal darum, was sie von sich erzählte, denn das war nicht besonders viel. Eigentlich gab sie gar nichts von sich preis. Cassidys Fragen nach ihrem neuen Film wich sie mit einem charmanten Lächeln und einem bedauernden Kopfschütteln aus. Stattdessen löcherte sie meine Freunde. Sie wollte alles über ihr Leben in Faerfax wissen, über ihre Hobbys und über ihre Kindheit.

Cassidy und Julian waren erst vor zwei Jahren für ihr Studium hergezogen. Jamie, Ella und ich hingegen waren in Faerfax geboren, und die beiden hatten keine Hemmungen, Tessa jede noch so kleine Kleinigkeit über unser Leben hier zu berichten.

Und Tessa schien alles in sich aufzusaugen wie ein Schwamm. Sie stellte Fragen, als würde es sie tatsächlich interessieren, was meine Freunde zu sagen hatten.

Tja, und dann machte sie einen Fehler.

»Die Uni klingt wirklich toll. Ich bin schon so gespannt, wie alles aussieht. Es werden zwar einige Räume für den Dreh vorbereitet, aber ein bisschen was von der echten Uni werde ich ja hoffentlich trotzdem zu sehen bekommen. Ich hab schon als kleines Mädchen davon geträumt, dort zu studieren«, plapperte Tessa, ihre Stimme vibrierte vor Aufregung. Ich richtete mich alarmiert auf, als ein kaum merklicher Ruck durch ihren schmalen Körper ging. Ihre Augen flackerten, und für den Bruchteil einer Sekunde lag da etwas in ihrem Blick, etwas, das fast nach Angst aussah.

Doch der Ausdruck verschwand zu schnell wieder, als dass

ich mir hundertprozentig sicher sein konnte. Misstrauisch musterte ich sie. Etwas stimmte nicht.

»Wie bist du denn ausgerechnet auf die Faerfax University gekommen?«, mischte ich mich ein, bevor einer der anderen etwas erwidern und damit eventuell das Thema wechseln konnte. Meine Freunde und Tessa drehten sich zu mir um. »Ist ja nicht so, als wäre unsere Uni berühmt oder so. Die meisten wollen eher nach Yale oder Harvard.« Ich bemühte mich um einen gelangweilten Tonfall, doch innerlich war ich gespannt wie ein Flitzebogen. Tessa brauchte zu lange, um zu antworten. Es waren nur ein paar Sekunden, aber sie zögerte merklich. Und die meisten Menschen, die bei einer so simplen Frage zögerten, hatten etwas zu verbergen.

Oder ich interpretierte gerade mehr in die Sache rein als nötig.

Allerdings waren mir Misstrauen und der Glaube, dass hinter allem mehr steckte, als auf den ersten Blick ersichtlich war, quasi in die Wiege gelegt worden, und ich kam nicht dagegen an nachzubohren.

»Google«, entgegnete Tessa schließlich spitz. Ihre Augen glühten, aber sie war blass geworden, wenn auch nur eine Spur. Irgendetwas stimmte ganz und gar nicht.

»Als Kind habe ich davon geträumt, Schauspiel zu studieren, um so den Sprung auf die große Bühne zu schaffen. Und die Faerfax University *ist* nun mal berühmt für ihren Schauspielunterricht. Aber dann ist es anders gelaufen als geplant.« Sie zuckte mit den Schultern, jetzt wieder total entspannt, und strich sich eine Haarsträhne hinters Ohr.

»Das war auf jeden Fall keine üble Entwicklung«, stellte Julian fest und grinste sie frech an. Es war sein Aufreißergrinsen, aber Tessa sprang nicht darauf an. Jedes andere Mädchen wäre rot angelaufen. Ich wusste das, weil ich schon häufig gesehen hatte, wie Julian eine von ihnen abgeschleppt hatte. Tessa schmunzelte nur belustigt. Allerdings war sie aus Hollywood vermutlich ganz andere Typen als Julian gewohnt.

»Nein, war es nicht.« Ihr Lächeln wurde breiter, während sie Julian ansah, mich würdigte sie keines Blickes mehr.

»War das nicht voll aufregend? Als Teenager nach Hollywood zu kommen?« Cassidys Augen leuchteten, begierig darauf, endlich das zu hören, worauf sie schon den ganzen Abend wartete.

»Ja, das war es. Es war sogar sehr aufregend.« Tessa lachte fröhlich. Sie hatte ein schönes Lachen, das ihr komplettes Gesicht strahlen ließ, und meine Mundwinkel bewegten sich automatisch ebenfalls nach oben. Ich war nicht der Einzige. Alle lächelten. Angewidert von mir selbst verzog ich das Gesicht, als ich es merkte, und stand auf.

Das fehlte mir gerade noch.

Ich ließ mich doch nicht von einem simplen Lachen einfangen. Sie war eine Schauspielerin, die uns alles vorspielen konnte, was sie wollte, und ich war ein Journalist, der über sie schreiben sollte.

Ich musste objektiv bleiben.

Obwohl ich an meiner Objektivität dringend arbeiten sollte. Wenn April wüsste, wie ich mich gerade benahm, würde sie mich vermutlich rausschmeißen. Sie hielt zwar auch nichts davon, sich bei Interviewpartnern einzuschleimen, aber mir war selbst klar, dass ich mich Tessa gegenüber schon den ganzen Abend absolut unmöglich verhielt.

Gedankenverloren schlenderte ich zum Kühlschrank und nahm mir eine Flasche Bier. Als ich mich umdrehte, um die anderen zu fragen, ob sie noch etwas trinken wollten, stand Ella plötzlich hinter mir.

Sie sah nicht besonders glücklich aus.

»Was ist denn los mit dir? Du benimmst dich schon den ganzen Abend wie ein Arsch!«

»Was hat sie hier verloren?«, murrte ich leise, ohne ihre Frage zu beantworten.

Sie zuckte mit den Schultern und senkte ebenfalls die Stimme. »Wir waren heute Nachmittag verabredet, und dann hat sie gefragt, ob sie den Abend mit uns verbringen kann. Ich hab nicht damit gerechnet, dass jemand ein Problem damit haben könnte.«

»*Jemand* hat aber ein Problem damit«, zischte ich.

Ihre linke Augenbraue wanderte nach oben, sie verschränkte die Arme vor der Brust. Beides war ein sicheres Anzeichen dafür, dass Ella stinksauer war. »Dann hat *jemand* Pech gehabt. Das ist *meine* Wohnung. Ich kann einladen, wen immer ich will!«

»Ja, aber doch nicht *Tessa Thorn!*«

»Und warum nicht?« Herausfordernd reckte sie das Kinn und trat einen Schritt auf mich zu, sodass uns jetzt nur noch wenige Zentimeter trennten.

Sie war ein Stück kleiner als ich, aber ich kannte Ella schon fast mein ganzes Leben lang, und ich wusste, dass sie sich von ihrer Größe noch nie davon hatte abhalten lassen, egal wem so richtig die Meinung zu sagen. Ich war da keine Ausnahme, ganz gleich, wie gut wir eigentlich befreundet waren.

»Weil ich für die Unizeitung einen verdammten Artikel über sie schreiben soll!« Es fiel mir schwer, so leise zu sprechen, dass die anderen uns nicht hörten.

Ella wich einen Schritt zurück, sie wurde blass. »Das ist nicht dein Ernst. Du verarschst mich! Oder?« Ihre Stimme war jetzt nur noch ein kaum hörbares Flüstern.

Ich schüttelte den Kopf.

»Scheiße Cole, wieso hast du das nicht viel früher gesagt?«

Sie versetzte mir einen Stoß gegen die Schulter. Ich zuckte nicht mal mit der Wimper.

»Glaubst du, sie wäre dann noch hier?«

»Als ob du ein Problem damit hättest«, ätzte sie.

»Nein, hätte ich nicht. Ich hab keine Lust auf diesen Mist, weder auf den Artikel noch darauf, mich mit ihr zu beschäftigen, aber so wie's aussieht, hab ich leider keine Wahl.«

»Weiß sie, dass du über sie schreibst?«, fragte Ella mit weit aufgerissenen Augen.

Ich schnaubte. »*Glaubst du, sie wäre dann noch hier?*«, wiederholte ich meine Frage, und erneut versetzte Ella mir einen Stoß gegen die Schulter. Heftiger dieses Mal.

»Du bist so ein Idiot!«, flüsterte sie ärgerlich. »Sag es ihr, los!«

»Klar. Natürlich. Ich geh jetzt zu ihr rüber und sage: Ach übrigens, ich bin der Journalist, der über dich schreiben soll, tut mir leid, dass ich mich dir gegenüber wie ein Arsch benommen habe, aber kannst du mir bitte all deine kleinen Geheimnisse verraten, damit ich sie veröffentlichen kann? So ungefähr?«

»Wie sieht dein Plan denn sonst aus?«

»Keine Ahnung. Ich habe ihr heute Mittag eine Mail wegen des Porträts geschrieben, und dass wir uns besser erst nächste Woche zusammensetzen, wenn die Dreharbeiten anfangen. Ich hab gehofft, dass mir übers Wochenende eine geniale Idee kommt, wie ich alles wieder geradebiegen kann. Ich konnte ja nicht ahnen, dass du dich mit ihr anfreundest!«

Der Blick, den Ella mir jetzt zuwarf, brannte wie Säure auf meiner Haut.

»Du ...«, setzte sie erbost an, verstummte jedoch im nächsten Moment, als wir Cassidys fröhliche Stimme hörten.

»Ich studiere Kunstgeschichte, und unser Miesepeter Cole studiert Journalismus. Er schreibt für die Unizeitung.«

Nein. Nein, nein, nein! Scheiße.

»Ich schätze, dein Geständnis hat sich hiermit erledigt. Du brauchst keine geniale Idee mehr«, murmelte Ella, klang allerdings nicht so, als würde sie sich darüber freuen. Langsam drehte ich mich zu den anderen um und begegnete Tessas ungläubigem Blick.

»Du bist Cole Williams? Der Journalist, der das Porträt über mich schreiben und den Dreh begleiten soll?«, fragte sie fassungslos. Sie gab sich keine Mühe, das Zittern in ihrer Stimme zu unterdrücken.

Ich stöhnte auf.

Überraschung.

6. KAPITEL

Tessa

Das Blut rauschte mir in den Ohren. Mein Puls ging viel zu schnell, und meine Gedanken überschlugen sich.

Gestern hatte ich mir wieder und wieder eingeredet, dass die Rückkehr nach Faerfax ein Fehler war. Doch der größte Fehler war dieser Abend und alles, was ich während der letzten Stunden gesagt hatte.

Wieso musste Cole ausgerechnet *dieser* Cole sein? Und warum zum Teufel konnte er nicht von Anfang an mit offenen Karten spielen? Wenn ich gewusst hätte, dass er der Journalist war, mit dem ich zusammenarbeiten sollte, wäre ich noch in der Sekunde abgehauen, in der ich es erfahren hätte.

Vermutlich hatte er mir deswegen nichts gesagt. Stattdessen hatte er schön die Klappe gehalten, um mich auszuhorchen und zu beobachten, während ich mich entspannt mit seinen Freunden unterhielt. Zum ersten Mal, seit ich mich erinnern konnte, hatte ich mich nicht groß bemüht, anderen etwas vorzuspielen.

Bitterkeit und Wut stiegen in mir auf.

Ich war so eine Idiotin.

Wenn ich Glück hatte, war Cole nicht aufgefallen, dass ich mich beinahe verraten hätte. *Ich habe schon als kleines Mädchen davon geträumt, dort zu studieren.*

Das hatte ich tatsächlich. Die Faerfax University war der Traum von jedem, der nicht an die Juilliard School gehen konnte oder wollte. Wer seinen Abschluss dort machte, würde es danach überall schaffen.

Allerdings hätte Cole sich nicht nach zwei Stunden hartnäckigem Schweigen in unser Gespräch eingemischt, wenn er mir nicht etwas angemerkt hätte. Oder? Schließlich hatte er recht. So ganz ohne Weiteres erfuhr man nicht von der Faerfax University, schon gar nicht, wenn man ein Kind und noch Jahre davon entfernt war, sich mit dem Thema Studium auseinanderzusetzen. Bei mir war das anders, weil ich hier aufgewachsen war. Meine Englischlehrerin, die auch unsere Theater-AG geleitet hatte, hatte mich immer dazu ermuntert, an der Faerfax Schauspiel zu studieren.

Vielleicht machte ich mir auch wieder einmal zu viele Gedanken. Es konnte schließlich sein, dass Cole sein Schweigen gebrochen hatte, weil es ihn interessierte, warum ich von einem Studium an seiner Uni geträumt hatte.

Ha. Ha. Ha.

»Tessa?«, fragte Cassidy vorsichtig.

Mit einem Ruck erwachte ich aus meiner Erstarrung und merkte, dass ich Cole, der meinen Blick eindringlich erwiderte, immer noch fassungslos anstarrte.

»Ich glaube, ich sollte gehen«, sagte ich mit einem entschuldigenden Lächeln in Ellas Richtung und griff nach meiner Tasche. Meine Hände zitterten.

Niemand hielt mich auf, als ich aus der Wohnung hastete. Kaum fiel die Tür hinter mir zu, wurden auf der anderen Seite Stimmen laut. Ich konnte nicht verstehen, was sie sagten, und es sollte keine Rolle spielen, trotzdem spürte ich, wie sich Tränen in meinen Augen sammelten. Schniefend drängte ich sie zurück.

Das war albern. Was hatte ich erwartet? Dass ich plötzlich und unerwartet Freunde finden würde, obwohl ich doch nur für einen Filmdreh in die Stadt gekommen war? Wie naiv konnte man sein?

Langsam machte ich mich auf den Weg zurück zum Hotel. Es war dunkel geworden und recht kühl. Zitternd schlang ich die Arme um meinen Körper. Von L. A. war ich definitiv andere Temperaturen gewohnt.

Dabei war es nicht nur das Wetter, das mich frösteln ließ. Eher eine innere Kälte.

Ich lief durch die Straßen, grübelte darüber nach, was ich sonst noch erzählt und wie ich mich verhalten hatte. Welchen Eindruck hatte ich wohl gemacht?

Als mir klar wurde, dass das alles völlig egal war, wurde mir schlagartig kotzübel.

Cole hatte längst beschlossen, dass er mich nicht mochte, das war ziemlich offensichtlich gewesen. Es spielte also überhaupt keine Rolle, wie ich in den letzten Stunden gewirkt hatte, genauso wenig, was ich Cole noch für das Porträt erzählen würde. Wenn er den Artikel schrieb, würde er nicht besonders schmeichelhaft werden. Ich musste Mallory eine Mail schreiben und sie darum bitten, einen anderen Journalisten für die Sache anzufordern. Wen auch immer. Hauptsache, nicht Cole.

Plötzlich fühlte ich mich unendlich müde. Ich wollte nur noch ins Bett.

Doch als ich das Hotel betrat, blieb ich abrupt stehen. Es herrschte hektische Betriebsamkeit, Zimmermädchen eilten durch die Lobby, und es summte, als wäre ich plötzlich in einem Bienenstock gelandet.

Ich wusste, was das bedeutete. Der Rest der Crew war angekommen.

Ein tiefes Seufzen entfuhr mir. Ich hatte gehofft, ich hätte mehr Zeit. Aber das Set musste vorbereitet werden, und auch sonst gab es noch mehr als genug zu tun, bevor die Dreharbeiten so richtig beginnen konnten. Für mehr Zeit hätte ich noch ein paar Tage früher anreisen müssen. Und mir fielen auf Anhieb Dutzende Gründe ein, warum ich das nicht getan hatte.

Ganz oben auf dieser Liste stand die Tatsache, dass eine viel zu verfrühte Ankunft in Faerfax nur Fragen aufgeworfen hätte, die ich nicht beantworten wollte. Schließlich war die Stadt nicht für seine Strände oder Wellnesshotels bekannt.

Ich erkannte ein paar Mädchen wieder, Produktionsassistentinnen, die auch schon bei einem meiner anderen Filme mitgearbeitet hatten, und mir fiel jäh ein, dass dieses Mal auch Mallory dabei sein würde. Sie wollte unbedingt einen Teil des Drehs mitverfolgen und hatte ihr Kommen bereits angekündigt. Schließlich war das hier auch für sie eine wahnsinnig große Sache.

Immerhin hatte ihre Klientin die Hauptrolle ergattert, und sie wollte sichergehen, dass alles genau nach ihren Vorstellungen ablief – nur in meinem Sinne natürlich. Sie hatte mir allerdings nicht gesagt, wann genau sie in Faerfax sein würde, und ich betete, dass sie nicht versuchte, mich heute zu überraschen. Suchend blickte ich mich um. Hoffentlich – hoffentlich! – war Mallory noch nicht da. Egal, wie wichtig es mir eben noch gewesen war, Cole durch einen anderen Journalisten zu ersetzen, ich wollte das per Mail machen und nicht persönlich. Sonst würde sie mich nur wieder ausquetschen, und ich wollte ihr nicht von Ella und den anderen erzählen. Und auch nicht, dass ich mich für einen Abend endlich mal normal gefühlt hatte.

Doch ich konnte ihre hochgewachsene, vor Selbstvertrauen strotzende Gestalt nirgendwo entdecken. Langsam lockerten sich meine verkrampften Schultern wieder. Wenn sie hier wäre, wüsste ich es. Denn dann würde sie mitten in der Lobby stehen und ein armes Zimmermädchen oder den Rezeptionisten fertigmachen. So war sie eben. Ich mochte Mallory, aber manchmal neigte sie dazu, zu vergessen, dass sie mit Menschen sprach, die Gefühle hatten, die sie leicht verletzen konnte.

Eilig schritt ich durch die Lobby Richtung Treppe, darauf bedacht, niemanden direkt anzusehen. Aufzüge waren mir schon immer suspekt gewesen, aber jetzt war die Gefahr noch dazu sehr hoch, dass ich dort jemandem von der Filmcrew begegnen würde, und dafür fehlten mir gerade die Nerven.

Doch als ich vom Treppenhaus auf den Flur trat, auf dem sich mein Zimmer befand, stellte ich fest, dass es absolut nichts genützt hatte, bis hierher allen aus dem Weg zu gehen.

Auf dem Boden vor meiner Zimmertür saß Logan.

Logan Kent – Schauspieler, Model, Frauenheld und nicht nur der männliche Hauptdarsteller in meinem neuen Film, sondern auch mein Ex-Freund.

Mein Magen verknotete sich. Instinktiv tastete ich hinter mir wieder nach der Türklinke, um zu verschwinden. Aber ich musste ein Geräusch gemacht haben, denn Logan hob den Kopf, und ein strahlendes Lächeln breitete sich auf seinem Gesicht aus, als er mich entdeckte.

Logan stand auf, lässig wie eh und je. Er sah gut aus, das überraschte mich allerdings nicht besonders. Logan sah immer gut aus. Selbst wenn er krank war, war er umwerfend. Ich wusste das, weil er eine Grippe gehabt hatte, als wir noch ein Paar gewesen waren.

Ich schluckte schwer, das Herz schlug mir bis zum Hals. Logan war so groß, dass selbst ich mir klein vorkam, obwohl ich mit meinen ein Meter siebzig recht hochgewachsen war. Seine blonden Haare fielen perfekt gestylt in seine Stirn, und seine unnatürlich blauen Augen leuchteten viel zu hell. Aber er trug keine Kontaktlinsen. Auch das hatte ich überprüft, als wir zusammen gewesen waren. Sein Gesicht war vollkommen symmetrisch, und die vollen Lippen flehten geradezu nach einem Kuss. Er war fast zu schön, um wahr zu sein, und ich war mir immer noch nicht sicher, ob die leicht krumme Nase das Bild ergänzte oder seiner Perfektion den nötigen Dämpfer verlieh. Die schmal geschnittene schwarze Jeans hing locker auf seinen Hüften, und als er sich streckte, rutschte sein Shirt hoch und entblößte die perfektesten Bauchmuskeln, die Hollywoods Jungschauspieler zu bieten hatten.

Unbeeindruckt verdrehte ich die Augen, weil ich mich daran erinnerte, warum wir uns getrennt hatten. Er legte viel zu viel Wert auf sein Aussehen, und er badete in der Aufmerksamkeit von Presse und Fans wie andere im Meer. Das waren zwar nicht die Hauptgründe für unsere Trennung gewesen, aber es hatte auch nicht dazu beigetragen, bei ihm bleiben zu wollen.

»Logan, was machst du hier?«, fragte ich mit einem Seufzen, verschränkte die Arme vor der Brust und blieb in sicherer Entfernung stehen. Logan scherte sich jedoch nicht um meinen Sicherheitsabstand, sondern schlenderte auf mich zu. Er schenkte mir sein typisches schiefes Lächeln, das Millionen Frauenherzen höherschlagen ließ.

Nur meins nicht. Dabei hatte ich mich ernsthaft bemüht. Ich versteifte mich, als er sich zu mir herunterbeugte und seine Lippen meine streiften. Er saugte an meiner Unterlippe, neckte und reizte mich. Für einen winzigen Augenblick ließ ich es zu.

Nichts. Ich fühlte absolut nichts.

Entschlossen schob ich Logan von mir. »Was machst du hier?«, wiederholte ich, energischer dieses Mal, und zwängte mich an ihm vorbei zu meiner Zimmertür. »Ich dachte, du würdest erst nächste Woche kommen.«

»Ich wollte dich überraschen.«

Zweifelnd drehte ich mich zu ihm um. Er hatte die Hände in die Hosentaschen geschoben und blinzelte mich aus seinen schönen Augen unschuldig an. »Komm schon, Logan. Was willst du wirklich?«

Er stöhnte auf und schlug sich theatralisch eine Hand vor die Brust, als hätten meine Worte ihn schwer verletzt. »Warum ist es so abwegig für dich, dass ich dich überraschen möchte?«

»Weil ich dich kenne«, erwiderte ich ungerührt, wandte mich wieder der Tür zu und hielt meine Schlüsselkarte vor den Sensor.

»Laura und ich haben Schluss gemacht.«

Ich erstarrte mitten in der Bewegung. Laura und Logan waren die letzten fünf Monate das Traumpaar schlechthin gewesen.

Allein ihre Namen passten unerträglich gut zusammen. Laura Cross und Logan Kent.

Die Beziehung der beiden war ein Wirbelsturm der Gefühle gewesen, wenn man der Presse Glauben schenkte. Allerdings wusste ich es besser. Die beiden hatten die Beziehung nur vorgespielt. Es war nicht das erste Mal, dass Logan so etwas getan hatte, um seinen Film zu promoten, und es würde auch nicht das letzte Mal sein. Bei uns war es anders gewesen. Zumindest hatte ich gewollt, dass es anders war. Tatsache blieb aber auch, dass ich mich nie in ihn verliebt hatte, ganz gleich, wie sehr ich es mir gewünscht hatte.

Wieder drehte ich mich um, die offene Tür in meinem Rücken. Wut durchflutete mich. »Nein«, sagte ich so kalt wie möglich.

»Ach, komm schon, Tessa, du weißt doch gar nicht, was ich von dir will.« Flehentlich verzog Logan das Gesicht und trat einen Schritt auf mich zu.

»Natürlich weiß ich das! Und ich bin nicht so blöd, mich auf diesen Mist einzulassen.« Meine Finger hatten sich so fest um die Schlüsselkarte geschlossen, dass ihre Kanten schmerzhaft in meine Handfläche drückten, als Logan noch näher kam.

»Aber Mallory hat gesagt –«

»Mir ist egal, was Mallory gesagt hat«, unterbrach ich ihn schroff. »Ich werde nicht deine Freundin spielen, nur weil wir gemeinsam einen Film drehen!«

Er war jetzt so nah, dass ich seinen Atem auf meiner Haut spüren konnte. Er hob eine Hand und legte sie unter mein Kinn, zwang mich mit einer sanften Bewegung, ihn anzusehen. »Es war nie etwas gespielt, und das weißt du auch«, flüsterte er mit seiner samtig weichen Stimme.

Automatisch musste ich an Cole denken, in dessen Stimme genau der gleiche Unterton mitgeschwungen hatte, als er mit Ella geflirtet hatte.

Idioten. Alle beide. Was glaubten sie eigentlich, wie leicht wir rumzukriegen waren? Ein paar geflüsterte Wort hier, ein verführerisches Lächeln da, ein schönes Gesicht und ein Sixpack, und das sollte reichen, damit wir dahinschmolzen und alles mit uns machen ließen?

Obwohl ich Cole zumindest zugutehalten musste, dass er es nicht wirklich darauf angelegt zu haben schien, Ella rumzukriegen. Das hatte mehr wie eine Neckerei unter Freunden ausgesehen.

Logan allerdings versuchte, mich zu benutzen, und das würde ich mit Sicherheit nicht zulassen. »Vergiss es, Logan. Und jetzt lass mich bitte in Ruhe. Es ist spät, und die nächsten Wochen werden anstrengend.« Ich machte einen Schritt zurück, weiter hinein in mein Zimmer, und endlich ließ Logan mich gehen.

Er wandte sich ab und ging den Flur hinunter. Nur drei Zimmer weiter blieb er stehen, drehte sich zu mir um und grinste frech. »So leicht wirst du mich nicht los, Tessa. Du wirst einsehen, dass es für uns beide das Beste ist.«

Ich schluckte, und ein Schauer durchfuhr mich. Er meinte es nicht so, dennoch klangen seine Worte wie eine Drohung. Abrupt drehte ich mich um und schloss die Zimmertür hinter mir. Trotzdem konnte ich Logans leises Lachen hören. Erschöpft lehnte ich mich mit dem Rücken an die Tür und rutschte an dem glatten Holz nach unten, bis ich auf dem Boden saß.

Das hatte mir gerade noch gefehlt.

7. KAPITEL

Cole

Die Filmcrew brach über die Stadt herein wie ein überdimensionaler Wanderzirkus. Noch am Freitag herrschte Ruhe in Faerfax, und alles ging seinen gewohnten Gang. Mit Ausnahme der Tatsache, dass meine Freunde und ich den Abend mit Tessa Thorn verbrachten. Aber das war nur eine Kleinigkeit im Vergleich zu dem Chaos, das noch folgte. Am Samstag waren sie plötzlich da. Wie aus dem Nichts tauchten sie auf und nahmen unsere Uni ein wie eine kleine Armee. In einem Moment saßen Julian und ich noch entspannt auf dem Sofa und zockten *Dead by Daylight*, im nächsten sahen wir uns irritiert an, als draußen eine laute Megafonstimme unverständliche Befehle durch die Gegend brüllte.

»Was geht denn da ab?«, fragte Julian, stand auf und schlurfte zum Fenster.

Ich folgte ihm. Das Fenster unseres Wohnzimmers ging direkt hinaus auf den größten Hof der Faerfax University. Menschen wuselten über den Asphalt, unzählige Männer und Frauen in schwarzen Jeans und Shirts, mit Headsets auf den Köpfen und Klemmbrettern in den Händen. Wohnwagen wurden platziert, Lkws fuhren rückwärts auf den Hof, ich sah mehrere Typen, die meterlange Kabel und Planen zum Schutz der Technik herumschleppten und Kamerawagen über den Hof schoben.

»Die drehen echt direkt hier an der Uni.« Ungläubig starrte Julian nach draußen, ich beobachtete das bunte Treiben unter uns stumm.

»Sieht ganz so aus«, murmelte ich.

»Warum konnten sie das denn nicht in den Semesterferien machen? Immerhin versuchen hier Leute zu lernen.« Julian setzte eine empörte Miene auf, die ich ihm jedoch keine Sekunde lang abnahm. Er war ein miserabler Schauspieler.

Ich schnaubte. »Lernen, klar doch. Vor allem du. Du bist die Motivation in Person.«

»Gut, vielleicht bin ich nicht das beste Beispiel.« Er grinste breit. »Aber motiviert bin ich schon. Nur erstreckt sich meine Motivation eben auf andere Dinge als das Lernen. Wichtigere Dinge.«

Lachend wandte ich mich vom Fenster ab und trat an meinen Schreibtisch. Julians Motivation beschränkte sich darauf, ein Mädchen nach dem anderen abzuschleppen und sich möglichst wenig um alles andere zu sorgen.

»Wir hätten einfach in den Bergen bleiben sollen«, meinte Julian und schaute verdrießlich hinunter auf das Chaos auf dem Hof.

»Klar. Mit dem Zelt im Herbst durch die Rocky Mountains zu ziehen, hätte bestimmt wahnsinnig viel Spaß gemacht«, erwiderte ich, gab Jules aber insgeheim recht. Ich wünschte auch, wir hätten noch eine Zeit lang wegbleiben können.

Julian stieß ein sehnsüchtiges Seufzen aus und schielte rüber zu seiner Kamera, die immer auf der Kommode neben der Tür lag, wenn er hier war. Sobald er die Wohnung verließ, schleppte er das Teil überall mit hin, auch wenn er gar nicht vorhatte, etwas zu fotografieren. »Stell dir mal vor, was ich für Fotos hätte machen können.«

»Stell dir mal vor, wie wir uns den Arsch abgefroren hätten«, gab ich zurück, obwohl die Temperaturen für unsere Wanderungen noch absolut in Ordnung gewesen wären. Nur das Zelten wäre ungemütlich geworden.

»Du bist ein Spielverderber.«

»Sagt der Richtige. Du wolltest schließlich früher nach Hause. Meinetwegen hätten wir bis zum Semesterstart bleiben können.«

»Ich hatte Gründe.«

»Niemanden zum Vögeln dazuhaben, ist kein Grund, Jules.«

Für den Bruchteil einer Sekunde huschte ein Schatten über sein Gesicht, doch dann verzogen sich seine Lippen wieder zu seinem vertrauten, frechen Grinsen. »Das sagst du nur, weil du neidisch bist, dass du keine zum Vögeln hattest.«

Ich schnaubte. »Klar. Ich bin so was von neidisch.«

»Ach, stimmt ja. Cole, der alte Romantiker, wartet auf seine große Liebe«, antwortete er spöttisch.

»Na ja, das nun auch wieder nicht.« Ich bewegte die Maus, und als der Bildschirm aufleuchtete, wurde mir sofort eine neue Mail angezeigt. Beinahe rechnete ich mit einer Nachricht von April, die mir mitteilte, dass Tessa einen anderen Journalisten für das Porträt und die Begleitung der Dreharbeiten haben wollte. So wie ich mich gestern benommen hatte, könnte ich ihr das auf jeden Fall nicht verdenken.

Aber die Mail war nicht von meiner Schwester.

»Ich schätze, ich darf mich heute mehr mit dem Zirkus da draußen beschäftigen, als ich geplant hatte«, sagte ich, während ich die wenigen Zeilen überflog. »Ich soll in einer halben Stunde da unten antanzen und meinen Ausweis abholen. Damit ich auch in die gesperrten Bereiche komme.«

»Du klingst in etwa so begeistert, als müsstest du zur Wurzelbehandlung«, stellte Julian belustigt fest.

Eine Wurzelbehandlung wäre auf jeden Fall schneller vorbei als dieser Filmdreh.

Ich ersparte uns beiden eine Antwort und ging in mein Schlafzimmer, um mich fertig zu machen. Egal, wie unmotiviert ich auch sein mochte, wenigstens pünktlich sollte ich sein. Doch als ich zwanzig Minuten später erst unsere Wohnung und dann das Studentenwohnheim verließ und auf den Hof trat, stellte ich fest, dass es im Grunde egal war, wie pünktlich ich war. Es würde ein Ding der Unmöglichkeit werden, in diesem Chaos eine gewisse Eileen Hunting zu finden. Sie war diejenige, die mir vorhin die Mail geschrieben hatte. Dummerweise hatte sie vergessen zu erwähnen, wo genau ich sie finden würde.

Ziellos irrte ich durch die Menge. Noch war nichts abgesperrt, und unter das Filmteam mischten sich neugierige Studenten, für die die Crew jedoch nur ein genervtes Stirnrunzeln übrighatte.

Als es mir schließlich zu blöd wurde, trat ich einer Frau Ende zwanzig in den Weg. Das Headset auf ihrem Kopf und das Klemmbrett in ihrer Hand kennzeichneten sie deutlich als jemanden, der hier an der Uni normalerweise nichts zu suchen hatte.

»Was?«, blaffte sie mich an und wollte sich an mir vorbeischieben. Unbeeindruckt versperrte ich ihr erneut den Weg und zog die Augenbrauen hoch.

»Ich suche Eileen Hunting«, erklärte ich kühl.

Sie musterte mich von oben bis unten. »Und wer bist du, dass du Eileen suchst?« Noch immer klang sie genervt, wenn auch nicht mehr ganz so patzig wie gerade eben.

»Cole Williams. Ich arbeite für die Unizeitung und soll über«, ich machte eine Handbewegung, die das Chaos hier zusammenfassen sollte, »den Filmdreh schreiben. Eileen hat mir eine Mail geschickt, dass ich meinen Ausweis abholen soll.«

Einen Moment lang musterte sie mich prüfend, als könnte sie mir ansehen, ob ich die Wahrheit sagte oder nicht. Dann seufzte sie und deutete auf einen der unzähligen silbernen Wohnwagen, die inzwischen in Reih und Glied auf dem Hof aufgestellt worden waren.

»Such nach dem mit ihrem Namen drauf«, sagte sie, dann ließ sie mich stehen, ohne mich eines weiteren Blickes zu würdigen. Ich schmunzelte. Wenn hier alle so drauf waren, passte ich zumindest mit meiner miesen Laune ganz hervorragend an dieses Set.

Eileens Wohnwagen war schnell gefunden, doch als ich an die Tür klopfte, rührte sich nichts. Ich versuchte es noch einmal. Wieder nichts. Währenddessen wurde es auf dem Hof immer lauter, und es dauerte nicht lange, bis ich entdeckte, was, oder besser wer, die Ursache dafür war.

Tessa Thorn und Logan Kent.

Cinderella und ihr Prinz.

Die beiden sahen lächerlich gut nebeneinander aus, wie sie über den Hof auf die Wohnwagen zuschritten und immer wieder innehielten, um Hände zu schütteln und Autogramme zu geben. Bedauerlicherweise wusste ich mehr über die Beziehung der beiden, als ich wollte. Und das war allein Cassidys Schuld. Nachdem Tessa gestern aus der Wohnung gestürmt war, als wäre der Teufel höchstpersönlich hinter ihr her, hatten meine Freunde sich auf mich gestürzt, vor allem Cassidy. Bis zu diesem Abend hatte ich nicht gewusst, dass sie ein Fan von Tessa war, und ich wünschte inständig, ich hätte es nie herausgefunden. Denn nachdem sie damit fertig war, mir vorzuhalten, dass ich ihr nichts von den Artikeln erzählt hatte, hatte sie mich zuerst angefleht, sie mit ans Set zu nehmen, um mir dann lang und breit alles über Tessa zu erzählen, was ich nicht wissen wollte. Die Worte waren unaufhaltsam aus ihr herausgesprudelt, als hätte sie sich in Tessas Gegenwart mehr als nur ein bisschen dazu gezwungen, nicht völlig auszuflippen.

Jetzt wusste ich, dass Tessa und Logan bis Anfang des Jahres ein Paar gewesen waren. Die Beziehung hatte nur sieben Monate gehalten, und ihre Trennung hatte ihre Fans offenbar mehr getroffen als sie selbst. Den Rest von Cassidys Vortrag hatte ich weitestgehend ausgeblendet, während die anderen ihr belustigt zugehört hatten.

Als Logan Tessa einen Arm um die Schultern legte, erinnerte ich mich aber zumindest wieder daran, dass Cassidy erzählt hatte, es würde das Gerücht umgehen, die beiden würden wieder zusammenkommen, nachdem Logan sich von irgendeinem Model/Schauspielerin getrennt hatte, deren Namen mir absolut gar nichts sagte.

Neugierig legte ich den Kopf zur Seite, als Tessa Logan zwar ein breites Lächeln schenkte, sich aber gleichzeitig von ihm löste, vorgeblich, um ein weiteres Selfie mit einem Fan zu machen. Doch ich erkannte, wie verkrampft ihre Schultern waren, und mir fiel auch auf, wie ein genervter Ausdruck über Logans Gesicht huschte, bevor er wieder ein Grinsen aufsetzte.

So viel war an den Gerüchten offenbar doch nicht dran.

Ein Räuspern riss mich aus meinen Gedanken, bevor ich mir darüber klar werden konnte, dass ich mich gerade sehr wohl mit Klatsch und Tratsch befasste und mich damit eindeutig unter meinem eigenen Niveau befand.

Ich drehte den Kopf, und mein Blick fiel auf eine junge Frau, die mich amüsiert beobachtete. Sie mochte vielleicht ein paar Jahre älter sein als ich, hatte ihre dunkelblonden Haare zu einem zerzausten Knoten gebunden und trug knallpinken Lippenstift.

»Kann ich dir helfen?«, fragte sie, ihre Augen blitzten spöttisch auf. »Oder willst du auch nur ein Foto?«

»Eigentlich bin ich auf der Suche nach Eileen«, erklärte ich und deutete auf den Wohnwagen, auf dessen Tür groß ihr Name prangte.

»Ich bin Eileen.« Sie streckte mir ihre Hand entgegen.

»Ich bin Cole Williams. Ich sollte mich bei dir melden«, erwiderte ich und schüttelte kurz ihre Hand. Sie war klein und viel zu kalt.

»Aaah, du bist der Schreiberling. Na, dann hereinspaziert, wir haben einiges zu klären.« Sie zog einen Schlüssel aus ihrer Hosentasche und stieg einen Augenblick später die zwei Stufen zu ihrem Wohnwagen hinauf.

Ich folgte ihr, drehte mich in der Tür allerdings noch einmal um. Ich wusste nicht, warum. Vielleicht hatte ich gespürt, dass sie mich ansah.

Tessas Gesicht war eine ausdruckslose Maske, doch ihr Blick schien mich förmlich zu durchbohren. In ihren Augen tobte etwas, das ich nicht richtig benennen konnte. Ich machte einen Schritt auf sie zu, wurde jedoch von Eileen aufgehalten, die mir lachend auf die Schulter tippte.

»Komm schon. Mit Tessa kannst du noch früh genug reden. Und keine Sorge, sie ist super umgänglich und redet gerne mit Journalisten. Ganz anders als ihr Casanova da.«

Nach einem kurzen Zögern wandte ich mich von Tessa ab und folgte Eileen ins Innere ihres Wohnwagens. Allerdings bezweifelte ich doch sehr stark, dass Tessa gerne mit mir redete. Aber das musste Eileen nicht wissen.

Die nächsten zwei Stunden erläuterte Eileen mir alles, was ich wissen musste, was ich tun und wo ich hingehen durfte. Sie gab mir einen Zeitplan – einen anderen als den, den ich von April bekommen hatte. Dafür nutzte ich die Gunst der Stunde, um sie ein bisschen auszufragen. Zum Beispiel darüber, warum nicht in den Semesterferien gedreht worden war, sondern jetzt, nur wenige Wochen nachdem das Semester begonnen hatte.

»So müssen wir nicht extra Statisten anheuern. Hier gibt es mehr als genug Schauspielstudenten«, erwiderte sie mit einem Schulterzucken, und damit hatte sich das Thema für sie auch schon wieder erledigt.

Nur mit Mühe unterdrückte ich ein frustriertes Stöhnen. Wenn ich während des gesamten Drehs nur so knappe Antworten auf meine Fragen bekommen würde, würde das ein verdammt kurzer Artikel werden.

»So, dann wären wir jetzt auch schon bei der Verschwiegenheitsvereinbarung.« Eileen legte einen Stapel Papier vor mir auf den Tisch.

»Bitte was?«

»Die Verschwiegenheitsvereinbarung.« Sie sah mich an, als würde ich das Offensichtliche nicht verstehen. Und sie hatte recht, das tat ich auch nicht. »Alles, was du hier siehst und hörst, musst du für dich behalten. Du darfst nicht mit anderen Zeitungen darüber reden, was du hier erfährst, nicht mit deinen Freunden und du postest auf gar keinen Fall irgendwas in den Sozialen Medien. Finden wir ein Bild vom Set auf einem deiner Accounts, bist du nicht nur deinen Job los, du wirst auch auf Summen verklagt, die du in deinem ganzen Leben nicht verdienen wirst. Klar so weit?« Sie schenkte mir ein liebenswürdiges Lächeln, während ich sie perplex anstarrte.

Wenigstens erklärte das, warum Kirsten den Job nicht bekommen hatte. Sie konnte absolut kein Geheimnis für sich behalten.

»Klar«, sagte ich, und Eileen tippte auf den Stapel Papier.

»Klasse. Du solltest den Vertrag allerdings lesen, bevor du ihn unterschreibst, wir hatten schon mal ziemlich viel Ärger, weil ein Idiot das nicht getan hat.« Sie zuckte mit den Schultern und grinste schelmisch. »Na ja, nicht wir. Der Idiot hatte ziemlich viel Ärger.«

Mir lief es eiskalt den Rücken hinunter. Wo zum Teufel war ich hier nur hineingeraten?

Als ich Eileens Wohnwagen schließlich wieder verließ, brummte mir der Schädel. Dafür hielt ich einen neuen Laptop in der Hand, der garantiert doppelt so teuer war wie mein alter, und ich hatte den Verdacht, dass Tessa daran nicht ganz unschuldig war.

In mir brodelte es. Ich wollte nichts von ihr, das hatte ich gestern doch wohl mehr als deutlich gemacht. Das Fass lief über, als ich Tessa entdeckte, die gerade aus einem Wohnwagen kam, auf dessen Tür ihr Name stand.

Der Hof hatte sich inzwischen geleert, abgesehen von einigen Männern, die Scheinwerfer aufbauten und den Platz um die Wohnwagen absperrten, war kaum noch jemand unterwegs.

Außer Tessa. Sie war allein, Logan war verschwunden.

Sie trug wieder ihre Mütze, hatte den Kragen ihres Mantels hochgeschlagen und die Hände in die Jackentaschen geschoben. Insgesamt sah sie eindeutig so aus, als wollte sie von niemandem angesprochen werden. Tja, so viel Glück würde sie jetzt nicht haben.

»Warst du das?«, fuhr ich sie an und ging auf sie zu.

Tessa blieb stehen, drehte sich langsam um und zog die Augenbrauen hoch, als sie mich erkannte. »Hallo, Cole.« Aus ihrem Mund klang mein Name hart und kalt. »Wie schön, dich zu sehen.« Ihre Stimme troff vor Ironie.

»Hast du dafür gesorgt, dass ich einen neuen Laptop bekomme?« Ich streckte ihr das Gerät entgegen, als wäre es pures Gift.

Sie schnaubte. »Ist das dein Ernst? Nachdem du mich gestern behandelt hast, als hätte ich dein Haustier getötet, glaubst du, ich hätte so ein schlechtes Gewissen, dass ich dir einen neuen Laptop besorge?«

Gut, vielleicht hatte ich etwas vorschnell geurteilt.

»Wieso bekomme ich dann einen Laptop?«

»Woher soll ich das wissen?«, antwortete sie bissig, wollte sich abwenden und wandte sich dann doch wieder mir zu. Ein fast widerwilliger Ausdruck legte sich auf ihr Gesicht. »Du darfst ihn nur für die Artikel zum Dreh benutzen, oder?«

Ich nickte. Allmählich kam mir der Gedanke, dass ich besser die Klappe gehalten hätte.

»Dann ist das Internet gesperrt, und das Ding ist garantiert mit irgendeinem Programm versehen, dass es Hackern schwer machen soll, an die Dateien zu kommen. Nicht dass es dafür einen Schutz geben würde, aber so fühlen sie sich etwas sicherer.« Sie deutete auf den Laptop. »Das ist kein Geschenk.«

»Und ich bin ein Idiot«, fügte ich gedehnt hinzu.

Tessa verschränkte die Arme vor der Brust. »Erwarte nicht, dass ich dir widerspreche.« Ihre Mundwinkel zuckten. »Ich muss jetzt los.« Sie wandte sich ab, um zu gehen, doch ich hielt sie auf. Ich wusste nicht, warum, aber ich tat es.

»Warum hast du nicht jemand anderen für die Artikel verlangt?«

Tessa hielt inne und warf mir über die Schulter einen unergründlichen Blick zu. »Hab ich. Meine Agentin arbeitet daran.«

Dann ließ sie mich einfach stehen.

8. KAPITEL

Cole

Wenn man zum ersten Mal vor dem Haus meines Onkels und seiner Familie stand, war man entweder beeindruckt oder eingeschüchtert. Manchmal auch beides. Bei einigen rief es Neid hervor, Ablehnung bei anderen.

Für mich war es allerdings bloß das Haus, in dem ich, abgesehen von wenigen Ausnahmen, jeden Sonntagabend meines Lebens verbracht hatte. Sonntags kam die ganze Familie hier zusammen und aß gemeinsam zu Abend. Früher waren meine Großeltern die Gastgeber gewesen, doch nachdem sie gestorben waren, hatte Onkel Richard nicht nur den Verlag, sondern auch dieses Haus geerbt.

Schaudernd erinnerte ich mich daran, wie sehr Mom sich darüber aufgeregt hatte, dass Richard und seine Familie alles bekamen und wir nichts.

Bis auf das gar nicht so kleine Vermögen, das Dads Eltern uns hinterlassen hatten. April und ich brauchten uns keine Gedanken über Collegegebühren machen, und als wir auszogen, kauften Mom und Dad sich ein Ferienhaus auf Martha's Vineyard. Aber wie immer sah Mom nur das, was sie nicht gekriegt hatte. Hin und wieder kam es mir so vor, als würde sie es Dad so richtig übel nehmen, dass er nicht der älteste Williams-Sohn war, denn dieses Haus und der Verlag gingen von Generation zu Generation immer an den erstgeborenen Sohn der Familie Williams. Das Ganze war schlimmer als im britischen Königshaus, und ich hatte mich schon oft gefragt, was wohl passieren würde, sollten in einer Generation nur Mädchen geboren werden.

Vielleicht war Dad deshalb vor ein paar Wochen nach Europa geflohen, um sich in London um den Kauf eines Verlags zu kümmern, damit die Williams-Familie nicht mehr nur in den Vereinigten Staaten das Zeitungsgeschäft aufmischte. Es würde mich nicht wundern, wenn er sich am Ende dafür entschied, für immer dortzubleiben.

»Hey, Cole, willst du noch lange da unten stehen und die Tür anstarren, oder kommst du rein?«

Ich hob den Kopf und entdeckte meine Cousine Jo, die sich halb aus dem geöffneten Fenster über mir lehnte und mit einem frechen Grinsen auf mich herabsah. Ihre dunklen Haare waren zu zwei langen Zöpfen geflochten, was sie eher wie eine Zwölfjährige aussehen ließ und nicht wie eine Fünfzehnjährige.

»Warum machst du dann nicht endlich die Tür auf, anstatt mich vom Fenster aus zu beobachten?«, gab ich ebenfalls grinsend zurück.

»Weil ich wissen wollte, wie lange du brauchst, um dich endlich dazu durchzuringen zu klingeln. Du stehst seit geschlagenen acht Minuten vor der Tür.«

»Und du hast die letzten acht Minuten offenbar nichts Besseres zu tun gehabt, als mich zu beobachten.« Missbilligend schüttelte ich den Kopf. »Ehrlich, Josephine, wenn deine Mutter das wüsste.«

Statt einer Antwort streckte Jo mir die Zunge heraus und schloss das Fenster. Einen Moment später ging die Haustür auf, und sie schaute mich mit einem Ausdruck auf dem Gesicht an, der wohl ihre Wut und Empörung zeigen sollte. Doch ihre Zöpfe machten das Bild zunichte, sie wirkte wie ein trotziges Kind. Trotzig und gleichzeitig furchtbar niedlich. In ein paar Jahren würde davon wahrscheinlich nicht mehr viel übrig sein.

»Nenn mich nicht so«, fauchte sie und stemmte die Hände in die Seite.

»Wie denn? Josephine?«, fragte ich unschuldig und konnte mir nur mit Mühe ein Lachen verkneifen.

»Du weißt, dass ich den Namen hasse!« Schmollend schob sie die Unterlippe vor.

»Wenn Grandma dich hören könnte, wäre sie bestimmt furchtbar enttäuscht von dir, da du doch nach ihr benannt bist.« Jo verdrehte die Augen, ich betrat das Haus und legte einen Arm um ihre Schultern.

Sie schenkte mir ein süßliches Lächeln. »Mit Enttäuschungen kennst du dich ja bestens aus.« Sie meinte es nicht böse, trotzdem versetzten mir ihre Worte einen Stich.

»Stimmt«, erwiderte ich trocken. »Du musst noch einiges anstellen, um an meinem Thron zu kratzen.«

»Tut mir leid.« Kleinlaut sah sie mich an. »Das habe ich nicht so gemeint. Es ist nur … Ach, du weißt doch, wie es ist.« Sie biss sich auf die Unterlippe, und das Strahlen, das ihre Augen eben noch zum Leuchten gebracht hatte, verschwand.

»Ja, ich weiß.« Ich seufzte und musterte Jo besorgt. Mit ihren fünfzehn Jahren war sie die Jüngste von uns, und sie hatte es nicht leicht. In einer Familie voller Perfektionisten war es schwierig, wenn man anders war. Und in einer Verlegerfamilie hatte man es als Legastheniker doppelt schwer. Vor allem, wenn die eigenen Eltern sich jahrelang weigerten, zu sehen, dass man ein Problem hatte.

»Sind die anderen schon da?«, fragte ich. Langsam schlenderten wir durch den Flur Richtung Salon. Keiner von uns hatte es eilig. Jo hasste diese gemeinsamen Abende fast so sehr wie ich. Aber wir hatten beide keine Wahl. Sie nicht, weil sie nun mal hier wohnte, und ich nicht, weil ich wirklich dringend für die *Faerfax Times* schreiben wollte. Wenn ich das Essen ausließ, würde Onkel Rick mir nie eine Chance geben.

»April ist schon seit zwanzig Minuten hier, und deine Mom kommt nicht, sie ist auf irgendeiner Schönheitsfarm.«

»Also bin ich wieder der Letzte.«

Jo knuffte mich in die Seite und grinste mich an. »Du bist immer der Letzte. Ich kenne niemanden, der so unpünktlich ist wie du.«

»Bist du dir da sicher? Ich meine, mich zu erinnern, dass du auch sehr oft zu spät kommst«, neckte ich sie, um ihr Lächeln noch einen Moment länger aufrechterhalten zu können. Es funktionierte, bis wir den Salon betraten, einen ungemütlich und teuer eingerichteten Raum, in dem wir als Kinder nie hatten spielen dürfen. Wir hätten ja eine Vase kaputt machen können, was mit Sicherheit einem Weltuntergang gleichgekommen wäre.

April saß auf dem einen Sofa zusammen mit meinen Cousins Charles und Hugh. Onkel Rick und Tante Marian saßen auf dem anderen. Jo und ich ließen uns auf die beiden unbequemen Sessel fallen, die stets für diejenigen übrig blieben, die zu spät kamen. Wir hatten schon sehr oft auf diesen Dingern gesessen.

»Ah, da seid ihr ja endlich. Wir hatten schon befürchtet, ihr würdet gar nicht mehr auftauchen«, sagte Richard ohne Begrüßung. Der missbilligende Tonfall in seiner Stimme war kaum zu überhören. Nur mit Mühe verkniff ich mir eine sarkastische Antwort. Sarkasmus und Onkel Rick waren nicht besonders kompatibel.

Das Essen war die reinste Tortur. Wir wurden befragt, wie es in der Uni und an der Schule lief, wurden bewertet, gelobt und kritisiert.

Jo und ich steckten wieder die meiste Kritik ein. Hugh konnte als Ältester und Williams-Erbe sowieso gar nichts falsch machen, obwohl er ein absolutes Arschloch war, und April und Charles machten tatsächlich fast alles richtig. Schon allein die Tatsache, dass April Chefredakteurin der *Faerfax News* war, hatte sie auf eine vollkommen andere Ebene gehoben.

Es war jede Woche das gleiche Drama, und jede Woche fragte ich mich aufs Neue, warum ich mir das eigentlich antat. Leider fiel es mir immer wieder ein.

Weil ich unbedingt für die *Faerfax Times* schreiben wollte. Wenn ich es dorthin schaffte, würde ich es danach zu jeder anderen Zeitung im ganzen Land schaffen. Richard war niemand, der Gefallen tat, und alle Welt wusste das. Er würde mir keinen Job geben, wenn ich ihn mir nicht verdiente.

»Habt ihr Tessa Thorn schon gesehen? Ich hab gehört, sie war bei euch an der Uni.« Jo schaute mit aufgeregt leuchtenden Augen von mir zu April. Ihre Stimme war eine Oktave in die Höhe geschossen.

Ich verschluckte mich fast an dem Stück Brokkoli, das ich mir gerade in den Mund geschoben hatte. Wieso konnte ich Tessa nicht einmal beim Sonntagabend-Dinner mit meiner Familie entkommen? Seit sie in der Stadt war, war sie quasi überall.

Tante Marian runzelte missbilligend die Stirn. »Josephine, nicht so laut.«

Jo zuckte zusammen und zog die Schultern hoch. Wütend funkelte ich meine Tante an. Ich hasste es, wenn sie mit Jo sprach, als wäre sie … Mir fiel kein passender Vergleich ein.

April schenkte Jo ein aufmunterndes Lächeln. »Nein, noch

nicht. Aber sie haben angefangen, das Set aufzubauen, und in der Unizeitung soll sowohl ein Artikel über die Dreharbeiten als auch ein Porträt über Tessa erscheinen«, sagte sie stolz und zwinkerte mir zu. »Ich habe meinen besten Mann auf die Sache angesetzt.«

Mühsam unterdrückte ich ein Stöhnen. So eine Scheiße.

Ich hatte April noch nicht zu fassen gekriegt, um sie zu fragen, ob Tessas Agentin sich schon gemeldet und einen anderen Journalisten für die Artikel gefordert hatte.

»Also schreibst du sie selbst?« Richard lachte. Er fand sich wohl unheimlich witzig. Tante Marian, Charles und Hugh stimmten ein, während ich mich zwingen musste, still sitzen zu bleiben, anstatt aufzustehen und zu gehen.

»Nein, du weißt doch, dass das nicht geht, weil ich auch für dich arbeite. Cole macht es.« April warf mir einen aufmunternden Blick zu, und ich wünschte, ich würde mich augenblicklich in Luft auflösen und könnte so der Schmach entgehen, die jetzt unweigerlich folgen würde.

Zum ersten Mal an diesem Abend richteten sich alle Blicke auf mich.

Wäre ich doch nur in den Bergen geblieben.

»Soso, du also«, sagte Richard in einem Tonfall, der es mir schwer machte, seine Worte nicht als Beleidigung aufzufassen. Obwohl ich mir fast sicher war, dass er sie genau so meinte.

Warum konnte April nicht für sich behalten, dass sie mir den Job gegeben hatte? Richard hätte erst davon erfahren sollen, wenn die Artikel fertig waren, aber noch nicht heute. Nicht, bevor ich mit April gesprochen hatte.

»Ja, ich also«, erwiderte ich und knirschte wütend mit den Zähnen.

»Versau es nicht.« Ungerührt spießte Richard ein Stück Fleisch auf.

Ich sah, wie Hugh und Charles sich vielsagend anschauten, während Marian auf ihren Teller starrte und so tat, als hätte sie nichts gehört. Niemand sagte ein Wort. April sah Rick fassungslos an. Sie öffnete den Mund, aber ich brachte sie mit einem warnenden Blick zum Schweigen. Ich war alt genug, um mich selbst zu verteidigen, dafür brauchte ich meine große Schwester nicht. Trotzdem blieb ich stumm. Ich würde es bereuen, wenn ich sagte, was mir gerade durch den Kopf schoss.

Zitternd ballte ich meine Hände zu Fäusten. Mit meiner Selbstbeherrschung hatte es noch nie zum Besten gestanden, und in diesem Augenblick fehlte nur noch ein letzter Tropfen, der das Fass zum Überlaufen bringen würde.

Unter dem Tisch tastete Jo nach meiner Hand. Ihre Augen schimmerten verdächtig, und als sie ihre Finger fest um meine legte, merkte ich, dass auch sie zitterte.

Ist schon okay, formte ich tonlos mit den Lippen und zog meine Mundwinkel einen Millimeter nach oben. Kein Lächeln, nicht einmal eine Andeutung davon, aber Jo nickte und schluckte die Tränen hinunter. Für den Moment reichte das aus.

»Ich werde es bestimmt nicht versauen«, sagte ich an Richard gewandt, der offenbar schon gar nicht mehr damit gerechnet hatte, eine Antwort von mir zu erhalten, so überrascht wirkte er.

Energisch versuchte ich, den Gedanken zu verdrängen, dass ich das längst getan hatte.

»Cole! Jetzt warte doch mal!«

Ich ignorierte Aprils Stimme, als ich starr die lange Auffahrt hinunterlief und auf die Straße abbog. Ich kochte vor Wut.

»Cole! Es tut mir leid!« April packte mich am Arm und riss mich herum.

»Was tut dir leid?«, blaffte ich sie an und befreite mich mit einem Ruck aus ihrem Griff.

»Richard hätte das nicht sagen dürfen. Er –«

»Ist mir doch scheißegal, was Richard dazu sagt«, fiel ich ihr schroff ins Wort. »Du hättest diesen beschissenen Artikel nicht mal erwähnen sollen! Seit gestern versuche ich, dich deswegen zu erreichen, aber du warst offenbar bei Rick, um deine Zukunft bei der *Times* abzuklären, anstatt dich um *unsere* Zeitung zu kümmern.«

Getroffen zuckte April zurück. Mir war klar, dass ich zu weit gegangen war, aber die Wut musste raus, und meine Schwester war das Ventil, das mir die letzten Stunden gefehlt hatte.

»Hast du mal deine Mails gecheckt? Ich habe dir geschrieben, und ich würde fast wetten, dass du auch eine Mail von Tessas Agentin hast, die einen anderen Journalisten für die Story möchte. Willst du wissen, woher ich das weiß? Weil ich Tessa schon begegnet bin, drei Mal. Und drei Mal ist es absolut schiefgelaufen. Ich wollte dich bitten, einem der anderen die Artikel zuzuteilen, aber das geht jetzt nicht mehr! Weil Richard dank dir Bescheid weiß. Und wenn er erfährt, dass ich schon versagt habe, bevor ich überhaupt angefangen habe, wird er mir nie eine Chance geben!«, explodierte ich.

April schwieg, sie versuchte gar nicht erst, mich zu unterbrechen, sondern ließ mich so lange wüten, bis ich schließlich schwer atmend verstummte.

»Dann bring das wieder in Ordnung, Cole. Was auch immer du getan hast, entschuldige dich bei ihr, und alles wird gut«, meinte sie, so ruhig, als würde sie tatsächlich an ihre Worte glauben. Mit einem entschlossenen Ausdruck in den Augen trat April auf mich zu und baute sich direkt vor mir auf. »Du wirst diese Artikel schreiben, hörst du? Und du wirst sie so gut schreiben, dass Rick nie wieder was gegen dich sagen kann, verstanden?«

Ich stieß ein Schnauben aus, was meine Schwester offenbar als Zustimmung aufnahm. Sie legte eine Hand auf meinen Rücken und schob mich die Straße hinunter.

»Wir gehen jetzt was trinken, und du erzählst mir, was da zwischen euch vorgefallen ist. Ich habe nämlich echt nicht vor, Kirsten oder einem der anderen die Story zu geben! Du kannst das, ich weiß es!«

»Also, eigentlich war ich noch mit Jules –«, setzte ich an, doch April brachte mich mit einer Handbewegung zum Schweigen.

»Dann sag ihm ab, das ist jetzt wichtiger. Julian wird auch mal einen Abend ohne dich auskommen.«

»Sag das nicht zu leichtfertig«, erwiderte ich gespielt beleidigt. »Wir stehen uns sehr nah.«

Grinsend verdrehte April die Augen. »Ich weiß. Sag ihm trotzdem ab. Und jetzt komm.«

Sie zog mich mit sich, ohne auf meinen schwächer werdenden Protest zu achten. Schließlich gab ich nach, folgte April zu ihrem Auto, und wir fuhren zu einer Bar in der Nähe der Uni, die April sehr mochte. Ich wäre lieber in den Pub gegangen, aber ich hatte bei dieser Sache wohl ohnehin nicht allzu viel Mitspracherecht.

»So, und jetzt sag mir, was passiert ist«, forderte April mich auf, als ein Glas Weinschorle und eine Flasche Bier vor uns auf dem Tisch standen.

Seufzend erzählte ich ihr die ganze Geschichte. Es hätte ohnehin nichts genützt, irgendwas herunterzuspielen oder wegzulassen. April hätte es so oder so herausgefunden. Sie fand immer alles heraus.

»Okay, das ist übel. Aber das kriegst du hin, oder?«, fragte sie, als ich schließlich verstummte.

Ich zuckte mit den Schultern. »Klar, wenn sie nie wieder mit mir redet, bekomme ich das bestimmt hin.«

»Sei nicht immer so sarkastisch. Das bringt dich auch nicht weiter.« Missbilligend schüttelte April den Kopf und seufzte. »Weißt du, warum du den Job bekommen hast?«

»Weil ich der Einzige war, der ihn nicht wollte. Das hast du mir schon gesagt.«

»Ja, doch das ist nicht der einzige Grund. Du bist misstrauisch, und du siehst mehr als die anderen, Cole. Du lässt dich nicht mit den gleichen Antworten abspeisen wie alle anderen. Und wenn du ein Gefühl hast, dann –«

»Ich könnte dieses Gefühl aber auch schlicht und ergreifend deshalb haben, weil ich sie nicht besonders mag. Man neigt dazu, Menschen gegenüber misstrauischer zu sein, wenn man sie nicht mag«, merkte ich an und wich Aprils Blick aus.

»Ach, erzähl keinen Quatsch. Du hast bei Kirsten noch nie ein Geheimnis gewittert, und sie magst du wirklich nicht. Du weißt doch nicht mal, ob du Tessa magst! Du hast lediglich Vorurteile, weil sie eine Schauspielerin ist, und du warst sauer auf sie, weil du ihretwegen gestürzt bist. Komm drüber weg, Cole.«

»Dad hat mir den Laptop geschenkt, das weißt du.«

»Ja und? Das hat dich doch gar nicht interessiert, bis das Ding kaputt gegangen ist. Wann hast du das letzte Mal was von Dad gehört? Und wann hast du dich das letzte Mal bei ihm gemeldet? Du machst da jetzt so eine Prinzipiengeschichte draus, und das kann nicht der Grund dafür sein, dass du dir diese Chance versaust. Wenn du –«

»Okay, du hast recht. Es ist nur –«, versuchte ich einzuwerfen, wurde aber sofort wieder von ihr unterbrochen.

»Cole! Jetzt lass mich doch mal ausreden.« Lachend schnipste sie mir gegen den Oberarm. »Wenn du dieses Gefühl hast, dass mit ihr etwas nicht stimmt, dann hat das auch was zu bedeuten. Und du wirst herausfinden, was sie zu verbergen hat. Also nachdem du sie dazu gebracht hast, mit dir zusammenzuarbeiten, obwohl du dich ihr gegenüber wie ein Arsch benommen hast.«

Ich trank einen Schluck und verzog das Gesicht. »Klar, das wird bestimmt superleicht. Hast du irgendwelche Vorschläge, wie ich das hinkriegen soll?«

Nachsichtig tätschelte April meine Hand, ein amüsiertes Glitzern war in ihre Augen getreten. »Versuch es doch einfach mal mit einer Entschuldigung.«

9. KAPITEL

Tessa

Ehrlich gesagt, weiß ich nicht, wie ich die Mail anfangen soll.
»Liebe Tessa« erscheint mir irgendwie falsch. Zu persönlich dafür, dass unsere Begegnungen alle ziemlich schiefgelaufen sind.
»Hey« klingt zu locker und ungezwungen.
Also spar ich mir den Scheiß und komme gleich zum Punkt – oder auch nicht –, denn jetzt rede ich doch um den heißen Brei herum.
Ich weiß, dass ich Mist gebaut habe und dass du nicht mit mir zusammenarbeiten willst. Das verstehe ich. Aber ich muss dieses Porträt schreiben und den Dreh begleiten. Und deswegen bitte ich dich um eine zweite Chance.
Ich möchte dir erklären, warum mir dieser Artikel so wichtig ist. Und um das gleich vorwegzunehmen, es geht nicht um dich. Ich mache das aus purem Eigennutz.
Vermutlich ist es nicht besonders clever, die Mail so abzuschicken, aber ich bin niemand, der anderen in den Arsch kriecht, auch dir nicht.
Wenn du bereit bist, mir eine zweite Chance zu geben, sag mir, wann ich wo sein soll, um dir alles zu erklären.
Cole

Fassungslos starrte ich Coles Mail an. War das sein Ernst? Glaubte er wirklich, dass ich mich darauf einlassen würde? Wieder und wieder las ich seine Nachricht.

Wenigstens war er ehrlich.

Ich wusste nicht, wie oft ich die wenigen Zeilen letzten Endes las, aber ich ertappte mich dabei, wie ich tatsächlich über Coles Vorschlag nachdachte.

Immerhin wusste ich bei ihm, woran ich war, oder? Er mochte mich nicht, doch damit würde ich schon klarkommen.

Vielleicht konnte ich etwas dagegen tun, vielleicht auch nicht. Es war egal, schließlich mochte ich Cole auch nicht.

Etwas an der Idee reizte mich. Ich hatte in letzter Zeit viele Fehler gemacht – angefangen damit, nach Faerfax zurückzukehren. Aber vielleicht waren das alles gar keine Fehler. Möglicherweise machte ich zum ersten Mal alles richtig.

Mit Cole würde das Interview ganz anders werden als mit allen anderen Journalisten, mit denen ich zuvor gesprochen hatte. Ich bezweifelte, dass ihn meine Meinung zu Mode oder Make-up interessierte. Ich bezweifelte sogar, dass ihn meine Filme interessierten, egal, ob er den Dreh begleiten würde oder nicht.

Umso neugieriger war ich darauf, welche Fragen er mir wohl für seinen Artikel stellen würde.

Du machst einen Fehler. DU MACHST EINEN VERDAMMTEN FEHLER! Die Stimme in meinem Inneren wurde immer lauter, als ich auf »Antworten« klickte, Cole die Nummer meines Hotelzimmers und eine Uhrzeit schrieb und die Mail abschickte, ohne weiter darüber nachzudenken.

Zwei Stunden später schreckte ein lautes Klopfen an der Tür mich auf. Inzwischen war ich nicht mehr hundertprozentig von meiner Idee überzeugt. Ich war müde gewesen, als ich ihm am Morgen geschrieben hatte, völlig übernächtigt, und hatte immer noch mit den Nachwehen meines Albtraums gekämpft. Ich hatte nicht nachgedacht. Aber jetzt war es zu spät, und nur weil ich mich mit ihm traf, bedeutete das noch lange nicht, dass ich mich auch auf die ganze Sache einlassen würde. Oder?

Ich atmete tief durch und öffnete die Tür. Cole stand mir gegenüber, und er wirkte nicht unbedingt so, als würde ihm irgendwas leidtun. Misstrauen lag in seinen Augen.

»Ich hätte nicht gedacht, dass du dich dazu bereit erklärst«, sagte er ohne Begrüßung.

»Und ich hätte nicht gedacht, dass du kommst, ohne den Termin vorher wenigstens zu bestätigen«, schoss ich zurück und verschränkte die Arme vor der Brust.

Coles Mundwinkel zuckten. »Ich hab doch geschrieben, du sollst mir mitteilen, wann ich wo sein soll. Das hast du getan, also, hier bin ich.«

Ich zögerte kurz, dann trat ich zur Seite. »Komm rein.« Mir kam der Gedanke, dass ich einen anderen Treffpunkt hätte vorschlagen sollen, aber auch dafür war es jetzt zu spät. Cole setzte sich unaufgefordert auf das Sofa und sah sich neugierig um. Ich ließ ihn einen Moment gewähren, doch er stellte schnell fest, dass es in meiner Suite nichts Interessantes zu entdecken gab, und wandte sich wieder mir zu.

»Also, was willst du mir erklären?«, fragte ich. Ich war mitten im Raum stehen geblieben.

Cole stieß ein tiefes Seufzen aus, ein Schatten huschte über sein Gesicht. »Meinem Onkel gehört die *Faerfax Times*. Vermutlich sagt dir das nichts, aber die Zeitung ist sogar über die Stadt hinaus sehr bekannt. Ich erspar dir das ganze Familiendrama, aber Rick hält mich für einen miserablen Journalisten, obwohl er sich noch nie die Mühe gemacht hat, einen Text von mir zu lesen. Falls das so bleibt, werde ich nie die Chance bekommen, für die *Times* zu schreiben. Und wenn ich es da nicht schaffe, kriege ich auch sonst nirgendwo einen Job«, erklärte er unwillig. Es schien ihm gar nicht zu passen, mir das alles zu erzählen. Also warum tat er es dann? Er hätte mich auch anlügen können.

Neugierde breitete sich in mir aus, und meine Abneigung gegen ihn schmolz ein bisschen, weil er mir die Wahrheit sagte. Trotzdem setzte ich einen skeptischen Gesichtsausdruck auf. »Und was hab ich damit zu tun?«

»Meine Schwester hat ihm erzählt, dass ich diese Artikel über dich und deinen Film schreibe, und wenn ich das jetzt nicht mache, weil du jemand anderen willst, hält er mich endgültig für einen Versager, und das kann ich nicht gebrauchen.«

»Also, im Klartext bedeutet das, dass du meine Hilfe brauchst«, fasste ich zusammen.

Cole knirschte mit den Zähnen. »So könnte man es auch nennen.«

Mit schief gelegtem Kopf musterte ich ihn, wägte ab. Eigentlich konnte Cole mir egal sein. Was interessierte es mich, ob er Probleme bekam, wenn er diese Artikel nicht schrieb? Er hatte sich mir gegenüber wie ein Idiot benommen.

Doch tief in meinem Inneren wusste ich, dass ich das nicht tun konnte. Jeder verdiente eine zweite Chance. Auch wenn man sich zunächst wie ein Arsch aufgeführt hatte.

»Schön. Du behältst den Job, aber zu meinen Bedingungen. Ich möchte den Text lesen, bevor er veröffentlicht wird. Und was mir nicht passt, musst du ändern.«

»Und was ist mit meiner journalistischen Integrität?« Cole zog die Augenbrauen hoch. Allerdings protestierte er nicht. Ihm war die Sache anscheinend echt wichtig.

Ich erwiderte seinen Blick mit einem süßlichen Lächeln auf den Lippen. »Die ist mir so was von scheißegal.«

Einen Moment schwieg Cole, dann begann er zu lachen. »Das ist absurd.«

»Nein, das ist Verhandlung. Du willst was von mir, schon vergessen?« Energisch verdrängte ich, dass Mallory toben würde, sollte sie jemals von diesem Gespräch erfahren.

Er neigte den Kopf, wirkte fast beeindruckt. »Du bist anders.«

Mein Herz setzte einen erschrockenen Schlag aus, und mein Magen krampfte sich schmerzhaft zusammen. Ich gab mir alle Mühe, mir nicht anmerken zu lassen, was seine Worte in mir auslösten. Dennoch konnte ich nicht verhindern, dass meine Stimme bebte, als ich fragte: »Inwiefern anders?«

»In den Interviews, die ich von dir gesehen habe, wirkst du einfach anders. Nicht so aggressiv, sondern viel freundlicher.«

»Vielleicht mochte ich meine anderen Interviewpartner mehr als dich«, gab ich pampig zurück und hätte mir am liebsten sofort auf die Zunge gebissen, um mich zum Schweigen zu bringen. Was tat ich hier nur?

Ich hatte eine Rolle zu spielen. Tessa Thorn, das nette Mädchen. Die Schauspielerin, die sich nicht mit Journalisten anlegte. Ich hatte schon mit anderen Journalisten gesprochen, die versucht hatten, mich zu provozieren und dazu zu bringen, die Fassung zu verlieren. Jedem war ich mit Gleichmut und einem freundlichen Lächeln begegnet.

Cole reizte mich wahrscheinlich noch nicht einmal mit Absicht, und trotzdem war er derjenige, bei dem ich vergaß, welche Rolle ich zu spielen hatte. Ich verlor Tessa Thorn, wenn ich mit ihm zusammen war.

Und wenn die Schauspielerin Tessa verschwand, blieb nur noch ich übrig, und allein der Gedanke machte mir Angst.

Ein Grinsen breitete sich auf Coles Gesicht aus und lenkte meine Aufmerksamkeit zurück auf ihn. Mir war schon vorher aufgefallen, dass er ziemlich gut aussah. Aber dieses Grinsen stand ihm deutlich besser als der mürrische Gesichtsausdruck von neulich Abend. Sehr viel besser sogar.

»Schön, du darfst den Text vorher lesen. Sonst noch was?«, fragte er.

»Du darfst nur über die Dinge schreiben, die ich dir bei offiziellen Interviewterminen oder am Set erzähle«, antwortete ich nach kurzem Überlegen.

Sein Grinsen wurde noch breiter. »Also, wenn ich dich irgendwo zufällig privat treffe, sagen wir bei Ella, dann darf ich meine Eindrücke von dir nicht verwenden, sehe ich das richtig?«

Ich nickte, obwohl es mich ärgerte, dass er mich so schnell durchschaut hatte. Zwar bezweifelte ich, dass ich Zeit finden würde, noch einmal bei Ella vorbeizuschauen, wenn ich mitten in den Dreharbeiten steckte, und ich war mir auch nicht sicher, wie ich ihr meinen seltsamen Abgang von neulich vernünftig erklären sollte, aber ich wollte die Möglichkeit auch nicht komplett ausschließen.

»Von mir aus. Eine Sache wäre da aber noch.«

»Ich dachte, ich darf heute die Forderungen stellen«, widersprach ich.

»Darfst du auch. Das wäre auch weniger eine Forderung als vielmehr ein … Gefallen.« Er presste das Wort hervor, als würde er daran ersticken. Offenbar war Cole nicht besonders gut darin, andere um einen Gefallen zu bitten, und ich fragte mich unwillkürlich, ob das vielleicht auch mit dem Druck zusammenhing, den seine Familiensituation auf ihn auszuüben schien.

Misstrauisch musterte ich ihn. Das wurde ja immer besser. »Schön. Was möchtest du?«

Er zögerte einen Augenblick, und ein mulmiges Gefühl breitete sich in mir aus. Cole schien mir niemand zu sein, der zögerte oder gar unsicher wurde. Er wirkte mehr wie der Typ, der ungefiltert mit allem herausplatzte, was ihm durch den Kopf ging. Das hatte ich selbst schon zu spüren gekriegt. Also, was wollte er von mir?

»Meine kleine Cousine ist ein riesengroßer Fan von dir. Kann ich sie vielleicht einen Tag mit aufs Set nehmen? Sie würde sich wahnsinnig über so eine Chance freuen.«

Perplex starrte ich ihn an. »Was? Das ist alles?«

Er runzelte die Stirn, doch seine Augen funkelten belustigt. »Was hast du denn erwartet?«

»Keine Ahnung. Das jedenfalls nicht«, erwiderte ich und stellte irritiert fest, dass mein Bild von Cole einen deutlichen Riss bekam. Nie im Leben hätte ich ihn für jemanden gehalten, der mich um einen Gefallen für seine kleine Cousine bat.

Man sollte sich niemals auf den ersten Eindruck verlassen. Vielleicht nicht einmal auf den zweiten.

»Also was ist?« Abwartend sah er mich an.

Ich sollte ablehnen. Alles andere würde mich garantiert in Schwierigkeiten bringen. Stattdessen sagte ich: »Okay, ich schaue mal, was ich da machen kann.«

»Dann haben wir eine Abmachung?« Cole stand auf und streckte mir eine Hand entgegen. Ich schlug ein, bevor ich mich umentscheiden konnte. Die Berührung löste ein unerwartetes Kribbeln in mir aus, das ich hastig zu unterdrücken versuchte. Das fehlte mir gerade noch.

»Haben wir.«

Während der ersten drei Tage der Dreharbeiten bekam ich Cole nur hin und wieder zu Gesicht. Er trieb sich zwar am Set herum, blieb aber auf Abstand, was mich mehr irritierte, als ich je gedacht hätte.

Trotzdem war ich mir seiner Anwesenheit mehr als bewusst, was vor allem auch daran lag, dass zwei Mädels meines Stylingteams einen Narren an ihm gefressen zu haben schienen.

Mehr als einmal hörte ich sie kichernd darüber spekulieren, ob Cole wohl eine Freundin hatte. Ich wusste nicht, ob es mich mehr nervte, dass sie permanent darüber sprachen oder dass ich mir die Frage selbst schon gestellt hatte.

Erschrocken fuhr ich zusammen, als die Tür meines Wohnwagens aufgerissen wurde. Kim, meine Maskenbildnerin, ließ den Pinsel fallen, mit dem sie gerade meine Wangen betonen wollte, und drehte sich um.

Wie ein Wirbelsturm kam Mallory in meinen Wohnwagen gefegt und strahlte mich an. Ihre platinblonden Haare waren zu einem perfekten Knoten gebunden, das Make-up makellos, so wie alles an ihr. Nicht mal ihre Kleidung sah so aus, als hätte sie die letzten Stunden im Flugzeug verbracht, obwohl ich wusste, dass das Set nach dem Flughafen ihre erste Station war. Ihr Bleistiftrock wies nicht die kleinste Falte auf.

Sie war die Perfektion in Person.

Mallory war Mitte dreißig und hatte sich nach ihrem Studium mit Schweiß, Blut und Tränen bis an die Spitze der Agenten in Hollywood gekämpft – ihre Worte, nicht meine. Sie war schön, schlau und knallhart. Die wenigsten wussten, dass sie auch eine weiche Seite hatte.

»Tessa, Darling, da bist du ja!«

Sie begrüßte Kim kurz, aber herzlich, scheuchte sie dann jedoch nach draußen und ließ sich anmutig auf den freien Stuhl neben mir sinken.

»Hi, Mallory«, erwiderte ich mit einem Seufzen.

»Wie geht's dir, Liebes? Wie waren die ersten Tage?«, fragte sie, zog gleichzeitig einen kleinen Spiegel aus ihrer Handtasche und überprüfte ihr Make-up.

»Alles okay. Ich würde sagen, gestern ist es ganz gut gelaufen. Wir hinken jetzt schon vom Zeitplan her etwas hinterher, aber du kennst ja Paula. Sie ist genauso eine Perfektionistin wie du.« Paula Abbott war die Regisseurin des Films und nicht nur sehr perfektionistisch veranlagt, sondern manchmal auch unberechenbar. Als wir vor drei Jahren das erste Mal zusammengearbeitet hatten, hatte ich mich ein bisschen vor ihr gefürchtet.

Ein verträumter Ausdruck huschte über Mallorys Gesicht. »Ach ja, Paula. Sie weiß, was sie tut.«

Ich schmunzelte. »Das tut sie immer. Hattest du einen guten Flug?«

Mallory seufzte, klappte den Spiegel zu und machte eine wegwerfende Handbewegung. »Ach, reden wir nicht darüber. Wir sind zwei Stunden zu spät gestartet. Hast du schon mit Logan gesprochen?« Mallory konnte schneller von einem Thema zum nächsten switchen als jeder andere Mensch, den ich kannte. Abwartend sah sie mich an, ihre grauen Augen waren wach und beobachteten jede noch so kleine Regung meines Gesichts.

»Worüber?«, fragte ich vorsichtig, obwohl ich ahnte, worum es ging.

»Er und Laura haben sich getrennt.«

Ich bemühte mich um einen gleichgültigen Gesichtsausdruck, obwohl ich es jetzt schon hasste, dass ich das Thema überhaupt angeschnitten hatte. »Ich weiß.«

»Also, habt ihr schon miteinander geredet?«

»Wenn du damit meinst, ob er mich schon darum gebeten hat, seine Freundin zu spielen, dann ja, wir haben schon miteinander geredet.«

Mallory schürzte die Lippen. »Und? Zu welchem Ergebnis seid ihr gekommen?«

»Dass ich es nicht machen werde«, antwortete ich entschieden.

»Warum denn nicht?« Sie verdrehte die Augen. »Ihr würdet beide davon profitieren, und du magst Logan doch. Ich weiß auf jeden Fall, dass er dich sehr mag.« Manchmal war es so schwierig, dass sie nicht nur meine, sondern auch Logans Agentin war.

»Ich will aber nicht davon profitieren. Ich möchte, dass der Film ein Erfolg wird, weil er gut ist, und nicht, weil unsere Fans ihn sich nur anschauen, um zu sehen, wie Logan und ich uns beim Dreh wieder ineinander *verlieben*.« Ich malte mit den Fingern Anführungszeichen in die Luft.

»Ach, Schätzchen, warum musst du es dir selbst nur immer so schwer machen? Denk noch mal drüber nach, ja?« Mallory tätschelte meine Hand.

Ich nickte, in der Hoffnung, dass sie das Thema dann endlich fallen ließ.

Mallory stand auf. »Gut, dann hole ich Kim jetzt zurück, damit ihr fertig werdet, und mache mich danach auf die Suche nach April Williams, damit du einen anderen Journalisten bekommst.« Ihre Augen glühten vor Begeisterung darüber, sich für mich in einen Kampf mit der Chefredakteurin der Unizeitung stürzen zu können. Es tat mir ein bisschen leid, sie enttäuschen zu müssen.

»Das ist nicht nötig«, hielt ich sie auf. »Die Sache hat sich erledigt.«

»Was soll das heißen, es hat sich erledigt?« Stirnrunzelnd setzte sie sich wieder.

»Cole und ich haben uns ausgesprochen«, beantwortete ich ihre Frage so vage wie möglich.

Mallory kniff die Augen zusammen. »Ihr habt euch *ausgesprochen*?« Ihr Blick durchbohrte mich, als wollte sie direkt in mich hineinsehen. Doch nicht einmal Mallory kannte mein größtes Geheimnis. Sie konnte versuchen, mich zu durchschauen, sosehr sie wollte, sie würde es nicht schaffen.

Andererseits war Mallory immer für eine Überraschung gut. »Hast du mit ihm geschlafen?« Ihre vollen rot geschminkten

Lippen verzogen sich zu einem süffisanten Lächeln. »Willst du deshalb nicht zurück zu Logan?«

Ich verschluckte mich fast an meiner eigenen Spucke. »Was?«, keuchte ich und hustete. Mein Gesicht lief knallrot an, und Mallorys Lächeln wurde breiter. Sie zog eine gläserne Wasserflasche aus ihrer Tasche.

»Das kann jetzt ja oder nein bedeuten, Darling.«

»Nein! Definitiv nein!« Meine Wangen brannten vor Verlegenheit.

»Aber er ist heiß, oder?« Mallory nippte an ihrem Wasser, ließ mich aber keine Sekunde aus den Augen.

»Er ist …« Ich brach ab, suchte vergeblich nach den richtigen Worten und gab schließlich nach. Sie sollte ruhig glauben, dass sie mich geknackt hatte. »Ja, ist er. Aber das hat damit nichts zu tun.«

»Also, warum hast du deine Meinung geändert?« Mallory stellte ihre Flasche vor sich auf dem kleinen Tisch ab und musterte mich prüfend.

»Wie gesagt, wir haben uns ausgesprochen. Er hatte ein paar gute Argumente, warum er weitermachen sollte.« Ich wickelte mir eine Haarsträhne um den Zeigefinger und versuchte krampfhaft, mir nicht anmerken zu lassen, dass ich mit Cole eine moralisch vielleicht nicht ganz einwandfreie Vereinbarung getroffen hatte. Dabei fiel mir ein, dass ich dringend noch mit Paula wegen Coles Cousine und ihrem Besuch am Set sprechen musste.

Mallorys Augenbrauen schossen in die Höhe. Sie seufzte schwer. »Tessa, Darling, du weißt, dass ich dir nur helfen kann, wenn du mir alles erzählst, oder? Also, wenn du einen anderen Journalisten haben möchtest, kümmere ich mich darum. Wenn dieser Cole dabeibleiben soll, von mir aus. Aber nur, wenn alles mit rechten Dingen zugeht. Und das Gefühl habe ich gerade nicht. Du wirst deine Gründe gehabt haben, jemand anderen zu fordern, und dass du deine Meinung änderst, passt noch weniger zu dir, als diese Forderung überhaupt zu stellen. Das wiederum sagt mir, dass an der Sache etwas faul ist. Muss ich mir Sorgen machen?«

Heftig schüttelte ich den Kopf. »Nein, Mallory, ehrlich nicht. Es ist alles in Ordnung. Versprochen.«

Doch Mallory wirkte nicht überzeugt. Auch als sie zehn Minuten später meinen Wohnwagen verließ, nachdem ich mit Engelszungen auf sie eingeredet hatte, schien sie mir noch nicht hundertprozentig zu glauben.

Seufzend schloss ich die Augen und lehnte den Kopf zurück, damit Kim sich endlich um mein Make-up kümmern konnte. Ich gab mir alle Mühe, selbst daran zu glauben, dass Mallory sich wegen Cole keine Sorgen machen musste. Das tat ich schließlich auch nicht. Zumindest versuchte ich es.

Ich machte mir keine Sorgen, wenn ich mich fragte, warum er mir seit unserem Gespräch im Hotel aus dem Weg ging. Nein, ich machte mir keine Sorgen. So gar nicht.

Cole

Ich ging Tessa ganz bewusst aus dem Weg. Einerseits, weil ich das Gefühl nicht loswurde, dass ich sie damit irgendwie provozierte. Und auch wenn das zu Beginn gar nicht meine Absicht gewesen war, begann es, mir Spaß zu machen, zu beobachten, wie sie mir zwischen einzelnen Takes immer mal wieder einen flüchtigen Blick zuwarf. Als würde sie sich fragen, ob ich etwas im Schilde führte. Das tat ich zwar, aber das wusste sie ja nicht.

Andererseits blieb ich aber auch deshalb auf Abstand, weil ich in Arbeit zu ertrinken drohte. Keiner von uns, weder April noch ich, hatten geahnt, wie viel Zeit ich am Set verbringen würde. Wir waren erst bei Tag vier angekommen, und ich hatte schon so viele Notizen, dass ich bereits jetzt den Überblick verloren hatte und mich neu organisieren musste. Das Problem war, dass ich damit noch lange nicht fertig war. April und ich hatten gestern Abend zwei Stunden zusammengesessen. Zuerst hatte sie all meine anderen Verpflichtungen für die *Faerfax News* an die Neuen verteilt, damit ich zumindest wieder etwas Luft hatte, und danach hatten wir gemeinsam überlegt, wie ich am besten weiter vorgehen würde. Denn ich sollte nicht einfach nur darüber schreiben, wie die Arbeit an so einem Filmset ablief, sondern auch darüber, was die Studenten und Professoren der Faerfax University von dem ganzen Drama hielten. Ich hatte bereits einige meiner Kurse dazu genutzt, mir Interviewpartner zu suchen, und das war noch lange nicht alles.

Bisher hatte ich am Set nur beobachtet. In den nächsten Wochen würden auch dort noch etliche Interviews folgen. Mit Produktionsassistenten, Kameramännern, den Mitarbeitern von Kostüm und Maske. Eventuell würde ich sogar die Chance bekommen, die Regisseurin Paula Abbott zu interviewen, und auch wenn es dazu keine offizielle Info gab, ging das Gerücht um, dass die Autorin des Romans im Laufe der Dreharbeiten das Set besuchen wollte.

Ich hatte noch immer keine Ahnung, wie ich all das in einem Artikel unterbringen sollte, aber irgendwie würde ich das schon schaffen. Und erst wenn ich alle notwenigen Infos für diesen Artikel zusammengesammelt hatte, würde ich mich voll und ganz Tessa widmen.

Zumindest war das der Plan.

Doch Tessa beim Schauspielern zuzuschauen, war interessanter, als ich jemals gedacht hätte, und ich ließ mich davon viel zu oft von meinem Plan ablenken.

Bisher hatte ich mir nicht besonders viele Gedanken darüber gemacht, wie viel Arbeit in so einem Film tatsächlich steckte – obwohl ich es hätte ahnen können, wenn ich mir vor Augen gehalten hätte, wie viel Arbeit ich allein mit den Notizen für den Artikel hatte. Dass eine solche Produktion viel Zeit, Geld und Aufwand erforderte, war mir klar gewesen, aber für das Herzblut, das darin steckte, hatte ich mich bis jetzt schlichtweg nicht interessiert.

Während dieser ersten Woche, die ich am Set verbrachte, lernte ich, wie schwierig und nervenaufreibend es sein konnte, in die Rolle einer Figur zu schlüpfen, die es gar nicht gab, sondern die erst zum Leben erweckt werden musste. Ich war immer noch der Meinung, dass die Millionengagen, die Schauspieler verdienten, nicht wirklich gerechtfertigt waren, aber selbst ich musste zugeben, dass Tessa ziemlich gut war.

Sie lebte dieses Mädchen, als hätte sie all ihre Gefühle selbst empfunden.

Inzwischen wusste ich zumindest auch ansatzweise, worum es in ihrem neuen Film ging, obwohl es allein durchs Beobachten schwierig war, der Handlung zu folgen, weil die Szenen nicht chronologisch gedreht wurden.

Für diesen Film schlüpfte Tessa in die Rolle von Olive, einem Mädchen, das zu Beginn der Geschichte für ihr Studium nach Faerfax zieht und dort an der Uni ihr Studium beginnt. Ihre Kindheit war weder schön noch unbeschwert, und der Umzug ist für sie ein Neuanfang. So weit, so gut. Als sie in einem Café einen Job bekommt, lernt sie dort Tom kennen, der ebenfalls an der Uni studiert. Die beiden können sich anfangs auf den Tod nicht ausstehen, doch natürlich verlieben sie sich trotzdem ineinander. Wäre jetzt auch überraschend gewesen, wenn nicht. Olive hat allerdings ein gravierendes Vertrauensproblem und ein dunkles Geheimnis, und auch Tom würde ich jetzt nicht unbedingt als beziehungsfähigen Typen bezeichnen. Aber was wusste ich schon. Nach einigem Hin und Her würde es wahrscheinlich ein Happy End für die beiden geben.

Von der Story her war *Blue Dreams* definitiv kein Film für mich. Wahrscheinlich war der Film am Ende weniger langweilig, als er mir gerade vorkam. Die Geschichte klang für mich wie jede andere auch, aber wir waren schließlich erst bei Drehtag vier angekommen, und nur weil ich mir bisher noch keinen Reim darauf gemacht hatte, was für ein dunkles Geheimnis Olive hatte, musste der Film ja nicht schlecht werden. Hoffte ich jedenfalls. Denn sonst – und ich konnte kaum fassen, dass ich das tatsächlich dachte – wäre Tessa das einzig Gute an diesem Film.

»Hey.« Mein Kopf ruckte hoch, als Tessas Stimme mich aus meinen Gedanken riss. Mit verschränkten Armen stand sie vor mir. Sie trug einen Bademantel über ihrem Outfit, und jeder andere hätte in diesem Aufzug – vor allem mit den flauschigen Pantoffeln – wohl wie ein Kind ausgesehen, Tessa hingegen wirkte beinah anmutig. Wie zum Teufel machte sie das nur? Und warum fiel mir das überhaupt auf?

»Hey«, erwiderte ich und wusste plötzlich nicht weiter. Glücklicherweise war es aber auch nicht nötig, dass ich noch etwas sagte, denn Tessa kam mir zuvor.

»Ich hab mit Paula gesprochen. Wegen deiner Cousine«, fügte sie hinzu, als ich erstaunt die Augenbrauen hochzog.

»Und?«, fragte ich zögernd. Sie sah nicht so aus, als hätte Paula Abbott zugestimmt. Ihr Blick war kühl, misstrauisch und ein bisschen berechnend. Als würde sie schon wieder versuchen, mich und meine Absichten zu durchschauen. Na, das konnte sie lange versuchen.

Trotzdem machte mich ihr Blick nervös. Nicht ihretwegen, sondern weil es um Jo ging. Gott sei Dank hatte ich ihr noch nichts davon gesagt, dass ich dabei war, ihr einen Besuch am Set zu ermöglichen. Sie wäre am Boden zerstört, wenn sie es wüsste und nichts daraus werden würde.

»Sie kann Montag vorbeikommen. Sie muss auch eine Verschwiegenheitserklärung unterschreiben, so wie du, und sie darf ihr Handy nicht mitnehmen. Wenn das kein Problem ist, darfst du sie mitbringen.«

»Ist das dein Ernst?«, fragte ich perplex und musste grinsen. Das würde das beste Geburtstagsgeschenk aller Zeiten werden.

Tessas Mundwinkel zuckten, ein amüsiertes Funkeln trat in ihre Augen, und für einen Moment schien sie zu vergessen, dass wir beide uns bisher nicht unbedingt sympathisch gewesen waren. »Ja, das ist mein Ernst. Ich musste Paula zwar ordentlich bearbeiten, aber ich hab's geschafft.«

»Danke! Echt!« Es war mir gerade egal, dass ich wie ein begeisterter Teenager klang und dass ich Tessa eigentlich nicht leiden konnte. Gerade zählte nur, dass Jo endlich mal wieder so richtig glücklich sein würde.

»Du hast nicht damit gerechnet, dass ich mich wirklich darum kümmere, oder?« Tessa neigte den Kopf und strich sich eine Haarsträhne hinters Ohr.

»Wenn ich ehrlich sein soll: Nein. Aber nicht deinetwegen. Ich habe nur nicht geglaubt, dass man es erlauben würde.« Das war zwar nur die halbe Wahrheit, aber sie musste ja nicht wissen, dass ich nicht zu hundert Prozent davon überzeugt gewesen war, dass sie meiner Bitte nachkommen würde. Sie hätte es einfach lassen können. Oder mich anlügen und sagen, dass es nicht erlaubt worden war. Warum hatte sie es also getan? Schließlich hatte sie nichts davon. Dass sie meinen Artikel quasi nach ihren Vorstellungen ändern durfte, hatte ich ihr schon zugesagt, bevor wir auf Jo zu sprechen gekommen waren.

»Hätte ich an deiner Stelle wahrscheinlich auch nicht getan.« Sie zuckte mit den Schultern, und dieses Mal lächelte sie aufrichtig. »Aber ich hab ganz lieb *Bitte* gesagt, als ich gefragt habe, also …« Sie brach ab. Ihr Lächeln verschwand, als würde sie sich plötzlich wieder daran erinnern, mit wem sie da gerade sprach, und in ihrem Blick mischten sich auf einmal wieder Vorsicht und Misstrauen. »Wir sehen uns dann morgen.« Sie machte Anstalten, sich abzuwenden, als ich sie aufhielt.

»Tessa? Danke. Ehrlich, du weißt nicht, wie viel Jo das bedeuten wird.«

Tessa blinzelte überrascht. Ich konnte es ihr nicht verdenken. Ich war selbst überrascht. So dankbar kannte ich mich gar nicht.

»Kein Problem«, erwiderte sie zögerlich und verschwand mit eiligen Schritten.

Ich zog mein Handy aus meiner Hostentasche und wählte Jos Nummer.

»Hey, Jo«, begrüßte ich sie fröhlich, als sie nach dem fünften Klingeln endlich abnahm. »Ich hoffe, du hast Montag noch nichts vor.«

10. KAPITEL

Cole

»Ist das dein Ernst? Ist das wirklich dein Ernst? So ganz echt?« Jo hüpfte aufgeregt auf und ab, ihre Stimme war so schrill, dass ich lachend das Gesicht verzog und mir in einer übertriebenen Geste die Ohren zuhielt.

»Es ist mein Ernst. War es letzte Woche schon, heute Morgen auch und jetzt immer noch.«

»Das ist so cool!« Sie drehte sich um die eigene Achse und fiel mir dann zum dritten Mal, seitdem ich sie abgeholt hatte, um den Hals.

»So cool, dass du besser niemandem davon erzählst, wenn wir beide keinen Ärger kriegen sollen. Immerhin verleite ich dich gerade zum Schuleschwänzen.« Grinsend stupste ich sie an, als sie mich wieder losließ.

»Ach, ich hätte heute ohnehin nur zwei Stunden gehabt.« Sie machte eine wegwerfende Handbewegung. »Außerdem habe ich Geburtstag. Heute kriege ich keinen Ärger.« Ein Schatten huschte über ihr Gesicht, und ich spürte, wie Wut in mir aufstieg. Auf Richard und Marian, die für den Geburtstag ihrer einzigen Tochter nichts weiter geplant hatten als ein dämliches Abendessen in einem Restaurant, das Jo nicht einmal mochte. Darauf, dass Jo wegen des Schwänzens keinen Ärger bekommen würde. Nicht, weil sie Geburtstag hatte, sondern weil es ihre Eltern schlicht und ergreifend nicht interessierte.

Mühsam schluckte ich meinen Ärger hinunter. Jo hatte Geburtstag, es ging heute nur um sie und darum, dass sie glücklich war. Um den Rest konnten wir uns ein anderes Mal kümmern.

»Und selbst wenn, wäre es das doch absolut wert, oder?« Ich legte ihr einen Arm um die Schulter und schob sie endlich weiter Richtung Campus.

»Auf jeden Fall.« Das begeisterte Lächeln kehrte auf ihr Gesicht zurück, und spätestens als wir das Set betraten, vergaß sie ihre Eltern.

»Oh mein Gott! Ist das *Logan Kent?*«, quietschte sie und krallte ihre Finger so fest in meinen Arm, dass ihre Nägel garantiert Abdrücke hinterlassen würden. Wie gebannt starrte sie in Logans Richtung. Er stand neben Tessa, hob jetzt eine Hand und streichelte ihr über die Wange. Etwas in mir regte sich bei diesem Anblick, vor allem, als sie sich von ihm wegdrehte und ihr Blick auf uns fiel. Genau in dem Moment, in dem Jos Stimme noch eine Oktave in die Höhe schoss und sie atemlos »OH MEIN GOTT! Sind die beiden wieder zusammen?« hervorstieß.

Tessa verzog das Gesicht, und ich wusste genau, dass sie Jo gehört hatte. Shit. Das fing ja gut an.

Sie ließ Logan ohne ein weiteres Wort stehen und kam auf uns zu. Ich rechnete mit dem Schlimmsten, denn nur weil Tessa Jo hier reingebracht hatte, bedeutete das noch lange nicht, dass sie auch nett zu ihr sein würde. Oder dass sie überhaupt mit ihr sprechen würde. Doch als sie bei uns stehen blieb, erschien ein warmes Lächeln auf ihrem Gesicht.

»Du musst Jo sein«, begrüßte sie meine Cousine, ihre Stimme klang so weich und freundlich, dass ich sie perplex anstarrte. Als sie Jo dann auch noch kurz umarmte, fragte ich mich ernsthaft, ob ich in einer Art Parallelwelt gelandet war. Dann wurde mir klar, dass ich nicht die echte Tessa vor mir hatte.

Gott, ich klang schon genau wie April. Als ob es eine echte und eine falsche Tessa gab. Was für ein Schwachsinn. Trotzdem wurde ich das Gefühl einfach nicht los, dass sie uns gerade allen etwas vorspielte. Oder zumindest einen Teil von sich vor uns verbarg.

»Ja … ja, ich bin Jo. Und du bist Tessa Thorn«, stammelte Jo verblüfft. Ihr Gesicht war knallrot angelaufen, aber ihre Augen leuchteten so glücklich, wie ich sie noch nie gesehen hatte.

Es versetzte mir einen Stich. Ich freute mich für Jo. Dass sie das Ganze jetzt schon so genoss und so begeistert war. Andererseits war es aber auch traurig, dass ich sie so noch nie erlebt hatte, außer vielleicht als kleines Mädchen. Bevor ihre Eltern angefangen hatten, Jo permanent so anzusehen, als wäre sie eine einzige große Enttäuschung.

Tessas Lachen riss mich aus meinen Gedanken. »Stimmt. Aber verrate es bitte keinem.« Sie zwinkerte Jo zu und wandte sich dann an mich. Ihr Lächeln verlor dabei ein kleines bisschen an Strahlkraft, doch ihr Blick war immer noch warm. Auch wenn wie so oft eine Frage in ihren Augen zu liegen schien, konnte ich sie dieses Mal nicht deuten.

»Wollt ihr euch vielleicht was zu trinken besorgen und dann zuschauen, wenn wir die nächste Szene drehen? Wir legen gleich los, deswegen kann ich euch jetzt leider nicht alles zeigen und euch alle vorstellen. Das geht dann erst, wenn wir durch sind.«

Jo sah bittend zu mir hoch. »Geht das? Können wir das so machen?«

»Klar, es ist dein Geburtstag«, erinnerte ich sie. »Wir können machen, was du möchtest.«

»Du hast heute Geburtstag?« Erstaunt zog Tessa die Augenbrauen hoch, und Jos Wangen wurden noch ein bisschen dunkler, als sie schüchtern nickte.

»Dann sollten wir später unbedingt noch ein Stück Kuchen zusammen essen, oder?«

Ich war mir nicht sicher, wen die Frage mehr überraschte, mich, Jo oder Tessa selbst. Für ein paar Sekunden sah es so aus, als hätte sie die Frage am liebsten zurückgenommen, doch dann, als Jo sie nur fassungslos anstarrte, wurde ihr Blick unsicher. Und zum ersten Mal empfand ich eine Spur von Sympathie für Tessa.

»Das klingt toll«, stimmte ich zu, als Jo auch nach ein paar weiteren Sekunden kein Wort herausbrachte, obwohl alles in mir sich dagegen sträubte. Mit Tessa Kuchen zu essen, war so ziemlich die dümmste Idee, die ich seit Langem gehabt hatte. Auch wenn es genau genommen ihre Idee gewesen war, aber ich hätte ja nicht zustimmen müssen. Andererseits hätte ich es Jo nie im Leben antun können, dieses Angebot auszuschlagen.

»Gut, dann machen wir das. Ich muss jetzt los, wir sehen uns später, okay?«

Jo nickte. »Das ist das beste Geburtstagsgeschenk aller Zeiten«, flüsterte sie ehrfürchtig. Der Anflug eines erleichterten Lächelns huschte über Tessas Gesicht, dann ließ sie uns allein.

»Na, was sagst du?« Ich legte Jo einen Arm um die Schultern und führte sie an den Rand des Sets, wo ein langer Tisch aufgebaut war, auf dem Getränke standen. Heute wurde in der Aula der Uni gedreht, und obwohl mir der Saal vertraut war, wirkte alles anders.

Aufgeregt hüpfte Jo neben mir auf und ab. »Es ist so cool! Und Tessa ist sooooo nett!«

Das war sie wirklich. Sie war sogar sehr nett zu Jo, und egal, ob sie es ernst meinte oder ob sie meiner Cousine nur was vorspielte, ich war ihr dankbar dafür. Verdammt, sie hatte vorgeschlagen, mit uns Kuchen zu essen. Warum zum Teufel hatte sie das getan?

Suchend sah ich mich im Saal um und fand Tessa fast sofort. Sie stand mit einem Skript in der Hand vor der Bühne und runzelte konzentriert die Stirn, während sie den Text las. Ich wollte es nicht zugeben, und würde es auch niemals tun, aber eine leise Stimme in mir flüsterte mir zu, dass ich mich in Tessa vielleicht doch geirrt hatte.

Tessa

Ich hatte jetzt ganz offiziell den Verstand verloren. Was zum Teufel hatte ich mir dabei gedacht, Cole und seiner Cousine vorzuschlagen, nach dem Dreh Kuchen essen zu gehen?

Gar nichts. Absolut gar nichts hatte ich mir gedacht.

Ich hatte nur dieses junge Mädchen vor mir gesehen, das sich mit aufgeregt leuchtenden Augen am Set umgeschaut hatte und das mich auf eine seltsame Weise an mich selbst erinnert hatte, als ich in ihrem Alter gewesen war.

Ich wusste nicht, woher dieses Gefühl so plötzlich gekommen war, weil Jo und mich wahrscheinlich absolut gar nichts verband, aber es war da gewesen. Vielleicht weil in Jos Blick eine unterschwellige Traurigkeit gelegen hatte und ich unwillkürlich daran hatte denken müssen, was Cole mir in Ansätzen über seinen Onkel erzählt hatte. Wenn Jo dessen Tochter war, war es nicht schwierig, sich vorzustellen, was der Grund für diese Traurigkeit war. Natürlich konnte ich mich irren. Aber mein Gefühl sagte mir, dass ich richtiglag.

Anstatt mich also nach Drehschluss wieder in meinem Hotelzimmer zu verkriechen und mich vor Logan zu verstecken, machte ich mich am späten Nachmittag zusammen mit Cole und Jo auf den Weg zu einem kleinen Café nicht weit vom Campus entfernt.

Jo hatte ihre anfängliche Schüchternheit mittlerweile abgelegt, sie strahlte und entschuldigte sich gerade zum wiederholten Mal dafür, was sie über mich und Logan gesagt hatte.

»Ist schon gut«, entgegnete ich lächelnd. »Ehrlich, mach dir deswegen keinen Kopf.«

»Es tut mir trotzdem leid. Das war sehr unhöflich.« Jo sah so ernst aus, dass ich beinahe gelacht hätte. Dann erinnerte ich mich daran, wer schweigend neben uns herstapfte, und riss mich zusammen.

Ich wurde einfach nicht schlau aus Cole. Allein die Tatsache, dass er mich gefragt hatte, ob er Jo mit ans Set bringen durfte, hatte mein Bild von ihm ins Wanken gebracht. So wie er mit ihr umging – locker, entspannt, viel zu fröhlich und vor allem viel zu nett für diesen Griesgram, den ich bisher kennengelernt hatte –, wurde dieses Bild heute noch einmal komplett auf den Kopf gestellt. Letzte Woche war er mir stets aus dem Weg gegangen. Abgesehen von unserem kurzen Gespräch, als ich ihm gesagt hatte, dass Jo ihn begleiten durfte, hatten wir kein Wort miteinander gewechselt. Er war zwar heute auch nicht besonders gesprächig – was aber wahrscheinlich daran lag, dass Jo fast ununterbrochen plapperte –, aber kein einziges Wort war unfreundlich gewesen. Und das kam einem kleinen Wunder schon ziemlich nahe.

»Hast du heute Abend denn noch was mit deinen Freunden vor?«, wechselte ich das Thema, weil ich nicht mehr über mich und Logan reden und erst recht nicht über Cole nachdenken wollte. Das war viel zu verwirrend.

Jo verzog das Gesicht, und ich wusste sofort, dass ich die falsche Frage gestellt hatte. »Nee. Ich gehe mit meinen Eltern und meinen Brüdern essen.«

Sie klang nicht besonders glücklich darüber, und bevor ich mich aufhalten konnte, warf ich Cole einen Hilfe suchenden

Blick zu. Ich wollte Jo nicht zu nahetreten und hatte keine Ahnung, was ich dazu sagen sollte, ohne dass es super unangenehm zwischen uns werden würde.

Cole presste die Lippen aufeinander, ein Schatten huschte über sein Gesicht, als er meinen Blick erwiderte. Einen Moment lang guckten wir uns schweigend an, in seinen Augen blitzte etwas auf, das ich nicht deuten konnte, und mein Herz setzte einen Schlag aus. Meine Kehle fühlte sich auf einmal wie zugeschnürt an. Nur weil er mich ansah.

Für einen Augenblick verlor ich die Selbstsicherheit, die ich den ganzen Tag schon wie eine Decke um mich gehüllt hatte, um Cole nicht viel mehr von mir zu zeigen, als ich preisgeben wollte. Ich wusste, dass Cole es bemerkte, weil sich seine Schultern verkrampften. Er wandte den Blick ab und schenkte seiner Cousine wieder seine volle Aufmerksamkeit, und ich konnte wieder tief durchatmen.

Was war das denn gewesen?

»Wir könnten uns mit Kuchen vollstopfen, nur um deine Eltern zu ärgern«, schlug er vor und schenkte Jo ein diabolisches Grinsen.

Jo prustete los, doch ihre Augen begannen wieder zu leuchten. »Mom bekommt wahrscheinlich einen Anfall, wenn ich das blöde Steak nicht esse, das sie mir wieder aufzwingen will.«

»Das heißt, wir essen so viel Kuchen, bis uns schlecht wird.« Cole nickte zufrieden.

Wir liefen durch eine schmale Seitenstraße und betraten anschließend ein kleines Café, in dem nur zwei Tische besetzt waren. Die Gäste schenkten uns keinerlei Beachtung, als wir zu einem der freien Tische gingen und uns setzten.

»Warum sind wir nicht ins *Happiness* gegangen?«, fragte Jo.

»Da wäre jetzt die Hölle los, und auch wenn du Geburtstag hast, wird Ella niemanden rausschmeißen, damit ein Tisch für uns frei wird.« Cole zuckte mit den Schultern, er wirkte gleichgültig, doch als sein Blick für den Bruchteil einer Sekunde zu mir zuckte, wusste ich instinktiv, dass wir meinetwegen hier waren. Denn das *Happiness* befand sich direkt an der Hauptstraße, und wir wären garantiert nicht dort angekommen, ohne vorher belagert worden zu sein, weil mich irgendwer erkannt hätte. Wieder regte sich etwas in mir, doch ich schob das Gefühl energisch beiseite. Ich wollte jetzt nicht darüber nachdenken, dass Cole etwas in mir auslöste. Und erst recht nicht darüber, was das war.

»Außerdem«, fügte Cole hinzu, »gibt es hier den besseren Kuchen.«

»Vielen Dank«, sagte eine Frau mittleren Alters, die mit einem Block in der Hand an unseren Tisch trat und Cole nun ein strahlendes Lächeln schenkte. »Was darf's denn dann sein?«

»Von jedem Kuchen, den Sie haben, bitte drei Stücke«, bestellte ich, und als Cole und Jo mich überrascht ansahen, fügte ich achselzuckend hinzu: »Wie wollt ihr sonst so viel Kuchen essen, dass euch davon schlecht wird?«

Was zum Teufel machte ich hier?

»Und du willst mitmachen?« Skeptisch verzog Cole das Gesicht.

Ich schnaubte. »Ich werde euch auf jeden Fall nicht beim Essen zusehen.«

Als Antwort schüttelte er nur leise lachend den Kopf, ließ es sonst aber auf sich beruhen. Keine Stichelei, kein dämlicher Spruch. Es war, als würde mir heute ein anderer Cole gegenübersitzen, eine abgeschwächte, weichere Version seiner selbst, und ich fragte mich, ob das an Jo lag.

Wir bestellten noch unsere Getränke, und zehn Minuten später standen so viele Kuchenstücke vor uns auf dem Tisch, dass ich befürchtete, wir würden Wochen brauchen, um die alle zu essen.

»Vielleicht habe ich uns ein bisschen überschätzt«, murmelte ich, doch Jo kicherte ausgelassen.

»Du hast keine Ahnung, wie viel wir essen können.«

Wie sich herausstellte, hatte ich das in der Tat nicht. Am Ende blieben nur vier Stücke übrig, und ich fragte mich, wie die beiden so viel Kuchen hatten essen können, ohne sich zu übergeben. Zugegeben, Jo war ein bisschen blass um die Nase, aber sie sah trotzdem sehr zufrieden aus.

Wir hatten uns während der letzten Stunde über alles und nichts unterhalten. Jo stellte unfassbar viele Fragen, und obwohl ich darauf achtete, nur das preiszugeben, was online sowieso überall nachlesbar war, beantwortete ich jede einzelne. Wäre Cole nicht dabei gewesen, wäre ich vielleicht offener gewesen, aber ich konnte kein Risiko eingehen – Deal hin oder her. Und das hier war definitiv kein Interviewtermin.

Jo interessierte sich erstaunlicherweise mehr für die Schauspielerei selbst als für Hollywood. Es machte Spaß, mit ihr darüber zu reden, vor allem, als sie erzählte, dass sie selbst überlegte, für ein Stück in der Schule vorzusprechen.

»Aber ich glaube sowieso nicht, dass ich genommen werde, also kann ich es auch gleich sein lassen«, sagte sie und blickte verlegen auf den Tisch.

Ich runzelte die Stirn. »Warum glaubst du das?«

»Ich habe Probleme mit Texten. Lesen fällt mir nicht so leicht.« Sie zuckte mit den Achseln, eine tiefe Röte breitete sich auf ihren Wangen aus, und als ich begriff, dass sie sich schämte, brach es mir fast das Herz.

Ich legte meine Hand auf ihre und drückte sie sanft. »Wenn du schauspielern möchtest, tu es. Ich weiß nicht, ob dir das hilft, doch für mich war die Schauspielerei oft ein Weg, mein eigenes Leben zu verlassen und in das von jemand anderem einzutauchen. Weißt du, was ich meine?«

Jo nickte zögerlich. Ich spürte, dass Cole mich ansah. Durchdringend und intensiv. Ich versuchte, ihn zu ignorieren, aber es fiel mir schwer, seinen Blick nicht zu erwidern und zu sehen, was in seinen Augen lag, während er mich dabei beobachtete, wie ich mit seiner Cousine sprach.

»Manche Dinge kann man besser, wenn man so tut, als wäre man jemand anders. Damit will ich nicht sagen, dass es schlimm ist, dass du Probleme mit Texten hast, das ist es nicht. Ich muss aber auch ehrlich gestehen, dass ich mich damit nicht besonders auskenne. Und vielleicht dauert es etwas länger, aber wenn du unbedingt Schauspielerin werden willst, schaffst du es auch.« Gott, ergab das überhaupt Sinn, was ich da quasselte? Warum irritierte es mich derart, dass Cole mich so anschaute?

Ich schüttelte den Kopf und nickte in seine Richtung. »Du hast doch angeblich so einen tollen Cousin. Er könnte mit dir üben.«

»Hey, ich bin nicht nur *angeblich* toll«, protestierte Cole.

»Auf den Beweis warte ich noch«, schoss ich zurück und spürte, wie sich ein Grinsen auf meinem Gesicht ausbreitete. Coles Augen weiteten sich kaum merklich, und ich wandte hastig den Blick ab.

Verlegen räusperte ich mich und fuhr fort, bevor Cole noch etwas erwidern konnte. »Es muss nicht perfekt werden. Niemand ist am Anfang perfekt. Oder überhaupt jemals. Und wenn du die Rolle nicht bekommst, tut das weh. Aber du lernst daraus. Etwas nicht zu schaffen, ist nicht schlimm. Es ist nur ein Schritt auf deinem Weg, okay?«

»War das bei dir so?«, fragte Jo, sie wirkte schon etwas zuversichtlicher.

»Ja. Bei mir ist viel nicht so gelaufen, wie ich es mir gewünscht hätte«, antwortete ich und kam der Wahrheit damit näher, als ich es in Coles Anwesenheit sollte. »Aber am Ende habe ich es geschafft, weil ich es wollte. Und das kannst du auch.«

»Meinst du echt?«

»Ich weiß es sogar. Und wenn das Schauspielern am Ende nicht das ist, was du willst, ist das auch okay.«

Ein Lächeln erschien auf Jos Gesicht. »Stimmt. Du hast recht.«

»Ich unterbreche euch nur ungerne, aber ich glaube, wir sollten langsam los«, mischte Cole sich ein und warf Jo einen bedauernden Blick zu.

Ihr Lächeln verblasste. Sie stieß ein tiefes Seufzen aus und zog eine Grimasse. »Ja, sollten wir. Das Essen kann ich leider nicht schwänzen.«

»Tut mir leid für dich, Jo.« Cole legte ihr eine Hand auf die Schulter und erhob sich.

»Ja, mir tut's auch leid, aber nützt ja nichts.« Ein weiteres Seufzen folgte, und die Leichtigkeit der letzten Stunden verschwand von einer Sekunde auf die andere.

Schweigend verließen wir das Café und liefen durch die Straßen, bis wir schließlich an einer Kreuzung stehen blieben. Ich musste nach rechts, um zurück zum Hotel zu gelangen, Cole und Jo nach links.

»Vielleicht sehen wir uns ja mal wieder.« Ich schenkte Jo ein aufmunterndes Lächeln und hoffte, dass das bevorstehende Abendessen ihr nicht gänzlich den Tag verdarb.

»Das wäre schön. Danke für den super Tag!« Sie umarmte mich so fest, dass mir für einen Moment die Luft wegblieb. Ich erstarrte. Solche Umarmungen war ich nicht gewöhnt. Seit Ewigkeiten hatte mich niemand mehr so umarmt.

Ich brauchte einen kurzen Moment, bis ich ihre Umarmung erwidern konnte. »Gern geschehen«, gab ich zurück und meinte es vollkommen ernst.

Nachdem wir uns voneinander gelöst hatten, verabschiedete ich mich mit einem unbeholfenen Nicken von Cole und machte mich auf den Heimweg.

Doch ich war noch nicht weit gekommen, als ich Cole meinen Namen rufen hörte.

Als ich mich zu ihm umdrehte, trennten uns nur noch wenige Meter voneinander, während Jo dort stehen geblieben war, wo ich die beiden zurückgelassen hatte.

Ein nicht zu deutender Ausdruck lag auf seinem Gesicht. »Du hättest das nicht tun müssen«, sagte er, und obwohl er es nicht aussprach, wusste ich genau, was er meinte. Und es stimmte. Ich hätte diesen Nachmittag nicht mit ihm und Jo verbringen müssen. Ich hätte nicht all diese Dinge sagen müssen.

»Ich weiß.«

»Warum hast du es dann getan?«

Ich zuckte mit den Schultern und zwang ein Lächeln auf mein Gesicht. »Warum nicht?«

Die Wahrheit war so simpel wie beängstigend. Ich hatte nicht noch mehr Stunden einsam in meinem Hotelzimmer hocken wollen. Das tat ich jetzt trotzdem, aber wenigstens war ich für ein paar Stunden nicht allein gewesen.

»Das ist nicht ...«, setzte Cole an und brach kopfschüttelnd ab. »Vergiss es. Danke! Für das, was du zu Jo gesagt hast. Ich glaube, das hat ihr wirklich geholfen.« Ein Lächeln breitete sich auf seinem Gesicht aus, so aufrichtig, dass ich ihn für einen Moment nur fassungslos anstarren konnte. Bevor ich die Chance hatte, etwas zu antworten, drehte er sich um und ging zu Jo zurück.

Ich blickte den beiden hinterher und fühlte plötzlich eine tiefe Einsamkeit in mir aufsteigen. Ich war wieder allein, und ich wusste nicht, wie lange ich damit noch klarkommen würde.

Zurück in meinem Hotelzimmer erwartete mich drückende Stille. Tränen schossen mir in die Augen. Ich legte mich aufs Bett, griff nach meinem Handy und rief Susan an.

»Tessa? Geht's dir gut?«, fragte sie, als sie das Gespräch entgegennahm. Das waren immer ihre ersten Worte, wenn ich sie anrief. Weil sie sich ständig Sorgen um mich machte.

Als Antwort brachte ich nur ein ersticktes Schluchzen hervor.

»Och, Süße. Nein, nicht weinen. Wir kriegen das hin, okay? Es wird alles gut! Versuch tief durchzuatmen.«

Ich tat wie geheißen, trotzdem dauerte es, bis ich mich so weit beruhigt hatte, dass ich wieder sprechen konnte.

»Hey, Suzie.« Meine Stimme klang rau und krächzend, aber immerhin weinte ich nicht mehr.

»Hi, Schätzchen. Geht's wieder?« Ich konnte förmlich vor mir sehen, wie sich ein warmes Lächeln auf ihrem Gesicht ausbreitete. Sie saß bestimmt gerade im Wohnzimmer mit einer Tasse Tee und hatte gelesen, als ich sie angerufen hatte. Im Gegensatz zu mir nutzte Susan fast jede freie Minute, um ihre Nase in ein Buch zu stecken. Sie war Chemieprofessorin an der UCLA und hatte eine ausgeprägte Schwäche für historische Liebesromane.

»Glaub schon«, murmelte ich.

»Willst du drüber reden?«

»Keine Ahnung.« Ich zog mir die Bettdecke über den Kopf und schloss die Augen. Ganz am Anfang, als ich bei ihr eingezogen war, hatten wir oft Höhlen gebaut, wenn ich Panik bekommen hatte und die Albträume zu schlimm geworden waren. Wir hatten Höhlen gebaut und uns stundenlang darin verkrochen. Susan hatte mir dann vorgelesen, oder wir hatten ihren Laptop mitgenommen und so lange Disneyfilme geschaut, bis es mir wieder besser gegangen war.

Die Bettdecke war zwar keine Höhle, doch das warme Gewicht hatte trotzdem etwas Tröstliches an sich.

»Ich weiß ja selbst nicht so richtig, was los ist. Ich war heute mit ...« Ich stockte. Ja, ich war mit Cole und Jo Kuchen essen gewesen, aber wie sollte ich Cole Susan gegenüber erwähnen, wie sollte ich ihn definieren? Wir waren keine Freunde, aber auch keine Kollegen. Bekannte traf es auch nicht.

»Mit wem hast du was gemacht?«, fragte Susan neugierig.

Ich zögerte und beschloss dann, ihr die Wahrheit zu sagen. Also nicht, dass Cole Journalist war. Gott nein, das konnte ich ihr nicht antun. Wenn sie wüsste, dass ich freiwillig Zeit mit einem Journalisten verbracht hatte, würde sie vermutlich glauben, ich hätte den Verstand verloren. Hatte ich ja auch irgendwie. Stattdessen erzählte ich ihr, wie ich Ella und darüber auch ihre Freunde kennengelernt hatte. Unter anderem Cole. Das war nicht mal gelogen. Ich erzählte ihr, dass Cole gefragt hatte, ob seine Cousine das Set besuchen dürfte und dass ich zugestimmt hatte. Auch das war keine Lüge.

Als ich geendet hatte, schwieg Susan einen Moment, und ich wusste, dass sie sich erst einmal sammeln musste, damit sie nicht direkt die überbesorgte Tante raushängen ließ, sondern nur einen Teil davon.

»Das klingt doch nach einem sehr schönen Nachmittag«, sagte sie langsam. »Also, warum weinst du?«

»Weil ich allein bin. Und ich hab es satt, allein zu sein. Aber ich weiß nicht ... Ich weiß gerade gar nichts mehr.«

»Willst du mehr Zeit mit dieser Ella und den anderen verbringen?«

Darüber brauchte ich gar nicht erst nachzudenken. »Ja. Aber ich kann nicht einfach so tun, als wäre ich nicht, wer ich bin. Ich hab keine Ahnung, wie ich damit umgehen soll. Und ehrlich gesagt, weiß ich auch nicht … Ich kann doch nicht in das Café spazieren und Ella fragen, ob sie mit mir befreundet sein will.« Ich stieß einen frustrierten Laut aus. Das war nicht das Problem. Also schon. Aber problematisch war vor allem mein Abgang neulich. Wie sollte ich den anderen danach wieder unter die Augen treten? Sollte ich versuchen, ihnen zu erklären, warum ich so überstürzt abgehauen war? Ergab das überhaupt einen Sinn, wenn ich sie dann auf jeden Fall anlügen musste? Oder sollte ich so tun, als wäre nichts gewesen?

»Wenn du es so sehr möchtest, mach es doch.« Suzies Stimme riss mich aus meinen Gedanken.

»Was?« Perplex schnappte ich nach Luft. »Kein Vortrag darüber, dass ich vorsichtig sein sollte und –«

»Ich möchte, dass du vorsichtig bist, ja. Aber das heißt noch lange nicht, dass dich das davon abhalten muss, Freunde zu finden, Tessa.« Sie seufzte und suchte nach den richtigen Worten. »Ich weiß, dass es dir schwerfällt, auf andere Leute zuzugehen, und dass du dich lieber zurückziehst, und ich kann das verstehen. Trotzdem wünsche ich mir, dass du Freunde findest. Menschen, die du magst, und mit denen du gerne Zeit verbringst. Auch wenn ich mir noch mehr wünschen würde, dass du diese Menschen hier und nicht ausgerechnet in Faerfax gefunden hättest. Du hast dich bei ihnen wohlgefühlt, das habe ich herausgehört. Du musstest es nicht einmal sagen.«

»Das hab ich wirklich«, erwiderte ich leise und musste lächeln bei dem Gedanken daran, wie schön es gewesen war, einen Abend lang einfach nur ein Mädchen zu sein, das sich mit Gleichaltrigen über alles und nichts unterhalten konnte.

»Dann los. Dass du vorsichtig sein sollst, brauche ich dir nicht sagen. Weil du ohnehin immer vorsichtig bist und weil du merkst, wenn dir jemand was Böses will.«

»Wo kommt das denn jetzt her?«, fragte ich verblüfft. »Du bist doch sonst nicht so.«

»Wie denn? Entspannt? Glaub mir, ich bin nicht entspannt. Ich mache mir immer noch Sorgen um dich. Aber ich habe auch mal mit Dr. Philipps gesprochen, und so wie es aussieht, muss ich wohl lernen, dich loszulassen. Du bist erwachsen. Ich kann mir nicht dein Leben lang Sorgen um dich machen. Das ist weder für dich noch für mich gut.«

»Du hast mit Dr. Philipps gesprochen?« Ich war so überrascht, dass ich mich aufsetzte und die Decke nach unten rutschte.

»Ja, und ich werde es wieder tun. Aber darum geht's jetzt nicht, okay?«

»Okay.« Ein winziges Lächeln breitete sich auf meinem Gesicht aus.

»Also triffst du dich noch mal mit ihnen?«

»Ich denke schon.«

»Das freut mich. Ich wünsche mir so sehr, dass du glücklich bist, Tessa.«

»Ich auch«, flüsterte ich und versuchte, mich daran zu erinnern, wann ich das letzte Mal glücklich gewesen war.

Ich konnte es nicht.

11. KAPITEL

Cole

Ich hatte keine Ahnung, wie ich nach unserem gemeinsamen Nachmittag mit Tessa umgehen sollte. Es überforderte mich kolossal. Einerseits, weil ich sie nicht anders sehen wollte als zuvor, nur weil sie nett zu Jo gewesen war. Andererseits konnte ich aber nicht leugnen, dass sich etwas geändert hatte.

Glücklicherweise nahm Tessa mir jede Entscheidung ab. Sie ignorierte mich zwar nicht, aber mehr als ein gelegentliches »Hallo« hatte sie nicht für mich übrig. Es sollte mich nicht kümmern, und eigentlich tat es das auch nicht. Aber ich war nicht blind. Fünf Tage waren vergangen, und Tessa sah aus, als hätte sie mindestens genauso lange keine Nacht durchgeschlafen. Sie war blass, dunkle Schatten lagen unter ihren Augen, die erst unter einer Schicht Make-up verschwinden mussten, damit sie nicht mehr zu sehen waren. Ich wollte mir nicht den Kopf darüber zerbrechen, ob es ihr gut ging, aber irgendwie tat ich es doch. Weil ich immer wieder daran denken musste, wie sie mit Jo über das Schauspielern gesprochen und ihr ein Stück von ihrer Angst genommen hatte. So viel, dass wir uns gestern das erste Mal zusammengesetzt und für das Vorsprechen geübt hatten. Macbeth. Ich hatte das Stück in der Schule gehasst, aber Jo war mit Feuereifer bei der Sache. Ich war Tessa dankbar, dass sie Jo einen kleinen Schubs in die richtige Richtung gegeben hatte, und obwohl Dankbarkeit nichts mit

Sorge zu tun hatte, kam ich weder gegen das eine noch gegen das andere an.

Dass heute ausgerechnet eine Szene gedreht wurde, in der zwischen Olive und Tom alles den Bach runterging, schien auch nicht unbedingt dazu beizutragen, dass Tessa sich besser fühlte. In den Drehpausen zog sie sich zurück, sprach mit niemandem und versteckte sich hinter ihrem Skript. Es war offensichtlich, dass etwas nicht stimmte.

Trotzdem musste ich zugeben, dass Tessa Olives Zerrissenheit, ihre Verletzlichkeit und ihren Schmerz in dieser Szene mit einer solchen Intensität spielte, dass sogar ich eine Gänsehaut bekam.

Ich konnte nicht sagen, wie lange der Dreh an diesem Samstag dauerte, irgendwann verlor ich jegliches Zeitgefühl, war zu fasziniert von dem Geschehen um mich herum. Doch als am frühen Abend schließlich die letzte Klappe fiel, ging ein kollektiver Seufzer der Erleichterung durch den Raum.

Heute war in einer Wohnung im Studentenwohnheim gedreht worden, und ich fragte mich immer noch, welche armen Studenten sie dafür ausquartiert hatten. Normalerweise waren Mitte September alle Zimmer belegt.

Es war eine typische Wohnheimwohnung, mit zwei Schlafzimmern, einer geräumigen Wohnküche und einem Bad. Nur die vielen Scheinwerfer, Kameras, Mikrofone und Filmleute, die sich an die Wand drängten, weil es wohl doch etwas anderes war, in einem geschlossenen Raum zu drehen anstatt in einem offenen Studio, störten das Bild.

Auch wenn die Arbeit für diesen Tag beendet war, hielt ich immer noch mein Tablet in der einen Hand, den Stift in der anderen. Eileen hatte mir zwar den Laptop für meine Arbeit gegeben, allerdings hatte sie mir nicht verboten, meine Notizen am Tablet zu machen. Auch in der Verschwiegenheitsvereinbarung hatte nichts davon gestanden, ich hatte sicherheitshalber noch einmal nachgeschaut.

Es war einfacher, den ganzen Tag das Tablet mit mir herumzutragen und handschriftlich festzuhalten, was hier vor sich ging, als sich alles zu merken und am Ende nur meine Erinnerungen in ein leeres Word-Dokument zu übertragen. So konnte ich all meine Eindrücke noch in derselben Minute aufschreiben. Das Adrenalin, das durch die Menge jagte, wenn die Regisseurin mal wieder eine ihrer Schimpftiraden losließ.

Und den Schmerz, den jeder hier empfand, als Tessa heute Olive spielte.

Der heutige Tag war für alle Beteiligten anstrengend und aufreibend gewesen, und ich wollte genau dieses Gefühl für meinen Artikel festhalten.

Allmählich löste sich die Anspannung im Raum, Gespräche kamen in Gang. Ich packte mein Tablet in meinen Rucksack und wollte gerade verschwinden, als mein Blick zum wiederholten Mal auf Tessa fiel. Sie wischte sich mit beiden Händen fahrig übers Gesicht. Es waren zwar nur gespielte Tränen, aber auf gewisse Weise wirkten sie trotzdem echt.

Sie sah wirklich fix und fertig aus.

Ich konnte mich nicht rühren, ohne zu wissen, warum, beobachtete, wie sie noch ein paar Worte mit Logan wechselte und müde abwinkte, als er etwas zu ihr sagte. Er beugte sich vor, redete eindringlich auf sie ein, doch Tessa schüttelte abwehrend den Kopf. Dann ließ sie ihn stehen, kam auf mich zu und ging ohne ein Wort an mir vorbei.

Sie sah mich nicht einmal an.

Ohne darüber nachzudenken, drehte ich mich um und war mit einigen schnellen Schritten bei ihr.

»Du siehst aus, als könntest du einen Drink vertragen«, sagte ich und deutete vielsagend auf ihr verheultes Gesicht.

»Ich trinke nicht.« Sie warf mir einen kurzen Blick zu, ihre Augen waren glasig und seltsam leer, und plötzlich vermisste ich das Strahlen, das in ihnen gelegen hatte, als wir Montag mit Jo unterwegs gewesen waren.

»Dann musst du ganz schön ausgetrocknet sein.« Der Witz war grauenhaft schlecht und eigentlich unter meiner Würde. Ich wusste auch nicht, warum ich versuchte sie aufzuheitern, aber als ihre Lippen sich zu einem winzigen Lächeln verzogen, stellte ich fest, dass das Warum gerade gar keine Rolle spielte.

»Wow, vielleicht solltest du lieber Komiker werden und den Journalismus aufgeben. Im Ernst, du hast Talent«, erwiderte sie spöttisch und seufzte.

»Ich habe so einige Talente.« Herausfordernd grinste ich sie an. Was tat ich hier bloß? Das war vollkommen absurd. Und dämlich noch dazu.

Halt einfach die Klappe!

Tessa zog die Augenbrauen hoch, doch allmählich kehrte das Leuchten in ihre dunklen Augen zurück. »Das glaube ich dir aufs Wort. Aber danke, ich habe keinen Bedarf an deinen Talenten.« Sie betonte das Wort *Talente* auf eine mehr als zweideutige Weise, und mein Grinsen wurde breiter.

»Das kannst du gar nicht wissen.«

Sie verdrehte die Augen, doch wieder zuckten ihre Lippen. »Das *will* ich gar nicht wissen«, präzisierte sie und schüttelte so entschlossen den Kopf, dass ihre Haare wild herumwirbelten.

»Okay, anderer Vorschlag. Ich bin gleich mit Julian und den anderen im Pub verabredet. Kommst du mit?«

»Warum?« Sie sah ehrlich verwirrt aus. »Du magst mich doch nicht einmal.«

»Vielleicht sehe ich es als meine journalistische Pflicht, dass es dir gut geht, damit wir die Tage anfangen können, an diesem … Porträt zu arbeiten.« Ich schluckte das *dämlich*, das mir auf der Zunge lag, gerade noch rechtzeitig herunter. Tessa schnaubte und blieb stehen. Wir waren inzwischen unten im Eingangsbereich angekommen, nur wenige Meter von der Tür des Wohnheims entfernt.

»Klar doch. Erzähl keinen Scheiß, Cole. Dir ist total egal, wie es mir geht, und das Porträt scheint auch nicht unbedingt oben auf deiner Prioritätenliste zu stehen, sonst hätten wir längst einen Termin vereinbart«, warf sie mir vor. Ihre Augen glühten, sie schien echt sauer zu sein. »Also, warum fragst du mich, ob ich mitkomme? Beim letzten Mal schienst du auch nicht besonders begeistert davon zu sein, dass ich dabei war.«

Tja, wenn ich das wüsste. Ich hatte keine Ahnung, woher dieser Vorschlag gekommen war. Und warum ich nicht eine Sekunde nachgedacht hatte, bevor ich damit herausgeplatzt war.

»Vielleicht ist es ein Dankeschön dafür, dass du Jo ans Set geholt hast. Und dafür, dass du so nett zu ihr warst. Sie hatte viel Spaß mit dir. Oder vielleicht ist das ja auch meine Entschuldigung dafür, dass ich mich dir gegenüber wie ein Arsch benommen habe.« Das war keine besonders gute Ausrede, aber eine andere fiel mir auf die Schnelle nicht ein. Ich hatte nämlich nicht die leiseste Ahnung, warum ich ihr diesen Vorschlag gemacht hatte. Obwohl eine zunehmend lauter werdende Stimme in mir darauf bestand, dass ich es ganz genau wusste.

»Ich hab mich schon gefragt, ob da noch was kommt.« Sie verschränkte die Arme vor der Brust und ignorierte den Teil mit Jo komplett. Als würde sie es darauf anlegen, mit mir zu diskutieren. Von mir aus. Wenn sie dadurch nur einen Teil ihrer Traurigkeit verlor, würde ich jeden Scheiß mit ihr ausdiskutieren.

Fuck. Versuchte ich gerade, Tessa von dem abzulenken, was auch immer sie zu beschäftigen schien? Was stimmte nur nicht mit mir?

Ich stöhnte auf. »Du machst es einem nicht leicht.«

»Nein. Ich mache es *dir* nicht leicht.« Ein amüsiertes Funkeln war in ihre Augen getreten.

Ich schluckte schwer. Es machte ihr sichtlich Spaß, mich hinzuhalten. Und ich merkte, dass es auch mir langsam Spaß zu machen begann.

Ich trat einen Schritt auf sie zu, so nah, dass sie die verschränkten Arme wieder lösen und den Kopf in den Nacken legen musste, um mir in die Augen zu sehen. Ich senkte meine Stimme. »Spielst du gerne Spielchen, Tessa?«

Scheißescheißescheiße! Was tat ich hier?

Unbeeindruckt erwiderte sie meinen Blick, doch ihre Augen flackerten, ganz kurz nur, aber deutlich erkennbar. Sie lehnte sich nach vorne, nur ein paar Millimeter, doch die reichten, damit ihre Brüste meinen Oberkörper streiften. Ein elektrisierendes Kribbeln schoss durch meinen Körper. Verdammt, sie war gut.

»Du hast ja keine Ahnung.« Ihre Stimme war nur ein Hauch, wie ein verführerisches Streicheln, das sanft über meine Haut glitt, und mich erstarren ließ.

Tessa legte es offenbar darauf an, mich in den Wahnsinn zu treiben und ich stellte entsetzt fest, dass mich das gar nicht störte. *Scheiße!*

Tessa

Mein Herz raste und mein Mund war ausgetrocknet, aber ich würde den Teufel tun und Cole zeigen, welche Wirkung seine Stimme auf mich hatte. Seine Stimme und diese plötzliche Nähe.

Du hast ja keine Ahnung.

Ich auch nicht. Besonders nicht, wenn es darum ging, wo diese Worte auf einmal hergekommen waren. Ich hatte einfach auf ihn reagiert.

Ich hatte auf das provozierende Funkeln in seinen Augen reagiert, auf die tiefe, etwas raue Stimme, die mir eine Gänsehaut bescherte, und auf seine Worte. Ich hatte auf ihn reagiert, weil ich müde war. Ausgelaugt und einsam.

Jetzt allerdings war ich hellwach. Mein Körper prickelte vor Spannung. Es gefiel mir nicht, aber ich genoss das Gefühl.

Und wenn er spielen wollte, bitte. Ich war eine Meisterin im Spielchen spielen. Schließlich tat ich seit Jahren nichts anderes.

Diese Art von Spielchen war allerdings neu für mich, und seine Brust an meiner brachte mich gerade mehr aus der Fassung, als ich je zugeben würde. Er stand so dicht vor mir, dass mir sein ganz eigener Duft in die Nase stieg, nach Tannennadeln und einem Gewürz, das ich nicht näher bestimmen konnte.

Stumm erwiderte ich Coles Blick, das Glühen in seinen Augen ließ meine Haut kribbeln.

Was zum Teufel passierte hier?

Ich schien nicht die Einzige zu sein, die mit dem plötzlichen Stimmungsumschwung überfordert war. Ich sah, wie Cole schluckte, seine Augenbrauen zogen sich leicht zusammen. Er verstand genauso wenig wie ich, was gerade zwischen uns vor sich ging.

Oder er war ein besserer Schauspieler als ich und manipulierte mich. Nur dass ich das nicht zulassen würde. Ich setzte ein breites Lächeln auf, und Coles Augen weiteten sich. »Du solltest keine Spielchen spielen, die du nicht gewinnen kannst«, wisperte ich. Mein Herz hämmerte in meiner Brust, während ich krampfhaft versuchte, die Fassung wiederzugewinnen.

Hör auf, hör auf, HÖR AUF! Meine innere Stimme wurde immer lauter.

»Kommt drauf an, ob zu verlieren genauso gut ist wie zu gewinnen.« Coles Hand streifte meine, und die Berührung riss mich jäh zurück in die Realität.

Ich tippte mit meinem Zeigefinger gegen seine Brust, um für ein bisschen Abstand zu sorgen. Keiner von uns beiden hatte sich vom Fleck gerührt, und auch jetzt bewegte Cole sich keinen Millimeter.

»Das wirst du wohl nie herausfinden«, erwiderte ich, doch die Hitze, die in mir aufstieg, sprach für etwas völlig anderes. Und für den Bruchteil einer Sekunde fragte ich mich, was wohl passieren würde, sollte er dieses Spiel gewinnen.

Seine Wange lag so plötzlich an meiner, dass ich nicht einmal Zeit hatte, zurückzuweichen. Bartstoppeln kratzten über meine Haut, und ich schauderte. »Sag das nicht zu vorschnell, Tessa.« Mein Name klang seltsam weich, so wie er ihn aussprach.

Mir stockte der Atem, doch bevor mir eine schlagfertige Antwort einfiel, trat Cole einen Schritt zurück und blinzelte mich unschuldig an.

»Also, was ist? Kommst du jetzt mit?«

Meine Gedanken zuckten zurück zu meinem Telefonat mit Susan. Als sie mich dazu ermuntert hatte, mehr Zeit mit Ella und ihren Freunden zu verbringen, und ich es dann doch nicht getan hatte, weil ich ein Feigling war. Weil ich nicht wusste, wie ich ihnen wieder gegenübertreten sollte. Weil ich Angst hatte. Deshalb konnte ich nicht sagen, wer von uns beiden überraschter war, als ich erst zu lachen begann und dann nickte.

»Schön. Aber zuerst muss ich zurück ins Hotel und duschen.«

»Soll ich dich begleiten?«, fragte er frech. Perplex starrte ich ihn an. Da hatte ich für einen Moment geglaubt, wir wären diese seltsame Stimmung zwischen uns wieder losgeworden, und dann fing er gleich von vorne an.

»Nein, ich dusche lieber allein.«

»Wer hat denn was von duschen gesagt? Ich wollte dich nur zum Hotel begleiten, damit du unterwegs nicht von verrückten Fans angefallen wirst.«

Bevor ich mich aufhalten konnte, versetzte ich ihm einen nicht gerade sanften Stoß gegen die Schulter. »Du bist unmöglich!«

Doch Cole lachte nur. »Das sagt die Richtige. Wer von uns beiden ist denn von einer gemeinsamen Dusche ausgegangen?«

Böse funkelte ich ihn an, suchte erneut nach einer schlagfertigen Antwort und beschloss dann, dass er gar keine verdient hatte. Stattdessen wandte ich mich ab und lief mit erhobenem Kinn Richtung Tür.

Noch bevor ich sie erreicht hatte, hörte ich Coles Schritte hinter mir. Er überholte mich, öffnete die Tür und hielt sie mit einem charmanten Lächeln für mich auf.

»Du bist ein Idiot«, stellte ich klar, als ich an ihm vorbei trat.

»Hab nie was anderes behauptet«, entgegnete er vergnügt und schloss wieder zu mir auf.

Eine Weile liefen wir schweigend nebeneinander über den Campus. Immer wieder spürte ich, wie Studenten auf uns zeigten und seufzte lautlos. Man würde mir vermutlich schneller eine Affäre mit Cole andichten, als ich gucken konnte.

»Wusstest du, dass jedes Gebäude an dieser Uni nach einem Künstler benannt wurde?«, fragte Cole unvermittelt und riss mich aus meinen Gedanken.

Erstaunt sah ich ihn an. »Was?«, fragte ich wenig einfallsreich, aber der plötzliche Themenwechsel brachte mich völlig aus dem Konzept.

Cole grinste, als hätte er genau das beabsichtigt. Er räusperte sich und setzte einen theatralischen Gesichtsausdruck auf. »Es war einmal vor langer, langer Zeit ein Typ namens Arthur Faerfax, der genau hier unsere grandiose Stadt gründete. Vielleicht waren auch noch ein paar andere Typen dabei, keine Ahnung, ich hab in der Schule nicht aufgepasst, als wir uns mit der Geschichte der Stadt befasst haben. Ein paar Hundert Jahre später hat ein Nachfahre von diesem Faerfax die Uni gegründet. Theodore Faerfax hatte ein Faible für große Namen. Er hat die Uni übrigens auch nach sich selbst benannt – scheint wohl in der Familie zu liegen.«

»Du verarschst mich, oder?«, fragte ich skeptisch.

»Nein, das ist mein voller Ernst. Faerfax hat die Uni nach sich und die Gebäude nach Künstlern benannt.« Cole blieb stehen und deutete auf ein Gebäude rechts von uns. »Das ist das *Hemingway*. Alle Fächer, die sich mit Sprache und Literatur beschäftigen, sind dort untergebracht. Die Veranstaltungen für Theaterwissenschaften, Schauspiel, Tanz und Musical finden im *Shakespeare* statt. *Chopin* ist das Gebäude für die Musiker, *Picasso* für die Künstler.«

»Und die Wohnheimgebäude?« Neugierig drehte ich mich um und beäugte das Gebäude, das wir gerade erst verlassen hatten, auf der Suche nach einem Hinweis, der ebenfalls auf einen Namen mit einer großen Geschichte hindeutete.

»Ich fürchte, da muss ich dich enttäuschen. Die Wohnheime sind nur durchnummeriert. So kreativ scheint unser hochverehrter Mr Faerfax dann doch nicht gewesen zu sein«, antwortete Cole mit einem Achselzucken.

Ich lachte leise. »Das ist ein bisschen traurig.«

»Ja, irgendwie schon. Wahrscheinlich hielt der gute alte Faerfax Schlaf für überbewertet.« Cole grinste und wir setzten uns gemächlich wieder in Bewegung.

»Kommst du jetzt echt mit?« Ich warf ihm einen flüchtigen Blick zu, als wir auf die Hauptstraße abbogen.

»Ich kann dich doch nicht allein laufen lassen, ich bin ein Gentleman.«

»Ich glaube, ich hab mich verhört. Hast du dich gerade ernsthaft als Gentleman bezeichnet?« Ich kicherte.

Cole warf mir einen pikierten Blick zu, der mich nur noch mehr lachen ließ. »Ja, was ist so falsch daran?«

»Es ist nur … Du bist mit Sicherheit alles, aber kein Gentleman.«

»Meine Mutter wäre sehr traurig, das zu hören.« Mit betrübter Miene schüttelte er den Kopf.

»Warum bloß glaube ich dir das nicht?« Langsam beruhigte ich mich wieder.

»Schön, vielleicht hast du recht«, lenkte er ein und zuckte schmunzelnd mit den Schultern. »Kannst du dann bitte einfach hinnehmen, dass ich dich begleite?«

»Du lässt auch nicht locker, wenn ich Nein sage, oder?«

Er schüttelte den Kopf.

»Warum tust du das? Warum bist du auf einmal so nett zu mir?«, fragte ich leise und sah ihn ernst an.

Cole zuckte mit den Schultern. »Hab ich doch gesagt. Wegen Jo und –«

»Du hast also das Gefühl, als würdest du mir was schulden?«, unterbrach ich ihn und konnte nicht verhindern, dass sich eine gewisse Schärfe in meine Stimme schlich.

»Nein.« Cole seufzte frustriert. »Das ist es nicht. Ich … also … nimm es doch einfach hin, okay?« Sein Blick brannte sich in meinen, in seinen Augen lag etwas, das ich nicht deuten konnte. Dann wurde mir klar, dass er es wohl selbst nicht wusste, und ich gab nach. Vielleicht war es besser, wenn wir diese Sache nicht ausdiskutierten.

Den Rest des Weges legten wir schweigend zurück. Ich war froh darüber, denn mein Kopf war ein einziges Chaos, und es fiel mir schwer, meine Gedanken zu sortieren. Ich war es nicht gewohnt, mit Menschen wie Cole zusammen zu sein. Und ich war es schon gar nicht gewohnt, mit Menschen zu reden wie mit Cole.

»Warte. Ich gehe durch den Hintereingang«, sagte ich und griff nach Coles Arm, als er ein paar Minuten später Anstalten machte, in die Straße einzubiegen, in der mein Hotel lag.

Er hob die Augenbrauen, fragte aber nicht nach. Ich hätte ihm jetzt erklären können, dass Paparazzi seit ein paar Tagen nicht mehr nur ums Set und die Uni herumschlichen, sondern praktisch vor dem Eingang des Hotels kampierten, nachdem Fotos vom Set aufgetaucht waren, die mich in einer Umarmung mit Logan zeigten. Aber ich ließ es bleiben.

Zwischendurch tummelten sich auch einige Fans vor dem Hotel, doch im Vergleich zu den Männern mit ihren riesigen Kameras waren sie absolut harmlos. Sie fragten nach Autogrammen und Selfies und verschwanden wieder, nachdem wir uns ein paar Minuten unterhalten hatten.

Die Aasgeier wurde man nicht so leicht los.

Deswegen hatte Mallory dafür gesorgt, dass ich durch den Hintereingang gehen konnte, der sonst dem Personal vorbehalten war. Ich wunderte mich immer noch, dass keiner dieser Idioten bisher auf die Idee gekommen war, dort auf mich zu warten.

Mallory reichte der Hintereingang allerdings nicht. Sie wollte einen Bodyguard an meiner Seite wissen, doch das hatte ich ihr strikt verweigert. Ich hatte nicht viele Freiheiten, und ich verstand auch, warum, aber ich wollte wenigstens allein durch eine kleine Stadt laufen können, ohne gleich das Gefühl zu haben, ich müsste vor einer Horde wild gewordener Verrückter beschützt werden. Genau dieses Gefühl vermittelte mir Simons Anwesenheit nämlich, und obwohl ich ihn an meinem ersten Tag hier vermisst hatte, war ich jetzt froh, dass er nicht ständig hinter mir herlief.

Cole folgte mir zum Hintereingang des Hotels und hinein in die Lobby. Als ich mich Richtung Treppenhaus wandte und er immer noch hinter mir herlief, drehte ich mich zu ihm um, um ihn davon abzuhalten, mir auch noch nach oben zu folgen.

Doch Cole kam mir zuvor. Er ließ sich in einen der Sessel fallen, die in der Lobby um kleine runde Tische herumstanden, und grinste mich an. Allerdings erreichte dieses Mal das Lächeln seine Augen nicht. Sein Blick war von jetzt auf gleich distanziert geworden, als hätten die letzten Minuten, die wir schweigend zum Hotel gelaufen waren, unser Gespräch von vorhin ausgelöscht.

»Hast du was dagegen, wenn ich hier warte? Der Pub ist gleich um die Ecke, und dann muss ich nicht noch mal zurück zum Wohnheim laufen, nur um mich in einer halben Stunde wieder auf den Weg zu machen.«

»Klar. Ich meine, nein.« Ich stöhnte auf. »Was ich eigentlich sagen wollte: Du kannst hier warten. Ich beeile mich auch.« Coles Mundwinkel zuckten. Ich hielt den Atem an und wartete auf eine spöttische Erwiderung oder einen bescheuerten Witz, dass ich sowieso nicht pünktlich fertig werden würde, weil ich nicht nur eine Frau, sondern auch noch eine Schauspielerin war. Doch er sagte nur: »Okay. Bis gleich, Tessa.« Fast meinte ich, einen bedauernden Unterton aus seiner Stimme herauszuhören.

Verwirrt machte ich mich auf den Weg nach oben zu meinem Zimmer. Ich verstand Cole nicht. Wie konnte er mich in einem Moment necken, als wären wir was auch immer, und im nächsten so distanziert sein?

Erst als ich die Tür meines Hotelzimmers hinter mir schloss, wurde mir bewusst, in was für eine absolut unangebrachte Situation ich mich da gerade gebracht hatte.

Das war etwas ganz anderes gewesen, als zusammen mit seiner Cousine Kuchen zu essen.

Ich hatte mit Cole geflirtet, und das nicht zu knapp, und ich war mir nicht sicher, ob unser Flirt echt oder gespielt gewesen war. So oder so hatte ich dabei völlig vergessen, dass er alles gegen mich verwenden konnte, wenn er wollte. Auch das.

Nein, das konnte er nicht. Wir hatten eine Vereinbarung. Wir hatten … Ich stöhnte auf. Klar, er würde sich auch bestimmt daran halten, was wir mündlich verabredet hatten. Im Grunde konnte er schreiben, was er wollte, und ich würde nichts gegen ihn in der Hand haben. Schließlich konnte er mir ohne Probleme einen anderen Text vorsetzen als den, der hinterher in der Unizeitung veröffentlicht werden würde.

Plötzlich war ich unendlich erschöpft. Ich ließ mich an Ort und Stelle auf den Boden sinken, zog die Beine an und legte mein Kinn auf die Knie. Mein Kopf begann zu pochen.

Ich sollte mich in meinem Bett verkriechen, mir die Decke über den Kopf ziehen, schlafen und Cole unten in der Lobby einfach vergessen.

Weil es ein Fehler war, mehr Zeit als nötig mit ihm zu verbringen. Er war der Feind.

Das war vielleicht etwas überdramatisiert, aber ich durfte ihm nicht trauen.

Doch tief in meinem Inneren wusste ich, dass ich was anderes wollte. Wenn ich ehrlich zu mir selbst war, dann war Cole an diesem Abend meine Rettung gewesen.

Der Dreh heute hatte mich emotional total fertiggemacht. Als die letzte Klappe gefallen war, hatte ich nur mit Mühe meine Tränen zurückhalten können.

Heute war alles zu viel gewesen. Faerfax war mir zu viel, der Film, die Einsamkeit. Einfach alles.

Ich konnte mich nicht daran erinnern, wie ich es geschafft hatte, diesen Tag zu überstehen, ohne zusammenzubrechen und aufzugeben. Aber ich wusste noch sehr genau, dass ich mich nach Drehschluss nur nach einer Badewanne und meinem Bett gesehnt hatte, damit dieser Tag endlich vorbei wäre.

Und dann war Cole an meiner Seite aufgetaucht und hatte mich mit seinen Neckereien völlig aus dem Konzept gebracht.

Noch immer war ich mir nicht sicher, was ich davon halten sollte und was er damit bezweckte.

Für einen Moment schloss ich die Augen und atmete tief durch.

Warum musste ich immer bei jedem einen Hintergedanken vermuten? Warum konnte ich nicht nur glauben, dass Cole gemerkt hatte, dass es mir nicht gut ging und mich aufheitern wollte?

Weil es so einfach nun mal nicht war. Nicht für mich. Ich stieß ein frustriertes Stöhnen aus und sprang auf. Ich wollte aber, dass es so einfach war. Nur für einen Abend. Ich wollte hinuntergehen und den Abend mit Cole, Julian, Ella und den anderen verbringen. Ich wollte der Einsamkeit dieses Zimmers entkommen, die auf mich wartete wie ein hungriges Tier, das danach lechzte, mich zu verschlingen.

Und ich wollte die Albträume hinauszögern, die von Nacht zu Nacht schlimmer wurden.

Bevor ich mir selbst einen Grund geben konnte, einen Rückzieher zu machen, ging ich ins Bad und stellte mich unter die Dusche.

Das heiße Wasser ließ meine Haut kribbeln, aber meine verkrampften Muskeln entspannten sich allmählich. Ich versuchte, an nichts zu denken, was im Grunde ein Ding der Unmöglichkeit war, aber ich wollte für ein paar Stunden alles vergessen. Vor allem wollte ich vergessen, dass es ein Fehler war, freiwillig Zeit mit Cole zu verbringen.

Eine Viertelstunde später waren meine Haare zwar noch nicht ganz trocken, aber ich war in ein kurzes Strickkleid und Overkneestiefel geschlüpft, hatte mein Make-up aufgefrischt und fühlte mich zumindest ansatzweise wieder wie ein Mensch.

»Können wir los?«, fragte ich, als ich einige Schritte von Cole entfernt stehen blieb.

Er hob den Blick von seinem Handy, seine Augen weiteten sich, als er mich sah, und ein unerwartetes Prickeln kroch meine Wirbelsäule hoch. Ein Schatten huschte über Coles Gesicht, sein Blick war undurchdringlich. Dann ging ein Ruck durch seinen Körper, er stand schwungvoll auf und ließ sein Smartphone in die Hosentasche gleiten.

»Das hat keine halbe Stunde gedauert«, stellte er grinsend fest. »Ich bin beeindruckt.«

Argwöhnisch kniff ich die Augen zusammen. Ich erkannte ein gekünsteltes Lächeln, wenn ich es sah. Cole versuchte, mir etwas vorzuspielen. Fragte sich nur, warum.

»Wenigstens eine Sache, mit der ich dich beeindrucken kann«, gab ich trocken zurück und überlegte fieberhaft, weshalb er sich auf einmal so seltsam benahm.

Er lächelte, doch es wirkte irgendwie traurig. »Das ist nicht die einzige Sache. Ganz bestimmt nicht.«

Abrupt wandte er sich ab und ging durch die Lobby Richtung Hintertür, während ich ihm sprachlos hinterherguckte. Erst als er schon fast aus meinem Blickfeld verschwunden war, setzte ich mich in Bewegung, um ihm zu folgen. Draußen holte ich ihn ein, und wir liefen schweigend nebeneinander die

Straße hinunter. Fröstelnd verkroch ich mich tiefer in meinem Mantel. Es war kalt geworden, die letzten Sonnenstrahlen kämpften gegen die Dämmerung.

Ich war im Dunkeln nicht besonders gerne draußen, und Herbst und Winter waren immer die Jahreszeiten gewesen, die ich hier in Faerfax am meisten gehasst hatte. Da hatte ich mich nämlich nicht den ganzen Tag draußen herumtreiben können, ohne halb zu erfrieren, weil ich weder eine vernünftige Winterjacke noch Stiefel besessen hatte. Außerdem machten die Schatten in der Dämmerung mir seit jeher Angst, egal, wie oft ich mir einredete, dass mir nichts passieren konnte. Es waren die Ängste eines Kindes, meines alten Ichs, aber das machte es nicht besser oder leichter zu ertragen. Es spielte auch keine Rolle, dass wir in einem anderen Viertel waren. Dass die Schaufenster der Geschäfte, an denen wir vorbeigingen, mit leuchtenden Lichterketten geschmückt waren, als wäre schon Weihnachtszeit, und dass die Bürgersteige ordentlich gepflastert waren und keine kleinen Schlaglöcher aufwiesen. Jeder Schatten schien mir leise zuzuflüstern, dass ich noch lange nicht in Sicherheit war.

»Alles okay?« Coles Stimme riss mich aus meinen Gedanken. Er blieb stehen, griff nach meinem Arm und sah mich besorgt an. Ich zuckte zusammen, machte mich von ihm los und schenkte ihm ein gezwungenes Lächeln. »Ja, der Tag war einfach nur anstrengend.«

Er nickte langsam, wirkte jedoch nicht überzeugt. Allerdings bohrte er auch nicht weiter nach, sondern betrachtete mich nur stumm.

Sein Blick hielt meinen gefangen, so intensiv, dass mein Herz stolpernd aus dem Takt geriet.

Warum sah er mich so an? Warum bohrte er nicht weiter nach? Er war Journalist, verdammt! Er musste nachfragen, alles aus mir rausquetschen, was er konnte, ganz egal, was für eine Vereinbarung wir getroffen hatten. Das war sein Job!

Warum konnte er sich nicht ein einziges Mal so benehmen, dass ich sein Verhalten verstand? Und warum fiel es mir so schwer, schlau aus ihm zu werden?

Mit einem leisen Seufzen stieß ich den angehaltenen Atem aus.

Weil man Menschen nicht innerhalb eines Tages durchschauen konnte.

Jemanden kennenzulernen, erforderte Zeit. Und selbst wenn man viel Zeit mit jemandem verbrachte, sich verabredete und kennenlernte, konnte man doch nie sicher sein, ob man wirklich das wahre Ich des anderen zu sehen bekam.

Wir alle hatten Geheimnisse. Manche mehr als andere.

Jedes Geheimnis war wie ein Ziegelstein, und je mehr Geheimnisse man hatte, desto höher wurde die Mauer, die man um sein Inneres baute.

Und meine Mauer war viel zu hoch.

12. KAPITEL

Cole

Tessa war eine gute Schauspielerin, vielleicht sogar brillant. Vermutlich konnte sie jederzeit jedem alles vorspielen, vorgeben, ein gänzlich anderer Mensch zu sein. Doch jetzt gerade versagte sie vollkommen. Oder sie war so gut, dass ich ihr auf den Leim ging.

Ihr Blick war so offen und verletzlich, dass ich zum ersten Mal hinter die Maske schauen konnte, hinter der sie sich bisher versteckt hatte.

Seit unserer Begegnung bei Ella und Jamie war ich mir sicher, dass sie etwas verbarg. Jetzt wusste ich es. Ich hatte keine Ahnung, was es war, aber da war etwas. Etwas, das sie innerlich zerriss.

Ich konnte es in ihren Augen sehen, diesen dunklen, unergründlichen Augen, in denen so viele Gefühle gegeneinander ankämpften, dass kein einziges klar zu erkennen war. Ich schluckte schwer. Der Wunsch, die Hand zu heben und diese Qual in ihren Augen zu vertreiben, traf mich so unvermittelt, dass ich wieder zur Besinnung kam. Ich hätte sie nie bitten dürfen, mitzukommen. Der ganze Abend war ein einziger Fehler.

Aprils Nachricht schoss mir sofort wieder durch den Kopf, die ich eben im Hotel bekommen hatte.

Hast du schon was über Tessas Geheimnis herausgefunden?

Minutenlang hatte ich die Nachricht angestarrt, weil ich anscheinend verdrängt hatte, mit wem ich mich da eigentlich unterhalten hatte, seit Tessa und ich das Set verlassen hatten.

Für zwanzig Minuten war sie nur irgendein normales Mädchen gewesen, nicht Tessa Thorn – und ich nicht der Journalist, der sie interviewen sollte, sondern einfach ein Typ, der mit einem hübschen Mädchen flirtete.

Zwanzig Minuten. Dann hatte Aprils Nachricht die Leichtigkeit zwischen uns vertrieben, und jetzt hatte ich keine Ahnung, wie ich mit Tessa umgehen sollte. Das passierte mir entschieden zu oft.

»Wir sind gleich da«, sagte ich, meine Stimme war viel zu rau.

Tessa zuckte zusammen, wurde schlagartig kreidebleich und taumelte. Reflexartig streckte ich eine Hand nach ihr aus, doch sie wich mir aus. Und da war sie wieder. Ihre Maske.

Abrupt drehte sie sich um und hastete die Straße hinunter. Ich folgte ihr etwas langsamer, blieb zwei Schritte hinter ihr, um ihr die Gelegenheit zu geben, sich wieder zu fangen, und verfluchte mich selbst im gleichen Atemzug dafür. Ich hätte die Chance ergreifen sollen, ihr eine Frage zu stellen und meinen Job zu machen. Ich blieb stehen und schloss für ein paar Sekunden die Augen.

Ich konnte zwar manchmal ein Arsch sein, aber ich war auch kein Unmensch, der noch mal nachtritt, wenn jemand schon am Boden liegt.

Und Tessa lag am Boden. Zumindest heute. Der Dreh hatte sie ausgelaugt, das war offensichtlich, und ich würde das mit Sicherheit nicht ausnutzen, um an Infos für einen Artikel zu kommen, für den ich noch absolut nichts getan hatte.

Gott, ich war so ein Versager. Ich konnte Richards abfälligen Blick förmlich spüren, konnte hören, wie er mir an den

Kopf warf, kein Rückgrat und keinen Biss zu haben, die Sache durchzuziehen, Tessa auszuhorchen und auf die Vereinbarung zu scheißen, die wir getroffen hatten.

Ein Schaudern lief durch meinen Körper. Angewidert von mir selbst schüttelte ich den Kopf, öffnete die Augen und folgte Tessa, die den Pub inzwischen beinahe erreicht hatte.

Vor der Tür hielt sie inne, drehte sich zu mir um und blickte mir abwartend entgegen, bis ich schließlich zu ihr aufgeschlossen hatte.

»Ist bei *dir* denn alles okay?«, fragte sie mit einem Unterton in der Stimme, den ich nicht recht deuten konnte. Nicht stichelnd, aber auch nicht neutral oder besorgt. Irgendwas zwischen alldem.

Ich schenkte ihr ein Grinsen, auch wenn mir gerade gar nicht danach war. »Ich hatte auch einen anstrengenden Tag.«

»Es war bestimmt furchtbar anstrengend, am Set zu stehen und das Treiben dort zu beobachten«, sagte sie, doch ihr Spott wirkte halbherzig, als wäre sie nicht ganz bei der Sache und nur bemüht, zu der Unbeschwertheit zurückzufinden, mit der wir uns auf dem Weg zum Hotel geneckt hatten.

Sie spürte also, dass sich zwischen uns etwas geändert hatte, seit sie aus ihrem Zimmer in die Lobby gekommen war. Aber sie wusste nicht, was es war, und ich würde es ihr mit Sicherheit nicht erklären.

Ich stieß ein gespielt empörtes Schnauben aus, ging aber auf ihr Spielchen ein. Es war ohnehin zu spät. Ich konnte jetzt keinen Rückzieher mehr machen. Was sollte ich ihr auch sagen? Dass sie doch nicht mitkommen konnte, weil mir klar geworden war, dass es ein Fehler war, sie überhaupt gefragt zu haben? Nein. Bestimmt nicht.

»Ich habe nicht nur rumgestanden und beobachtet. Zwischendurch hab ich auch Kaffee getrunken.«

Ein feines Lächeln glitt über Tessas Züge, und auch auf meinem Gesicht breitete sich automatisch ein Lächeln aus. Verdammt, sie hatte echt ein wahnsinnig süßes Lächeln, und ich schaffte es nicht, den Blick von ihr abzuwenden. Was war heute nur los mit mir? Das war nicht gut. Sie sollte mich nicht so anlächeln, und ich sollte es nicht erwidern. Nicht so. Ich wusste, dass ich sie anstarrte und dass es so was von unprofessionell war, aber ich konnte nicht anders. Sie war so ... Ich bekam das Wort nicht zu fassen. Tessa war schön, ja, aber das war es nicht. Sie war ... anziehend. Ich fühlte mich zu ihr hingezogen.

Scheiße.

Wann war das denn passiert?

Ich bekam mich erst wieder unter Kontrolle, als sie die Hand hob und meinen Arm tätschelte. »Ich bin ja so stolz auf dich. Kaffee trinkt da sonst niemand.«

»Siehst du.« Ich räusperte mich und schaffte es endlich, wegzusehen. Wenn auch nur für einen Moment, doch es war ein Anfang. »Und deswegen brauche ich jetzt dringend was Stärkeres.« Deswegen und um endlich aufzuhören, über ihr Lächeln und ihre Augen nachzudenken wie ein Dreizehnjähriger, der das erste Mal mit einem Mädchen sprach.

»Dein Argument, Alkohol zu trinken, besteht also darin, dass du heute den Tag über Kaffee getrunken hast?«, fragte sie lachend.

Eine seltsame Wärme durchflutete mich, und ich begriff, dass es zwar falsch sein mochte, was ich hier mit ihr machte, aber es war nicht nur zu spät, es war mir auch total egal. Wir konnten morgen immer noch zu unserer Professionalität zurückkehren. Heute Abend ging es nur darum, Spaß zu haben.

»Daran ist nichts falsch.«

»Aber es ergibt nicht mal Sinn«, protestierte sie, noch immer kichernd.

»Nicht immer ergibt alles im Leben Sinn, und heute scheint erst recht nichts einen Sinn zu ergeben.«

Nope. So gar nicht.

Entschlossen, das nicht weiter auszuführen, legte ich eine Hand auf ihre Schulter, die sich viel schmaler anfühlte, als sie wirkte, und schob sie durch die Tür. Lärm schlug uns entgegen, Musik, Gelächter und laute Stimmen, die versuchten, sich gegenseitig zu übertönen.

Der Irish Pub in Faerfax war an jedem Abend gut besucht. Freitags und samstags war es allerdings immer so brechend voll, dass man kaum noch einen Tisch ergatterte, wenn man nicht sehr früh dran war. Es sei denn, man hatte das Glück, Ellas Schwester zu kennen, die seit Jahren mit dem Barkeeper zusammen war.

Es dauerte nur ein paar Sekunden, bis ich ins Schwitzen geriet und nicht nur gerne meine Jacke, sondern auch meinen Pulli ausgezogen hätte. Suchend sah ich mich um und entdeckte die anderen an unserem üblichen Tisch in der Ecke links neben der kleinen Erhöhung, die am Wochenende als eine Art improvisierte Bühne diente. Heute Abend würden zwei kleine Indie-Bands aus der Nachbarstadt im Pub spielen.

Tessa drehte sich zu mir um, die Augen weit aufgerissen und kreidebleich im Gesicht.

»Das ist jetzt nicht dein Scheißernst, oder?« Vermutlich sollte das ein bissiges Fauchen werden, aber ihre Stimme zitterte, was den Effekt ihrer Worte ziemlich versaute.

Ich blinzelte verwirrt. »Was denn?«

»Das ist die verdammte Hölle hier!« Sie hatte sich wieder gefangen und funkelte mich wütend an.

»Dafür, dass du angeblich so ein liebes Mädchen bist, fluchst du ganz schön viel.« Ein Grinsen breitete sich auf meinem Gesicht aus.

»Erst seit ich dich kenne«, murmelte sie, jedoch so laut, dass ich sie trotz des Lärms um uns herum gut verstehen konnte.

Ich feixte. »Wer hätte gedacht, dass ich einmal schlechten Einfluss auf Hollywoods Lieblingsmädchen ausüben würde?«

»Ich glaube, du hast auf sehr viele Mädchen einen schlechten Einfluss«, schoss sie zurück. »Ich bin mit Sicherheit nicht die Einzige, die du zum Fluchen bringst.«

»Also eigentlich bringe ich die anderen eher zum – «

Sie schnitt mir das Wort ab, indem sie mir eine Hand auf den Mund legte, und ich lachte in mich hinein.

»Du bist widerlich«, sagte sie naserümpfend und zog ihre Hand zurück.

»Und du verklemmter, als ich gedacht hätte.«

Empört verschränkte sie die Arme vor der Brust. »Ich bin kein bisschen verklemmt!«

»Natürlich nicht.« Ich verzog meine Lippen zu einem gutmütigen Lächeln und deutete auf den Tisch, an dem meine Freunde saßen. »Und jetzt los, die anderen sind da drüben.«

Tessa blieb jedoch wie angewurzelt stehen und setzte ein zweifelndes Gesicht auf. »Ich glaube wirklich, ich sollte nicht hier sein.«

Ich seufzte. »Warum nicht?« Meine Vernunft meldete sich ziemlich nachdrücklich, um Tessa beizupflichten. Ich ignorierte sie.

Tessa sah mich an, als hätte ich den Verstand verloren. Und höchstwahrscheinlich hatte ich das auch. »Ich will ja nicht arrogant klingen, aber ich bin nun mal ich, und wenn das gleich jemand bemerkt, ist es mit eurem entspannten Abend schnell vorbei.« Sie zog die Schultern hoch. Es war ihr sichtlich unangenehm, so etwas zu sagen.

Energisch schob ich den letzten Rest meines gesunden Menschenverstandes beiseite, versuchte, die Frage zu ignorieren, warum ich sie nicht gehen ließ, und winkte ab. »Ach, mach dir keinen Kopf. In einer halben Stunde fangen die Bands an zu spielen. Spätestens dann interessiert sich ohnehin keiner mehr für dich.«

Dieses Mal legte ich beide Hände auf ihre Schultern und führte sie bestimmt durch die Menge zu unserem Platz. Tessa protestierte zwar, ließ es aber zu.

»Schaut mal, wen ich mitgebracht habe«, rief ich über den Lärm hinweg, als wir unseren Tisch erreichten.

Cassidy stieß einen begeisterten Schrei aus, während die anderen Tessa etwas zurückhaltender begrüßten.

Tessa rutschte neben Ella auf die Bank, und ich ließ mich neben Julian auf den noch freien Stuhl fallen. Er lehnte sich zu mir herüber und nickte vielsagend und mit einem besorgten Ausdruck in den Augen, den ich bei ihm noch nie gesehen hatte, in Tessas Richtung. »Glaubst du, das ist eine gute Idee?«

Ich musste nicht nachfragen, um zu wissen, was er meinte. »Nein, das ist eine absolut beschissene Idee.«

13. KAPITEL

Tessa

Cole behielt recht. Niemand interessierte sich dafür, dass ich hier war. Trotzdem dauerte es etwas, bis ich mich entspannen konnte. Erst als auch nach knapp einer Stunde keiner meinen überstürzten Abgang beim letzten Mal ansprach, wurde mir klar, dass sie es nicht tun würden. Stattdessen versuchte Cassidy auch an diesem Abend, mir Einzelheiten über den Film zu entlocken, und obwohl Ella sich schwer bemühte, ein anderes Thema anzuschneiden, ließ Cassidy erst locker, als die erste Band anfing zu spielen.

Die beiden stürzten sich freudestrahlend in die Menge und tanzten, ich lehnte mich seufzend zurück und sah mich neugierig um. Wäre es nicht so fürchterlich voll, würde ich diesen Pub lieben. Auf eine rustikale Art war er sehr gemütlich eingerichtet, mit vielen alten Bildern und Schallplatten an den Wänden und vergilbten Büchern, die in einer Ecke im Regal standen. Als ich den Kopf zur Seite drehte, entdeckte ich sogar eine alte Schreibmaschine.

Eine Weile beobachtete ich einfach das Treiben um mich herum, erleichtert, mich am Rand halten zu können. Cassidy und Ella versuchten immer wieder, mich zum Tanzen zu überreden, aber so weit war ich noch nicht. Ich war hier, das war ein Anfang. Mehr war heute nicht drin.

Ich schaute mich um, mein Blick fiel zuerst auf Julian, der

eng umschlungen mit einem dunkelhaarigen Mädchen auf der Tanzfläche stand, dann auf Cole, der auf die Bar deutete und mir stumm zu verstehen gab, dass er sich etwas zu trinken holen würde.

Ich nickte, guckte ihm nach, wie er sich durch die Menge schob, und versuchte das Kribbeln zu ignorieren, das sich in meinem Körper ausbreitete, während ich ihn beobachtete. Er wirkte locker und entspannt, und genau wie Montag mit seiner Cousine kam es mir so vor, als würde ich heute Zeit mit einem anderen Cole verbringen. Vielleicht war aber auch der Cole, den ich anfangs kennengelernt hatte, der andere Cole. Vielleicht zeigte er mir jetzt mehr vom echten Cole, und ob ich wollte oder nicht, ich freute mich darüber. Diesen Cole könnte ich mögen.

Mein Herz schlug schneller, als ich begriff, dass ich das längst tat. Ich mochte ihn, und das nicht erst seit ein paar Stunden. Nein, ich hatte schon angefangen ihn zu mögen, als ich ihn zusammen mit Jo erlebt hatte.

»Na, gefällt's dir hier?«

Erschrocken fuhr ich zusammen, als Jamie neben mich auf die Bank rutschte. Er schenkte mir ein jungenhaftes Lächeln, und seine blauen Augen blitzten vergnügt.

»Der Pub ist großartig. Aber es ist wirklich sehr voll«, krächzte ich. Meine Wangen brannten vor Verlegenheit. Hatte er gemerkt, dass ich Cole angestarrt hatte?

Lachend fuhr Jamie sich durch die Haare. »Ja, aber daran wirst du dich noch gewöhnen. Wenn du ein paar Mal hier warst, merkst du das gar nicht mehr.«

»Ich glaube nicht, dass ich so oft Gelegenheit dazu haben werde, herzukommen.« Ich konnte nicht verhindern, dass sich ein wehmütiger Unterton in meine Stimme schlich. Es gefiel mir hier.

Jamie stutzte, dann begriff er, was ich meinte. »Du hast recht. Natürlich wirst du dich nicht daran gewöhnen. So lange gehen die Dreharbeiten ja nicht, oder? Und du hast in deinen Pausen ja auch Besseres zu tun, als mit uns hier rumzuhängen.« Er sprach so schnell, dass ich ihm kaum folgen konnte. Trotzdem musste ich lachen.

»Nein, ich bin gerne mit euch hier«, erwiderte ich lächelnd.

Seine Wangen wurden noch eine Spur röter, und er räusperte sich. »Wie kommt's überhaupt, dass du mitgekommen bist?«

Ich warf einen Blick Richtung Bar, doch Cole war in der Menge verschwunden. Ich wollte nicht nach ihm Ausschau halten, aber ich kam nicht dagegen an. »Cole hat mich überredet.«

»Wie hat er das denn angestellt?« Ella ließ sich lachend neben mich fallen und wischte sich eine rote Locke aus der Stirn. »Hat er dich doch mit seinem Charme verzaubert?«

»Nein, ganz bestimmt nicht.« Die verräterische Röte, die jetzt in meine Wangen kroch, strafte meine Worte Lügen. Ella musterte mich prüfend. Ich wusste nicht, was sie in meinem Gesicht zu sehen glaubte, aber ihre Augen weiteten sich, und ihr Mund formte ein überraschtes *Oh*. Sie machte Anstalten, etwas zu sagen, doch Jamie kam ihr zuvor.

»Also, wie hat Cole dich hergelockt? Ich hätte nicht gedacht, dass du dich noch einmal freiwillig mit ihm im selben Raum aufhältst, so wie er sich letztens aufgeführt hat.« Jamie grinste mich breit an. Im Gegensatz zu Ella schien er nichts gemerkt zu haben.

Ich lächelte leicht. »Eigentlich hat er sich dafür sogar entschuldigt.«

»Cole?«, platzte es fassungslos aus Jamie heraus. »Unser Cole? Hat sich bei dir entschuldigt? So richtig? Mit Worten?«

»Na ja, so eine richtige Entschuldigung war es nicht«, wiegelte ich ab. »Der Abend mit euch soll als Entschuldigung für sein Verhalten gelten.«

Ella kicherte. »Das klingt nach Cole. Er ist mehr der Typ für Gesten als für ein *Es tut mir leid*.«

Jamie nickte zustimmend. »Ich kann mich jedenfalls nicht erinnern, dass er sich jemals mit Worten entschuldigt hätte.«

»Nein, aber dafür hat er mir in der neunten Klasse zwei Wochen lang jeden Morgen einen anderen Milchshake mitgebracht, nachdem ich seinetwegen beim Spicken erwischt wurde. Weißt du noch?«

»Zwei Wochen lang?« Ungläubig starrte ich Ella an.

Sie grinste breit. »Er hätte es vermutlich auch noch länger gemacht, aber wenn man zwei Wochen lang jeden Tag einen Milchshake trinkt, nimmt man nicht nur zu, einem wird schon kotzübel, wenn man die Dinger nur sieht. Ich hab bis heute keinen mehr getrunken.«

»Hat er dich verpetzt oder was ist passiert?«, fragte ich, obwohl ich mir beim besten Willen nicht vorstellen konnte, dass Cole seine Freundin an einen Lehrer verriet. Andererseits kannte ich ihn auch nicht gut genug, um das beurteilen zu können.

»Wer hat wen verpetzt?« Cole trat an den Tisch und reichte mir ein Glas. Überrascht sah ich zu ihm auf.

»Ist nur Cola«, erklärte er schulterzuckend, und ob ich wollte oder nicht, die Geste rührte mich.

Jamie griff nach meinem Glas und hielt es sich unter die Nase. Ich war zu perplex, um zu protestieren. »Tatsache, Cola pur«, stellte er fest und sah Cole verblüfft an. »Du hast noch nie etwas ohne Alkohol in diesem Pub gekauft.«

Cole zuckte erneut mit den Schultern. »Was soll ich machen, wenn sie nun mal keinen Alkohol trinkt? Also, wer hat wen verpetzt?«, wiederholte er seine Frage und wechselte damit bestimmt das Thema. Ich warf ihm einen dankbaren Blick zu.

»Ich wollte nur die Geschichte bis zum Ende hören, warum du Ella zwei Wochen lang jeden Tag einen Milchshake mit zur Schule gebracht hast.«

»Oh das. Also, wenn man es genau nimmt, war das nur eine Verkettung unglücklicher Umstände«, erklärte Cole.

»Unglückliche Umstände, die mir eine Sechs in Mathe eingebracht haben.« Ella schnaubte ungehalten.

Cole legte ihr einen Arm um die Schulter und wuschelte ihr durch die Haare. »Ella, ich weiß, du willst das nicht hören, aber der Spickzettel hätte dir da auch nicht unbedingt weitergeholfen.«

»Damit hätte ich aber vielleicht noch eine Fünf geschafft«, erwiderte sie naserümpfend.

»Ich glaube nicht«, nuschelte Jamie in sein Glas und fing sich dafür ebenfalls einen bösen Blick von seiner besten Freundin ein. Ich musste grinsen.

»Ihr seid beide so was von fies!« Ella schüttelte Coles Arm ab und griff nach ihrem Glas.

»Ich bin trotzdem nicht mit Absicht gegen deinen Tisch gestoßen, sodass all deine Sachen runtergefallen sind. Außerdem: Wer hätte schon ahnen können, dass Mr Meyer mir dabei helfen würde, alles wieder aufzuheben? Ich kann doch nichts dafür, dass dein Spickzettel in deinem Etui lag und auf dem Boden gelandet ist.«

»Jaja. Bla, bla.« Ella verdrehte die Augen, doch ihre Mundwinkel zuckten.

»Deswegen hast du ihr zwei Wochen lang jeden Tag einen Milchshake mitgebracht?«, fragte ich lachend.

Cole grinste breit. »Ella war schon sehr sauer auf mich.«

»Ich war vor allem sauer auf mich selbst.« Ella zog die Schultern hoch und verzog reumütig das Gesicht. »Aber als du erst mal mit den Milchshakes angefangen hast, musste ich das ein bisschen ausnutzen. Manchmal bereue ich es. Wenn ich das nicht getan hätte, könnte ich heute vielleicht noch welche trinken.« Sie seufzte traurig, nahm einen Schluck von ihrem Bier und sah mich dann mit aufgeregt blitzenden Augen an. »Sag mal, bist du Halloween noch hier? Du könntest uns zur Campusparty begleiten.« Begeistert strahlte sie mich an, doch ihr Lächeln wich einer enttäuschten Miene, als ich bedauernd den Kopf schüttelte.

»Nein, leider nicht. Wenn alles gut läuft, sind wir etwa eine Woche früher mit dem Dreh fertig.«

»Schade, das wäre bestimmt lustig geworden.«

»Ja, bestimmt. Aber –« Ich brach ab, als mich jemand an der Schulter antippte. Eine junge Frau stand neben mir, ihr Gesicht war knallrot angelaufen, und sie hielt mir einen Stift und eine Serviette vor die Nase.

Ihre Hand zitterte. »Kann ich ein Foto mit dir machen? Und vielleicht ein Autogramm bekommen?«

Überrascht starrte ich sie an und stellte fest, dass ich nicht damit gerechnet hatte, heute noch angesprochen zu werden.

Es dauerte ein paar Sekunden länger als gewöhnlich, bis ich es schaffte, den Schalter in meinem Inneren umzulegen.

»Klar.« Ich pflasterte ein Lächeln auf mein Gesicht, strahlte mit ihr in die Kamera und kritzelte meine Unterschrift auf die Serviette.

»Ich auch? Ich würde allerdings auch deine Telefonnummer nehmen.« Ein dunkelhaariger Typ blieb vor unserem Tisch stehen, grinste mich frech an, und ehe ich mich versah, hatte sich hinter den beiden eine Schlange gebildet.

Ich warf Ella, Jamie und Cole ein entschuldigendes Lächeln zu, bevor ich mich wieder dem Kerl an meiner Seite zuwandte, der meine Telefonnummer garantiert nicht bekommen würde. Knapp zwei Stunden hatte es gedauert, bis ich meine Anonymität verlor, und auf einmal war ich mir nicht mehr so sicher, ob es die ganze Zeit wirklich niemanden interessiert hatte, dass ich hier war, oder ob es bis jetzt bloß keinem aufgefallen war.

Erst als eine halbe Stunde später nach einer kurzen Umbaupause die zweite Band anfing zu spielen, löste sich die Schlange vor unserem Tisch auf, und die Leute strömten zurück auf die Tanzfläche.

Erschöpft ließ ich den Kopf in den Nacken fallen und rieb mir die Schläfe. Ein stechender Schmerz breitete sich hinter meiner Stirn aus. »Tut mir total leid. Ich hab Cole gewarnt, dass das passieren könnte.«

»Ist doch nicht schlimm. Wirst du immer so belagert?«, wollte Ella wissen und schaute mich mitfühlend an.

»Nein. Nicht immer.« Ich griff nach meiner Jacke und stand auf. »Aber ich glaube, ich verschwinde jetzt. Der Tag war lang.«

Ella und Jamie nickten.

»Natürlich, das verstehen wir«, sagte Jamie und schenkte mir ein sanftes Lächeln.

Cole erhob sich. »Ich bring dich zurück zum Hotel.«

»Was?«, fragten Ella, Jamie und ich gleichzeitig.

»Hört ihr alle schlecht? Ich bringe dich zurück zum Hotel«, sagte er und sah mich mit einem Blick an, dass mir ganz anders wurde.

»Warum?«, fragte ich verwirrt und mit einiger Verspätung.

»Hab ich doch schon gesagt. Weil ich ein Gentleman bin.«

»Wir hatten schon festgestellt, dass das Quatsch ist«, gab ich abwehrend zurück, während mein Herz einen Salto schlug.

»Musst du eigentlich immer widersprechen?«

»Nur dir.«

Ein kleines Lächeln erschien auf Coles Gesicht. »Schön, mach ruhig weiter damit. Ich bringe dich trotzdem zurück.«

»Aber …« Mein Protest erstarb, als Cole seine Hand auf meinen Rücken legte und mich Richtung Tür schob. Es gelang mir nicht mal mehr, mich von Ella und Jamie zu verabschieden. Doch ich spürte, dass ihre Blicke uns folgten, bis wir aus dem Pub hinaus in die kühle Nacht traten.

Mit einem breiten Grinsen auf dem Gesicht, das mir nicht ganz geheuer war, lief Cole neben mir her Richtung Hotel.

»Jetzt sag schon, warum bringst du mich zurück? Die paar Meter hätte ich auch allein geschafft. Ich bin schon ein großes Mädchen.«

»Das bezweifle ich auch gar nicht«, erwiderte er vergnügt.

»Dann beantworte mir doch endlich meine Frage«, forderte ich trotzig, aber Cole schüttelte den Kopf.

»Warum nicht?«

»Warum denn? Jetzt nimm es doch einfach hin, Tessa.«

»Das hast du heute schon mal gesagt. Du weißt schon, dass das ziemlich unfair ist, oder? Ist das wieder eine Entschuldigung, oder so?«

Er lachte leise. »Nein. Aber ich habe auch nie behauptet, dass ich fair bin.«

Darauf fiel mir nichts mehr ein. Wortlos liefen wir die Straße entlang, und erst als wir wieder vor dem Hintereingang des Hotels standen, fand ich meine Stimme wieder.

»Ich verstehe dich nicht, Cole.«

Er trat einen Schritt auf mich zu und war mir plötzlich wieder so nahe wie vor einigen Stunden. Bevor ich reagieren konnte, hob er eine Hand und strich mir eine Haarsträhne hinters Ohr. Es war nur eine minimale Berührung. Trotzdem spürte ich sie mit jeder Faser meines Körpers. »Ich hab es vorhin schon gesagt: Heute ergibt sowieso nichts mehr einen Sinn. Gute Nacht, Tessa.«

14. KAPITEL

Tessa

Strahlend hell schien die Sonne durch das Fenster in mein Zimmer. Lächelnd schwang ich die Beine aus dem Bett. Sonne bedeutete, dass ich den Tag draußen verbringen konnte. Ein Tag draußen war ein guter Tag.

Hastig zog ich mich an und schlich so leise wie möglich die Treppe hinunter. Das Herz schlug mir bis zum Hals, ich betete, dass sie mich nicht hörten.

Die dritte Treppenstufe von unten knarzte immer, wenn man darauf trat. Ich ließ sie aus und sprang erleichtert auf den Boden.

Als ich aus der Küche das Klappern von Geschirr hörte, erstarrte ich. Das war nicht gut. Wenn Mom wach war, würde sie mich nicht gehen lassen. Sie wollte nicht, dass ich draußen spielte und vielleicht noch irgendjemandem erzählte, was bei mir zu Hause los war.

Aber ich erzählte nie etwas. Sonst würde ich noch mehr Ärger bekommen. Und ich kriegte schon immer viel zu viel Ärger, wenn ich nach einem Tag draußen heimkam.

Doch das war es mir jedes Mal wert.

Draußen musste ich keine Angst haben. Draußen hörte ich nicht, wie sie stritten und sich anschrien.

So leise wie möglich schlich ich an der Küche vorbei. Ich war schon fast an der Tür, als ich Schritte hinter mir hörte.

»Willst du schon wieder abhauen?« Die tiefe, schleppende Stimme von Mike, Moms Freund, ließ mich erstarren. Mein Puls raste so schnell, dass mir schwindelig wurde.

Er wusste, wie viel Angst ich vor ihm hatte. So viel, dass sich mir jedes Mal der Magen umdrehte, wenn ich ihn sah. »Ich hab dich was gefragt, du kleines Miststück, also antworte gefälligst! Willst du schon wieder abhauen?!« Drohend baute er sich vor mir auf.

Ich schüttelte langsam den Kopf und wich einen Schritt vor ihm zurück Richtung Tür. Nur noch ein Stück. Nur noch ein Stück. Nur noch ein kleines Stück.

Ich ließ ihn nicht aus den Augen, als ich möglichst unauffällig nach dem Türknauf tastete. Mike war riesig, mit großen Händen, kleinen Augen und einer Narbe, die sich quer über sein Kinn zog. Ich wollte gar nicht wissen, woher er sie hatte.

In dem Moment, in dem er einen Schritt auf mich zutrat, riss ich die Tür auf, wirbelte herum und stürmte nach draußen. Er schrie mir nicht hinterher. Rief nicht meinen Namen. Das tat er nie. Auch Mom nicht. Sie wollten keine Aufmerksamkeit erregen.

Wenn ich erst draußen war, war alles gut.

So lange, bis ich wieder heimkam.

Ich schreckte auf, weil ich nicht atmen konnte. Es fühlte sich an, als würde eine Hand um meinen Hals liegen und zudrücken. Keuchend riss ich die Augen auf, versuchte verzweifelt, meine Lungen mit Luft zu füllen. Mein Herz raste, mein Puls donnerte in meinen Ohren, und ich spürte, wie das Blut durch meine Adern jagte.

Um mich herum war es stockdunkel, und Panik stieg in mir auf. Ich wollte laut schreien, doch der Schrei blieb mir im Hals stecken.

Ich glaubte, in der Dunkelheit eine Bewegung auszumachen, einen großen Schatten, der auf mich zukam, und mit ausgestreckten Armen nach mir tastete.

Er hatte mich gefunden, war aus meinem Traum direkt in die Realität eingedrungen und würde mich in Stücke reißen.

Ich wollte die Hände heben, um mich zu schützen, denn auch wenn ich nichts sehen konnte, *wusste* ich, dass er da war. Aber ich konnte meine Arme nicht bewegen. Tränen schossen mir in die Augen, rannen heiß und salzig über meine Wangen, während der Schatten immer näher kam. Er war das Monster meiner Kindheit, mein schlimmster Albtraum.

Ich biss mir auf die Unterlippe, bis ich Blut schmeckte. Als könnte mich der Schmerz retten.

Später wusste ich nicht, wie lange die Panik mich dieses Mal im Griff hatte. Ich konnte mich auch nicht daran erinnern, wie ich ihr schließlich entkam. Aber irgendwann konnte ich wieder atmen, und mein Puls verlangsamte sich. Allmählich beruhigte ich mich, und erst jetzt merkte ich, dass ich mich im Schlaf in meiner Bettdecke verheddert haben musste. Deswegen hatte ich meine Arme nicht bewegen können.

Am ganzen Körper zitternd befreite ich mich aus der Umklammerung meiner Decke und tastete nach dem Lichtschalter. Helligkeit durchflutete den Raum und brannte in meinen Augen. Ich blinzelte. Das Hotelzimmer war leer. Natürlich.

Er war nicht hier, das war unmöglich.

Unmöglich. Unmöglich. Unmöglich.

Immer wieder wisperte ich dieses eine Wort, bis es seine Bedeutung schließlich verlor.

Dann griff ich nach meinem Handy und rief Dr. Philipps an.

Zwei Stunden waren seit meinem Anruf bei Dr. Philipps vergangen. Wir hatten lange geredet, und jetzt ging es mir besser. Nicht gut, aber besser. Immerhin. Fragte sich nur, wie lange.

Tief atmete ich die kühle Herbstluft ein und beschleunigte meine Schritte, damit mir etwas wärmer wurde.

Was ich hier machte, war absolut dumm. Dumm und leichtsinnig. Aber ich konnte nicht anders. Es war ein innerer Zwang, der mich vorwärtstrieb. Ich hatte versucht, dagegen anzukämpfen, und schließlich aufgegeben.

Ich musste mir selbst beweisen, dass ich stärker war als meine Angst vor der Vergangenheit. Wenigstens dann, wenn ich wach war.

Mir kann nichts passieren. Nicht mehr. Ich bin in Sicherheit.

Wieder und wieder betete ich mir diese Worte vor, bis ich sie mir schließlich selbst glaubte.

Dr. Philipps hatte mich gebeten, zu Mallory zu gehen, den Tag mit jemandem zu verbringen, den ich kannte, und mich keinesfalls allein in meinem Zimmer zu verschanzen.

Den letzten Teil hatte ich umgesetzt. Ich hatte mein Zimmer verlassen, aber ich würde meinen einzigen freien Tag in dieser Woche mit Sicherheit nicht mit meiner Agentin verbringen. Mallory machte keine Pausen, manchmal fragte ich mich, ob sie überhaupt jemals schlief. Ich war mir sehr sicher, dass sie jetzt in ihrer Suite vor ihrem Laptop hockte und sich um die Belange ihrer Klienten kümmerte. Würde ich den Tag mit ihr verbringen, würde sie mir die ganze Zeit damit in den Ohren liegen, mir noch mal zu überlegen, ob ich Logan und mir nicht doch eine zweite Chance geben könnte.

Und das kam nicht infrage.

Stattdessen lief ich gedankenverloren durch Faerfax und bemühte mich, nicht darüber nachzudenken, wohin meine Füße mich automatisch trugen.

Ich hatte das Univiertel mit seinen kleinen Cafés und den bunten Geschäften längst hinter mir gelassen und bewegte mich Richtung Süden. Je weiter ich kam, desto vertrauter wirkte alles um mich herum. Kleine Häuser säumten die Straßen, manche heruntergekommen, andere mit gepflegten Vorgärten und Schaukeln. Ich hatte die Straße noch nicht erreicht, in der ich die ersten zwölf Jahre meines Lebens verbracht hatte, aber ich näherte mich meiner Vergangenheit immer mehr.

Mein Herz stolperte und schlug dann viel zu schnell weiter. *Einatmen. Ausatmen. Einatmen. Ausatmen.*

Es ist alles gut. Ich kann jederzeit umkehren.

Für einen kurzen Augenblick blieb ich stehen und schloss die Augen, sog den Geruch nach feuchtem Laub ein und lauschte auf die Motoren vorbeifahrender Autos.

Ich würde nicht nach Hause gehen. Nach Hause. Das war nicht mal das richtige Wort. Es war nur ein Haus, in dem ich gelebt hatte. Kein Zuhause.

Doch es spielte keine Rolle, ob es nur ein Haus oder ein Zuhause für mich gewesen war. Ich war nicht bereit, dorthin zurückzukehren, und ich glaubte auch nicht, dass ich das jemals sein würde.

Langsam setzte ich mich wieder in Bewegung.

Als ich nach ein paar Minuten den Spielplatz erreichte, auf dem ich mich früher so oft versteckt hatte, spürte ich, wie meine Kehle eng wurde. Ich schluckte schwer.

Sie hatten den Spielplatz komplett umgebaut. Offenbar war die Neugestaltung noch gar nicht so lange her, die Geräte sahen alle noch unbenutzt aus. Vielleicht spielten heutzutage aber auch weniger Kinder draußen als früher. Sie verbrachten ihre freie Zeit nach der Schule nicht mehr auf dem Spielplatz oder im Wald, bis sie abends erschöpft und dreckig, aber glücklich nach Hause gingen. Vielleicht war der Sand deshalb noch gelb und nicht grau. Suchend blickte ich mich um, doch das kleine Holzhaus, das mir so oft Schutz geboten hatte, war verschwunden.

Bilder stiegen vor meinem inneren Auge auf. Ein kleines Mädchen mit roten Locken, das zu mir ins Haus kletterte. Ich erinnerte mich nicht mehr an ihren Namen, aber ich wusste noch, dass wir miteinander gespielt hatten. Wieder fragte ich mich, ob dieses Mädchen vielleicht Ella gewesen war. Aber eigentlich glaubte ich nicht daran.

Meine Augen brannten, und ich wandte mich ab und drängte die Tränen energisch zurück. Ich sollte umkehren, aber ich konnte nicht. Und als ich meine alte Schule erreichte, begriff ich endlich, warum ich mich überhaupt auf den Weg gemacht hatte. Hier hatte alles angefangen. Hier hatte ich meine Liebe zur Schauspielerei entdeckt. Und hier hatte ich herausgefunden, dass ich meinem eigenen Leben entkommen konnte, indem ich in andere Rollen schlüpfte.

Die Schule sah noch genauso aus, wie ich sie in Erinnerung hatte, nichts hatte sich verändert. Ein flaches Gebäude aus grauem Stein. Absolut gar nichts war schön an dieser Schule. Sie wirkte auch nicht besonders einladend. Einzig die bunten Bilder, die in den Fenstern aufgehängt worden waren, verliehen dem trostlosen Gebäude etwas Fröhlichkeit. Das hatten wir im Kunstunterricht damals auch gemacht. Der Schulhof war immer noch umzäunt, das hohe Tor am Wochenende abgeschlossen. Faerfax war keine gefährliche Stadt, die Kriminalität hielt sich im Gegensatz zu anderen Städten noch sehr in Grenzen. Trotzdem wollte es wohl niemand drauf anlegen, dass Einbrecher ohne jeglichen Aufwand in die Schule einsteigen konnten.

Allerdings konnte sogar ein dünnes zwölfjähriges Mädchen über diesen Zaun klettern.

Ich wusste nicht, wie lange ich vollkommen reglos am Straßenrand stand, dort wo meine Mitschüler früher immer von ihren Eltern abgeholt worden waren, und auf meine alte Schule starrte.

Aber irgendwann merkte ich, dass ich angefangen hatte zu weinen.

Stumme Tränen rannen über meine Wangen, ich schlang die Arme um meinen Körper und versuchte, die Erinnerungen vom guten Teil meiner Kindheit zu fassen zu bekommen. Aber es gelang mir nicht. Weil es von ihnen nicht so viele gab. Stattdessen breitete sich eine bekannte Leere in meinem Inneren aus, andere Bilder blitzten in meinem Kopf auf.

Davon, wie ich in der ersten Klasse stundenlang vergeblich darauf gewartet hatte, abgeholt zu werden. Davon, wie die anderen Kinder in der Schule sich über mich lustig gemacht hatten, wenn sie mal für ein paar Minuten bemerkten, dass es mich gab.

Mein Herz zog sich schmerzhaft zusammen.

Ich hatte mich hier in die Schauspielerei verliebt, gelernt, mich selbst zu vergessen und geschriebene Figuren zum Leben zu erwecken. Schön war meine Zeit an dieser Schule trotzdem nicht gewesen.

Schließlich versiegten meine Tränen, mit beiden Händen wischte ich die salzigen Spuren von meinem Gesicht, drehte mich um und ließ die Schule hinter mir zurück. Doch es war nicht so leicht, die Zeit, die ich dort verbracht hatte, aus meinem Kopf zu verdrängen.

Ich hatte nie echte Freunde gehabt. Nicht in der Schule, weil ich seltsam und eine Außenseiterin gewesen war, und nicht in meinem zweiten Leben, weil ich jetzt niemandem genug vertraute, um mich zu öffnen und eine Freundschaft zuzulassen.

Meine Gedanken wanderten zu Cole und Ella, zu Jamie, Cassidy und Julian.

Ich hatte zwei Abende mit ihnen verbracht, und beide Male hatte ich mich wie eine normale junge Frau gefühlt. Eine junge Frau, der man nicht mit Ehrfurcht begegnete, nur weil sie eine Schauspielerin war.

Sie waren so normal mit mir umgegangen und hatten mir die gleichen Fragen gestellt wie jedem anderen, den man gerade erst kennenlernte.

Ich mochte Ellas fürsorgliche, ruhige Art, Cassidys quirlige Neugierde, Jamies jungenhaften Charme, und obwohl ich bisher kaum ein Wort mit Julian gewechselt hatte und er mir eher wie der typische Aufreißer vorgekommen war mit seinem verführerischen Lächeln, war ich mir sicher, dass in ihm mehr steckte. Und sosehr es mich auch verwirrte, ich mochte sogar Cole.

Mein Herz setzte einen stolpernden Schlag aus, als ich an den letzten Abend dachte. An sein Lächeln und dieses herausfordernde Funkeln in den Augen. Wärme krabbelte durch meinen Körper, und für einen Moment verlor ich mich in den Erinnerungen an gestern, an die Neckereien, daran, wie er mich angesehen hatte und diese eine Sekunde, in der seine Hand meine Wange gestreift hatte. Eine Berührung, die mir durch und durch gegangen war.

Unwillkürlich schlich sich ein Lächeln auf mein Gesicht, ich vergaß, wo ich war, und dass ich im Grunde nicht hierhergehörte.

Doch dann fiel mir wieder ein, wer Cole war, und wer ich war, und mir wurde auf einen Schlag eiskalt.

Was auch immer da gestern zwischen uns gelaufen war, es durfte sich nicht wiederholen. Auf gar keinen Fall.

Mein Magen verkrampfte sich.

Ich schluckte die aufsteigende Enttäuschung hinunter und stellte in der nächsten Sekunde überrascht fest, dass ich inzwischen wieder im Uni-Viertel angekommen war. Ich stand direkt vor dem *Happiness*.

In dem Café herrschte hektische Betriebsamkeit, Ella konnte ich durch das große Fenster jedoch nirgendwo entdecken.

Ich wusste genau, warum ich hier war. Ich war mir nur nicht sicher, ob ich es auch durchziehen würde. Es konnte ein Fehler sein, mich ihr zu öffnen und ihr zu vertrauen.

Aber wenn ich nicht langsam anfing, *irgendjemandem* zu vertrauen, würde ich für immer allein bleiben, und keine Rolle der Welt konnte diese Leere in mir ausfüllen.

Noch einmal atmete ich tief durch, dann drückte ich die Tür zum Treppenhaus auf und klopfte einen Moment später an Ellas Tür. Erschrocken zuckte ich zurück, als die Tür aufgerissen wurde und Ella mit einem säuerlichen Gesichtsausdruck im Türrahmen auftauchte.

»Jamie, ich hab … Oh.« Sie verstummte, als sie mich entdeckte. »Tut mir leid, ich dachte, Jamie hätte mal wieder seinen Schlüssel vergessen, und ich hab ihm gesagt, er soll für ein paar Stunden verschwinden und –«

»Dann sollte ich wohl besser wieder gehen«, unterbrach ich sie verlegen. Mein Gesicht brannte. Was hatte ich mir nur dabei gedacht, unangekündigt einfach bei ihr aufzutauchen?

Ella verzog entschuldigend das Gesicht. »Tut mir leid, es ist nur«, sie warf einen besorgten Blick über ihre Schulter in die Wohnung, »Cassidy geht's nicht so gut.«

»Ist schon okay«, murmelte ich im gleichen Augenblick, in dem Cassidy neben Ella trat und fragte: »Wer ist denn da?« Erschrocken schnappte ich nach Luft. Cassidy sah furchtbar aus. Ihre Wangen waren fleckig, die Augen verweint, und ihre Nasenspitze leuchtete tiefrot.

»Was ist passiert?«, platzte es aus mir heraus, bevor ich mich aufhalten konnte.

Cassidy war bisher immer so fröhlich und aufgedreht gewesen, dass mich ihr Anblick jetzt aufrichtig bestürzte, wofür ich mich in der nächsten Sekunde sofort schämte.

Als dürfte es ihr nicht schlecht gehen, nur weil sie bei unseren bisherigen Begegnungen gute Laune gehabt hatte. Das war dämlich. Jeder Mensch hatte Probleme, die er vor anderen verbarg. Vor allem vor Leuten, die man kaum kannte.

»Tut mir leid, das geht mich echt nichts an. Ich geh mal lieber.« Stammelnd trat ich den Rückzug an, bevor Cassidy in die Verlegenheit kam, mir etwas zu erzählen, was sie gar nicht wollte.

Doch Cassidy trat schniefend einen Schritt zur Seite. »Ist schon gut. Komm rein. Du kannst mich gerne ein bisschen ablenken.«

»Wirklich?«, fragte ich unsicher. Ich wollte mich nicht aufdrängen, und ich war hier eindeutig fehl am Platz. Ella beobachtete uns beide schweigend und wartete darauf, wie Cassidy sich entschied.

»Ja, wirklich«, erwiderte Cassidy, griff nach meiner Hand und zog mich in die Wohnung.

Mein Blick fiel als Erstes auf die Taschentücher, die überall auf dem Sofa und dem Couchtisch verteilt lagen. Ich blieb mitten im Raum stehen, während Cassidy sich ächzend auf das Sofa fallen ließ. Sie sah aus wie das Elend in Person.

»Ehrlich Cassidy, ich will mich nicht aufdrängen, und du siehst nicht aus, als – «

»Ach, hör auf mit dem Quatsch! Du bleibst. Übrigens siehst du auch nicht viel besser aus als ich.« Sie schenkte mir ein schiefes Lächeln, doch ihre Augen glitzerten verdächtig.

»Heute scheint kein guter Tag zu sein«, stellte ich mit einem tiefen Seufzen fest und wischte mir reflexartig über das Gesicht, als könnte man die Spuren meiner eigenen Tränen noch immer erkennen.

»Nein.« Cassidy schluchzte auf.

»Cass, Süße, komm schon. Es wird alles gut, versprochen. Er kommt doch wieder!« Ella kam aus dem angrenzenden Küchenbereich zu uns herüber und drückte jeder von uns eine heiße Tasse in die Hand.

»Heiße Schokolade hilft jetzt nicht«, wisperte Cassidy mit erstickter Stimme.

»Mit Schuss schon.« Ella strich Cassidy liebevoll über den Kopf, als wäre sie ihre große Schwester, dann warf sie mir über die Schulter hinweg ein kurzes Lächeln zu.

»Deine Schokolade ist ohne Alkohol.«

»Danke.« Vorsichtig nippte ich an der heißen Schokolade, um mich nicht zu verbrennen, und schloss für einen kurzen Moment die Augen. Wärme breitete sich in mir aus, wohlige Wärme, und ein seltsames Gefühl von Geborgenheit durchflutete mich. Ich setzte mich neben Ella aufs Sofa und beobachtete Cassidy, die schniefend ihren Kakao trank.

Ich war neugierig, was sie derartig aufgewühlt hatte, aber ich traute mich nicht nachzufragen.

Doch wie sich herausstellte, war das auch gar nicht nötig.

»Mein Freund Steve macht gerade ein Auslandsjahr in Frankreich. Na ja, es war geplant, dass er nur ein Semester dortbleibt. Aber dann hat er den ganzen Sommer noch da verbracht, und vor ein paar Wochen hat er sich entschieden, ein weiteres Semester dranzuhängen«, sprudelte es aus ihr heraus. »Und ich weiß, dass wir das abgesprochen haben, und ich habe gesagt, dass das für mich okay ist, aber ... Was, wenn er am Ende gar nicht mehr zurückkommt? Weil Paris viel schöner ist als Faerfax.« Unglücklich starrte sie in ihre Tasse.

Mitgefühl durchströmte mich. Ich wollte etwas sagen, aber alles, was mir einfiel, war platt. Leere Worte, die nicht dabei halfen, sich besser zu fühlen.

»Er wird zurückkommen! Du glaubst doch nicht ernsthaft, dass Steve dich verlässt und in Paris bleibt!« Ella warf Cassidy einen Blick zu, der keinen Widerspruch duldete.

»Wann habt ihr euch das letzte Mal gesehen?«, fragte ich, als sich eine drückende Stille zwischen uns ausbreitete. Ein Lächeln huschte über Cassidys Züge, für einen Augenblick strahlten ihre Augen. Dann verdüsterte sich ihr Gesicht wieder.

»Anfang Januar, als er geflogen ist. Ich kann es mir nicht leisten, nach Frankreich zu fliegen und Steve … Na ja, ich dachte, dass er spätestens im Juli nach Hause kommt. Jetzt weiß ich nicht mal, ob er Weihnachten wieder hier ist. Immerhin dauert das Semester in Frankreich auch bis Januar.« Cassidy seufzte und schnäuzte sich die Nase. »Ich weiß, dass ich überreagiere. Ehrlich. Es ist nur … Nächste Woche sind wir vier Jahre zusammen, und ich hatte gehofft, er würde nach Hause kommen, und stattdessen hat er mir heute Morgen gesagt, dass das nicht drin ist, weil er kein Geld für den Flug hat, und außerdem stehen dann wichtige Prüfungen an und …« Sie brach ab und schluchzte auf.

»Oh, Cass, es tut mir so leid.« Ella nahm Cassidy ihre Tasse ab, stellte sie auf den Tisch und nahm ihre Freundin in den Arm.

»Es ist bescheuert, und wir sind natürlich auch noch viel zu jung, aber ich dachte, er würde es irgendwie möglich machen, zu unserem Jahrestag zu kommen, um mich zu überraschen und … mir einen Antrag zu machen.« Die letzten Worte sagte Cassidy so leise, dass man sie kaum verstehen konnte.

»Vielleicht hat er das ja nur gesagt, damit die Überraschung am Ende größer ist«, versuchte ich Cassidy aufzubauen.

»Nein. Du kennst Steve nicht. Er würde mich nie anlügen, nicht einmal, um mich zu überraschen.« Schluchzend vergrub sie das Gesicht an Ellas Schulter, die ihr beruhigende Worte zuflüsterte.

Es dauerte lange, bis Cassidy sich wieder beruhigte. Schweigend beobachtete ich die beiden. Es tat auf eine seltsame Weise weh, Cassidy so zu sehen, und plötzlich wünschte ich mir mit einer Heftigkeit, die mich selbst überraschte, dass ich ihr irgendwie helfen könnte. Aber es gab nichts, was ich tun konnte.

Schließlich löste Cassidy sich von Ella und strich sich die Haare aus dem Gesicht. Sie atmete tief durch. »Okay, genug geheult.« Sie drehte sich zu mir um, ein entschuldigendes Lächeln zupfte an ihren Lippen. »Tut mir leid, dass du das mit ansehen musstest.«

Ich schüttelte den Kopf. »Du musst dich nicht entschuldigen. Es ist okay zu weinen. Manchmal muss halt alles raus. Glaub mir, ich kenne das.«

Ella warf mir einen neugierigen Blick zu, und ich wusste, dass sie an meinen ersten Nachmittag in Faerfax dachte, als wir uns kennengelernt hatten.

Cassidy seufzte schwer. »Ich weiß. Aber ich habe in den letzten Monaten genug geheult, weil er weg ist. Es ist anstrengend.«

»Da sagst du was. Fernbeziehungen sind ätzend.«

Ein verbitterter Unterton schwang in Ellas Stimme mit, als sie aufstand, Cassidys Tasse vom Tisch nahm und zum Herd ging, um sie wieder aufzufüllen.

Cassidy warf mir einen bedeutungsvollen Blick zu und drehte sich dann zu Ella um. Sie legte ihr Kinn auf der Sofalehne ab und folgte Ellas Bewegungen mit den Augen. »Wie lange willst du das noch mitmachen?«

»Was genau?«

»Dass Mason nie da ist.«

Ella stand mit dem Rücken zu uns, aber ich konnte sehen, wie ihre Schultern sich verkrampften. Sie wirbelte herum und verschränkte die Arme vor der Brust. »Was meinst du damit?«

Cassidy neigte nachdenklich den Kopf. »Ihr seid seit drei Jahren zusammen, und seit zwei Jahren führt ihr eine Fernbeziehung. Ich kenne dich, Ella. Das ist nichts für dich.«

»Das stimmt doch gar nicht!«

»Doch«, widersprach Cassidy sanft. »Du bist nicht glücklich.«

»Ich bin nicht glücklich, weil Mason in Dallas ist, und nicht, weil wir eine Beziehung führen.«

»Ich weiß. Aber das kann doch nicht ewig so weitergehen.«

»Und was soll ich deiner Meinung nach tun?«, fuhr Ella sie an, und jetzt glitzerten auch in ihren Augen Tränen. »Nach Dallas ziehen? Er wird mit Sicherheit nicht nach Faerfax zurückkommen.«

Ich musste ein wenig verwirrt ausgesehen haben, denn Ella fügte erklärend hinzu: »Mason war in meiner Stufe. Er ist nach dem Abschluss zu seinem Dad nach Dallas gezogen, um in seiner Firma zu arbeiten. Seitdem sehen wir uns nur noch an den Wochenenden.« Sie wischte sich über die Augen. »Alle paar Wochen. Aber ich liebe Mason, und ich werde nicht Schluss machen, nur weil er in einem anderen Bundesstaat wohnt«, sagte sie entschieden. Ihre Augen glühten, sie hatte die Lippen zu einem schmalen Strich zusammengepresst.

»Ich weiß.« Cassidy stand auf und ging mit ausgestreckten Armen auf Ella zu. »Tut mir leid, das war doof von mir. Ich weiß, dass du Mason liebst. So meinte ich das auch gar nicht.«

»Ist schon gut, das weiß ich doch.« Ella ließ die Umarmung zu, doch ganz besänftigt wirkte sie noch nicht.

»Ist es nicht. Ich bin eine blöde Kuh, die ihre miese Laune an dir auslässt, obwohl du das am allerwenigsten verdient hast. Also, es tut mir echt leid! Nimmst du meine Entschuldigung an?« Cassidy klang, als wäre sie erneut den Tränen nahe. Ich kam mir zunehmend fehl am Platz vor.

»Natürlich!«, erwiderte Ella. »Es ist alles gut, Cass, wirklich!«

»Okay«, sagte Cassidy schniefend und kam zurück zum Sofa. »Und jetzt kein Wort mehr über Steve und Mason! Sonst höre ich nie auf zu heulen.«

»Und ich fange sonst am Ende auch noch richtig damit an.« Schmunzelnd kehrte Ella zu uns zurück, gab Cassidy ihre Tasse und nahm mir meine, inzwischen leere aus der Hand, um mir ebenfalls nachzuschenken. »Was haltet ihr von einem Friends-Serienmarathon, Gesichtsmasken und noch mehr heißer Schokolade?«

»Das klingt nach einem perfekten Sonntagnachmittag!«, sagte ich. Cassidy nickte zustimmend.

Doch wir schafften nur ein paar Folgen, bevor Cassidy wieder zu weinen begann.

»Tut mir leid!« Sie sprang auf und rannte ins Bad.

Ella seufzte. »Dieses Mal ist es schlimmer als sonst«, meinte sie bedrückt. »Cassidy ist superemotional geworden, seit Steve in Frankreich ist, aber die letzten Male, wenn sie mit ihm telefoniert hat, ging es eigentlich. Dann hat sie nur ein bisschen Zeit gebraucht, um sich wieder zu fangen. So wie heute war sie noch nie drauf.«

»Kann ich irgendwas tun?« Ich fühlte mich unendlich hilflos. Ich kannte mich nicht mit solchen Situationen aus, ich wusste nicht, wie man bei Liebeskummer reagierte. Ich wusste nicht einmal, wie man eine gute Freundin war.

»Nein. Wir können nur versuchen, sie abzulenken.« Sie warf

einen Blick Richtung Badezimmer. Hinter der geschlossenen Tür hörten wir Cassidy leise weinen. »Wenn sie wieder rauskommt.«

»Sollten wir ihr nachgehen?«

»Nein. Sie will jetzt allein sein, sonst wäre sie hiergeblieben. Mir passt das nicht, aber sie will es so. Das Einzige, was wir machen können, ist warten.«

Wir ließen die Serie weiterlaufen, während wir darauf warteten, dass Cassidy wieder zurückkam. Erst nach vier weiteren Folgen öffnete sich die Badezimmertür mit einem leisen Quietschen. Wortlos kuschelte Cassidy sich wieder zwischen uns aufs Sofa und legte den Kopf auf Ellas Schulter.

»Cassie, du weißt, ich hab dich lieb. Aber so kann das nicht weitergehen. Er kommt erst in ein paar Monaten wieder. Du musst dich in der Zwischenzeit auf etwas anderes konzentrieren.«

»Ich weiß«, nuschelte Cassidy leise. »Es ist nur … Wir waren noch nie so lange voneinander getrennt. Es tut weh, ihn so zu vermissen.« Cassidy drehte den Kopf in meine Richtung. »Kennst du das Gefühl?«

Ich schluckte schwer, mein Hals fühlte sich plötzlich an wie zugeschnürt. »Nein, tue ich nicht.« Ein schmerzhaftes Stechen durchfuhr mein Herz, und ich hätte beinahe aufgelacht, als mir klar wurde, dass ich neidisch war. Was zur Hölle stimmte nur nicht mit mir?

Mir wurde flau. Ich war neidisch. Nicht unbedingt auf ihren Liebeskummer. Nein, es ging um die Liebe selbst. Cassidy vermisste ihren Freund, aber in jedem ihrer Worte hatte eine tiefe Liebe mitgeschwungen.

Das war es, was ich wollte.

»Das tut mir leid. Aber du wirst den Richtigen noch finden, davon bin ich fest überzeugt.« Cassidy schenkte mir ein aufmunterndes Lächeln, dann seufzte sie. »Okay, Mädels, es tut mir ehrlich leid, dass ich heute so ein Trauerkloß bin. Aber ich glaube, Serien funktionieren gerade nicht besonders. Ich brauche eine andere Art von Ablenkung.« Sie zögerte kurz und sah mich dann aus großen Kulleraugen bittend an. »Erzählst du mir was über den Film?«

»Würde ich liebend gerne. Aber ich darf nicht. Tut mir leid!«, erwiderte ich und verzog bedauernd das Gesicht. »Du kannst mich sonst alles fragen.«

Ein nachdenklicher Ausdruck trat in ihre Augen, dann grinste sie schelmisch.

»Wie ist Logan Kent im Bett?«

Cole

Mein Kopf dröhnte, als ich wach wurde. Das letzte Bier war vielleicht doch eins zu viel gewesen. Inzwischen kannte ich meine Grenzen eigentlich ganz gut. *Eigentlich.*

Das letzte Mal, dass ich abgestürzt war, lag schon einige Zeit zurück, und danach hatte ich mir geschworen, es nie wieder so weit kommen zu lassen. Leider war ich gestern Abend verdammt nah dran gewesen.

Und das war allein Tessas Schuld.

Ich kniff die Augen zusammen und versuchte, mich daran zu erinnern, was genau gestern passiert war.

Es dauerte ein paar Minuten, bis mir alles wieder einfiel. Der Drehtag, Tessas Tränen, ihre erschöpfte Miene. Ich, der sie gefragt hatte, ob sie mit in den Pub kommen wollte. Wir hatten geflirtet. Heftig geflirtet.

Gequält stöhnte ich auf. So eine Scheiße!

Etwas hatte sich zwischen uns verändert. Es war viel zu

leicht gewesen, mit ihr zu reden, sie zu necken und zu vergessen, dass sie kein normales Mädchen war.

Dann erinnerte ich mich an Aprils Nachricht, und mir wurde auf einen Schlag kotzübel. *Hast du schon was über Tessas Geheimnis herausgefunden?*

Nein, hatte ich nicht, verdammt noch mal! Ich war zu sehr damit beschäftigt gewesen, Spaß mit ihr zu haben.

Ich war so ein Idiot. Ein Idiot, der gar nicht mehr daran gedacht hatte, dass Tessa auf der einen Seite stand und er auf der anderen.

Beide Seiten waren absolut inkompatibel.

Sie war eine berühmte Schauspielerin und ich ein Journalist, der versuchte, ihr Leben zu enträtseln.

Ich brauchte Abstand von Tessa. Dringend. Ich brauchte Abstand, um zu meiner Objektivität zurückzufinden und mir klarzumachen, dass dieser Flirt gestern absolut gar nichts bedeutet hatte.

Genau. Deswegen hatte ich sie auch später zum Hotel gebracht. Erneut stöhnte ich auf. Ich neigte oft dazu, etwas Dummes zu tun, aber der gestrige Abend toppte wirklich alles.

Mir wurde warm, als ich mich daran erinnerte, wie ich die Hand gehoben und ihr Gesicht berührt hatte, wie Erstaunen in ihren Augen aufgeblitzt war. Und ich erinnerte mich daran, dass ich mir für einen winzig kleinen Augenblick gewünscht hatte, sie wäre einfach nur eine Studentin, die ich an der Uni kennengelernt hatte. Denn dann wäre der Abend noch lange nicht vorbei gewesen.

Wieder spürte ich, wie mein Magen sich verkrampfte. Dieser Moment hatte mich komplett durcheinandergebracht, und das wiederum war der Grund dafür, dass ich noch mal in den Pub zurückgegangen war. Wie der Abend dann geendet hatte, daran konnte und wollte ich mich gar nicht erinnern.

Mühsam schwang ich die Beine aus dem Bett und zwang mich aufzustehen. Koffein. Ich brauchte unbedingt Kaffee. Sonst würde ich meine eigenen verqueren Gedanken keine Sekunde länger ertragen.

Zum Glück war heute Sonntag, der einzige Tag, an dem nicht gedreht wurde. Sogar die Leute vom Film brauchten mal eine Pause. Und ich auch.

Meine Erleichterung, Tessa zumindest heute aus dem Weg gehen zu können, um mich wieder zu sammeln und mir zu überlegen, wie ich in Zukunft mit ihr umgehen wollte, kollidierte jedoch heftig mit dem Wunsch, es würde doch am Sonntag gedreht werden. Mir fiel nämlich ein, dass ich heute wieder zum Familiendinner musste. Der Dreh wäre vermutlich der einzige Grund, das Essen absagen zu können, den sogar Richard ohne einen dämlichen Kommentar hinnehmen würde. Ein Blick auf die Uhr zeigte mir, dass es schon nach Mittag war. Großartig, ich hatte also schon den halben Tag verpennt. War ja nicht so, als müsste ich noch etwas für die Zeitung erledigen. Oder für meine Kurse. Die Uni hatte während der letzten Wochen ziemlich gelitten, weil ich die meiste Zeit am Set gewesen war und kaum einen Gedanken daran verschwendet hatte, dass ich für meine Kurse auch Aufgaben zu erledigen hatte.

Wenig motiviert schlurfte ich in unseren Wohnraum und schmiss die Kaffeemaschine an.

Koffein würde helfen.

Mein Kopf pochte zustimmend.

»Guten Morgen, Cole«, zwitscherte eine viel zu fröhliche Stimme hinter mir. Langsam drehte ich mich um und entdeckte Nina, eine von Julians On-Off-Vielleicht-Freundinnen, die gerade aus seinem Zimmer kam, mir kurz zuwinkte und dann die Wohnung verließ.

Breit grinsend kam Jules ins Wohnzimmer und ließ sich aufs Sofa fallen. »Kriege ich auch einen Kaffee?«

Ich gab ein zustimmendes Brummen von mir, zu mehr war ich noch nicht in der Lage.

»Wie geht's dir? Lebst du wieder?«

»So halb.« Ich griff nach unseren Tassen und setzte mich zu ihm.

»Erklärst du mir jetzt, was gestern los war?« Er trank einen Schluck und sah mich über den Rand seiner Tasse hinweg neugierig an.

»Was meinst du?« Mein Kopf begann nachdrücklicher zu pochen. Es war zu hell, das Licht schmerzte in meinen Augen.

»Warum bringst du Tessa mit in den Pub? Du musst über sie schreiben und sollst dich nicht mit ihr anfreunden.«

Ich stöhnte auf und kniff die Augen zusammen. »Ich weiß. Es war eine beschissene Idee, sie mitzubringen.« In dem Moment hatte es sich nur leider verdammt richtig angefühlt. Gott sei Dank hatte Julian keine Ahnung, dass ich schon den Montag mit Tessa verbracht hatte. Auch wenn Jo dabei gewesen war, würde er da Dinge hineininterpretieren, die nicht da waren.

Die nicht da sein durften.

»Warum hast du es dann getan?«

»Vielleicht hat sie mir leidgetan.« Ich trank ebenfalls einen großen Schluck von meinem Kaffee und hatte im nächsten Moment das dringende Bedürfnis, mich zu übergeben. Schwarzer Kaffee auf nüchternen, verkaterten Magen war definitiv auch keine gute Idee. Angeekelt stellte ich die Tasse auf den Couchtisch.

Jules musterte mich zweifelnd. »Sie hat dir leidgetan? Warum sollte Tessa Thorn dir leidtun?«

Ich schwieg. Er würde es ohnehin nicht verstehen. Er hatte sie nicht gesehen, als sie das Set verlassen hatte, und ich würde ihm bestimmt nicht verraten, wie mitgenommen Tessa in diesem Augenblick gewirkt hatte.

»Cole.« Ein warnender Unterton schwang in Julians Stimme mit. »Was läuft da zwischen euch?«

»Gar nichts, okay?«, erwiderte ich gereizt. Wut kochte in mir hoch. »Warum spielst du dich so auf? Du benimmst dich schon wie Ella.«

»Na, dann ist ja wenigstens einer von uns vernünftig«, schoss Julian zurück.

Ich schnaubte. »Klar, du bist die Vernunft in Person. Deswegen schleppst du auch jede Woche eine andere ab.« Mir war klar, dass ich mich total danebenbenahm, und ich wusste auch, dass ein Streit mit Julian in der Regel zu nichts führte, aber ich war gerade so sauer, dass ich nicht anders konnte.

Julian seufzte und stand auf. »Weißt du was? Tu, was du nicht lassen kannst. Sei sauer auf mich, wenn du dich dann besser fühlst. Aber du solltest die Finger von ihr lassen, das wird sonst kein gutes Ende nehmen. Nicht für sie und nicht für dich.«

Mit einem lauten Knall fiel seine Zimmertür hinter ihm ins Schloss, und ich war allein.

Zornig starrte ich die geschlossene Tür an, wartete darauf, dass Julian zurückkam, entweder um sich zu entschuldigen oder um sich so richtig mit mir zu streiten.

Aber die Tür blieb zu.

Mit einem aufgebrachten Schnauben sprang ich auf, ging in mein Zimmer und zog mich rasch um, bevor ich das Wohnheim verließ. Ich brauchte dringend frische Luft, sonst würde ich noch platzen. Dabei war ich mir nicht einmal sicher, ob ich auf Julian oder auf mich selbst wütend war.

Der Himmel war mit grauen Wolken bedeckt, es regnete. Nicht heftig, es war eher Regen von der Sorte, die einen trotz der kleinen Tropfen innerhalb von Minuten bis auf die Haut durchnässte. Doch das war mir egal.

Die Luft war klar und kühl, als ich mich auf den Weg machte. Der Campus lag wie ausgestorben vor mir. Es war kaum jemand unterwegs, was bei dem Wetter auch nicht weiter überraschend war. Die meisten Studenten verbrachten einen verregneten Sonntagnachmittag wahrscheinlich eher mit einem Serienmarathon auf der Couch, anstatt nach draußen zu gehen. Nur auf dem Sportplatz drehten ein paar Verrückte trotz des miesen Wetters ihre Runden. Ich ließ den Campus hinter mir, lief Richtung Wald und trat schließlich zwischen die Bäume.

Der Wald erstreckte sich meilenweit hinter dem Campus, über die Stadtgrenzen hinaus. Es waren nicht die Rocky Mountains, aber ich liebte diesen Wald.

Schon als kleiner Junge war das hier mein Rückzugsort gewesen. Ein Ort, an dem mich niemand aus meiner Familie finden würde. Als ob einer von ihnen auch nur einen Fuß auf den weichen Waldboden gesetzt hätte.

Hierher war ich gekommen, wenn mir alles zu viel gewesen war, die Familienfeiern, der Druck und die ständige Kritik. Ich war immer allein gewesen.

Inzwischen begleitete Julian mich ab und an, vor allem um Fotos zu machen, während ich still durch den Wald stapfte und meinen Gedanken nachhing. Während der Highschool war Jamie manchmal mitgekommen, aber er war nicht der Typ für Wanderungen, und ich hatte irgendwann aufgegeben, ihn davon zu überzeugen, wie beruhigend es sein konnte, das hektische Leben der Stadt für eine Weile hinter sich zu lassen. Für mich gab es jedoch kaum einen besseren Ort zum Nachdenken und um zur Ruhe zu kommen. Und egal, welche Probleme ich hatte, hier hatte ich bisher immer eine Lösung gefunden, während meine Beine zu brennen begannen und mein Herz schneller schlug, wenn ich Meile um Meile durch den Wald lief.

Und als ich jetzt, umgeben von hohen, dichten Bäumen, tief durchatmete, gestand ich mir ein, dass Julian recht hatte. Natürlich hatte er das, so ungerne ich es zugab. Ich sollte die Finger von Tessa lassen. Ihr so weit wie möglich aus dem Weg gehen.

Nur dass das nicht ging.

Wegen dieses beschissenen Porträts.

Und weil ich es nicht wollte.

Fuck.

Ich steckte wirklich in der Scheiße.

15. KAPITEL

Tessa

»Cut!«, brüllte Paula und schlug die Hände über dem Kopf zusammen. Sie sah nicht besonders begeistert aus.

Ich sackte in mich zusammen und stöhnte auf. Das war meine Schuld. Heute war nicht mein Tag. Der Besuch meiner alten Schule lag jetzt vier Tage zurück, und ich schlief Nacht für Nacht beschissener, fuhr immer wieder schweißgebadet und mit einem stummen Schrei auf den Lippen aus dem Schlaf.

Ich hatte das Gefühl, als würde die Stadt nach mir rufen, als wäre da permanent ein leises Flüstern, das mich zu meinem alten Zuhause locken wollte. Mit aller Kraft bemühte ich mich, es zu ignorieren, versuchte, mir einzureden, dass ich mir nur etwas einbildete, doch da war ein Ziehen in meinem Inneren, das sich einfach nicht abschütteln lassen wollte.

»Tessa, kommst du mal bitte?« Paula winkte mich zu sich, und mein Magen krampfte sich zusammen. Um mich herum begannen die anderen leise zu tuscheln, warfen mir verstohlene Blicke zu, und mir wurde gleichzeitig heiß und eiskalt. Mein Gesicht brannte.

»Ihr anderen macht bitte eine kurze Pause.« Paula scheuchte den Rest der Crew aus dem Raum und deutete mit einer Handbewegung, die keinen Protest duldete, auf einen Stuhl.

Mit weichen Knien ließ ich mich auf das Polster sinken. Paulas Blick war nicht zu deuten, als sie sich neben mich setzte.

»Dieser Film ist für uns alle sehr wichtig«, setzte sie bedächtig an und faltete die Hände.

Ich schluckte schwer. Der Druck, eine perfekte Leistung abliefern zu müssen, lag wie ein tonnenschweres Gewicht auf meinen Schultern, und für einen Moment fiel mir das Atmen schwer. Ich musste mich zusammenreißen, musste meine eigenen Gefühle unter Kontrolle bekommen.

»Und weil dieser Film für uns alle sehr wichtig ist und der Erfolg nicht gerade unwesentlich von dir abhängt, möchte ich dich fragen, ob es dir gut geht.«

Schweigen legte sich über uns, während ich Paula perplex anstarrte. Ich wusste nicht, was ich erwartet hatte, das allerdings nicht.

»Was?«, stieß ich krächzend hervor.

»Geht es dir gut?« Prüfend musterte sie mich.

Noch immer brachte ich keinen Ton heraus. Es war nicht das erste Mal, dass ich mit Paula zusammenarbeitete, *Blue Dreams* war schon unser dritter gemeinsamer Film. Sie war tough, knallhart und wusste genau, was sie wollte. In vielerlei Hinsicht erinnerte sie mich an Mallory, und auch die Sorge in ihren Augen kam mir jetzt sehr bekannt vor.

»Tessa, ich kenne dich, und ich weiß, wie gut du bist. Aber –«

»Ich weiß. Es tut mir leid, dass das heute nicht so gut gelaufen ist. Ich schlafe im Moment schlecht, aber ich werde mich bessern, versprochen«, unterbrach ich Paula hastig und wurde rot.

Sie schüttelte den Kopf. »Darum geht's gar nicht. Du machst das großartig. Vielleicht bist du sogar zu gut.«

Ich runzelte die Stirn und verstand auf einmal gar nichts mehr. »Was ist dann das Problem?«

»Ich mache mir Sorgen um dich. Seit wir begonnen haben zu drehen, ziehst du dich sehr zurück. Du redest kaum mit jemandem und unternimmst nach Drehschluss auch nichts mit den anderen. Das ist nicht nur mir aufgefallen. Logan macht sich auch Sorgen um dich.«

Ich erstarrte. Dieser Mistkerl. Ich zog die Möglichkeit, dass Logan sich ernsthaft Sorgen um mich machte, nur sehr kurz in Betracht.

»Hat er dir das von selbst gesagt oder erst, als du ihn darauf angesprochen hast?« Die Härte in meiner Stimme überraschte mich selbst.

Paula zog die Augenbrauen zusammen. »Ich habe ihn darauf angesprochen. Immerhin steht er dir von allen hier am nächsten. Ich wollte dich nicht überrumpeln, nur weil ich vielleicht etwas sehe, das gar nicht da ist. Aber als Logan mir dann zugestimmt hat –«

»Mir geht's gut«, fiel ich ihr ins Wort. Ich stieß ein tiefes Seufzen aus, überlegte fieberhaft, was ich ihr noch sagen sollte. Irgendeine Geschichte musste ich ihr auftischen. Schließlich konnte ich ihr unmöglich die Wahrheit sagen. Genauso wenig konnte ich jedoch so tun, als wäre mit mir alles in Ordnung. Paula hatte recht. Ich hatte mich von den anderen abgekapselt. Obwohl ich eigentlich gar nicht erst auf sie zugegangen war. Ich hatte nur nicht darüber nachgedacht, dass es jemandem auffallen könnte, schon gar nicht Paula. Und am wenigsten hätte ich damit gerechnet, dass sie sich deswegen Sorgen um mich machen würde.

»Ich gebe zu, dass ich mich unter Druck gesetzt fühle und dass ich gestresst bin. Aber ich passe auf mich auf, versprochen!«, sagte ich schließlich langsam und schlug die Augen nieder.

Hoffentlich reichte das.

Paula tätschelte meine Hand, und als ich den Kopf wieder hob, lächelte sie mich freundlich an. »Wenn du Hilfe brauchst, musst du es nur sagen, okay?«

Ich nickte, und sie stand auf.

Doch sie war noch nicht fertig mit mir. »Schotte dich bitte nicht so ab, Tessa. Ich weiß, dass du dein Bestes geben möchtest, aber du solltest dabei nicht vergessen, dass du zwischendurch auch mal Spaß haben darfst, okay? Ein bisschen Gesellschaft tut dir gut.«

»Ich weiß. Mach dir keine Sorgen, ich bin heute mit Freunden verabredet.« Automatisch musste ich lächeln, als ich an die Nachricht dachte, die Ella mir gestern erst geschrieben hatte, um mich heute zum gemeinsamen Kochen mit ihren Freunden einzuladen.

Überrascht sah Paula mich an. »Das ist schön. Dann viel Spaß.« Sie wollte sich abwenden, hielt dann aber noch einmal inne und grinste schief. »Ach, und Tessa … Schlaf dich morgen ein bisschen aus, du bist erst um zwölf Uhr an der Reihe.«

»Danke«, erwiderte ich verblüfft und sah ihr nach, als sie den Raum verließ, um die Crew zurück ans Set zu holen.

Als ich schließlich bei Ella ankam, war ich todmüde und gleichzeitig ziemlich aufgekratzt. Ich versuchte, mir einzureden, dass es nichts damit zu tun hatte, Cole vielleicht wiederzusehen – allerdings völlig erfolglos.

Seit dem Abend letzte Woche, als wir gemeinsam im Pub gewesen waren, ging Cole mir aus dem Weg, und das nicht mal besonders unauffällig. Er war beinahe jeden Tag am Set, hielt sich aber nie in meiner Nähe auf, sodass wir uns hätten unterhalten können.

Er hatte sich inzwischen eingewöhnt und bewegte sich so selbstverständlich am Set, als würde er schon immer dorthin gehören. Mit der Crew verstand er sich gut, ich bekam mit, wie er mit ihnen Witze riss und flirtete. Kim hatte einen Narren an ihm gefressen, und jedes Mal, wenn sie anfing, von ihm zu sprechen, hatte ich das Gefühl, als würde ich jeden Moment platzen. Ich gab mir alle Mühe, nicht daran zu denken, warum ich mich so fühlte.

Vor zwei Tagen hatte Paula Cole sogar als Statisten zweckentfremdet, obwohl er sich zunächst hartnäckig dagegen gesträubt hatte. Letzten Endes hatte er aber doch mitgemacht, und mich hatte seine Mitarbeit an dieser Szene derartig aus dem Konzept gebracht, dass wir fünf Anläufe gebraucht hatten, bis die Szene endlich im Kasten gewesen war.

Ich ahnte, warum Cole mir aus dem Weg ging, und auch wenn ich ihn verstehen konnte und wusste, dass er genau das Richtige tat, störte es mich. Es störte mich sogar sehr. Und das passte mir gar nicht.

Meine Haut begann zu kribbeln, und ich schüttelte den Gedanken unwillig ab.

Ich hob die Hand, klopfte an die Tür und erstarrte, als sie einen Moment später schwungvoll aufgerissen wurde und ich Cole gegenüberstand. Seine Augen weiteten sich, er wirkte überrascht und nicht besonders erfreut.

Es traf mich wie ein Schlag in die Magengrube. Offensichtlich hatte nur mich es gestört, dass wir die letzten Tage nicht miteinander geredet hatten.

»Hey«, begrüßte er mich mit einiger Verspätung. »Was machst du denn hier?«

»Ich ... Ella hat mich eingeladen«, stammelte ich verlegen.

Cole fuhr sich durch die Haare, ein unsicherer Ausdruck huschte über sein Gesicht. »Stimmt. Sorry, hab ich vergessen. Nein, stimmt nicht. Ich –«

»Cole! Sei lieb und lass sie rein!«, rief Ella aus der Wohnung.

»Ich bin immer lieb«, protestierte Cole, trat zur Seite und ließ mich endlich rein.

»Na klar.« Ella schnaubte, kam dann zu uns herüber und umarmte mich kurz. Als sie mich wieder losließ, stemmte sie die Hände in die Hüften und funkelte Cole an. »Keine dummen Sprüche, verstanden?«

Cole zog eine betrübte Miene, aber so ganz nahm ich ihm die Unbeschwertheit nicht ab, mit der er Ella jetzt antwortete. »Aber ich bin Experte für dumme Sprüche.«

»Ich weiß. Aber heute Abend nicht«, bestimmte Ella streng.

Cole trat auf sie zu und wuschelte ihr durchs Haar. »Das werden wir noch sehen.«

Sie stieß ein fröhliches Lachen aus und floh hinter die Kücheninsel. Jetzt wandte Cole sich wieder mir zu, und ein vorsichtiger Ausdruck erschien in seinen Augen. Von einer Sekunde zur nächsten wirkte er wieder genauso gehemmt wie vorhin an der Tür. Doch bevor es unangenehm werden konnte, ging hinter mir die Wohnungstür auf und Cassidy und Julian platzten herein.

»Sorry, wir sind spät dran«, rief Cassidy. Beide trugen prall gefüllte Papiertüten. Offensichtlich waren sie für den Einkauf zuständig gewesen.

Ächzend stellte Cassidy ihre an Ort und Stelle ab. Julian verdrehte grinsend die Augen, griff nach ihrer Tüte und brachte sie zu Ella.

»Was kochen wir denn?«, fragte ich neugierig und trat neben Ella.

»Wir machen Flammkuchen. Jeder kann sich seinen so belegen, wie er möchte. Und so wie's aussieht, habt ihr auch genug eingekauft«, stellte sie mit einem Blick auf die Tüten fest.

Cassidy und Julian wechselten einen kurzen Blick und zuckten mit den Schultern.

»Es gab zu viel Auswahl.« Julian grinste breit. »Obwohl ich echt nicht verstehe, warum wir keine Pizza machen. Ist doch fast das Gleiche.«

Ella versetzte ihm einen Stoß. »Ist es nicht. Außerdem essen wir ständig Pizza. Ein bisschen Abwechslung schadet nicht. Vor allem dir.« Sie klopfte mit der flachen Hand und einem diabolischen Grinsen auf seinen Bauch, als hätte er dort auch nur ein Gramm Fett zu viel. Hatte er nicht.

»Du bist nur neidisch«, gab er spöttisch zurück.

»Worauf? Darauf, dass du jeden Tag zum Sport rennst, um so auszusehen? Im Leben tue ich mir das nicht an!« Sie stieß ein helles Lachen aus.

»Habt ihr auch was zu trinken mitgebracht?«, mischte Cole sich ein. Er lümmelte inzwischen auf dem Sofa.

Cassidy holte wortlos eine Flasche Bier aus dem Kühlschrank und reichte sie ihm. Dann ließ sie sich mit einem Seufzen neben ihn fallen.

Sachte stieß er sie mit dem Ellbogen in die Seite. »Alles okay?«

»Geht schon. Das übliche Drama. Nichts Wildes. Mir geht's gut«, erwiderte sie, doch ihre Stimme klang erstickt.

Cole legte ihr einen Arm um die Schultern, und obwohl es albern und bescheuert war, durchfuhr mich bei ihrem Anblick ein heißer Stich, und ich guckte schnell weg.

»Es wird alles gut, Cass!«, rief Ella über ihre Schulter hinweg. »Tröstet es dich, wenn ich dir sage, dass du Steve wahrscheinlich eher wiedersehen wirst als ich Mason?« Ein bitterer Zug hatte sich um ihren Mund gelegt.

Cassidy drehte sich auf dem Sofa um, sie runzelte die Stirn. »Wie meinst du das?«

»Wir haben gestern Abend telefoniert. Er muss für ein paar Wochen wegen irgendeiner wahnsinnig wichtigen Sache für seinen Dad an die Westküste. Also, keine Ahnung, wann wir uns wiedersehen.«

Cole riss ungläubig die Augen auf. »Ich glaube, ich muss dringend mit ihm reden, wenn er das nächste Mal hier ist.«

Ella zuckte mit den Schultern. »Tu, was du nicht lassen kannst.« Ein gezwungenes Lächeln breitete sich auf ihrem Gesicht aus. »Ist auch egal. Cass und ich haben beschlossen, keine Trübsal mehr zu blasen!«

»Das scheint ja richtig gut zu funktionieren«, mischte Julian sich trocken ein. »Wo steckt Jamie eigentlich? Sonst ist er doch immer derjenige, der sich beschwert, wenn man unpünktlich ist.«

»Nur, wenn man eine halbe Stunde zu spät ist.« Die Wohnungstür war so leise aufgegangen, dass keiner von uns es mitbekommen hatte.

Jamie warf seinen Schlüssel auf das kleine Tischchen neben der Tür und nahm zur Begrüßung erst Ella in den Arm, dann Cassidy und mich. Julian und Cole wurden mit einem dieser typischen männlichen Handschläge begrüßt, die viel komplizierter aussahen, als sie es tatsächlich waren.

»Ich war noch nie eine halbe Stunde zu spät«, murrte Julian.

»Klar. Du bist ständig eine halbe Stunde zu spät.« Jamie grinste fröhlich. Julian dagegen zog den Kopf ein, ein Schatten huschte über sein Gesicht.

»Ich hab halt viel zu tun.« Er verschränkte die Arme vor der Brust, und Jamie lachte.

»Womit denn? Damit, jede Nacht eine andere zu vögeln?«

Pikiert zog Julian die Augenbrauen hoch, aber seine Augen blitzten heiter. Aber da war noch etwas anderes, etwas, das ich nicht deuten konnte. »Du bist auch nur neidisch. Du und … Ach, ihr seid alle nur neidisch!«

»Ich brauche weder dein Sixpack noch jede Nacht eine andere in meinem Bett. Ich bin allerhöchstens auf Tessa neidisch«, sagte Cassidy mit einem spöttischen Grinsen. Ich wurde rot. Wenn sie nur wüsste, dass es absolut keinen Grund gab, auf mich neidisch zu sein.

»Okay, können wir diese Diskussion auf später verschieben? Nach dem Essen?« Ella klatschte in die Hände. »Los, es gibt mehr als genug Gemüse, das klein geschnitten werden muss. Ihr könnt alle helfen. Und Cole – wag es bloß nicht, dich wieder zu drücken!« Sie warf ihm einen drohenden Blick zu, und Cole grinste schuldbewusst.

»Würde ich nie machen.« Er zog sein Handy aus der Hosentasche, und sein Grinsen wurde breiter. »Aber zuerst kümmere ich mich um ein bisschen Musik, okay?«

»Cole!«, beschwerte Ella sich.

»Ach, komm schon, Ella, ich –« Das Klingeln seines Handys unterbrach Cole. Er runzelte die Stirn, als er einen Blick aufs Display warf. »Hey, Jo, alles okay?« Sein Stirnrunzeln wich einem strahlenden Lächeln, während Jo am anderen Ende der Leitung etwas erzählte. »Ich bin so stolz auf dich! Das ist toll! Feiern wir das morgen? … Okay, dann sehen wir uns morgen. Ich bin so stolz auf dich, Jo!«

Als er auflegte, lag das breiteste Grinsen auf seinem Gesicht, das ich jemals gesehen hatte. »Leute, Jo wird wohl auch Schauspielerin.«

»Also ist das Vorsprechen gut gelaufen?«, fragte ich und vergaß für einen Moment die seltsame Spannung zwischen uns. Cole schien es nicht anders zu gehen, denn seine Augen blitzten vor Begeisterung, als er seinen Blick jetzt auf mich richtete.

»Ist es. Sie hat zwar nicht die Hauptrolle, aber so wie's aussieht, wird sie eine der drei Hexen spielen.«

»Das ist toll!« Ein warmes Gefühl durchströmte mich, und ganz von selbst erschien ein Lächeln auf meinem Gesicht.

»Absolut.« Coles Blick brannte sich in meinen, für ein paar Sekunden schien die Luft zwischen uns förmlich zu vibrieren. Dann räusperte er sich, fuhr sich mit einer Hand durchs Haar und wandte sich an Ella. »Wie war das jetzt mit dem Gemüse?«

»Und? War das jetzt das Gleiche wie Pizza?« Ella stupste Julian mit dem Fuß an, der im Schneidersitz auf dem Boden hockte und mit einem wehmütigen Ausdruck auf seinen leeren Teller hinabblickte.

»Nein, nicht das Gleiche«, räumte er ein, stand auf und fing an, den Tisch abzuräumen.

Ich wollte ihm folgen, aber Cole hielt mich auf, indem er mir eine Hand auf die Schulter legte und mich wieder aufs Sofa drückte. Seine Hand war warm, sein Griff fest und sanft zugleich. Ein Schauer lief mir die Wirbelsäule hinunter, obwohl es eine absolut unschuldige Berührung war.

Hastig, als hätte er es gespürt, zog er seine Hand wieder zurück. »Bleib sitzen. Ich räume mit ab. Das ist der Deal, den ich mit Ella gemacht habe und den sie gerne vergisst, wenn wir mit dem Kochen anfangen. Sie kümmert sich ums Essen, ich mich um den Abwasch.« Seine Stimme klang rau, und als ich zu ihm hochblickte, lag ein unsicherer Ausdruck in seinen Augen. Sein Blick ruhte einen Moment zu lange auf mir, so lange, dass sich etwas in mir zu regen begann.

»Das war nur fair, als wir noch keine Spülmaschine hatten«, grummelte Ella und ließ sich tiefer in die Sofapolster sinken. »Aber ist schon okay. Du kannst schließlich absolut nicht kochen.« Ein zufriedener Ausdruck breitete sich auf ihrem Gesicht aus.

»Und ich hab auch keine Ambitionen, irgendwas daran zu ändern. Wollt ihr noch was trinken?«, rief Cole.

»Im Kühlschrank müsste noch eine Flasche Weißwein stehen«, antwortete Cassidy, setzte sich auf und rieb mit einem diebischen Lächeln die Hände aneinander. »Lasst uns was spielen.«

Die anderen stöhnten alle gleichzeitig auf, sodass ich verwirrt von einem zum anderen sah.

Jamie schien meinen Blick zu bemerken. »Cassidy will am Ende immer nur Trinkspiele spielen.«

»Nicht immer.« Sie zog eine Schnute, grinste gleich darauf aber wieder. »Aber für heute ist das eine ganz hervorragende Idee.«

»Es ist Donnerstag.«

Cassidy wischte Ellas Einwand mit einer Handbewegung beiseite. »Ja und? Die meisten Studentenpartys sind donnerstags. Und wenn ich mich richtig erinnere, hat morgen keiner von uns einen Kurs. Außer mir muss auch niemand arbeiten, und ich muss erst abends in die Galerie. Also stellt euch nicht so an.«

Belustigt beobachtete ich das Geschehen um mich herum. Die fünf schienen mir eher eine kleine Familie zu sein, als einfach nur eine Gruppe Freunde.

»Tessa muss auch arbeiten.« Jamie versuchte, das Unvermeidliche hinauszuzögern. Ich wollte einwerfen, dass sie auf mich keine Rücksicht nehmen mussten, doch mir kam jemand zuvor.

»Sie trinkt sowieso nicht.« Cole tauchte so unvermittelt direkt hinter mir auf, dass ich erschrocken zusammenzuckte und auf dem Sofa sitzend zu ihm herumfuhr. Er hatte die Unterarme auf der Lehne abgelegt, sein Atem strich warm über meine Haut. Er war mir viel zu nah, mein Herz begann schneller zu schlagen, und als seine Augen wissend aufblitzten, hätte ich schwören können, dass er es merkte. *Verdammt!*

Ich spürte, wie ich zum wiederholten Mal an diesem Abend rot anlief, und Coles Mundwinkel zuckten.

»Wieso nicht?«, fragte Julian neugierig, und ich wandte mich wieder von Cole ab, erleichtert einen Grund zu haben, ihn nicht länger anzusehen. Aber ich konnte seinen Blick noch immer spüren, was nicht unbedingt dazu beitrug, dass mein Puls sich beruhigte. Julian ließ sich gerade wieder auf den Boden fallen, nachdem er eine Weinflasche und zwei Gläser auf dem Couchtisch abgestellt hatte.

Ich hatte die Frage schon oft beantwortet und mich nie blöd dabei gefühlt, den wahren Grund zu verschweigen. Doch als ich jetzt zu der immer gleichen Lüge ansetzte, bekam ich ein schlechtes Gewissen. »Ich mag weder Bier noch Wein, und Schnäpse aller Art sind einfach nur widerlich. Der meiste Alkohol schmeckt mir nicht, und dann kann ich es auch direkt sein lassen.« Ich zuckte mit den Schultern, setzte eine gleichmütige Miene auf und versuchte, die Stimme in meinem Kopf zu überhören.

Lüge. Lüge. Lüge.

Energisch drängte ich die Stimme zurück. Es war egal, wie wohl ich mich hier fühlte. Ich konnte ihnen unmöglich sagen, dass ich Angst davor hatte, mir könnte betrunken irgendwas herausrutschen. Dass ich mich dann nicht mehr genug unter Kontrolle hatte, um mich nicht zu verraten. Wahrscheinlich würde das gar nicht passieren, aber ich hatte keinen Bedarf, es überhaupt darauf anzulegen.

»Egal, du kannst ja trotzdem mitspielen. Dann trinkst du eben was anderes.« Julian grinste mich schelmisch an.

»Der Sinn eines Trinkspiels besteht aber schon darin, sich zu betrinken«, warf Jamie ein.

»Was willst du denn spielen, Cass?«, fragte Ella und legte ihren Kopf auf Jamies Schulter ab.

»Wie wär's mit *Ich hab noch nie*.« Ein herausfordernder Ausdruck legte sich auf Cassidys Gesicht.

Cole stöhnte auf. »Das willst du nur spielen, um uns unsere kleinen, schmutzigen Geheimnisse zu entlocken.«

»Schmutzig sollten sie auf jeden Fall sein.« Cassidy grinste frech und blinzelte dann einen nach dem anderen aus weit aufgerissenen Augen bittend an. »Kommt schon. Wir müssen uns ja nicht betrinken. Aber ich bin unglücklich. Steve fehlt mir so, und ich könnte etwas Ablenkung vertragen und – «

»Schon gut, schon gut«, unterbrach Ella ihre Freundin lachend. »Du musst nicht immer die Mitleidskarte spielen.«

Cassidy grinste triumphierend und schob sich geziert eine Strähne ihrer kurzen dunklen Haare hinters Ohr. »Ich weiß, aber es funktioniert einfach viel zu gut.«

»Kennst du das Spiel?«, raunte Cole mir ins Ohr, und erneut zuckte ich zusammen. Er hatte sich nicht von der Stelle gerührt, stand immer noch hinter mir, hatte sich jetzt jedoch ein Stück weiter zu mir nach unten gebeugt. Angespannt hielt ich den Atem an. Sein Gesicht war direkt neben meinem. Wenn wir beide den Kopf drehen würden, würden unsere Lippen direkt aufeinandertreffen. Hitze stieg in mir auf, ich biss mir auf die Unterlippe.

Heftig schüttelte ich den Kopf, um die Wärme in meinem Inneren zu verdrängen. Das war nicht gut. Gar nicht gut. Allerdings fühlte es sich genauso an.

Was war noch mal richtig und was falsch?

Leise begann Cole, mir die Regeln zu erklären, obwohl ich sie längst kannte. Aber ich würde mit Sicherheit nicht vor ihm zugeben, dass mein Kopfschütteln keine Aufforderung gewesen war, mir die Spielregeln zu erläutern. Aus dem Augenwinkel sah ich, wie Ella uns mit einem belustigten Ausdruck auf dem Gesicht beobachtete, Jamie anstupste und mit dem Kopf in unsere Richtung deutete. Jamie grinste breit, aber keiner von beiden sagte ein Wort.

Mein Körper schien vor Verlegenheit zu brennen. Was auch immer die beiden glaubten zu sehen, es sollte nicht da sein.

»Also, im Grunde geht es nur darum, etwas noch nicht getan zu haben. Wenn ich sage: Ich war noch nie Fallschirmspringen, muss derjenige, der das schon mal gemacht hat, trinken. Wenn man tatsächlich noch nie Fallschirmspringen war, darf man aussetzen. Im besten Fall nimmt man etwas, von dem man weiß, dass es schon jemand gemacht hat, sonst dauert das Ganze ewig. Obwohl es am Ende meistens um Sex geht. Aber dafür ist jetzt noch niemand betrunken genug. Also, pass auf.« Er richtete sich auf, und ich bekam endlich wieder Luft. »Ich fang an, okay?«, fragte er in die Runde. Die anderen nickten zustimmend, und sein Blick blieb an Ella und Jamie hängen. »Ich bin noch nie verhaftet worden.« Er grinste breit und setzte sich auf die Armlehne des Sofas, direkt neben mich. Wir berührten uns nicht, trotzdem nahm ich seine Nähe viel zu deutlich wahr. Im Gegensatz zu mir, schien ihn das jedoch gar nicht zu irritieren. Oder … doch. Ich bemerkte, wie ein Muskel in seinem Gesicht zuckte. Er starrte so krampfhaft zu seinen Freunden, dass es ziemlich offensichtlich war, wie sehr er versuchte, mich nicht anzusehen.

Seufzend wechselten Ella und Jamie einen Blick, prosteten sich zu und tranken.

»Was? Warum?«, stieß Cassidy hervor. Vor Verblüffung hatte sie die Augen weit aufgerissen, während ich das Glas in meiner Hand so fest umklammerte, dass meine Fingerknöchel weiß wurden.

Sosehr ich mich auch bemühte, ich kam nicht gegen die

Erinnerungen an, die in mir geweckt wurden. Ich sah mich selbst, wie ich am ganzen Körper zitternd auf dem Polizeirevier hockte, meine Kleidung mit Blutstropfen gesprenkelt, die Augen vom Weinen verquollen. Mein Gesicht war kreidebleich, ich hatte mich gerade erst in einen Mülleimer übergeben. Neben mir saß eine Sozialarbeiterin, die sich um mich kümmern sollte. Leise redete sie auf mich ein, doch keins ihrer Worte kam bei mir an. Ich stand unter Schock und sollte warten. Ich wusste immer noch nicht, worauf. Erst als Susan kam, erwachte ich aus meiner Erstarrung.

»Kommt schon, bitte! Ich möchte wissen, warum ihr verhaftet wurdet«, bettelte Cassidy und holte mich zurück in die Gegenwart.

Ein Schauer lief über meinen Rücken, als ich wieder im Hier und Jetzt ankam. Ich schluckte schwer. Das Polizeirevier. Das Blut. Mein Magen verkrampfte sich, und mir stockte der Atem. Schlagartig wurde mir eiskalt. Ich spürte, wie Panik in mir aufstieg.

Einatmen. Ausatmen. Einatmen. Ausatmen. Einatmen.

Eine Hand tastete nach meiner, strich federleicht über meine Haut.

Mein Puls schoss in die Höhe. Dieses Mal aus einem völlig anderen Grund. Coles Finger schoben sich zwischen meine, drückten meine Hand, zwar nur kurz, aber die Berührung reichte aus, um ein Kribbeln von meiner Hand durch meinen Arm direkt in meine Brust zu schicken. Zögerliche Wärme kämpfte gegen die Kälte in mir an. Zischend atmete ich aus.

Ich wagte es nicht, den Kopf zu drehen und Cole anzusehen. Er hatte etwas gemerkt, hatte gespürt, dass etwas mit mir nicht stimmte. Einerseits machte mir das Angst. Andererseits war ich unendlich erleichtert, dass ihm etwas aufgefallen war. Denn wenn ich jetzt eine Panikattacke gehabt hätte –

Julian räusperte sich vernehmlich, und Cole ließ mich so schnell los, als hätte er sich an mir verbrannt. Jetzt wandte ich mich doch zur Seite und sah, wie er Julian mit gerunzelter Stirn betrachtete. Der erwiderte seinen Blick jedoch vollkommen ungerührt, bevor er seine Aufmerksamkeit auf Ella und Jamie richtete, als wäre nichts passiert.

»Die Geschichte kenne ich auch noch nicht«, bemerkte er und grinste die beiden auffordernd an.

Jamie zog fragend die Augenbrauen hoch, und als Ella schließlich ergeben aufstöhnte, sagte er: »Wir sind mit fünfzehn ins Freibad eingebrochen. Na ja, eigentlich sind wir nur über den Zaun geklettert, wir mussten keine Schlösser knacken oder so. Nur leider sind wir erwischt worden. Unsere Eltern haben sich sehr gefreut, uns vom Revier abzuholen.«

»Ich hatte danach drei Monate Hausarrest«, fügte Ella hinzu.

»Dein Dad war da gnadenlos«, erinnerte sich Cole. »So schlimm war die Sache ja auch wieder nicht. Ihr wart erst fünfzehn, und es war bloß eine bescheuerte Mutprobe.«

»Mein Dad ist immer noch gnadenlos«, erwiderte Ella und schüttelte sich. Ich sah, wie Jamie ihr einen fragenden Blick zuwarf, doch sie wich ihm aus. Irgendwas stimmte da nicht. Aber Ella schien nicht darüber sprechen zu wollen. Sie rieb sich mit den flachen Händen über die Oberschenkel. »Weiter geht's, ich bin dran.«

Am Ende war es weniger ein Trinkspiel als eine kleine Geschichtsstunde, und je mehr Zeit verging, desto mehr entspannte ich mich.

Meine Erinnerung an jene Nacht verblasste langsam, und kurz darauf verschwand sie vollkommen. Meine verkrampften Muskeln lockerten sich wieder, und nach einer Weile schaffte ich es, mich voll und ganz auf die Geschichten der anderen zu konzentrieren.

Jedes *Ich hab noch nie* führte am Ende dazu, dass einer der Freunde erzählte, wieso es bei ihm dazu gekommen war, dass er doch trinken musste.

So erfuhr ich, dass Jamie mit siebzehn seinen Wagen in einen Graben gesetzt hatte, weil es so dunkel war, dass er ihn nicht gesehen hatte. Julian hatte noch nie einem Mädchen gesagt, dass er sie liebte, und Cassidy musste erklären, wie es hatte passieren können, dass sie in der zehnten Klasse nur in Unterwäsche durch die Schule rennen musste.

Lächelnd beobachtete ich sie und hatte urplötzlich einen dicken Kloß im Hals, als mir klar wurde, dass ich zum ersten Mal in meinem Leben so etwas wie Freunde gefunden hatte. Völlig unerwartet, und ich war mir nicht sicher, wann und wie das hatte passieren können, aber es war geschehen.

Ich hatte Freunde gefunden.

Richtige Freunde, keine oberflächlichen Bekanntschaften, niemand, der sich nur mit mir abgab, weil er was von mir wollte. Diese Clique hatte mich einfach so aufgenommen. *Obwohl* ich Tessa Thorn war, und nicht, *weil* ich sie war. Bei ihnen war ich nur ich.

Ich vergaß, dass ich Geheimnisse hatte, dass es Dinge gab, die niemand über mich erfahren durfte, auch sie nicht. Aber für den Moment war es okay, diese Geheimnisse für mich zu behalten. Ich war mir sicher, dass jeder von ihnen ebenfalls irgendwas vor den anderen verbarg.

Schließlich hat jeder Mensch Geheimnisse. Niemand ist vollkommen ehrlich.

16. KAPITEL

Cole

Julian starrte mich an. Sehr eindringlich und sehr nervig. Ich musste seinen Blick nicht einmal erwidern, um zu wissen, was er mir am liebsten ins Gesicht geschrien hätte, wenn Tessa nicht direkt neben mir sitzen würde.

Du bist ein Idiot. Lass die Finger von ihr. Hör auf damit, oder du wirst es bereuen.

Ich wusste das, er brauchte es mir nicht noch unter die Nase reiben. Nicht ohne Grund war ich Tessa diese Woche am Set aus dem Weg gegangen. Heute hatte ich mich gedrückt und Aufgaben für die Uni vorgeschoben. Ich fühlte mich zu ihr hingezogen. Viel zu sehr. Ich bekam sie nicht aus meinem Kopf, völlig egal wie oft ich mir sagte, dass ich damit aufhören musste. Dass sie sich inzwischen auf eine ganz und gar nicht unschuldige Weise in meine Träume schlich, war auch nicht unbedingt hilfreich.

Ich hätte mich nicht neben sie setzen sollen. Und auf gar keinen Fall hätte ich ihre Hand nehmen dürfen. Aber irgendwas hatte mit ihr nicht gestimmt. Es war mehr Reflex als Absicht gewesen, nach ihrer Hand zu greifen, und obwohl ich es bereuen sollte, tat ich es nicht.

Am besten wäre es gewesen, so weit wie möglich auf Abstand zu gehen. Genau das war mein Plan gewesen, nachdem Ella mir gesagt hatte, sie würde Tessa auch einladen. Tja, und dann hatte sie vor der Tür gestanden, und mit jeder Minute, die danach verstrich, hatten sich meine guten Vorsätze mehr und mehr in Luft aufgelöst.

Ich wusste nicht, was an ihr es war, das mich so reizte. Sie war schön, talentiert und hatte eine verdammt große Klappe mir gegenüber. Aber das allein war es nicht. Vielleicht lag es schlicht und ergreifend daran, dass es völlig falsch wäre, was mit ihr anzufangen, was es so reizvoll machte und meinen Körper kribbeln ließ, wenn ich sie nur ansah. Schon die Art, wie ich mit ihr redete, war falsch.

Und unprofessionell. Vor allem war es das. Sehr, sehr unprofessionell. Ich sollte mich mehr auf meinen Job konzentrieren, aber je länger ich an diesem Abend neben ihr saß, desto gleichgültiger wurde mir nicht nur das Porträt, sondern die ganze verdammte Unizeitung.

Letztendlich war es auch egal, was genau es war, das mich so zu ihr hinzog, ich kam ohnehin nicht dagegen an. Es machte zu viel Spaß, sie herauszufordern und zu ärgern. Es machte Spaß zu sehen, wie ihre Augen aufblitzten, wenn sie mir eine spitze Bemerkung an den Kopf warf. Und wenn sie lächelte, musste ich jedes Mal den Drang unterdrücken, ebenfalls zu lächeln. Was mir schwererfiel, als es sollte.

»Cassidy, du schummelst!«, rief Ella empört und riss mich aus meinen Gedanken.

Cassidy grinste unschuldig, hatte aber zumindest den Anstand, eine verlegene Miene zu ziehen. »Gar nicht wahr. Ich kann doch nichts dafür, dass du schon mit mehr als einem Typen im Bett warst.«

»Jeder war das! Außer dir, weil du sofort den Richtigen gefunden hast.« Schmollend verschränkte Ella die Arme vor der Brust.

»Stimmt nicht. Tessa hat auch nicht getrunken.« Ein triumphierendes Glitzern trat in Cassidys Augen, und alle Blicke richteten sich auf Tessa. Inklusive meinem.

Sie erstarrte, und ihre Wangen liefen purpurrot an.

»Was denn?«, fragte sie. »Ist das ein Problem?«

»Nein, es macht uns nur neugierig«, entgegnete Julian, seine Lippen verzogen sich zu einem frechen Lächeln, und ich hatte plötzlich das dringende Bedürfnis, ihm sein blödes Grinsen aus dem Gesicht zu schlagen.

»Inwiefern neugierig?« Sie runzelte die Stirn, dann formten sich ihre Lippen zu einem erstaunten O, als sie verstand. »Ihr denkt …« Die Röte auf ihren Wangen vertiefte sich.

»Niemand denkt hier irgendwas. Das geht uns gar nichts an«, mischte Ella sich ein, doch Julian war anzusehen, dass er auf jeden Fall *irgendwas* dachte. Wut schoss durch meine Adern, und ich knirschte mit den Zähnen.

Scheißkerl.

»Abgesehen davon, war Tessa mit Logan Kent zusammen«, fügte Cassidy hinzu, als würde das alles erklären.

Tessa lachte, sie schien sich wieder gefangen zu haben. »Ja, ich war mit Logan zusammen. Und nein, ich bin keine Jungfrau mehr, wenn es das sein sollte, was du wissen wolltest, Julian.«

Ich verschluckte mich bei ihren Worten fast an meinem Bier, und Julian sah so verblüfft aus, als hätte er nie im Leben damit gerechnet, dass Tessa so direkt sein würde. Hätte ich auch nicht.

Doch er hatte sich schnell wieder im Griff. »Meine Neugier ist auf jeden Fall befriedigt«, sagte er mit einem so übertrieben schmutzigen Grinsen, dass Tessa ein Kissen nach ihm warf.

»Du verarschst mich nur«, stieß sie lachend hervor, und sogar ich kapierte endlich, dass Julian nichts von dem, was er von sich gegeben hatte, wirklich ernst gemeint hatte.

»Nur ein bisschen.« Julian feixte, und jetzt hätte ich ihm echt gerne eine reingehauen.

»Du bist gemein, Jules.« Ella schüttelte tadelnd den Kopf.

»Außerdem solltest gerade du dich bedeckt halten, findest du nicht?« Cassidys Augen glitzerten gefährlich. »Wenn ich mich recht erinnere, bist du doch hier unsere Jungfrau, oder? Immerhin warst du noch nie verliebt.«

»Na und?« Julian zuckte mit den Schultern.

»Du bist unsere Expertin in Sachen Liebe. Du versprühst genug Verliebtheit für uns alle. Und genügend Tränen. Und ich weiß, dass das gemein ist, aber du bist im Moment sehr sensibel, Cass, und auf so etwas kann ich gut verzichten. Also für mich.«

»Mach dich ruhig lustig über mich, Julian. Aber ich verspreche dir, der Tag wird kommen, an dem du einen guten Rat von mir möchtest, und dann werde ich einfach Nein sagen.« Drohend fuchtelte sie mit dem Zeigefinger vor Julians Gesicht herum, sah dabei allerdings so aus, als könnte sie sich nur mit Mühe ein Lachen verkneifen.

»Wenn es jemals so weit kommt, dass ich deinen Rat in Liebesdingen brauche, habe ich ganz andere Probleme«, gab Julian trocken zurück.

»Der Tag wird kommen, das verspreche ich dir!«

Gegen meinen Willen schlich sich auch auf mein Gesicht ein Grinsen. Darauf konnte Cassidy wahrscheinlich lange warten.

»Möchte noch jemand was trinken?«, fragte ich und stand auf.

»Ich würde noch ein Bier nehmen«, erwiderte Jamie, die anderen schüttelten die Köpfe. Ich ging in die Küche, holte zwei Flaschen Bier aus dem Kühlschrank und zuckte erschrocken zusammen, als ich die Tür schloss und Tessa vor mir stand.

»Was ist los mit dir?« Fragend musterte sie mich.

Ich runzelte die Stirn. »Was meinst du?«

»Du gehst mir aus dem Weg«, sagte sie geradeheraus und lehnte sich mit der Schulter an die Wand. Sie pustete sich eine Haarsträhne aus dem Gesicht und sah mich abwartend an.

»Tue ich nicht«, gab ich zurück und trank einen Schluck, um Zeit zu gewinnen.

Sie legte den Kopf zur Seite, ein kleines Lächeln spielte um ihre Lippen. »Tust du wohl. Nicht heute Abend. Na ja, nicht den ganzen Abend über jedenfalls. Vor allem aber am Set.«

»Ich hab zu tun. Ich muss einen Artikel über den Dreh schreiben, vielleicht erinnerst du dich daran?«

Innerlich stöhnte ich auf.

Wem versuchte ich hier eigentlich was vorzumachen?

Ich wollte mich an ihr vorbeischieben, um ihr wenigstens jetzt aus dem Weg zu gehen und das Richtige zu machen, doch Tessa ließ mich nicht so leicht davonkommen. Sie griff nach meinem Arm, und ich erstarrte.

Mit zusammengekniffenen Augen fixierte sie mich. »Cole. Komm schon, ich bin nicht blöd. Warum gehst du mir aus dem Weg?« Etwas blitzte in ihren Augen auf, das für einen Moment wie Unsicherheit aussah, und bevor ich mich davon abhalten konnte, nahm ich ihre Hand, die noch immer auf meinem Arm lag, in meine.

Sie zuckte zusammen. »Warum bist du so? An einem Abend bist du so …«, sie machte eine Handbewegung, die mir offenbar sagen sollte, wie ich war, was mir allerdings gar nicht weiterhalf, »und dann redest du die ganze Woche nicht mit mir. Und heute Abend …« Sie brach ab und biss sich auf die Unterlippe.

»Ich bin dir aus dem Weg gegangen, weil es das Richtige ist«, entgegnete ich leise. Die anderen mussten von diesem Gespräch nichts mitbekommen.

»Und was soll das dann heute Abend?«

Mir war sofort klar, was sie meinte. Meine Wange an ihrer, als ich ihr etwas ins Ohr geflüstert hatte, dass ich mich neben sie gesetzt und zu guter Letzt auch ihre Hand genommen hatte. Ja, da hatte ich es wirklich wahnsinnig gut hinbekommen, Abstand zu halten.

»Keine Ahnung. Ehrlich, ich weiß es selbst nicht.« Ich senkte die Stimme, darauf bedacht, dass Tessa nicht hörte, wie rau sie plötzlich klang. »Ich – «

Ich wurde von Julian unterbrochen, der plötzlich direkt hinter Tessa auftauchte und auf den Kühlschrank deutete. »Darf ich mal?«

Wir fuhren auseinander. Hätte Julian sich nicht einen anderen Zeitpunkt aussuchen können? Ein Blick in sein Gesicht zeigte mir die Antwort sehr deutlich. Nein, hätte er nicht.

»Wollt ihr auch noch was?«, fragte er ungerührt, als hätte ich nicht die gleiche Frage erst vor ein paar Minuten gestellt, und tat völlig ahnungslos.

»Nein, danke.« Tessa warf mir noch einen kurzen Blick zu und ging dann zu den anderen zurück.

»Alter, ist das dein Scheißernst?«, knurrte ich.

Julian nahm sich ein Bier aus dem Kühlschrank und drehte sich zu mir um. »Solltest du dich das nicht selbst fragen?«

Zwischen Julian und mir hatte sich eisiges Schweigen ausgebreitet, als wir nach Hause gingen.

Ich brannte vor Zorn, seit wir Ellas Wohnung verlassen hatten. Wir hatten Tessa vor ein paar Minuten zurück zum Hotel gebracht, und Julian hatte den ganzen Weg über nicht die Klappe gehalten.

Er hatte mit Tessa geflirtet, und sie war voll darauf eingegangen. Allein bei dem Gedanken, wie sie über seine beschissenen Witze gelacht hatte, kochte Wut in mir auf.

Jules bezweckte irgendwas mit der Scheiße, die er hier abzog. Er war mein bester Freund. Ich war mir sicher, dass er nicht ohne Hintergedanken mit Tessa flirtete, während er mir sagte, ich solle die Finger von ihr lassen. Es wäre allerdings nett zu wissen, worum es ihm tatsächlich ging.

»Cole«, sagte Julian beschwichtigend, als ich die Tür unserer Wohnung lautstark hinter uns zuknallte.

»Was soll der Mist?«, fuhr ich ihn an, bevor er die Gelegenheit hatte, mir irgendeine halb gare Erklärung aufzutischen.

»Welchen Mist meinst du genau?« Julian setzte eine unbeteiligte Miene auf und zog seine Jacke aus.

»Du weißt genau, was ich meine«, presste ich zwischen zusammengebissenen Zähnen hervor.

»Nein, eigentlich nicht.«

»Tessa. Was hast du mit ihr vor?«

»Aaah, um *mich* soll es hier also gehen. Ich dachte, du sprichst von dem Mist, den *du* abziehst! Ich finde, die Frage ist wohl eher, was du vorhast, Cole. Nicht ich.«

»Ich hab gar nichts vor«, knurrte ich.

»Bist du dir da so sicher? Das sah heute Abend nämlich ein wenig anders aus.« Julian ließ sich entspannt aufs Sofa fallen, während es in mir weiterbrodelte.

»Warum mischt du dich überhaupt ein?« Ich baute mich vor ihm auf und verschränkte die Arme vor der Brust.

»Weil du offensichtlich den Verstand verloren hast«, entgegnete er scharf.

»Selbst wenn, was geht dich das an?«

Julian hob die Augenbrauen hoch, ein verärgertes Blitzen war in seine Augen getreten. »Ich bin dein Freund. Und ich versuche, dich vor einer Riesendummheit zu bewahren.«

Ich schlug mir mit der flachen Hand gegen die Stirn und stieß ein fassungsloses Lachen aus. »Ach, *deswegen* schmeißt du dich an Tessa ran!«

»Du bist eifersüchtig.« Eine Feststellung, keine Frage. Im Gegensatz zu mir war er immer noch die Ruhe selbst. Mein Herz dagegen pumpte Adrenalin durch meinen Körper, als würde ich an einer Klippe hängen und jede Sekunde in den Abgrund fallen. »Alter, du stehst auf sie.«

Ich weigerte mich zu antworten, auch wenn mir klar war, dass ich mich gerade benahm wie ein trotziges Kind.

»Scheiße, Cole! Am ersten Abend bei Ella hättest du ihr am liebsten den Kopf abgerissen. Was ist zwischen dem *Ich hasse sie, weil mein Laptop ihretwegen kaputt ist* und *Ich bin eifersüchtig, weil jemand anderes mit ihr flirtet* passiert?« Julian stöhnte auf, langsam schien auch er die Schnauze voll zu haben. Gut, dann ging es ihm genau wie mir. »Gib's doch einfach zu.«

»Schön«, blaffte ich. »Da du das ja ohnehin schon wusstest, gebe ich es zu, wenn es das ist, was du hören wolltest! Warum ziehst du dann so eine Scheiße ab?«

»Weil du ein Idiot bist.«

»Jetzt hab ich also nicht mehr nur meinen Verstand verloren«, erwiderte ich mit beißendem Spott in der Stimme und fragte mich gleichzeitig, was zum Teufel gerade passierte. Ich kannte Julian seit zwei Jahren, und so hatten wir uns noch nie gestritten. Das hier ließ sich nicht mit einem Bier und einer Runde *Dead by Daylight* aus dem Weg räumen.

»Ich schätze, es ist eine Kombination aus beidem«, gab Jules ungerührt zurück.

»Ich wiederhole es nur ungern, aber warum mischst du dich überhaupt ein? Was geht es dich an, was zwischen Tessa und mir läuft?«

»Eigentlich gar nichts. Im Grunde kannst du machen, was du willst. Ich hab mit der Sache nichts zu tun. Aber ich bin dein Freund, und ich mache mir Sorgen um dich. Ich hab nicht mit Tessa geflirtet, weil ich auf sie stehe, sondern weil du es tust. Du kapierst nur nicht, in was für einer Scheiße du jetzt schon steckst. Du willst es wahrscheinlich nicht mal wahrhaben. Deswegen habe ich mich heute so zum Affen gemacht. Weil ich wissen wollte, ob du vielleicht doch was von ihr willst«, fuhr er mich an.

»Was? Das ist doch bescheuert!«

»Ach ja? Hättest du mir ehrlich geantwortet, wenn ich dich direkt gefragt hätte?«

Mein Schweigen war für uns Antwort genug.

Jules seufzte tief und rieb sich die Schläfen, als hätte er Kopfschmerzen. »Was auch immer du tust, am Ende verlierst du. Du schreibst dieses Porträt, und du bist hinter irgendwas her. Ich bin nicht blöd. Du glaubst, Tessa hat ein Geheimnis und dass du das Genie sein wirst, das es lüftet. Wenn du sie wirklich magst, lass das Porträt sausen. Sonst steckst du später in einer Situation, aus der du nicht wieder rauskommst. Was glaubst du, wird passieren, wenn du tatsächlich hinter ihr Geheimnis kommen solltest – obwohl ich, ehrlich gesagt, bezweifle, dass sie eins hat – und darüber schreibst? Glaubst du, das würde sie dir verzeihen? Wenn du das Porträt unbedingt schreiben willst, tu es. Aber dann lass die Finger von ihr. So wie ich das sehe, mag sie dich nämlich auch. Du kannst nicht beides haben.«

Meine Wut verflog, und schlagartig fühlte ich mich unendlich müde. Ich sackte in mich zusammen. Er hatte recht. »Ich kann das Porträt nicht abgeben.« Stöhnend ließ ich mich neben ihn aufs Sofa fallen.

»Könntest du schon. Wenn du endlich mal drauf scheißen

würdest, was dein hochverehrter Onkel Richard über dich denkt.«

»Dann kann ich auch gleich die Uni schmeißen.«

»Glaubst du ernsthaft, dass er so viel Einfluss hat, dass du ohne ihn keinen Job bekommst?« Zweifelnd verzog Jules das Gesicht.

»Nicht unbedingt. Wenn ich meinen Namen ändere und sage, dass ich mit der Williams-Familie aus Faerfax absolut nichts zu tun habe und auf gar keinen Fall mit Richard verwandt bin, könnte das klappen.«

»Das ist doch bescheuert.« Er stieß ein fassungsloses Lachen aus.

»Was du nicht sagst! Frag doch April. Sie hat sich für nächsten Sommer in Chicago bei verschiedenen Zeitungen für Praktika beworben. Rate mal, wie viele Anrufe Richard bekommen hat und gefragt wurde, wie talentiert seine Nichte ist. April ist nicht umsonst so froh, dass sie jetzt bei ihm arbeiten kann.«

»Scheiße.«

»Jepp. Deswegen kann ich das Porträt auch nicht abgeben«, sagte ich und versuchte, den Stich zu ignorieren, der mir dabei direkt durchs Herz fuhr.

»Tut mir leid«, meinte er.

Ich grinste schwach. »Was genau? Dass ich in der Scheiße stecke? Das wusste ich vorher schon, ich hab's zwischendurch nur vergessen. Oder entschuldigst du dich dafür, dass du mich heute Abend in den Wahnsinn getrieben hast?«

»Beides.« Jules erwiderte mein Grinsen, und unser Streit lag so schnell hinter uns, wie er hochgekocht war. Miteinander zu sprechen, war anscheinend effektiver als Alkohol und Zocken.

»Seit wann reden wir über unsere Gefühle?«, fragte ich gähnend.

»Keine Ahnung. Ich glaube, die stundenlangen Diskussionen mit meinen Schwestern sind schuld daran. Die beiden stecken mitten in der Pubertät, und mit Dad wollen sie nicht reden. Also höre ich mir Tag für Tag ihre Dramen an und wie furchtbar ihr Leben doch ist. Das Schlimmste ist, dass die beiden gerade Stress mit ein paar Jungs aus ihrer Klasse haben. Waren wir mit fünfzehn genauso scheiße wie die Jungen heute?«

»Sind wir das nicht immer noch?«

»Auch wieder wahr.« Julian lachte und stand auf. »Willst du auch noch was trinken?«

Ich nickte, und einen Moment später drückte er mir eine kühle Flasche in die Hand.

»Bekommst du das hin?«, fragte er und ohne, dass er es aussprach, wusste ich, was er meinte.

Ich seufzte schwer. »Keine Ahnung.«

17. KAPITEL

Tessa

Meine Haut spannte von den unzähligen Schichten Make-up, die Kim mir heute ins Gesicht gekleistert hatte, und dem grellen Licht, das den ganzen Raum aufheizte. Außerdem hatte ich die letzten Stunden viel zu wenig getrunken, und die Tatsache, dass wir jetzt seit zwölf Stunden drehten – oder es zumindest versuchten –, trug auch nicht unbedingt zu meinem Wohlbefinden bei.

»Cut!«, brüllte Paula. Ein kollektives Stöhnen ging durch den Raum. Wir hatten diese Szene inzwischen bestimmt ein Dutzend Mal versucht. So wie Paula das Gesicht verzog, war sie allerdings immer noch nicht zufrieden.

Erschöpft massierte ich mir die Schläfen. Es war leider gar nicht so unwahrscheinlich, dass wir alles noch einmal durchgehen würden. Und noch einmal und noch einmal. Bis die Szene endlich perfekt war.

Doch Paula hatte Erbarmen mit uns. »Schluss für heute. Das wird nichts mehr. Wir machen morgen weiter.«

»Gott sei Dank«, stöhnte Logan und fuhr sich mit beiden Händen durch die Haare.

Ich streckte mich, und mein Rücken ließ ein hörbares Knacken hören.

»Brauchst du eine Massage?« Logan schenkte mir ein anzügliches Lächeln.

»Nein, ich denke, eine Runde Yoga hilft da eher.« Meine Schultern waren völlig verspannt, aber bevor ich mich von Logan massieren ließ, würde die Hölle zufrieren.

Wir waren inzwischen bei Woche drei der Dreharbeiten angekommen. Noch zwölf Tage. Dann würde ich Faerfax wieder verlassen.

Die Erleichterung, die ich darüber empfand, wurde nur von der Tatsache gedämpft, dass ich meine Abende dann nicht mehr mit meinen neuen Freunden verbringen konnte. Dabei merkte ich, wie viel besser es mir ging, wenn ich mit ihnen zusammen war.

Jedes Mal, wenn ich Ellas und Jamies Wohnung spät am Abend verließ, um zurück ins Hotel zu gehen, fühlte es sich an, als würde ich ein Stück von mir dort zurücklassen.

Ich hasste meine Suite. Alles daran, doch besonders die Einsamkeit, die sich in mir ausbreitete, wenn ich mich abends in meinem Bett verkroch und so lange gegen die Müdigkeit ankämpfte, bis ich schließlich verlor. Die Albträume wurden von Nacht zu Nacht schlimmer. Ich war so erledigt, dass Kim sich alle Mühe geben musste, die dunklen Ringe unter meinen Augen zu überschminken.

»Tessa?« Logans belustigte Stimme riss mich aus meinen Gedanken.

»Sorry, was hast du gesagt?«

»Gehst du noch mit was trinken?«

Ich schüttelte den Kopf. »Nein, ich will einfach nur duschen und schlafen.«

»Soll ich vielleicht mitkommen?« Er streckte die Hand aus und ließ seine Finger über meinen Arm gleiten. Ich schauderte. Nicht, weil es sich gut anfühlte, seine Berührungen waren nicht mal mehr vertraut. Ich wollte nur, dass er mich in Ruhe ließ.

»Nein«, entgegnete ich bestimmt und schob seine Hand weg. Ich musste daran denken, wie Cole mir vor knapp zwei Wochen fast die gleiche Frage gestellt hatte, als er mich vom Set zum Hotel begleitet hatte. Mit einer vollkommen anderen Motivation dahinter, und in dem Moment war ich diejenige gewesen, die mehr in seine Worte hineininterpretiert hatte. Bei Logan musste man nichts interpretieren. Seine Absichten waren eindeutig.

Ohne dass ich was dagegen tun konnte, schaute ich mich suchend nach Cole um. Ich entdeckte ihn am anderen Ende des Raumes in ein Gespräch mit dem Kameramann vertieft. Als würde er meinen Blick spüren, drehte er den Kopf in meine Richtung. Seine Augen waren dunkel und unergründlich.

Inzwischen war ich diejenige, die ihm aus dem Weg ging. Obwohl er sich auch nicht besonders viel Mühe gab, etwas dagegen zu tun.

Es war das Richtige. Mich mit einem Journalisten einzulassen – und wenn er auch nur für eine kleine Unizeitung schrieb –, konnte bloß in einer Katastrophe enden. Ich wusste das. Leider vergaß ich es jedes Mal, wenn ich bemerkte, dass Cole mich ansah.

Dann fing mein ganzer Körper an zu kribbeln, ich konnte wieder spüren, wie er meine Hand drückte und wie sein Gesicht so nah an meinem war, dass es nur einer kleinen Bewegung bedurft hätte, um ihn zu küssen.

Abends, wenn ich im Bett lag und nicht schlafen konnte, wünschte ich, ich hätte es einfach getan. Egal wie dumm es war.

Ich wollte, dass er mich berührte. Wollte es so sehr. Instinktiv hielt ich den Atem an, als jetzt ein wissendes Lächeln um Coles Lippen spielte. Sein Blick hielt mich gefangen. Es war das erste Mal seit Tagen, dass er mich auf diese Weise anschaute.

Ich sollte wegsehen, sollte … Ich wurde aus meinen Gedanken gerissen, als Logans Hand sich um mein Handgelenk schloss. Mein Blick huschte überrascht zu ihm. Er war mir plötzlich viel zu nah.

»Tessa, bitte.« Flehentlich sah er mich an. Ich runzelte die Stirn. Hatte ich etwas verpasst? Logan bat niemals um etwas, er hatte es in der Regel auch nicht nötig. Dass er es jetzt doch tat, zeigte mir nur allzu deutlich, dass mehr hinter der Sache stecken musste. Und dass ich damit absolut nichts zu tun haben wollte.

»Wir waren gut zusammen, das weißt du«, sagte er beschwörend, und sein Griff um meinen Arm wurde fester.

»Logan, das mit uns war schön. Für eine Weile. Aber ich will nicht deine Freundin spielen.«

Er ließ mich los, allerdings nur, um beide Hände an mein Gesicht zu legen. »Das mit uns wäre auch nicht gespielt. Ich brauche Hilfe. Tessa, ich brauche *dich*!« Da war etwas in seinen Augen, das mich für einen winzigen Moment zögern ließ. Doch es verschwand zu schnell wieder, als dass ich es hätte deuten können. Eindringlich sah er mich an. Mit genau dem gleichen Blick, den er in jedem seiner Filme aufsetzte, wenn er eine Frau rumkriegen wollte. Ich kannte diesen Blick.

Entschieden schüttelte ich den Kopf, und Logans Hände glitten hinunter zu meinen Schultern. »Nein, Logan. Ich habe keine Ahnung, wen oder was du brauchst. Aber mich sicher nicht.«

»Doch. Tessa, ich – «

Ein tiefes Räuspern unterbrach Logan. »Ich will euch ja nicht stören, aber wir haben noch einen Termin, Tessa, und ich hab heute leider nicht so viel Zeit.« Coles trockene Stimme ließ mein Herz einen Schlag aussetzen, Erleichterung durchflutete mich. Und noch etwas anderes.

Endlich ließ Logan mich los, und ich trat hastig einen Schritt zurück. Er drehte sich zu Cole um, einen ablehnenden Ausdruck auf dem Gesicht.

»Und du bist?«, fragte er mit einem verächtlichen Unterton in der Stimme. Fassungslos starrte ich Logan an. Warum musste er nur immer so furchtbar arrogant sein? Er wusste genau, dass Cole Journalist bei der Unizeitung war und die Dreharbeiten für seinen Artikel begleiten durfte. Er wollte ihn bloß ärgern.

Doch Cole ließ sich nicht provozieren, stattdessen verzog er die Lippen zu einem unverbindlichen Lächeln. »Ich bin Cole. Tessa und ich haben einen Termin für unser Interview«, sagte er, und als er mich jetzt direkt anguckte, mit einem frechen Funkeln in den Augen, schoss eine viel zu verheißungsvolle Hitze durch meinen Körper und ließ mich nach Luft schnappen.

»Welches Interview?«, wollte Logan wissen und sah von Cole zu mir.

»Eins, mit dem du nichts zu tun hast«, erwiderte Cole mit einem süßlichen Lächeln, und ich konnte mir nur mit Mühe ein Lachen verkneifen. »Also, kommst du?« Auffordernd legte er den Kopf zur Seite und würdigte Logan keines Blickes mehr.

Aus dem Augenwinkel beobachtete ich, wie Logan sich aufrichtete, Brust raus, Rücken durchgedrückt, die perfekte Pose, um sich so richtig aufzuregen. Doch bevor er Cole irgendwas an den Kopf werfen konnte, was er später bereuen würde – oder auch nicht, schließlich war er Logan Kent, und der bereute bekanntermaßen gar nichts –, schob ich mich an ihm vorbei und lächelte Cole dankbar an.

»Ja, ich bin so weit.«

»Ist das dein Ernst?«, rief Logan uns hinterher, als ich dicht gefolgt von Cole das Set verließ. Ich war mir nicht sicher, wen von uns beiden er jetzt genau meinte.

»Danke!«, sagte ich erleichtert und spürte, wie sich meine verkrampften Muskeln etwas lockerten, sobald Logan außer Sicht- und Hörweite war.

»Kein Problem. Ich weiß ja, dass du ein großes Mädchen bist und allein klarkommst, aber du sahst aus, als könntest du Hilfe gebrauchen.« Er grinste schelmisch und handelte sich dafür einen Stoß gegen die Schulter ein.

»Du bist ganz schön frech«, empörte ich mich, musste aber trotzdem lachen.

»Warum denn? Das hast du doch selbst gesagt. Komm schon, ich weiß, dass du dich erinnerst.«

»Und du hast gedacht, du würdest meinen perfekten Retter abgeben?«, gab ich zurück und ließ seine letzte Aussage mit voller Absicht unkommentiert. Natürlich erinnerte ich mich. Aber wenn ich daran dachte, dass ich genau das zu ihm gesagt hatte, als er mich am Abend nach dem Pub zum Hotel gebracht hatte, würde ich auch wieder daran denken, wie er mein Gesicht berührt hatte und dann … zu spät. Mein Herz geriet aus dem Takt.

Jetzt war es an Cole, mich sachte an der Schulter anzustoßen. »Vielleicht nicht perfekt. Aber gib es ruhig zu, ich war ein ziemlich guter Retter.«

Schmunzelnd schüttelte ich den Kopf und hielt inne. Es war Zeit, das Richtige zu tun. Egal wie sehr alles in mir sich dagegen sträubte.

»Also, danke für die Rettung. Wir sehen uns dann bestimmt morgen am Set.« Ich wandte mich ab und wollte mich schon auf den Weg zurück zu meinem Wohnwagen machen, um mich umzuziehen, bevor ich zurück ins Hotel ging, als Cole mich aufhielt.

»Was hast du jetzt vor?«

Langsam drehte ich mich zu ihm um. Mit hochgezogenen Augenbrauen erwiderte er meinen fragenden Blick.

»Ins Hotel gehen. Duschen. Schlafen«, zählte ich auf, und bevor er mir den gleichen Spruch reindrücken konnte wie Logan, fügte ich noch ein energisches »Allein« hinzu. Obwohl es mir bei ihm nicht so viel ausgemacht hätte. Ein nervöses Kribbeln raste meine Wirbelsäule hinunter. Das war nicht gut. Gar nicht gut.

Reiß dich zusammen, Tessa!

»Also, hast du Zeit«, sagte er, und es klang mehr wie eine Feststellung als eine Frage.

»Eigentlich – «

»Super. Dann können wir uns ja tatsächlich noch für das Interview zusammensetzen«, unterbrach er mich.

»Jetzt?« Entgeistert sah ich ihn an. Ich sehnte mich nach einer Dusche und nach gemütlichen Klamotten. Mein verräterisches Herz schien da allerdings anderer Ansicht zu sein.

Cole zuckte mit den Schultern. »Warum denn nicht?« Herausfordernd zog er eine Augenbraue hoch. »Du kannst natürlich auch ins Hotel gehen. Aber ich bin mir sicher, dass früher oder später dein Casanova vor deiner Tür stehen wird und – «

»Und du willst mich davor bewahren?« Ich schlug mir theatralisch eine Hand vor die Brust. »Du bist wirklich ein wahrer Retter in der Not.«

»Ich weiß.« Cole lachte leise.

»Ich halte das für keine gute Idee.«

»Ich werde mich heute benehmen«, versprach er und streckte eine Hand nach mir aus. »Na los, komm schon. Oder hast du Schiss?«

Einen Moment lang zögerte ich noch, dann gestand ich mir endlich ein, dass ich mich schon längst entschieden hatte.

»Schön«, gab ich nach und verschränkte die Arme vor der Brust, bevor ich in Versuchung geriet und meine Hand am Ende noch in seine legte. Denn *das* wäre wirklich eine ganz miese Idee.

Cole drehte sich um und deutete den Flur entlang. Nicht Richtung Ausgang, sondern zu einer Treppe. »Wir müssen nach oben.«

»Wo genau willst du denn hin?«, fragte ich, plötzlich misstrauisch.

»Zu mir. Ich dachte, das gefällt dir besser, als sich um die Uhrzeit noch in die Redaktion zu setzen. Oder ins Hotel zu gehen, wo bestimmt Logan an deine Tür klopft, um zu sehen, ob wir tatsächlich einen Interviewtermin haben oder ob –«

»Schon gut«, fiel ich ihm lachend ins Wort. »Aber ich muss kurz zum Wohnwagen, mir wenigstens was anderes anziehen. Ich glaube nicht, dass ich diese Schuhe noch viel länger ertrage.« Ich deutete auf die schmalen, hohen Absätze, die mich schon den ganzen Tag in den Wahnsinn trieben. Die Stiefeletten waren schön, aber furchtbar unbequem.

»Na dann, nach dir.« Cole machte eine angedeutete Verbeugung, und ich lief kopfschüttelnd wieder in die andere Richtung. Draußen war es inzwischen merklich kühler geworden, und ich schlang zitternd die Arme um meinen Körper. Bis zu meinem Wohnwagen war es zum Glück nicht allzu weit. Ich bedeutete dem Sicherheitsmann, dass Cole mich in den abgesperrten Bereich begleiten durfte, bat ihn aber, draußen zu warten, während ich mich umzog. Er quittierte meine Bitte mit einem anzüglichen Lächeln, woraufhin ich die Augen verdrehte und mich zurückzog.

Ein paar Minuten später trat ich in Jeans, einem langärmeligen Shirt, das für die kühlen Temperaturen heute Abend viel zu dünn war, und Sneakers wieder aus dem Wohnwagen. Ich wünschte, ich hätte Zeit für eine heiße Dusche gehabt.

»Fertig?«, begrüßte Cole mich.

Ich brummte. »Fix und fertig.«

»Es wird auch nicht lange dauern, versprochen.« Ein paar Studenten kamen uns entgegen, als wir das Wohnheim betraten und die Treppe hinaufstiegen. Sie musterten uns neugierig, aber niemand sprach mich an. Doch sobald sie an uns vorbeigegangen waren, hörte ich sie leise tuscheln. Ich wusste genau, was sie dachten. Umso überraschter war ich, festzustellen, dass es mir absolut egal war.

Keine zwei Minuten später blieb Cole vor einer Tür mit der Nummer 417 stehen.

»Da wären wir«, sagte er, viel fröhlicher, als mir auf einmal zumute war, schloss die Tür auf und ließ mich zuerst eintreten.

Beinahe enttäuscht fiel mir auf, dass die Wohnung von Cole auf den ersten Blick genauso aussah wie die Wohnung, in der wir drehten.

Dann entdeckte ich die Bücher, die – anders als bei Ella – nicht ordentlich im Regal standen, sondern in unterschiedlich hohen Stapeln überall im Raum verteilt waren. Und plötzlich war ich alles andere als enttäuscht. Unzählige Reiseführer stapelten sich auf Bildbänden von Nordamerika, Kanada und Skandinavien.

Kleine Türme aus Sachbüchern, Biografien und Reiseberichten reihten sich daneben. Allerdings kein einziger Roman, wie mir auf den ersten Blick schien. Es juckte mich in den Fingern, ein Buch nach dem anderen in die Hand zu nehmen und durchzublättern. Stattdessen sah ich mich weiter um.

An einer Seite hingen Schnüre quer über die Wand gespannt, an denen mit kleinen Wäscheklammern unzählige Fotos befestigt worden waren. Verdammt gute Fotos.

Neugierig trat ich näher. Als Erstes fiel mir auf, dass es kein einziges Bild gab, auf dem ein Mensch zu sehen war. Die Bilder, die an der Wand hingen, waren ausschließlich Naturaufnahmen. Dafür aber in all ihren Facetten. Tiere, Pflanzen, Landschaften. Berge und Seen. Das Meer, verschiedene Städte und zu guter Letzt auch die Faerfax University.

»Die sind wunderschön.« Ehrfürchtig streckte ich meine Finger aus, ließ sie aber gerade rechtzeitig wieder sinken, bevor ich Fingerabdrücke auf den Fotografien hinterlassen konnte. »Hast du die gemacht?«, fragte ich beeindruckt, ohne mich zu Cole umzudrehen, immer noch gefesselt von den Bildern.

»Nein. Ich schreibe nur. Julian ist der Fotograf.«

Irrte ich mich, oder schwang da ein verlegener Unterton in seiner Stimme mit?

»Sie sind wirklich schön.« Ich riss mich von den Bildern los und drehte mich zu Cole um. »Arbeitet er auch für die Unizeitung?«

»Nein.« Cole winkte lachend ab. »Das ist nichts für Julian. Wir haben für die Zeitung einen anderen Fotografen. Das, was er macht, ist Kunst.«

Ich nickte zustimmend. »Sind das auch seine Bücher?«

»Nein, das sind meine.« Eine leichte Röte überzog seine Wangen, er fuhr sich mit einer Hand durch die Haare.

Ich war mir nicht sicher, was mich mehr überraschte. Dass Cole und Julian offenbar beide große Naturliebhaber waren, oder dass ich mir bisher absolut gar keine Gedanken darüber gemacht hatte, womit sie sich in ihrer Freizeit so beschäftigten.

»Dann ergänzt ihr euch ja gut. Er fotografiert die Natur, du liest über sie. Schreibst du auch was in die Richtung?«

Widerstrebend schüttelte er den Kopf.

»Warum nicht?«

»Keine Ahnung.« Er seufzte. »Wahrscheinlich, weil es in dem Bereich noch schwieriger ist, Fuß zu fassen, als bei einer normalen Zeitung.«

»Möchtest du denn gerne etwas in die Richtung schreiben?«, bohrte ich weiter.

Cole wand sich. Das Thema schien ihm nicht zu passen, aber ich war zu neugierig, um es wieder fallen zu lassen.

»Keine Ahnung«, wiederholte er und verzog nachdenklich das Gesicht. »Vielleicht.« Er schüttelte den Kopf, ein verwirrter Ausdruck lag in seinen Augen. »Das ist albern«, sagte er mehr zu sich selbst als zu mir.

»Finde ich gar nicht«, entgegnete ich sanft.

»Ich schon. Aber das spielt jetzt auch gar keine Rolle.« Auffordernd deutete er auf das schwarze Sofa, das vor einem großen Fernseher mitten im Raum stand und wechselte das Thema. »Setz dich. Möchtest du was trinken?«

Ich wollte protestieren und ihn weiter ausfragen. Diese Seite von Cole machte mich neugierig, ich wollte unbedingt mehr darüber erfahren. Allerdings schien heute nicht der passende Abend dafür zu sein, also ließ ich es auf sich beruhen.

»Gerne. Kann ich vorher noch kurz dein Bad benutzen?«

»Klar. Ist gleich hier links.«

Einen Moment später stand ich vor dem Waschbecken, spritzte mir warmes Wasser ins Gesicht und wusch das Make-up so gut wie möglich ab. Eine Dusche wäre besser gewesen, aber das musste fürs Erste reichen.

Danach fühlte ich mich besser und vor allem nicht mehr so verklebt. Cole saß bereits auf dem Sofa, als ich aus dem Bad kam, das Tablet auf dem Schoß, in der einen Hand eine Tasse Tee. »Ich hab dir auch einen Tee gekocht. Du hast gerade ausgesehen, als würdest du frieren«, sagte er, den Blick auf sein Tablet gerichtet.

»Danke.« Ich ließ mich neben ihn aufs Sofa fallen, und Cole schaute zu mir. Seine Augen weiteten sich kaum merklich, dann zuckten seine Mundwinkel.

»Ohne Schminke siehst du jünger aus. Ist mir neulich schon aufgefallen«, stellte er fest und ließ seinen Blick jetzt über mein Gesicht wandern.

Ich spürte, wie ich rot wurde, konnte jedoch nichts dagegen tun. Die Art, wie er mich ansah … Es fühlte sich an, als würde er mich berühren. Als würden seine Finger über meine Wangen streichen, meine Nase, meinen Mund.

»Ich nehme das jetzt einfach mal als Kompliment. Auch wenn es vermutlich keins war«, gab ich zurück. Meine Stimme klang rau, was den Sarkasmus völlig zunichtemachte.

Cole räusperte sich und rückte seine Brille zurecht.

»Doch, war es«, sagte er mit einem leisen Lächeln und senkte den Blick. Mein Gesicht begann zu glühen.

»Also, was genau hast du geplant? Das wird doch kein simples Interview wie jedes andere auch, oder?« Ich wechselte bewusst das Thema, mein Herzschlag verlangsamte sich dadurch trotzdem nicht.

»Nein, ich wünschte, es wäre so. Aber meine liebe Schwester möchte, dass ich aus diesem Porträt etwas ganz Besonderes mache. Ich soll die wahre Tessa zum Vorschein bringen und nicht das x-te Interview über deine Modevorbilder oder deine Lieblingsbücher schreiben.«

Ich zog die Augenbrauen hoch, versuchte, cool zu bleiben, während mein Magen sich verkrampfte und in meinem Kopf sämtliche Alarmglocken zu schrillen begannen. »Aha. Und wie glaubst du, ist die wahre Tessa?« Stirnrunzelnd sah ich ihn an. »Was soll das überhaupt heißen, *die wahre Tessa zum Vorschein bringen?*«

Cole zuckte mit den Schultern, er schien zum Glück nicht zu merken, wie angespannt ich auf einmal war. Das fehlte mir gerade noch. »Ich habe keine Ahnung. Frag April. Ich stelle mir das jedenfalls so vor: Wir haben abgemacht, dass ich nichts von dem verwende, was ich über dich erfahre, wenn wir privat unterwegs sind, sondern nur das, worüber wir am Set reden und wenn wir Termine wie diesen haben. Ja, genau, das ist jetzt ein offizieller Termin«, fügte er hinzu, als ich den Mund öffnete, um zu protestieren. »Aber – und das habe ich dir ja schon gesagt – wenn du mit mir sprichst, bist du ganz anders als bei den anderen Interviews, die ich gelesen und gesehen habe. Und genau darum geht's mir. Für mich ist *das* die wahre Tessa. Hier bist du nicht das liebe Mäuschen, das es allen recht macht. Du bist auch nicht Logan Kents Ex-Freundin. Übrigens frage ich mich immer noch, warum in den anderen Interviews ständig eure Beziehung erwähnt wird. Es ist ja nicht so, als würdest du dich darüber definieren.«

»Vielen Dank«, warf ich trocken ein, bevor Cole seinen Wortschwall fortsetzen konnte. Allmählich entspannte ich mich wieder.

»Kein Problem. Hör zu, ich will damit gar nicht sagen, dass ich dich durchschaut hätte. Aber ich habe keine Lust auf so einen oberflächlichen Scheiß, und vielleicht bin ich auch nicht der Richtige für dieses Porträt, wenn alle anderen genau das lesen wollen.« Er zögerte kurz.

Dass er sowieso der völlig Falsche für diesen Artikel war, hing für einen Moment unausgesprochen zwischen uns im Raum.

Dann seufzte Cole. »Lass uns einfach schauen, was dabei herauskommt, und am Ende darfst du ja ohnehin noch mal alles umschmeißen, wenn dir nicht passt, was ich schreibe.«

Ich lehnte mich schmunzelnd zurück. »Also kann ich mich jetzt auf ein wahnsinnig tiefgründiges Gespräch einstellen?«

Cole zuckte mit den Schultern. »Vielleicht. Wer weiß das schon. Am Anfang kann man das doch nie sagen, oder?«

18. KAPITEL

Cole

Eine Viertelstunde später mussten wir uns eingestehen, dass die Sache absolut nicht so einfach war, wie wir uns das gedacht hatten.

Gut, vielleicht war es nicht so einfach, wie *ich* mir das gedacht hatte.

Ich kam mir total bescheuert dabei vor, Tessa die Fragen zu stellen, die ich für das Interview vorbereitet hatte, und sie schien sich nicht viel besser zu fühlen, denn ihre Antworten wirkten verkrampft.

Seufzend legte ich mein Tablet auf den Couchtisch. »Okay, das funktioniert so nicht.«

»Ach was, echt? Wie kommst du denn darauf?« Tessa stöhnte frustriert und strich sich eine Haarsträhne hinters Ohr. Die dunklen Locken fielen weich über ihre Schultern. »Wieso kriegen wir das hier nicht hin? Das kann doch so schwierig nicht sein. Ich hatte wirklich noch nie Probleme mit einem Interview!«

»Du hattest ja auch noch nie ein Interview mit mir.«

»Auch wieder wahr.« Sie lächelte schwach. Aber es war kein aufrichtiges Lächeln. Da war etwas Distanziertes in ihren Augen, als hätte sie eine Mauer um ihr Inneres hochgezogen, die mich auf Abstand halten sollte.

Was richtig war.

Trotzdem fehlte mir das fröhliche Funkeln in ihrem Blick. Ich wollte nicht, dass sie auf Abstand ging. Ich wollte wieder mit ihr rumalbern und sie lachen hören.

Nachdenklich betrachtete ich sie. »Ich glaube, das Problem ist, dass wir uns auf eine ganz falsche Weise kennengelernt haben.«

»Du meinst unseren kleinen Unfall, bei dem dein Laptop kaputtgegangen ist?« Sie nippte an ihrem Tee und wich meinem Blick aus.

Mein schlechtes Gewissen meldete sich ziemlich nachdrücklich zu Wort.

»Genau. Ich wusste nicht, wer du bist, und du hattest an dem Abend bei Ella keine Ahnung, wer ich bin. Ich hab mich beide Male wie ein Arsch benommen. Und letztes Mal … Na ja, unsere letzten Begegnungen waren auch nicht unbedingt professionell. Keine einzige. Nicht einmal, als ich Jo mit ans Set gebracht habe.«

In Tessas Augen blitzte etwas auf, als sie mich jetzt doch wieder anschaute. Sie biss sich auf die Unterlippe, und ich spürte, wie sich etwas in mir regte, als ich an den Spieleabend bei Ella und Jamie zurückdachte, daran wie ihre Hand sich in meiner angefühlt hatte.

Vollkommen richtig.

Hitze jagte durch meinen Körper, und plötzlich fiel es mir schwer, still sitzen zu bleiben.

»Stimmt.« Tessa lächelte, als würde sie merken, wie unruhig ich auf einmal war.

Nichts an ihr oder daran, wie sie mit angezogenen Beinen und einer Teetasse in der Hand auf meinem Sofa saß, hatte etwas Verführerisches an sich. Aber vielleicht lag es genau daran. Tessa so zu sehen, natürlich und ganz sie selbst, war anziehender als jedes noch so aufreizende Kleid.

Ich schluckte schwer, Verlangen brandete in mir auf, so heftig, dass es mir für einen Moment den Atem raubte, und Tessas Augen weiteten sich.

Stumm starrten wir einander an. Mein Herz hämmerte schmerzhaft gegen meine Rippen, ein verheißungsvoller Schauer glitt meine Wirbelsäule hinab. Ich wollte sie berühren. Sie an mich ziehen und herausfinden, ob ihre Lippen genauso weich waren, wie sie aussahen. Ich wollte wissen, wie sie schmeckte, wollte …

Ihre Augen flackerten. Lediglich für den Bruchteil einer Sekunde, aber ich erkannte Angst, und das holte mich schlagartig zurück in die Realität. Die Realität, in der ich dieses verdammte Interview mit ihr hinter mich bringen musste.

So viel dazu, dass ich mich heute benehmen würde. Ich räusperte mich und ließ meine Schultern kreisen, versuchte, entspannt zu wirken und nicht so, als wäre ich gerade nur knapp davor gewesen, etwas wirklich, wirklich Dummes zu tun.

»Was wäre, wenn wir uns von der Idee, ein ganz normales Interview zu führen, verabschieden? Wenn wir alles völlig anders machen als sonst«, schlug ich vor, in dem verzweifelten Versuch, irgendwie zum Thema zurückzufinden. »Ich bin für gewöhnlich in der Lage, intelligente Fragen zu stellen, und du kannst für gewöhnlich …«

»Fragen beantworten?«, beendete Tessa meinen Satz. Sie grinste, die Angst in ihren Augen war verschwunden, und für einen Moment fragte ich mich, ob ich mich geirrt hatte. Ob ich mir das wieder nur eingebildet hatte.

Nein, da war etwas gewesen. Ich war mir sicher.

»Ja, genau. Ich meine, es gibt doch keine Vorschriften, die wir einhalten müssen, oder? Wir könnten einfach reden. Und dann sehen, wohin uns das führt.«

»Du meinst also, anstatt ein ganz normales Interview zu führen, lernen wir uns kennen.« Sie sprach jedes Wort überdeutlich aus, runzelte die Stirn, wirkte aber nicht gänzlich abgeneigt.

Das war ein Anfang.

Trotzdem zögerte sie, und obwohl mir klar war, warum, und obwohl sich ein mulmiges Gefühl in mir ausbreitete, fragte ich: »Warum auch nicht?«

Was tat ich hier eigentlich? Das war ungefähr die dümmste Idee, die ich jemals gehabt hatte, und ich war mir sicher, dass diese Aktion mehr als nur ein bisschen unprofessionell war. An Aprils Stelle würde ich den Job sofort jemand anderem geben. Gott sei Dank hatte meine Schwester keine Ahnung, was ich hier fabrizierte, und solange sie nicht verlangte, ihr das zu zeigen, was ich bis jetzt geschrieben hatte, würde das auch so bleiben. Wir sahen uns in letzter Zeit ohnehin nicht besonders oft. Die wenigen Male, die ich mich in der Redaktion hatte blicken lassen, war April immer schwer beschäftigt gewesen.

»Weil du damit unsere kleine Vereinbarung prima umgehen könntest. Wenn wir uns kennenlernen, so richtig, meine ich, wäre das doch das Gleiche, als wenn wir die Abende bei Ella und Jamie zusammen verbringen, oder? Wenn wir uns kennenlernen, wäre das schon sehr privat. Und damit wäre unsere Vereinbarung hinfällig.« Tessa sprach langsam, als wollte sie so jedem Wort eine besondere Bedeutung verleihen. Und irgendwie tat sie das auch.

Ich schüttelte den Kopf. »Wäre sie nicht. Du darfst den Text immer noch lesen, bevor er veröffentlicht wird. Du kannst alles streichen, was dir nicht passt.«

»Und wer sagt mir, dass du nicht am Ende einen ganz anderen Text abdrucken lässt als den, den ich zu sehen bekomme?«

Sie zog die Augenbrauen hoch, ein misstrauischer Zug hatte sich um ihren Mund gelegt. Ich erstarrte. Der Gedanke war nicht abwegig, trotzdem trafen mich ihre Worte.

»Ich. Du bekommst genau den Artikel, der am Ende abgedruckt wird, versprochen!«

Doch sie sah noch immer nicht überzeugt aus. Einem Impuls folgend sagte ich: »Hör mal, ich könnte dir im Prinzip das Gleiche unterstellen, immerhin bist du eine Schauspielerin. Du könntest mir alles vorspielen. Woher soll ich wissen, dass du mir nichts vormachst?«

Ein Schatten huschte über ihr schönes Gesicht, als sie mich aus großen, traurigen Augen anschaute. »Das kannst du nicht wissen.«

»Stimmt. Ich muss dir vertrauen. Und du musst mir vertrauen. Kannst du das?«, fragte ich sanft und musterte sie abwartend. Sie war an der Reihe. Ich hatte einen Vorschlag gemacht. Jetzt musste sie entscheiden, ob sie ihn annehmen wollte.

»Also, erzählst du mir auch Dinge über dich?« Sie neigte den Kopf zur Seite, unverhohlene Neugierde schwang in ihrer Stimme mit. Sie wollte mein Spielchen mitspielen. Es fehlte nur noch der letzte Schritt.

»Alles andere wäre doch unfair, oder?« Herausfordernd grinste ich sie an und drängte das seltsame Gefühl in meinem Inneren entschieden zurück. »Also, was ist? Machen wir es so?«

Ein kaum merklicher Ruck ging durch Tessas schmalen Körper, und ich wusste, dass ich diese Runde unseres Spiels gewonnen hatte.

»Einen Versuch ist es auf jeden Fall wert. Mit deinen Fragen wirst du sonst jedenfalls nie den Artikel schreiben, den deine Schwester haben möchte.« Sie stupste mich an und verzog die Lippen zu einem feinen Lächeln.

Ich rümpfte die Nase. »Sollte mich das jetzt treffen? Hat es nicht«, erwiderte ich mit einem gespielt beleidigten Unterton in der Stimme.

»Hat es wohl«, gab sie zurück und kicherte vergnügt. Doch ihr Lächeln erlosch, als sie mich ansah. Ich hatte keine Ahnung, was sie in meinem Blick zu erkennen glaubte, aber sie verzog bestürzt das Gesicht. »Es hat dich echt getroffen, oder?«

»Nein«, antwortete ich etwas verzögert, und diese zwei Sekunden Zögern waren Antwort genug. Ich war mir nicht sicher, ob ich sie oder mich selbst damit mehr überraschte.

»Es tut mir leid«, entschuldigte sie sich aufrichtig. Ihre Finger zuckten, als wollte sie mich berühren. Stattdessen legte sie jetzt beide Hände um die Tasse.

Mühsam schluckte ich die Enttäuschung, die in mir aufstieg, hinunter.

Ich seufzte. »Muss es nicht. Du hast recht. Die Fragen waren Mist.«

Dass sie das selbst erkannt hatte, wurmte mich trotzdem.

»Erzähl mir was über deine Familie«, bat sie unvermittelt.

»Was?« Perplex starrte ich sie an.

»Ich möchte, dass du mir etwas über deine Familie erzählst«, wiederholte sie, als hätte ich sie nicht verstanden. Sie lehnte sich vor, ihre Augen leuchteten neugierig.

»Warum?«

»Weil es doch darum heute geht, oder? Dass wir uns kennenlernen.« Sie reckte das Kinn. »Das war immerhin dein Vorschlag.«

»Ja. Aber doch nicht so. Außerdem ist es ja nicht so, als wüsstest du gar nichts über meine Familie. Du weißt alles, was du wissen musst«, entgegnete ich widerstrebend und rutschte unruhig auf dem Sofa hin und her.

Doch Tessa schüttelte energisch den Kopf. »Das stimmt doch gar nicht! Ich weiß praktisch nichts über dich.«

»Du weißt mehr als die meisten anderen.«

»Ach ja? Was denn?« Sie zog die Augenbrauen hoch. Der Blick, den sie mir zuwarf, war nichts anderes als eine Herausforderung.

Eine Herausforderung, der ich nicht widerstehen konnte, und das wusste sie.

Ich kniff die Augen zusammen, versuchte, herauszufinden, was genau Tessa mit ihrer Fragerei bezweckte. Vielleicht hatte sie aber auch gar keine Hintergedanken, sondern wollte tatsächlich bloß mehr über mich erfahren. Ich zuckte mit den Schultern. »Du weißt, dass meine Familie mich für einen Versager hält. Abgesehen von Jo und meiner Schwester. Aber April hat vor allem Mitleid mit mir, und das ist manchmal auch schwer zu ertragen.«

»Siehst du, das wusste ich zum Beispiel nicht«, warf Tessa ein, doch ich sprach weiter, ohne darauf einzugehen.

»Du weißt, dass ich eine große Klappe habe, erst rede und dann nachdenke, dass ich nicht gut darin bin, mich zu entschuldigen. Und dass ich nerve.«

»Dass du nervst, weiß bestimmt jeder, der dich kennt«, schoss sie zurück, doch ihre Mundwinkel zuckten, und ihre Augen glitzerten gutmütig. Ihre Mauer war wieder verschwunden, oder zumindest war sie nicht mehr erkennbar. Trotzdem wurde ich das Gefühl nicht los, dass sie etwas zurückhielt.

Ich lächelte schwach. »Siehst du, du kennst mich viel besser, als du denkst.«

»Und du lenkst ab.«

»Ich dachte, hier soll es heute um dich gehen und nicht um mich«, versuchte ich mich rauszureden, aber ich wusste, dass sie es mir so leicht nicht machen würde. Kurz kam mir der

Gedanke, dass sie nur von sich selbst ablenken wollte, doch meine Zweifel wurden leise, als sie sagte: »Und ich dachte, wir machen alles anders als sonst und lernen uns kennen. Du hast gerade noch gesagt, dass du mir auch Fragen beantwortest, weil alles andere unfair wäre. Erinnerst du dich? Es sind erst zwei Minuten vergangen, seitdem du genau das gesagt hast.« Ein triumphierender Ausdruck legte sich über ihr Gesicht, als ich widerwillig den Mund verzog. Es stimmte. Aber ich wollte ihr nichts von meiner Familie erzählen. Sie musste nicht wissen, wie verkorkst wir alle waren.

Tessa sah das allerdings anders, denn sie sprach unbeirrt weiter. »Du beantwortest meine Fragen und ich deine. Und wenn du mich kennst, kannst du mein wahres Ich in diesem grandiosen Porträt festhalten, auf das du offensichtlich so wahnsinnig viel Lust hast.«

Ich zog eine Grimasse. »Hab ich mich so schlecht verstellt, dass du das gemerkt hast?«

»Nein, gar nicht. Du hast mir die ganze Zeit das Gefühl gegeben, dass du nichts lieber tätest, als mit mir zusammenzuarbeiten.« Sie feixte.

»Es ist gar nicht so, dass ich keine Lust darauf habe. Zumindest nicht mehr«, räumte ich ein. »Es ist eben nur nicht die Art von Texten, die ich normalerweise schreibe.«

Sie schmunzelte, ließ aber immer noch nicht locker. »Okay, darauf kommen wir später zurück. Ich habe nämlich auch noch ein paar Fragen zu den Büchern, die hier herumstehen. Aber jetzt möchte ich, dass du mir zuerst etwas über deine Familie erzählst. Also, ich weiß, dass du das Porträt schreiben musst, um deinen Onkel zu beeindrucken. Warum? Warum muss es ausgerechnet dieser Artikel sein? Warum geht das nicht mit einem anderen Text?«

»Willst du das wirklich wissen?«, fragte ich in der verzweifelten Hoffnung, doch noch das Thema wechseln zu können.

Tessa warf den Kopf nach hinten und stöhnte genervt auf. »Nein, deswegen frage ich ja danach.« Vorwurfsvoll sah sie mich an.

»Schon gut, schon gut. Ich habe dir erzählt, dass meinem Onkel die *Faerfax Times* gehört und dass er mich für einen Versager hält, als ich bei dir im Hotel war. Klingelt da was bei dir?«

Sie warf mir einen pikierten Blick zu. »So vergesslich bin ich auch wieder nicht.«

»Man kann ja nie wissen.« Ich zuckte mit den Schultern. Im nächsten Augenblick traf mich ein Kissen am Kinn.

»Komm zum Punkt, Cole.«

»Du hast mich beworfen!«, rief ich empört und ließ das Kissen auf den Boden fallen. Sicher war sicher. Nicht, dass sie nächstes Mal meine Brille traf.

»Und ich werde es wieder tun. Jetzt erzähl mir endlich die Geschichte, die dahintersteckt!«, forderte sie lachend, und ich gab nach. Sie würde ohnehin keine Ruhe geben, bis sie ihren Willen bekam.

»Meine Familie ist schwierig. Es geht nur um Macht, Ruhm und Anerkennung. Mehr zählt nicht. Die Söhne stehen über den Töchtern, erben das immense Vermögen und die Zeitung und bla, bla, bla. Es ist ein riesengroßes Drama.«

»Dann müsstest du doch eigentlich gar nicht so schlecht dastehen, oder?«

Ich stieß ein bitteres Lachen aus. »Klar. Wenn ich mich in der Schule angestrengt hätte, im Debattierklub gewesen wäre anstatt im Baseballteam und meine Schulzeit damit verbracht hätte, der Familie keine Schande zu bereiten, dann würde ich vermutlich recht gut dastehen.«

»Was hast du denn angestellt?«

»Ich war auf Partys und bin mit Mädchen ausgegangen, anstatt mir Gedanken um meine Zukunft und die der Zeitung zu machen.«

Ungläubig starrte Tessa mich an. »Das ist alles?«

»In den Augen meiner Familie ist das schon viel zu viel gewesen.« Und plötzlich sprudelten die Worte aus mir heraus, ohne dass ich mich aufhalten konnte. »Mein ganzes Leben lang hat sich immer alles um diese verdammte Zeitung gedreht. Wir wurden zu Veranstaltungen mitgeschleppt und überall als die neue Generation der Williams-Journalisten vorgestellt. Es ging nie um uns Kinder. Niemanden hat es interessiert, was wir wollten.«

»Warum studierst du dann Journalismus? Und warum willst du unbedingt bei der Zeitung deines Onkels arbeiten, wenn das alles so ätzend ist?«

»Ich weiß, dass das schwierig zu verstehen ist«, gab ich seufzend zu. »Als ich noch zur Schule gegangen bin, habe ich mir geschworen, dass ich nichts mit der Zeitung zu tun haben wollte. Aber das Ding ist: Ich kann schreiben. Ich bin echt gut. Und das will ich allen zeigen. Deswegen möchte ich bei der Zeitung arbeiten. Und das Porträt über dich ist der erste Schritt dahin. Onkel Richard glaubt, dass ich es versauen werde, und ich will beweisen, dass er sich in mir täuscht.«

Tessa legte ihre Hand behutsam auf meine, und ich zuckte zusammen. »Aber das musst du nicht.«

»Ich weiß, und ich weiß auch, wie albern das ist. Aber ich will es. Und wenn ich das getan habe, werde ich irgendwohin gehen, wo möglichst viel Abstand zwischen mir und meiner Familie liegt.«

»Jetzt verstehe ich auch, warum Jo …«

»So unsicher ist?«, beendete ich ihren Satz, als sie abbrach.

Sie nickte. »Wenn du dich von deinem Onkel schon so unter Druck gesetzt fühlst, kann ich mir gar nicht vorstellen, wie es ihr damit geht.«

»Bei ihr ist es noch schlimmer als bei mir. Ihre Eltern ignorieren komplett, dass sie Probleme mit dem Lesen und Schreiben hat. Sie tun so, als wäre nichts.«

Tessa sog scharf die Luft ein. »Das ist grausam.«

»Das ist die Williams-Familie«, erwiderte ich und stieß ein bitteres Lachen aus.

»Was ist mit deinen Eltern?«

»Was soll mit ihnen sein?«, fragte ich verwirrt.

»Setzen sie dich auch so unter Druck?«

»Meine Mom interessiert es nicht, was ich mache. Sie ist sowieso die meiste Zeit auf Martha's Vineyard, seit April und ich ausgezogen sind. Wenn wir Glück haben, lässt sie sich zu Thanksgiving und Weihnachten blicken. Also nein.«

»Und was ist mit deinem Dad?«

»Mein Dad ist in Europa und macht Geschäfte für die Zeitung. Er schreibt hin und wieder mal eine Mail, aber eigentlich wartet er auch nur darauf, dass April und ich eines Tages den großen Durchbruch schaffen und besser sind als seine Neffen, weil er Richard nie übertrumpfen konnte. In gewisser Weise setzt Dad mich auch unter Druck. Aber anders als Richard. Damit komme ich besser klar. Wahrscheinlich, weil er nie da ist. Wir sind keine Bilderbuchfamilie, bei uns gibt es wenig bis gar keine Zuneigung und noch weniger Lob. Wie gesagt, ich möchte nach der Uni so weit weg wie möglich von diesen Leuten.« Ich entzog ihr meine Hand und raufte mir die Haare. Ich hatte ihr viel zu viel erzählt, obwohl es doch um sie hätte gehen sollen. Ganz gleich, ob die Art und Weise unseres Interviews sich verändert hatte. Sie sollte im Fokus stehen, nicht ich.

»Sag das nicht zu leichtfertig. Deine Familie hört sich

furchtbar … kompliziert an, das gebe ich zu. Aber immerhin hast du eine.« Ein wehmütiger Schatten huschte über ihr Gesicht, und ich horchte auf.

»Wie meinst du das?«, fragte ich in derselben Sekunde, als sie erschrocken zusammenfuhr. Sie versuchte, es zu verbergen, aber ich sah die Panik in ihren Augen ganz deutlich.

Tessa

Scheißescheißescheiße!

In all den Jahren, die ich jetzt schon vor der Kamera stand, war mir das noch nie passiert. Ich hatte mich verraten. Meine Familie war ein Tabuthema bei allen Interviews. Nicht umsonst prüfte Mallory vor jedem Termin, welche Fragen mein Interviewpartner mir stellen wollte. Wer sich nicht an die erlaubten Fragen hielt, flog im hohen Bogen raus und wurde verklagt. Sie war da ziemlich rigoros. Und ich war ihr dafür unendlich dankbar.

Mallory hatte keine Ahnung, was mit meiner Familie passiert war, und sie hatte auch nie gefragt. Sie wusste, dass ich bei meiner Tante aufgewachsen war und immer noch mit ihr zusammenwohnte, mehr nicht.

Wir spielten ein gefährliches Spiel, taten so, als würde meine Familie nicht in den Fokus der Öffentlichkeit geraten wollen. Ich beschützte sie.

Das war es, was alle glaubten. Was alle glauben *mussten*.

Aber jetzt hatte ich einen Fehler gemacht. Und der ließ sich nicht wieder rückgängig machen.

»Tessa, was meinst du damit?«, wiederholte Cole seine Frage, langsam, deutlich und mit einem nicht zu leugnenden besorgten Unterton in der Stimme.

Meine Gedanken rasten. Ich musste ihm etwas sagen. Irgendwas. Alles außer der Wahrheit.

»Meine Mutter ist gestorben, als ich noch ein Kind war, und meinen Vater kenne ich nicht. Ich bin bei meiner Tante aufgewachsen«, platzte es aus mir heraus.

Einen Herzschlag lang schloss ich die Augen. Das war nicht die Wahrheit. Aber auch nicht gelogen. Nicht vollkommen gelogen. Es steckte mehr Wahres in meinen Worten, als jemals zuvor jemand erfahren hatte.

Mir war übel, um mich herum begann sich alles zu drehen, und ich atmete viel zu schnell. Ich verlor die Fassung, und das durfte nicht passieren. Nicht vor Cole. Nicht schon wieder.

»Das tut mir leid«, sagte er leise. Mitfühlend sah er mich an und griff nach meiner Hand. Ich zuckte zurück. Genau wie er vorhin, als ich ihn berührt hatte.

»Schon gut. Das ist Jahre her«, murmelte ich und wich seinem Blick aus.

Ich sollte ihn ansehen, ein Lächeln aufsetzen und meine Rolle spielen. Aber ich konnte nicht.

Die Welt um mich herum – meine Welt, die ich mir über die letzten Jahre hinweg so mühsam aufgebaut hatte – zersplitterte wie Glas, als ich begriff, dass ich Cole nicht angelogen hatte, weil ich es nicht wollte.

»Vielleicht sollten wir für heute Schluss machen.« Coles Worte drangen wie durch Watte zu mir hindurch. Sie rissen mich aus meinen Gedanken, bevor ich mir darüber klar werden konnte, *warum* ich ihn nicht anlügen wollte.

Ich zwang mich zu einem Lächeln. »Ja. Es ist ohnehin schon spät, und ich muss morgen wieder früh raus.« Meine Hände zitterten kaum merklich, als ich die Tasse auf den Couchtisch stellte.

Mit wackeligen Beinen stand ich auf. Ich spürte Coles Blick auf mir, prüfend und besorgt.

»Soll ich dich zum Hotel bringen?«

Ich schüttelte den Kopf, versuchte verzweifelt, zurück in die Rolle zu schlüpfen, die ich über die letzten Jahre hinweg perfektioniert hatte. Doch ich scheiterte kläglich. »Nein. Geht schon«, erwiderte ich, und als ich den Kopf hob und ihn endlich wieder anschaute, sah er nicht besonders glücklich aus.

»Weil du ein großes Mädchen bist und allein klarkommst?«, fragte er scharf.

»Genau«, fauchte ich und funkelte ihn an.

Die Stimmung kippte.

Wut stieg in mir auf. Wut auf Cole, weil es viel zu einfach war, mit ihm zu reden. Wut auf mich, weil ich mich verraten hatte. Weil ich mich bei ihm sicher fühlte, obwohl ich es nicht war. Weil es Spaß machte, sich mit ihm zu unterhalten. Und weil mein Herz schneller schlug, wenn ich bei ihm war.

Ich hastete zur Tür, wollte hinausstürmen und losrennen. Weit, weit weg. So weit, bis ich irgendwann vergaß, was ich zu ihm gesagt hatte. Obwohl nicht ich es vergessen musste, sondern er.

Ich hatte die Tür noch nicht erreicht, als Cole mich am Arm fasste und mit viel zu viel Schwung zu sich herumwirbelte. Mit einem dumpfen Laut prallte ich gegen seine Brust.

»Tessa, warte! Ich –«, setzte er an, verstummte aber, als ich versuchte, mich von ihm loszureißen. Sein Griff lockerte sich, und obwohl er keine Anstalten machte, mich gehen zu lassen, hätte ich mich jetzt befreien können, wenn ich gewollt hätte. Seine Hand war warm, und auch wenn das der völlig falsche Zeitpunkt war, auch wenn alles gerade furchtbar schieflief, ertappte ich mich bei dem Gedanken, dass ich gar nicht von ihm losgelassen werden wollte.

Als ich zu ihm aufsah, waren seine Augen unendlich grün. Mir stockte der Atem.

»Was ist los?«, fragte er behutsam.

Ich schüttelte den Kopf, wollte etwas sagen, das die Situation noch retten konnte, aber mein Gehirn war wie leer gefegt.

»Hey.« Er lächelte zaghaft. »Ich werde nichts davon für meinen Artikel verwenden, okay? So wie ich es versprochen habe.« Er ließ mich los, allerdings nur, um eine Hand sanft an mein Gesicht zu legen. Ich nickte, und wieder wurde mir schwindelig. Dieses Mal aus einem anderen Grund.

Cole schluckte schwer. Verlangen blitzte in seinen Augen auf, sein Blick zuckte zu meinem Mund.

Unwillkürlich lehnte ich mich nach vorn. Ich konnte nichts dagegen tun. Mein Herz raste, Hitze breitete sich in mir aus, als meine Brust seine berührte. Ein Beben lief durch seinen Körper, seine Hand wanderte von meiner Wange in meinen Nacken, zog mich näher zu sich heran.

Ich wusste, was er vorhatte. Ich wusste, ich sollte ihn aufhalten. Aber ich konnte nicht.

Und ich wollte auch nicht.

Unsere Lippen prallten unaufhaltsam aufeinander, und ich verlor mich, verlor mich in diesem Kuss. Ich vergaß, wer ich war, warum ich hier war, vergaß meine Vergangenheit, vergaß, wie falsch das alles war.

Mir wurde heiß. So heiß. Verlangen schoss durch meine Adern und sammelte sich in meinem Unterleib, als Cole mir in die Unterlippe biss, sanft, auffordernd. Ich öffnete den Mund. Tausende kleine Stromstöße prickelten auf meiner Haut, als unsere Zungen sich berührten. Ein leises Wimmern entrang sich mir, ein Flehen nach mehr und ein Geräusch, für das ich mich in jeder anderen Situation geschämt hätte. Aber nicht hier und jetzt, nicht bei ihm. Ich spürte, wie er erschauerte, als ich meine Hände auf seine Brust legte, spürte sein rasendes Herz, als wollte es aus ihm ausbrechen. Instinktiv schlang ich die Arme um ihn, presste mich enger an ihn und ließ meine Finger über die empfindliche Haut gleiten. Tief atmete ich seinen Duft nach Tannennadeln und Geborgenheit ein. Ich hatte das Gefühl, jeden Moment zu zerbrechen.

Stöhnend vergrub Cole die Hände in meinen Haaren. Gemeinsam stolperten wir einen Schritt zurück, und ich prallte mit dem Rücken gegen die Tür. Sein Körper drückte hart gegen meinen, und ich konnte spüren, wie sehr er mich wollte.

Ich konnte nicht mehr denken, nur noch fühlen, und ich wollte ihn. Ich wollte ihn mehr als alles andere.

Cole ließ mich so abrupt los, dass ich taumelte. Er trat einen Schritt zurück, brachte Abstand zwischen uns, und etwas in mir zersplitterte. Mir wurde eiskalt.

Was hatten wir getan?

Fassungslos starrte Cole mich an. Seine Brust hob und senkte sich viel zu schnell, sein Haar war wild zerzaust, die Augen so weit aufgerissen, dass nur noch die Pupillen zu erkennen waren.

Meine Lippen fühlten sich geschwollen an, als ich eine Hand an meinen Mund hob, als könnte ich seinen Kuss so festhalten.

Das Blut wich mir aus dem Gesicht. Panik raste durch mich hindurch.

Was hatten wir getan?

Cole streckte eine Hand nach mir aus, vorsichtig, als wollte er mich nicht verschrecken. Er sah genauso verwirrt aus, wie ich mich fühlte.

»Tessa«, sagte er. Nur meinen Namen. Mehr nicht. Seine Stimme klang rau, ein Schauer lief mir den Rücken hinunter. Ich wollte ihn berühren, wollte meine Hand in seine legen und ihn wieder küssen und alles vergessen.

Das ist ein Fehler. Ein riesengroßer Fehler. Fehler. FEHLER.

Mein Leben brach über mir zusammen wie eine turmhohe Welle. Mein Leben und alles, was passiert war. Die Fehler, die ich begangen, die Lügen, die ich während der letzten Jahre erzählt hatte.

Ein Schrei stieg in mir auf und blieb mir in der Kehle stecken. Panisch tastete ich nach der Türklinke, meine Hand zitterte.

Eine Ahnung blitzte in Coles Augen auf. Eine Ahnung und Enttäuschung. Ich sah ihm an, dass er mich aufhalten wollte. Mit einem Ruck riss ich die Tür auf, wirbelte herum und floh.

Ich zitterte immer noch, als ich durch die nächtlichen Straßen von Faerfax lief. Die kühle Herbstluft strich über meine erhitzte Haut und ließ mich frösteln. Doch das Verlangen tief in mir vertrieb sie nicht.

Ich konnte noch immer Coles Hände spüren, seine Haut auf meiner, seine Lippen, seine Zunge. Ich spürte wieder, wie er sich an mich drückte, spürte sein Verlangen nach mir. Zerknirscht biss ich mir auf die Unterlippe und unterdrückte ein frustriertes Stöhnen.

Das war Wahnsinn! Was hatte ich mir nur dabei gedacht? Was hatte *er* sich gedacht?

Die Wahrheit war: Wir beide hatten vermutlich gar nicht nachgedacht. Keiner von uns hatte einen Gedanken daran verschwendet, was ein Kuss bedeutete.

Bedeutete er überhaupt irgendwas? Vielleicht hatten wir uns bloß hinreißen lassen, von dem Moment und …

Ich trat gegen einen Stein. Viel fester als beabsichtigt, denn er flog einige Meter weit, bis er gegen einen Baum prallte. Wem versuchte ich hier eigentlich etwas vorzumachen? Zwischen uns war von Anfang an etwas gewesen. Abneigung, Sympathie, Anziehung und jetzt … Ich hatte keine Ahnung, was da jetzt war. Ich wusste nur, dass es falsch war. Vollkommen falsch. Das änderte trotzdem nichts an der Tatsache, dass mein Herz immer noch wie wild schlug und ich nicht aufhören konnte, an diesen Kuss zu denken.

Ich war schon geküsst worden, unzählige Male vor der Kamera, weniger oft hinter der Kamera. Aber noch nie so.

Diesen Kuss hatte ich in jeder Faser meines Körpers gespürt. Er hatte etwas in mir berührt, und ganz egal, wie falsch es war: Ich wollte mehr davon.

Erst als ich durch den Hintereingang ins Hotel schlüpfte und mein Blick auf die Uhr fiel, die über der Rezeption hing, stellte ich fest, wie spät es schon war. Kurz vor Mitternacht.

Wann hatten wir aufgehört zu drehen? Wie lange war ich bei Cole gewesen?

Ich nickte dem Rezeptionisten kurz zu, bevor ich mich Richtung Treppenhaus wandte.

Plötzlich wollte ich nur noch schlafen. Lange, lange schlafen und vergessen, was passiert war. Der Tag sollte einfach vorbei sein.

Doch dann verblasste alles um mich herum, als ich die Treppe zum ersten Stock hochstieg und dort vor der Tür zum Flur eine reglose Gestalt liegen sah.

Ich erkannte ihn sofort.

Logan.

Mein Atem klang auf einmal seltsam laut in meinen Ohren, ich hörte das Blut in meinen Adern rauschen.

Wie erstarrt blieb ich stehen, konnte mich nicht mehr rühren. Mir wurde übel. So übel.

Logan lag reglos da. Er bewegte sich nicht, sah aus, als wäre er tot.

Ich musste zu ihm, ihm helfen, doch meine Füße schienen am Boden festgewachsen zu sein.

Ein Bild tauchte vor meinem inneren Auge auf. Ein anderer Körper, der still und leblos auf dem Boden lag.

Ich versuchte, die Erinnerung zurückzudrängen, aber ich hatte keine Kraft mehr. Ein Bild nach dem anderen zuckte durch meinen Kopf. Blut, Schreie, Schmerz und Angst.

Mein Herz verkrampfte sich, ich schnappte nach Luft, konnte nicht atmen. Ich wollte schreien, nach Hilfe rufen, aber ich bekam keinen Ton heraus.

Nicht jetzt. Nicht jetzt. Nicht jetzt.

Ich schüttelte den Kopf, versuchte, die Bilder verschwinden zu lassen, die Panik zurückzudrängen.

Logan brauchte meine Hilfe, ich musste mich zusammenreißen. Ein gedämpftes, schmerzerfülltes Stöhnen holte mich ruckartig zurück ins Hier und Jetzt. Vor Erleichterung bekam ich weiche Knie. Er lebte.

Ich stürzte nach vorn und kniete mich neben ihn. Fieberhaft suchte ich den Boden ab. Kein Blut, das war gut. Trotzdem traute ich mich nicht, ihn anzufassen. Zu groß war die Gefahr, alles noch schlimmer zu machen. Seine Augen waren geschlossen, aber er atmete.

Er atmete. Gott sei Dank! Tränen schossen mir in die Augen und liefen mir heiß und salzig übers Gesicht.

»Alles wird gut«, flüsterte ich und wusste nicht, ob ich versuchte, ihn oder mich selbst zu beruhigen. Spielte das überhaupt eine Rolle?

Meine Hände zitterten, als ich nach meinem Smartphone tastete und endlich den Notruf wählte.

19. KAPITEL

Cole

Ich konnte nicht schlafen. Es war Stunden her, seitdem Tessa verschwunden war, aber ich konnte nicht aufhören, an den Kuss zu denken. Und daran, was sie über ihre Familie gesagt hatte.

Meine Gedanken waren ein einziges Durcheinander, einer jagte den nächsten, und ich bekam sie einfach nicht unter Kontrolle.

Dieser Kuss war in mehr als einer Hinsicht völlig falsch gewesen.

Aber er hatte sich verdammt richtig angefühlt.

Genervt stand ich auf und schlurfte von meinem Zimmer hinüber ins Wohnzimmer. Ich musste mich beschäftigen und aufhören, über diesen Kuss nachzugrübeln. Um mich abzulenken, schaltete ich den Laptop an, den ich vom Filmteam bekommen hatte, und ging noch einmal alles durch, was ich bisher zu Tessa im Internet recherchiert hatte. Das war vielleicht nicht die beste Taktik, um nicht mehr über sie nachzudenken, aber zumindest die Erinnerung an den Kuss verblasste, je länger ich mich durch meine Notizen klickte. Ich schrieb alles auf, jede noch so kleine Kleinigkeit, die mir in den letzten Wochen am Set aufgefallen war. Sie war freundlich, fragte, anstatt zu fordern, und wusste von jedem, der an den Dreharbeiten beteiligt war, den Namen.

Und auch wenn ich Tessa versichert hatte, dass ich nichts

von dem, was sie mir über ihre Familie erzählt hatte, für den Artikel verwenden würde, siegte am Ende meine Neugierde.

Ich hatte schließlich nicht davon gesprochen, dass ich mich nicht weiter damit befassen würde.

Das war ein schwaches Argument, und mein schlechtes Gewissen machte sich augenblicklich bemerkbar. Trotzdem konnte es mich nicht davon abhalten, erneut ihren Namen in die Suchmaschine meines Handys einzutippen.

Ich wusste nicht, ob ich beim ersten Mal nur nicht darauf geachtet hatte oder ob es mir schlicht und ergreifend unwichtig erschienen war, aber jetzt, nachdem ich mehr Zeit mit ihr verbracht hatte, sprangen mir die Lücken in Tessas Leben förmlich entgegen.

So viele Artikel es auch über sie gab, niemand schrieb je etwas über ihre Kindheit, über die Zeit, bevor sie quasi über Nacht berühmt geworden war. Sie hatte weder Instagram noch Twitter, es gab nicht einmal eine Facebook-Seite. Ihr Privatleben schien, abgesehen von Beziehungsgerüchten, nicht zu existieren.

Wenn man so viel arbeitete, war das auch nicht weiter verwunderlich. Und dennoch … Ein aufgeregtes Kribbeln breitete sich in meinem Körper aus. In keinem Artikel, auch nicht bei Wikipedia, wurde auch nur mit einem Wort erwähnt, was mit ihrer Mutter geschehen und dass sie bei ihrer Tante aufgewachsen war. Das war doch seltsam. Eine tragische Kindheit und Jugend war schließlich immer das Erste, über das in der Klatschpresse berichtet wurde. Bei Tessa war jedoch nichts zu finden. Konnte es tatsächlich sein, dass sich noch niemand mit ihrer Familie befasst hatte?

Die nächsten Stunden verbrachte ich damit, ihren Namen in Kombination mit unendlich vielen Begriffen durch die Suchmaschinen zu jagen.

Irgendwann kam mir die Idee, dass der Tod ihrer Mutter vielleicht der Grund dafür war, dass Tessa keinen Alkohol trank. Möglicherweise war ihre Mutter bei einem Autounfall unter Alkoholeinfluss gestorben.

Voller Elan und fest davon überzeugt, dass das des Rätsels Lösung sein musste, begann ich zu suchen. Aber ohne einen anderen Anhaltspunkt als Tessas Namen war das ein nahezu unmögliches Unterfangen.

Ich fand nicht einmal eine Information darüber, wo sie geboren war.

Es war vier Uhr morgens, als ich frustriert aufgab. Ich hatte nichts gefunden. Absolut gar nichts. Am Ende war ich mir kaum noch sicher, ob sie wirklich Tessa Thorn hieß oder ob das nur ihr Künstlername war.

Ich hatte mich gerade dazu entschieden, ins Bett zu gehen, als die Wohnungstür aufging und Julian hereingeschlichen kam. »Ich bin noch wach. Du brauchst nicht so leise sein«, murmelte ich gähnend.

Julian blieb überrascht stehen. »Du weißt aber schon, dass es ziemlich spät ist, oder?«

Ich nickte und gähnte erneut. »Oder ziemlich früh. Je nachdem.«

»Was machst du denn noch?« Er runzelte die Stirn und trat näher.

»Mich vom Schlafen abhalten«, gab ich zurück, während Julians Blick neugierig über meine Notizen huschte.

»Du hast dich also für das Porträt entschieden«, stellte er fest. Er klang nicht besonders erfreut, aber ich war zu müde, um mich zu fragen, warum.

Ich antwortete nicht, und Jules nickte nachdenklich. Er zog seine Schlüsse aus meinem Schweigen. Die falschen zwar, aber ich konnte ihm jetzt nichts von dem Kuss erzählen und erst recht nicht, dass ich ihn gerne wiederholen würde. Mehr als nur einmal.

Ich hatte gar keine Entscheidung getroffen, und das würde vermutlich noch ein großes Problem werden.

Meine Augen brannten, als ich den Laptop schließlich herunterfuhr und mein Handy zur Seite legte. »Wo kommst du eigentlich so spät noch her?«, wollte ich wissen und stand auf.

Julian schnitt eine Grimasse. »Ich war bei Nina. Sie ist sehr … anhänglich im Moment.«

»Also schießt du sie bald ab.« Ich streckte mich, und mein Rücken knackte hörbar.

Jules seufzte und rieb sich übers Gesicht. »Keine Ahnung. Lass uns wann anders drüber reden, ja? Ich muss dringend ins Bett.«

Er wartete meine Antwort nicht ab, sondern verschwand gleich in seinem Zimmer. Seufzend folgte ich seinem Beispiel, ging in mein eigenes Zimmer und ließ mich auf mein Bett fallen. Ich war todmüde und erschöpft, trotzdem konnte ich immer noch nicht einschlafen.

Als ich es schließlich doch tat, träumte ich von tiefbraunen Augen und Küssen, die mir den Verstand raubten.

Tessa

Schreie weckten mich. Schrille, angsterfüllte Schreie. Sie klangen anders als sonst. Nicht so wütend. Viel panischer. Ich wollte mir die Decke über den Kopf ziehen und wieder einschlafen. Nichts mehr hören. Ich wollte nicht wissen, was da unten vor sich ging.

Mein Herz hämmerte schmerzhaft in meiner Brust, ich konnte kaum atmen. Tränen brannten in meinen Augen, ohne dass ich überhaupt wusste, was los war.

Aber es war etwas Schlimmes. Ganz sicher.

In der Küche ging etwas zu Bruch. Ich hörte, wie etwas klirrend auf den Fliesen zersprang. Der nächste Schrei war leiser.

Angst packte mich, lähmte mich für einen Moment.

Ich musste hier raus, musste hier weg. Sonst würde ich die Nächste sein.

Als ich aufstand und meine Füße den Boden berührten, zitterte ich wie Espenlaub. Vorsichtig schlüpfte ich aus meinem Zimmer, huschte die Treppe hinunter und übersprang die dritte Stufe von unten, die immer knarzte, wenn man auf sie trat.

Sie durften nicht merken, dass ich mich davonstehlen wollte.

Ein leises, verzweifeltes Wimmern aus der Küche ließ mich jedoch wie erstarrt stehen bleiben.

Das Blut pulsierte so laut durch meinen Körper, dass ich für einen Augenblick kaum etwas anderes wahrnehmen konnte.

Dann drehte ich mich langsam Richtung Küche um. Alles in mir schrie danach, einfach wegzulaufen, durch die Nacht zu rennen und mich irgendwo zu verstecken, wo mich niemand finden würde.

Trotzdem ging ich den Flur hinunter. Heiße Tränen liefen über meine Wangen.

Lauf weg, lauf weg, lauf weg.

Wieder ein Wimmern. Mom.

Ich spähte um die Ecke, sah sie am Boden liegen, und Mike, der sich über sie beugte, die Hände fest um ihren Hals. Dann sah ich nur noch einen reglosen Körper auf den Küchenfliesen, fühlte einen entsetzlichen Schmerz, als etwas in mir starb.

Überall war Blut. So viel Blut.

Es war mein eigener Schrei, der mich weckte. Panisch riss ich die Augen auf und fuhr hoch. Mir drehte sich der Magen um.

Ich schaffte es noch aus dem Bett und ins Bad, bevor ich mich in die Toilette erbrach. Mein Magen zog sich schmerzhaft zusammen, mein Hals brannte. Die Magensäure, die durch meine Speiseröhre nach oben schoss, trieb mir Tränen in die Augen.

Die Bilder wollten nicht verschwinden. Warum ließen sie mich nicht endlich los?

Schluchzend übergab ich mich ein weiteres Mal. Wieder verkrampfte sich mein Magen.

Mit zitternden Händen betätigte ich die Spülung, ließ mich auf den Boden sinken und schlang die Arme um meine Beine. Ich schloss die Augen und lehnte den Kopf an die Wand. Der leblose Körper aus meinem Albtraum wurde abgelöst von Logan, der still auf dem Absatz im Treppenhaus des Hotels lag.

Ich schauderte und zog meine Beine enger an meinen Oberkörper. Immer noch sah ich überall Blut.

Die Fliesen in meinem Rücken waren kalt, mein Mund war trocken und fühlte sich pelzig an. Ich musste aufstehen und meine Zähne putzen, aber ich konnte mich nicht bewegen. Stattdessen blieb ich sitzen und starrte ins Leere. Starrte ins Leere und ließ mich von meinen Erinnerungen in die Tiefe ziehen. Dunkelheit umfing mich. Keine wohltuende Dunkelheit, die auslöschte, was geschehen war. Nein, sie tat weh, ließ mich beben und schluchzen.

Irgendwann – ich wusste nicht, wie lange ich im Bad auf dem Boden saß – klopfte es an der Tür meiner Suite.

Ich versuchte, es auszublenden, weil ich einfach nur in Ruhe gelassen werden wollte, aber wer auch immer da vor der Tür stand, klopfte beharrlich weiter. So lange, bis ich es schließlich nicht mehr ignorieren konnte.

Stöhnend rappelte ich mich hoch, spülte mir kurz den Mund aus und schlüpfte in einen Bademantel.

»Ich komme ja schon«, murrte ich und riss die Tür auf. Mallory stand draußen auf dem Flur und begutachtete mich mit hochgezogenen Augenbrauen. »Du siehst scheiße aus!«, sagte sie und schob sich an mir vorbei.

Seufzend schloss ich die Tür hinter ihr.

Mallory tobte. Paula tobte. Die Produzenten tobten. Die Presse dagegen überschlug sich förmlich.

»Ich kann nicht fassen, dass Logan etwas so Dummes getan hat! Ich hätte besser hierbleiben sollen.«

Seit einer halben Stunde saß Mallory an dem kleinen, runden Tisch in meinem Hotelzimmer und telefonierte. Ich hatte mir in der Zwischenzeit die Zähne geputzt und mich angezogen. Dabei hörte ich ihr Gespräch mit und fragte mich gleichzeitig, warum sie ausgerechnet von meiner Suite aus ihren Assistenten zusammenstauchen musste. Der arme Kerl konnte echt nichts dafür, dass Logan so ein Idiot war.

Und wann war sie aus L.A. angereist? Es war noch früh, sie musste direkt in den ersten Flieger gestiegen sein, als sie erfahren hatte, was passiert war. Sie war nach den ersten beiden Wochen der Dreharbeiten nach L.A. zurückgeflogen, weil die Agentur ohne sie wohl in ihre Bestandteile zerfiel. Jetzt allerdings schien sie sich zu wünschen, sie wäre hier vor Ort gewesen, um Logan im Auge zu behalten.

»Du wirst der Presse genau das sagen, was wir besprochen haben! Verstanden?«, schimpfte sie aufgebracht.

Ich ließ mich auf mein Bett fallen und beobachtete Mallory. Es war das erste Mal, dass ich sie derartig gestresst erlebte.

Dabei überraschte es mich nicht, dass Logans Sturz kein Geheimnis geblieben war. Dafür hatten zu viele Leute von der ganzen Sache Wind bekommen: Das Hotelpersonal, das ich völlig aufgelöst um Hilfe gebeten hatte, nachdem ich einen Krankenwagen gerufen hatte. Die Sanitäter, die Logan abgeholt hatten, und zu guter Letzt auch die Polizisten, die informiert worden waren, um zu klären, wie es zu dem Sturz kommen konnte.

Außer einem kleinen Kreis Eingeweihter hatte das bisher niemand erfahren. Für die Öffentlichkeit und den größten Teil der Crew war es einfach Pech gewesen, ein Unfall.

Aber dank Mallorys Gespräch mit ihrem Assistenten wusste ich jetzt darüber Bescheid, was genau passiert war, und ich hasste Logan dafür.

Er war bis obenhin zugedröhnt gewesen. Kein Mensch wusste, warum er die Treppe anstelle des Aufzugs genommen hatte, und Logan konnte sich an nichts erinnern. Auch nicht daran, warum er gestürzt war. Vermutlich war er gestolpert. Immerhin hatte er so viel Glück gehabt, dass er sich bei dem Sturz nicht das Genick gebrochen hatte. Drei gebrochene Rippen und eine Gehirnerschütterung waren das Ergebnis seines Rausches.

Vielleicht machte es mich zu einem schlechten Menschen, aber ich empfand kein Bedauern über seine Verletzung. Er tat mir nicht einmal leid.

Er hatte sich mit Drogen vollgepumpt, und wir anderen waren jetzt gezwungen, mit den Konsequenzen zu leben. Die Dreharbeiten mussten unterbrochen werden, weil er für eine Weile ausfallen würde.

»Kümmere dich darum! Ich will wissen, was auf uns zukommt!«, blaffte Mallory und legte auf, ohne auf eine Antwort zu warten. Wütend warf sie ihr Handy auf den Tisch und raufte sich die Haare.

Dann endlich drehte sie sich zu mir um und schenkte mir ein schmallippiges Lächeln. »Logan ist ein Idiot«, sagte sie.

»Das ist ja nichts Neues. Mallory, was machst du hier?«, erwiderte ich und setzte eine ausdruckslose Miene auf.

»Was soll ich hier schon machen? Ich kümmere mich um den Scheiß, den Logan uns eingebrockt hat!« Sie sprang auf und begann im Raum auf und ab zu gehen. Die Absätze ihrer High Heels hinterließen Abdrücke in dem weichen Teppichboden. »Gott, warum habe ich noch mal aufgehört zu rauchen?«

»Ich meinte, was machst du hier in meinem Zimmer?«, präzisierte ich und verschränkte die Arme vor der Brust. Mallory blieb stehen. Ich entdeckte Falten in ihrer Seidenbluse, Strähnen ihres blonden Haares hatten sich aus ihrem Knoten gelöst. Sie sackte in sich zusammen.

»Ich brauche deine Hilfe«, erklärte sie schließlich und stemmte die Hände in die Hüften.

Ich erstarrte.

Sag Nein. Egal, worum genau es geht, sag Nein.

»Wobei?«, fragte ich gedehnt, obwohl ich längst ahnte, worum es ging. Mallory hatte ihr Telefonat nicht umsonst in meinem Zimmer geführt.

Sie seufzte und ließ sich wieder auf den Stuhl fallen. »Logan hat ein Problem.«

»Ja, das habe ich mitbekommen.«

Mallory sah auf, als sie den scharfen Unterton in meiner Stimme bemerkte. Sie zog die Augenbrauen hoch. »Er braucht Hilfe.«

»Was du nicht sagst«, erwiderte ich bissig.

»Tessa, was ist los mit dir?« Sie runzelte die Stirn, tiefe Sorge stand in ihren Augen.

»Gar nichts. Was soll denn sein?« Trotzig reckte ich das Kinn.

»Du bist doch sonst nicht so …« Sie brach ab, als würden ihr die richtigen Worte fehlen. Unruhig tippte sie mit den Fingern auf den Tisch, ihre Nägel machten klackernde Geräusche auf dem Holz.

Sie hatte recht. Für gewöhnlich war ich nicht so kühl und reserviert. Nicht so wütend. Aber es fiel mir schwer, so zu tun, als wäre alles in Ordnung.

»Der gestrige Abend war sehr ... aufwühlend.« Ich senkte den Kopf und wich ihrem Blick aus, versuchte, in meine übliche Rolle zu schlüpfen.

Mallory nickte mitfühlend. »Es tut mir sehr leid, dass du das miterleben musstest.«

Einen Moment lang schwiegen wir. Mallory abwartend, während ich versuchte, das Unvermeidliche hinauszuzögern.

Schließlich gab ich seufzend nach. »Warum brauchst du meine Hilfe?«

Ein erleichtertes Lächeln huschte über Mallorys Züge, verblasste aber sofort wieder. »Es geht nicht darum, dass *ich* deine Hilfe brauche. Logan braucht deine Hilfe.«

»Nein«, platzte ich heraus, bevor sie es sagen konnte.

»Du weißt doch gar nicht, worum ich dich bitten möchte.« Mallory lachte nervös.

Ich sprang auf und baute mich vor ihr auf. »Mir ist egal, worum es geht. Ich will damit nichts zu tun haben.«

»Lass es mich wenigstens erklären.«

»Nur, wenn du nicht wieder versuchst, mich davon zu überzeugen, mit Logan ein Liebespaar zu spielen.« Ich verschränkte die Arme vor der Brust, doch Mallory schwieg. »Mallory, komm schon! Das kann nicht dein Ernst sein!« Entsetzen schwang in meiner Stimme mit.

»Logan braucht gute Publicity! Etwas, das von dieser höchst brisanten Angelegenheit ablenkt. Wenn ihr beide wieder zusammenkämt, würde sich niemand mehr dafür interessieren, warum er die Treppe hinuntergefallen ist.« Mallory setzte ein gewinnendes Lächeln auf, aber sie wirkte selbst nicht besonders überzeugt von dieser Idee.

Nachdenklich betrachtete ich sie. »Hat er ein Drogenproblem, oder war das eine einmalige Sache?«

Wieder schwieg Mallory, und ich seufzte.

»Also hat er ein Drogenproblem«, schlussfolgerte ich und fuhr mir mit beiden Händen durch die Haare.

Mein Kopf dröhnte. Hätte Mallory mich nicht morgen erst überfallen können? Andererseits lenkte ihr Vorschlag mich wenigstens von meinen Albträumen ab. Was auch immer das über mich aussagte.

»Seit wann?«

»Seit ein paar Monaten. Laura hatte keinen besonders guten Einfluss auf ihn. Es ist ein Wunder, dass das noch nicht rausgekommen ist.«

»Ich kann das nicht machen. Und ich will auch nicht«, sagte ich bestimmt. Auf einmal schlich sich Cole in meinen Kopf, und das Blut schoss mir in die Wangen. Ich wollte jetzt nicht an ihn denken, es war der absolut falsche Zeitpunkt dafür, aber ich konnte nichts dagegen tun.

Mallory seufzte und ließ ihr Smartphone in die Handtasche gleiten. »Das hatte ich befürchtet. Ich verstehe dich, aber einen Versuch war es trotzdem wert.« Sie schenkte mir ein kurzes Lächeln und stand auf. »Ich muss jetzt zu Logan ins Krankenhaus.«

Ich drehte mich zu ihr um, als sie zur Tür ging. »Mallory? Sorg dafür, dass er einen Entzug macht.«

Mit verschränkten Armen stand ich am Fenster und starrte reglos nach draußen.

Während der letzten Stunden hatte sich die Straße vor dem Hotel gefüllt. Es war noch früh, gerade mal Mittag. Aber die

Nachricht von Logans Sturz hatte sich verbreitet wie ein Lauffeuer. Fotografen, Journalisten, Paparazzi. Alle lauerten darauf, dass Logan aus dem Krankenhaus kam, um einen Blick auf ihn zu erhaschen. Ich wollte mir gar nicht vorstellen, wie voll es vor dem Krankenhaus gerade sein musste.

Leider waren die Aasgeier aber nicht nur wegen Logan da. Jemand hatte wohl durchsickern lassen, dass ich meinen bewusstlosen Ex-Freund im Treppenhaus des Hotels gefunden hatte, und jetzt wollten sie ein Statement. Bisher hatte ich mich geweigert, was dazu geführt hatte, dass die wildesten Spekulationen im Umlauf waren. Dass ich unter Schock stand, weil ich immer noch in Logan verliebt war, war das harmloseste Gerücht. Das absurdeste war allerdings die Unterstellung, ich hätte ihn geschubst – der peinliche Versuch eines Klatschmagazins für eine reißerische Schlagzeile.

Seufzend wandte ich mich vom Fenster ab, ich konnte nicht ewig nach draußen starren und mir wünschen, sie würden einfach verschwinden. Unschlüssig griff ich nach meinen Stricksachen, als mein Handy klingelte. Ich rechnete mit Susan – sie hatte bestimmt schon erfahren, was los war –, aber es war Ellas Name, der mir vom Display entgegenleuchtete.

»Na, bist du neugierig?«, fragte ich, als ich das Gespräch lächelnd annahm.

»Nur ein bisschen.« Sogar durchs Telefon konnte ich das Grinsen in ihrer Stimme hören und erwartete eine Bemerkung zu Logans Sturz, doch stattdessen fragte sie: »Stimmt es, dass die Dreharbeiten pausieren müssen?«

»Leider ja. Wann wir weitermachen können, hängt davon ab, wie schnell Logans Brüche verheilen. Und die Ärzte wollen dazu natürlich keine präzise Aussage machen, was ich sogar verstehen kann. Aber das macht die Sache nicht besser. Ohne

Logan können wir nicht weiterdrehen, weil es fast nur noch Szenen gibt, in denen wir zusammen auftreten müssen.« Ärger hatte sich in meine Stimme geschlichen. Ich konnte immer noch nicht fassen, dass wir diese Pause nur machen mussten, weil Logan sich abgeschossen hatte. Idiot.

Ella schwieg einen Moment. »Heißt das, du fliegst zurück nach L.A.? Denn wenn du das nicht tust, könntest du uns vielleicht doch zur Halloweenparty begleiten«, sprudelte es dann aus ihr heraus.

Ich wollte Ja sagen. Einfach zustimmen, ohne mir Gedanken zu machen, ob das eine gute Idee war.

Aber ich grübelte darüber nach, ob ich Faerfax verlassen und nach L.A. zurückkehren sollte, seit ich erfahren hatte, dass die Dreharbeiten für mehrere Wochen aussetzen würden. Gebrochene Rippen verheilten eben nicht so ohne Weiteres.

»Ich hab mich noch nicht entschieden«, erwiderte ich vage.

»Wir fänden es auf jeden Fall toll, wenn du bleibst.«

Mir wurde das Herz schwer. »Ich auch.« Das war nicht einmal gelogen. Doch so viele Gründe sprachen dagegen zu bleiben. Dennoch sträubte ich mich gegen den Gedanken, nach L.A. zurückzukehren. Was sollte ich in dieser Stadt? Mich wieder verkriechen und nur das Haus verlassen, wenn ich Termine hatte? Trübsal blasen? Mich von Susan umsorgen lasen, die sich davor fürchtete, was die Zeit in Faerfax mit meiner geistigen Gesundheit angerichtet hatte?

Die Albträume würden nicht verschwinden, wenn ich ging. Ich würde mich in Los Angeles nicht besser fühlen, sondern nur in alte Muster verfallen, damit alle um mich herum glaubten, es würde mir gut gehen.

Wenn ich dagegen blieb, könnte ich weiterhin Zeit mit Ella, Julian, Cassidy und Jamie verbringen. Und mit Cole.

In meinem Inneren begann etwas zu flattern.

»Tessa? Kann ich dich mal was fragen?« Unsicherheit schwang in Ellas Stimme mit, und ich horchte auf.

»Klar. Ist alles okay?«

»Ja, alles gut. Ich wollte nur … Was läuft da eigentlich zwischen dir und Cole? Ich wollte dich das schon längst fragen, aber irgendwie geht mich das ja auch nichts an und …« Sie brach ab.

Ich erstarrte, meine Gedanken überschlugen sich. Hatte Cole ihr von dem Kuss erzählt? Meine Wangen begannen zu glühen.

»Was genau meinst du?«, krächzte ich und schluckte, um die plötzliche Enge in meinem Hals wieder loszuwerden.

Ella lachte hell auf. »Ach, Tessa. Irgendwas muss da zwischen euch sein. Wenn ich daran denke, wie Cole am ersten Abend auf dich reagiert hat, und dann daran, wie er sich letztes Mal verhalten hat, na ja – «

»Er hat mich geküsst«, platzte es aus mir heraus, bevor ich mich aufhalten konnte.

Und ich habe mich nicht dagegen gewehrt.

»Was?« Ihre Stimme schoss eine Oktave in die Höhe. »Wann? Und wo?«

»Kann ich vorbeikommen?«, fragte ich, anstatt zu antworten. Wenn ich ihr die Geschichte erzählte, wollte ich das persönlich machen.

»Natürlich. Ich bin nur noch nicht zu Hause. In einer Stunde?«

»Okay. Bis gleich.«

»Bis gleich. Stell dich darauf ein, dass ich alles wissen will!«

Lachend verabschiedeten wir uns voneinander.

Ich wollte mein Smartphone gerade aufs Bett werfen, als es wieder zu klingeln begann. Dieses Mal war es tatsächlich Susan.

»Hey«, sagte ich, als ich das Gespräch entgegennahm.

»Tessa? Geht's dir gut?« Susans vertraute Begrüßung zauberte mir ein schwaches Lächeln aufs Gesicht. Wenigstens eine Sache, die sich nicht verändert hatte.

»Ja, alles in Ordnung.«

»Bist du sicher? Ich hab gehört, was passiert ist. Du hast Logan gefunden?« Ein mehr als besorgter Unterton schwang in ihrer Stimme mit.

Jäh flammte erneut das Bild von ihm vor meinem inneren Auge auf, wie er reglos auf dem Treppenabsatz gelegen hatte. Mein Magen rebellierte, und ich schüttelte die Erinnerung mit Mühe ab.

»Ja, hab ich. Aber mir geht's gut. Ehrlich!«

»Bist du sicher?«, bohrte Susan nach, und meine Lüge zersprang in tausend winzige Splitter.

»Ja. Nein.« Ich seufzte. »Eigentlich möchte ich es nur vergessen.«

Suzie schwieg ein paar Sekunden. »Kann ich dir irgendwie helfen?«, fragte sie dann, doch ihre erstickte Stimme verriet mir, dass sie gerade mit ihren eigenen Erinnerungen zu kämpfen hatte.

»Nein, ich glaube, damit muss ich allein fertigwerden.«

»Na schön, aber wenn dir doch was einfällt, sagst du mir auf jeden Fall Bescheid!«

»Mach ich«, versprach ich. Wir schwiegen einen Moment, und plötzlich wünschte ich mir, sie wäre hier. Dann würden wir uns aufs Sofa kuscheln und so lange alte Filme gucken, bis wir vergaßen, dass es noch eine Welt außerhalb dieses Zimmers gab.

»Wie geht's jetzt weiter? Werden die Dreharbeiten ausgesetzt?«, durchbrach Suzie schließlich die Stille.

Dankbar ging ich auf den Themenwechsel ein. Gut, es war kein richtiger Themenwechsel, aber zumindest drehte unser

Gespräch sich jetzt nicht mehr um Logans Unfall. »Ja. Es ist noch nicht ganz klar, wann es weitergehen kann.« Ich ließ mich aufs Sofa fallen und zog die Beine an.

»Also kommst du nach Hause? Oder«, sie zögerte kurz, »willst du noch bleiben?«

Ich erstarrte. Susan kannte mich viel zu gut. »Ich weiß es nicht.« Meine Stimme klang plötzlich seltsam belegt, und in mir begann etwas aufgeregt zu flattern. »Nein, das stimmt nicht. Ich glaube, ich würde gerne noch eine Weile hierbleiben.«

Erst vor ein paar Minuten hatte ich Ella gesagt, dass ich mich noch nicht entschieden hätte, und auch jetzt hatte ich noch keine *endgültige* Entscheidung getroffen. Ich hatte noch nicht einmal wirklich darüber nachgedacht.

Aber da war etwas in mir. Eine Stimme, die mir eindringlich zuflüsterte, zu bleiben.

»Ich hab so ein Gefühl, als wäre ich hier noch nicht fertig. Es gibt hier Menschen, die mich wirklich gernhaben, und … keine Ahnung. Ich glaube, ich möchte noch mehr Zeit mit ihnen verbringen.« Aufgeregt sprudelten die Worte aus mir heraus, und mit jeder Sekunde fühlte es sich richtiger an.

Am anderen Ende der Leitung atmete Susan tief aus, bevor sie antwortete: »Also, ich bin ganz ehrlich. Ich würde mir weniger Sorgen machen, wenn du nach Hause kämst. Aber ich verstehe dich. Ich freue mich so sehr, dass du Freunde gefunden hast. Und ich weiß, dass ich jetzt wieder die überbesorgte Tante raushängen lasse, aber bitte sei trotzdem vorsichtig, ja? Du kennst diese Leute erst seit ein paar Wochen, und du hast zwar eine gute Menschenkenntnis, aber ich weiß auch, wie schwer es dir fällt, Leuten etwas vorzulügen, die dir etwas bedeuten. Aber –«

»Du glaubst, dass ich ihnen die Wahrheit sagen will?«, fiel ich ihr ins Wort.

»Ich weiß nicht. Willst du?«

Mein erster Reflex war, es zu verneinen. Aber irgendwo tief in mir drin wusste ich, dass das nicht wahr war. Ein Teil von mir wollte die Wahrheit sagen. Doch ein anderer, viel stärkerer Teil von mir, hatte zu viel Angst davor. »Manchmal«, erwiderte ich ehrlich.

»Das kann ich verstehen. Und glaub mir, ich will, dass du Freunde hast und dass du glücklich bist, aber wenn du dich dazu entschließen solltest, jemandem die Wahrheit zu erzählen ... Überleg dir vorher, ob du bereit bist, den Preis dafür zu zahlen.«

Müde rieb ich mir übers Gesicht. »Ich weiß. Und ich weiß, dass es dumm ist, allein schon darüber nachzudenken, ehrlich. Aber seit sechs Jahren denke ich nur an meine Karriere und versuche, zu vergessen, was passiert ist. Ich tue so, als wäre ich jemand anders, damit ich mich nicht damit befassen muss. Ich arbeite ununterbrochen. Ich habe keine Freunde, niemand weiß, wer ich wirklich bin. Aber jetzt ... ich ... keine Ahnung.«

»Denk in Ruhe darüber nach. Ich möchte nur ... Wenn du es jemandem sagen willst, sei dir sicher, dass du der Person ehrlich vertrauen kannst. Denn wenn die Presse Wind davon bekommt ...« Sie atmete stockend ein. »Ich kann dich nicht auch noch verlieren.«

Meine Augen begannen zu brennen. »Das wirst du auch nicht«, erwiderte ich leise. Meine Gedanken huschten zu Cole. Ich hatte Susan noch immer nichts von ihm erzählt. Nicht mehr, als dass er ein Freund von Ella war. Dass er bei der Zeitung arbeitete und mich gestern geküsst hatte, davon konnte ich ihr nichts erzählen. Denn sosehr sie mir auch vertraute, ihm würde sie nie vertrauen. Und ich wusste, dass es das Beste wäre, wenn ich es auch nicht täte.

»Ich weiß. Glaub mir, ich weiß das. Eigentlich. Ich bin halt ein Angsthase.« Sie seufzte. »Ich muss bald mal lernen, dich loszulassen. Vielleicht sollte ich mir eine Katze zulegen. Ein bisschen Gesellschaft würde mir auch nicht schaden.«

»Du möchtest mich durch eine Katze ersetzen?« Ein unterdrücktes Lachen brach aus mir heraus.

»Nicht ersetzen, nur ein bisschen die Leere füllen.« Sie schlug einen neckenden Tonfall an, bemühte sich, die bedrückende Stimmung, die sich zwischen uns ausgebreitet hatte, zu vertreiben.

Ich sparte es mir, sie darauf hinzuweisen, dass sie ohnehin die meiste Zeit allein war, wenn ich arbeitete. Es war kein Unterschied, ob ich nicht zu Hause war, weil ich einen neuen Film drehte, oder mich dafür entschied, in einer anderen Stadt zu leben. Selbst wenn es nur für eine Weile war.

»Suzie …«

»Trau dich jetzt bloß nicht, meinetwegen ein schlechtes Gewissen zu bekommen. Meine Katze und ich werden sehr glücklich miteinander werden. Außerdem kommst du ja wieder nach Hause. Irgendwann«, fügte sie leise hinzu, ihre Stimme klang belegt.

»Natürlich«, presste ich hervor und hielt krampfhaft die Tränen zurück.

»Also, dann sag mir noch mal, dass es dir gut geht, ja?«

»Mir geht es gut. Versprochen.«

»Okay. Und wenn nicht …«

»Rufe ich dich an«, beendete ich ihren Satz.

Als wir uns schließlich voneinander verabschiedeten, fühlte ich mich auf eine gewisse Weise leichter, weil ich eine erste Entscheidung getroffen hatte.

Ich würde bleiben.

20. KAPITEL

Tessa

»Und wie geht es jetzt weiter?«, fragte Ella mit aufgeregt leuchtenden Augen, als ich schließlich verstummte.

Ich hatte ihr jedes noch so kleine Detail meines Abends mit Cole erzählt. Sogar das, was ich ihm über meine Familie gesagt hatte. Sonst hätte ich mir irgendwas ausdenken müssen, was meine plötzliche Flucht gerechtfertigt hätte, und ich wollte Ella nicht anlügen. Ich wollte ihr die Wahrheit sagen und dann hoffentlich einen guten Rat bekommen.

Ich seufzte. »Keine Ahnung.«

»Hatte der Kuss etwas zu bedeuten? So gefühlstechnisch?«

»Keine Ahnung.« Frustriert vergrub ich mein Gesicht in den Händen.

»Also ja. Ich kenne dich noch nicht besonders lange, aber du würdest niemanden einfach so küssen, wenn da nichts zwischen euch wäre. Das Gleiche gilt übrigens für Cole. Und ihn kenne ich schon ewig.«

»Wieso hat er eigentlich keine Freundin?«, erkundigte ich mich in dem vergeblichen Versuch, mich davon abzulenken, ob und was da zwischen uns war.

Da war gar nichts. Gar nichts! Da *durfte* nichts sein. Und wenn, dann war es reine körperliche Anziehungskraft. Auf gar keinen Fall hing das mit Gefühlen zusammen.

Ella zuckte mit den Schultern. »Er arbeitet zu viel. Keine

Frau will nur an zweiter Stelle hinter der Uni und dem Job bei der Zeitung stehen. Ich weiß, Cole kann manchmal ein Arsch sein, aber im Grunde ist er einer von den Guten. Er lässt sich halt nur dauernd so von seiner beschissenen Familie fertigmachen, obwohl er es gar nicht nötig hat. Er ist besser als sie alle zusammen. Also, als Mensch. Von Journalismus habe ich keine Ahnung. Aber ich würde wetten, dass er auch da besser ist. Es wird nur Zeit, dass er das endlich mal einsieht.«

Ich schwieg, kuschelte mich tiefer in die Sofapolster und starrte gedankenverloren ins Leere.

»Ich werde hierbleiben«, sagte ich schließlich leise, und Ella schnappte überrascht nach Luft.

»Was?«

»Während der Drehpause werde ich hierbleiben.« Ich wandte ihr mein Gesicht zu, und als ich ihrem strahlenden Lächeln begegnete, musste ich ebenfalls grinsen.

»Das ist toll!« Ein grüblerischer Ausdruck trat auf ihr Gesicht, der die Freude in ihren Augen ein wenig dämpfte. »Wegen Cole?«

Energisch schüttelte ich den Kopf. »Nein. Um ihn geht es dabei nicht. Ich habe zum ersten Mal in meinem Leben das Gefühl, irgendwohin zu gehören«, murmelte ich mit rauer Stimme. Es war total paradox. Vollkommen absurd. Ich gehörte ganz sicher nicht nach Faerfax. Nicht nach allem, was ich hier durchgemacht hatte. Trotzdem wurde ich das Gefühl nicht los, dass es richtig war, zu bleiben.

Und ein leises Stimmchen in meinem Inneren flüsterte mir doch immer wieder Coles Namen zu.

»Vielleicht tust du das ja auch«, erwiderte Ella und drückte sanft meine Hand. Sie schien zu spüren, dass mehr in mir vorging, als ich ihr erzählte.

Ich lächelte traurig. »Nein, eigentlich nicht. Faerfax ist nicht …« Ich brach ab und verzog hilflos das Gesicht. »Ich kann's dir nicht erklären.«

Trotzdem ertappte ich mich bei dem Wunsch, es zu tun und wenigstens ihr alles zu sagen. Doch dann kamen mir Susans Worte wieder in den Sinn, und so gerne ich Ella vertrauen wollte, sosehr ich es schon tat, es reichte nicht.

»Musst du auch nicht. Ich habe keine Ahnung, was du erlebt hast, aber dir geht es nicht gut, das würde sogar ein Blinder sehen. Wenn du das Gefühl hast, bleiben zu wollen, dann tu es. Wenn du gehen willst, dann geh. Das ist deine Entscheidung, und die triffst du danach, wie es dir am besten geht, okay?«

Mit brennenden Augen nickte ich. »Okay.«

Aufmunternd stupste Ella mich an. »Und was Cole angeht: Wenn du bleibst, hast du genug Zeit, um herauszufinden, was genau da zwischen euch ist.«

Als ich Ella ein paar Stunden später verließ und mich auf den Weg zurück zum Hotel machen wollte, piepte mein Handy und zeigte eine Nachricht von Mallory, die mich abrupt innehalten ließ.

Logan wollte mich sehen.

Mein Magen machte einen holprigen Satz. Warum sollte Logan mich sehen wollen?

Dann wurde mir klar, dass Mallory ihm wahrscheinlich erzählt hatte, dass ich bei ihrer dämlichen Scharade nicht mitspielen würde, und jetzt wollte er selbst noch mal versuchen, mich zu überreden. Ich kannte Logan gut genug, um das zu wissen. Er schien mich allerdings gar nicht zu kennen. Sonst wäre ihm klar, dass mich nichts auf der Welt dazu bringen würde, seiner Bitte nachzugeben.

Das Beste wäre, Mallorys Nachricht einfach zu ignorieren und zum Hotel zurückzugehen. Logan hatte sich den Mist selbst eingebrockt, sollte er doch zusehen, wie er allein wieder aus dem Scheiß herauskam.

Andererseits wollte er sich vielleicht auch bloß entschuldigen. Nachdenklich starrte ich auf Mallorys Nachricht. Letzten Endes spielte es jedoch auch gar keine Rolle, wie wütend ich auf Logan war und wie wenig ich sein Verhalten verstehen konnte. Ich verlor gegen mein Gewissen, das mir ewig Vorhaltungen machen würde, wenn ich Logan seine Bitte abschlug, und rief ein Uber, das mich innerhalb weniger Minuten zu dem Krankenhaus brachte, in dem Logan lag.

Auf der Straße war die Hölle los. Unzählige Fotografen und Journalisten belagerten den gegenüberliegenden Bürgersteig. Die Auffahrt zum Eingang des Krankenhauses wurde von Polizisten bewacht, die die geifernde Meute wohl davon abhalten sollten, das Gebäude zu stürmen.

Fassungslos starrte ich aus dem Fenster des Uber. Wie zum Teufel waren die alle innerhalb einer Nacht nach Faerfax gekommen? Und welche Gerüchte waren inzwischen in Umlauf, die eine derartige Masse an Paparazzi rechtfertigten?

Vielleicht sollte ich das Internet doch nicht so konsequent meiden, wie ich es tat. Andererseits war Google für mich das Tor zur Hölle. Als ich fünfzehn war, ein Jahr nachdem ich in die Liga von Hollywoods Jungstars aufgestiegen war, hatte ich meinen Namen gegoogelt. Einmal und nie wieder.

Ich hatte unzählige Sitzungen mit Dr. Philipps gebraucht, bis ich damit klargekommen war, was im Internet über mich verbreitet wurde, völlig gleichgültig, ob es sich dabei um negative oder positive Schlagzeilen handelte.

Danach hatte ich mir geschworen, allen Nachrichten über mich so weit wie möglich aus dem Weg zu gehen.

Gänzlich vermeiden ließ es sich trotzdem nicht, Mallory hielt mich in der Regel auf dem Laufenden, welche Gerüchte über mich aktuell die Runde machten, damit ich in Interviews darauf reagieren konnte.

Der Fahrer murmelte ein paar unflätige Flüche in seinen Bart, als die Polizisten ihn davon abhielten, die Auffahrt hochzufahren, und riss mich damit aus meinen Gedanken.

»Ist schon gut, die paar Meter kann ich auch laufen«, sagte ich, reichte ihm einen Zwanziger und stieg aus, nachdem er das Auto am Straßenrand zum Stehen gebracht hatte.

Ich zog mir die Mütze tief in die Stirn und hastete los. Doch ich kam nicht weit, bevor ich die ersten Paparazzi meinen Namen rufen hörte. Ohne mich umzudrehen, lief ich stur weiter geradeaus. Sollten sie doch daraus machen, was sie wollten. Im schlimmsten Fall würden sie behaupten, dass Logan und ich wieder ein Paar wären. Aber das taten sie ohnehin schon.

Zum Glück schienen mich auch die Polizisten zu erkennen. Mit ernsten Mienen, aber ohne mich aufzuhalten, ließen sie mich die Auffahrt passieren.

Ich trat durch die Drehtür und blieb reglos im Eingangsbereich des Krankenhauses stehen. Im Gegensatz zur Straße herrschte hier drin eine nahezu unheimliche Stille, nur durchbrochen von gedämpften Stimmen, die leise Gespräche führten.

Der Geruch nach Desinfektionsmittel hing so schwer über allem, als könnte er Krankheit und Tod überlagern.

Schaudernd setzte ich mich wieder in Bewegung. Ich hasste Krankenhäuser.

Eine ältere Dame hinter der Rezeption lächelte mir freundlich entgegen. »Was kann ich für Sie tun?«, fragte sie.

»Ich möchte zu Logan Kent.«

Sie nickte, tippte etwas in ihren Computer und verzog dann bedauernd das Gesicht. »Tut mir leid, Mr Kent darf keine Besucher empfangen.«

»Aber ich bin extra hergekommen, weil er mich sehen wollte.«

»Moment.« Sie tippte noch ein paarmal auf ihrer Tastatur herum. »Sagen Sie mir bitte Ihren Namen?«

Verdutzt sah ich sie an. »Tessa Thorn«, antwortete ich schließlich nach einer viel zu langen Pause.

»In Ordnung, Sie dürfen hoch«, sagte sie, lächelte freundlich und nannte mir Logans Zimmernummer.

Mit einem mulmigen Gefühl im Bauch stieg ich die Treppe hoch und wäre am liebsten wieder umgedreht. Erst recht, als ich behutsam an Logans Zimmertür klopfte, woraufhin ein schlecht gelauntes »Herein« ertönte.

Logans Augen weiteten sich überrascht, als ich sein Zimmer betrat. »Da bist du ja endlich.« Er sah furchtbar aus. Seine linke Schläfe zierte ein unschöner blauer Fleck, er war blass, und unter seinen Augen lagen dunkle Ringe. Schweiß ließ seine Haut glänzen.

Ich hob die Augenbrauen. »Sieht so aus, als ob ich es *endlich* geschafft habe«, gab ich mit einem spitzen Unterton zurück. Ich verschränkte die Arme vor der Brust und setzte mich auf den Stuhl neben Logans Bett, ohne jedoch meine Jacke auszuziehen. Ich hatte nicht vor, lange zu bleiben. Schon gar nicht, wenn er so mit mir sprach. »Mallory hat mir geschrieben, dass du mich sehen willst.«

»Ja.« Ein aufgeregtes Lächeln breitete sich auf seinem Gesicht aus.

Verwirrt runzelte ich die Stirn. Was zum Teufel hatten sie ihm gegen die Schmerzen gegeben?

»Schön. Also, hier bin ich. Was willst du?«

»Hilf mir«, stieß er hervor. Seine Haut schien von Sekunde zu Sekunde mehr zu glänzen.

Ich seufzte, ich hatte es doch geahnt. »Logan, ich hab schon mit Mallory gesprochen. Ich werde das nicht machen. Du brauchst nicht mich. Was du brauchst, ist ein Entzug.«

»Aber es ist deine Schuld, dass es überhaupt so weit gekommen ist. Du musst mir helfen!«

Seine Worte verschlugen mir für einen Moment die Sprache, ich schnappte hörbar nach Luft. »Was?«

Mit einem schmerzerfüllten Stöhnen richtete er sich auf, ein fiebriger Ausdruck lag in seinen Augen. »Wenn du mich nicht verlassen hättest, wäre ich nie mit Laura zusammengekommen. Und wenn ich nicht mit Laura zusammengekommen wäre, hätte ich nie angefangen, dieses Zeug zu nehmen, und dann wäre ich nicht gestürzt und würde nicht hier liegen.« Die Worte stolperten aus seinem Mund, er verschluckte einige Silben. »Alles wäre gut, wenn du mich nicht verlassen hättest!«

Fassungslos starrte ich ihn an. »Ist das dein Ernst?« Meine Stimme war nur noch ein kaum hörbares Krächzen.

Hektisch leckte er sich über die Lippen, der Herzmonitor neben seinem Bett gab ein beunruhigendes Piepen von sich. »Ich meine es todernst. Und deswegen hilfst du mir auch aus dieser Scheiße raus!«

Ein hysterisches Lachen stieg in mir auf. Gepaart mit einer Erinnerung, einem ähnlichen Vorwurf.

Ich nehme das nur, damit ich mir keine Sorgen um dich machen muss. Sonst habe ich immer Angst, dass dir etwas passiert. Die Tabletten beruhigen mich.

Moms Stimme tauchte so unvermittelt in meinem Kopf auf, dass ich keuchte und mein Herz sich schmerzhaft zusammenzog. Lüge für Lüge hatte sie mir damals aufgetischt, und ich hatte ihr alles geglaubt. Dass sie sich Sorgen um mich machte,

Angst um mich hatte. Ja, anfangs hatte ich ihr geglaubt. Bis sie den Schrecken in unser Haus geholt hatte.

»Tessa, du musst das tun! Du schuldest mir was!« Logans eindringliche Stimme holte mich in die Gegenwart zurück, sein Blick war drohend auf mich gerichtet.

Nur mit Mühe schaffte ich es, die Erinnerungen auszublenden, mein Magen rebellierte. Ich hätte nicht herkommen dürfen.

»Hast du völlig den Verstand verloren?« Endlich fand ich meine Stimme wieder. Mit wackeligen Beinen erhob ich mich. Ich musste hier weg.

»Geh nicht, Tessa. Du schuldest mir was! Komm zurück zu mir, und es wird alles wieder gut!«

So schnell es meine Beine zuließen, ohne dass ich stürzte, eilte ich Richtung Tür. Wie hatte ich nur annehmen können, er würde sich für sein Verhalten entschuldigen? Gott, was war ich naiv.

»Tessa!« Logans Stimme folgte mir, während ich den Flur entlanghastete.

Unten in der Lobby rief ich mir erneut ein Uber. Die sieben Minuten, die ich dann wartete, kamen mir viel länger vor. Als ich schließlich in das Fahrzeug stieg, war mir eiskalt. Einige Paparazzi folgten dem Uber zu meinem Hotel, aber die meisten blieben am Krankenhaus. Allerdings bezweifelte ich, dass jemand Logan bald zu Gesicht bekommen würde. Nicht in diesem Zustand. Mallory würde Himmel und Hölle in Bewegung setzen, damit er einen Entzug machte.

Die Straße vor dem Hotel war inzwischen fast genauso belagert wie der Platz vor dem Krankenhaus, und ich hatte es nur einigen sehr großen Sicherheitsbeamten zu verdanken, dass ich unbehelligt die Lobby betreten konnte.

Ich nickte dem Rezeptionisten kurz zu und verschwand

schleunigst Richtung Treppenhaus, als ich von irgendwoher Mallorys Stimme vernahm. Zweifellos telefonierte sie wieder mit ihrem Assistenten und versuchte, das Chaos, das Logan angerichtet hatte, in Ordnung zu bringen.

Viel Glück dabei, Mallory.

Erleichtert atmete ich auf, als ich die Treppen nach oben hinaufstapfte. Gott sei Dank hatte sie mich nicht entdeckt. Ich hatte keine Kraft mehr für ein weiteres Gespräch mit ihr. Wenn ich ihr erzählte, was Logan mir an den Kopf geworfen hatte, würde sie vermutlich ausflippen.

Erschöpft trat ich in den Flur zu meinem Zimmer und blieb wie erstarrt stehen. Jemand stand vor meiner Tür, die Hände in die Hosentaschen geschoben. Seine Haare fielen ihm wirr in die Stirn.

Cole.

Cole

»Wie bist du hier reingekommen?« Tessas perplexe Stimme riss mich aus meinen Gedanken und ließ mich aufblicken. Sie war noch einige Schritte von mir entfernt, das Gesicht vollkommen ausdruckslos. Sie hatte sich wieder hinter einer Maske versteckt, und ich musste dem Drang widerstehen, sie an mich zu ziehen und so lange zu küssen, bis endlich wieder das Mädchen vor mir stand, dessen Lachen mir den Atem raubte.

Ich zog die Hände aus den Hosentaschen und hielt ihr den kleinen Ausweis hin, den ich von Eileen bekommen hatte, damit ich das Set ungehindert betreten und verlassen konnte. »Der funktioniert hier auch erstaunlich gut.« Ich verzog den Mund zu einem gezwungenen Grinsen. Tessas Blick, distanziert und kühl, irritierte mich.

»Was machst du hier?« Mit langsamen, vorsichtigen Schritten kam sie auf mich zu. Sie hatte ihre Mauer nicht nur wieder aufgebaut, sie war auch höher denn je.

Ich schluckte schwer. Das gefiel mir nicht. Irgendwas war nicht in Ordnung. Ich konnte nur hoffen, dass der Kuss nicht der Grund dafür war, dass sie sich auf einmal so seltsam benahm.

»Ich wollte mit dir reden. Ich hätte ja vorher angerufen, aber ich hab deine Nummer gar nicht.« Schulterzuckend trat ich einen Schritt auf sie zu, sodass wir nun direkt voreinanderstanden. Erst jetzt fiel mir auf, wie müde sie aussah. Dunkle Ringe lagen unter ihren Augen, sie war noch blasser als sonst. Besorgt musterte ich sie. »Geht's dir gut?«

»Kann mich eigentlich niemand mehr was anderes fragen?« Sie schob sich so plötzlich an mir vorbei, dass ich überrumpelt blinzelte.

Als sie die Tür zu ihrem Hotelzimmer öffnete, drehte ich mich hastig um und folgte ihr. Sie schien damit gerechnet zu haben, denn anstatt mir die Tür vor der Nase zuzuschlagen, ließ sie sie auf.

Ich betrat das Zimmer und schloss die Tür hinter mir.

»Okaaaay. Hast du gut geschlafen?«

Tessa wirbelte zu mir herum, ihre Augen glühten vor Zorn, und ihre Brust hob und senkte sich viel zu schnell. »Was ist dein Problem?«

»Ich hab kein Problem. Du hingegen –«

»Es geht mir gut!«, schrie sie, doch ihre Stimme brach.

»Das sehe ich«, erwiderte ich, ging zu dem kleinen Sofa, zog meine Jacke aus und ließ sie auf die Polster fallen.

Meine Gedanken rasten. Was zum Teufel war los mit ihr? Dann kam mir ein Gedanke, und alles in mir erstarrte.

»Geht's um Logan?« Eifersucht griff mit spitzen Klauen

nach mir, und ich konnte mich nicht dagegen wehren, egal wie sehr ich es versuchte.

Sie schnaubte fassungslos und raufte sich die Haare. »Ja. Ich meine, nein! Es geht nicht um Logan, es geht nicht um diesen verfluchten Film, es geht um …« Sie brach ab, ihre Augen schimmerten verdächtig. Bevor ich mich aufhalten konnte, war ich mit einigen wenigen Schritten bei ihr und zog sie wortlos an mich. Sie wehrte sich nicht, ließ es geschehen und vergrub ihr Gesicht an meiner Schulter.

Ich spürte ihren hämmernden Herzschlag an meiner Brust, spürte, wie schnell sie atmete. Ich wollte ihr helfen, wollte, dass es ihr gut ging.

»Tessa«, wisperte ich sanft. »Was ist los?«

Sie hob den Kopf und starrte mich aus weit aufgerissenen Augen an. Etwas in ihrem Blick jagte glühende Hitze durch meine Adern, und ich zog sie instinktiv noch enger an mich. Meine Hände wanderten über ihren Rücken und schlossen sich um ihre Taille.

Wieder flüsterte ich ihren Namen.

Sie stieß ein Seufzen aus, ein kaum hörbares Geräusch. In der nächsten Sekunde streckte sie sich und legte beide Hände an mein Gesicht. Ich hielt den Atem an, mein Herz pochte wie wild, als sie mit den Fingerspitzen meine Gesichtszüge nachzeichnete. Ein wehmütiger Ausdruck lag in ihren Augen, dann presste sie ihren Mund fest auf meinen. Ich erwiderte den Kuss. Sie öffnete die Lippen, und als unsere Zungen sich berührten, schmeckte ich Verzweiflung und Sehnsucht, Verlangen und Leidenschaft. Mein Körper reagierte auf ihre Berührungen, darauf, wie sich ihre Brust weich an meine drückte.

Ich vergaß alles um mich herum, vergaß, wer das Mädchen in meinen Armen war, vergaß, dass ich aus einem ganz anderen Grund hergekommen war.

Tessas Hände streiften meinen Hals, meine Brust und schlüpften unter mein Shirt. Ich keuchte, ein wohliger Schauer kroch mir über den Rücken.

Sie zupfte an meinem Shirt, und ich kam ihrer Aufforderung nach. Für einen winzigen Moment lösten sich unsere Münder voneinander, und ich sah sie an. Ihre Wangen glühten, ihre Lippen waren feucht und geschwollen, und wieder war da etwas in ihren Augen. Leiser Zweifel.

Ich zog sie an mich, bevor ihre Zweifel lauter werden konnten. Ihr Körper schmiegte sich so perfekt an meinen, als würde er dorthin gehören. Jetzt war ich derjenige, der die Konturen ihres Gesichts nachzeichnete, und ich spürte, wie sie unter meinen Lippen lächelte. Im nächsten Moment drückte sie sich noch enger an mich, ich strich über ihren Rücken und ließ meine Hände unter ihr Oberteil gleiten. Sie bekam eine Gänsehaut und seufzte lautlos.

Mein Körper brannte, stand lichterloh in Flammen. Ich konnte mich nicht erinnern, jemals zuvor ein Mädchen so sehr gewollt zu haben wie Tessa in diesem Moment. Es tat weh, jede Zelle meines Körpers schmerzte. Aber es war ein Schmerz, der in vollen Zügen genossen werden wollte, ausgekostet bis zur letzten Sekunde. Ihre Finger tanzten federleicht über meine Brust, erkundeten jeden Zentimeter, den sie zu fassen bekamen.

Wie im Rausch bewegten sich meine Hände noch ein Stück tiefer, unter ihren Hintern, und ich hob sie hoch. Sie gab einen überraschten Laut von sich, schlang gleichzeitig aber ihre langen Beine fest um meine Hüften und ließ sich von mir zum Bett tragen. Ich stöhnte auf. Gott, sie würde mich noch in den Wahnsinn treiben.

Ich legte sie auf die Matratze und stützte mich mit einem Arm neben ihr ab. Zärtlich küsste ich ihren Hals und saugte daran. Tessa hob ihr Becken an, und ich atmete zischend aus, als sie sich an mich presste. Ich war kurz davor zu platzen, meine Hose wurde allmählich unangenehm eng.

Ich wollte sie. So sehr. Ich wollte mich in ihr vergraben und ihr wieder diese kleinen bettelnden Laute entlocken. Ich wollte –

Als Tessas Hand in meiner Hose verschwand, wurde jeder klare Gedanke im Keim erstickt. Ihre Finger wanderten tiefer, neckend, fordernd, und ich keuchte auf. Fuck. Wenn eine so leichte Berührung schon reichte, dass ich fast kam, wäre das hier verdammt schnell vorbei.

»Tess«, murmelte ich gequält und hob den Kopf. Unsicherheit blitzte in ihren Augen auf, doch was auch immer sie in meinem Gesicht las, es verschwand sofort wieder.

»Mich hat noch nie jemand Tess genannt.« Ihre Stimme war nur noch ein leises, raues Flüstern. Sie kam mir entgegen, und dann lag ihr Mund auf meinem. Verlangend strich ihre Zunge über meine Unterlippe, ihre Finger über meine nackte Haut, und ich erbebte.

Es reichte nicht. Ich wollte mehr.

Ich löste mich von ihr, schob ihre Beine sanft auseinander und kniete mich zwischen sie. Tessa war noch vollständig bekleidet, und auch ich war noch nicht mehr losgeworden als mein Oberteil. Trotzdem – oder gerade deswegen? – wurde mir noch heißer. Meine Hände schlossen sich wie von selbst um den Saum von Tessas Oberteil, und ich rollte den Stoff Stück für Stück nach oben. Als ich meine Lippen auf die weiche Haut ihres Bauches drückte, keuchte sie auf. Ich lächelte.

Oh ja. Genau das wollte ich hören.

Mein Mund folgte meinen Händen. Während ihr Oberteil weiter hochwanderte, küsste ich jeden Zentimeter ihrer freigelegten Haut. Sie wand sich unter mir, und als ich mit den

Lippen über den Stoff ihres hauchzarten BHs strich und ihre Brustwarzen umkreiste, stöhnte sie meinen Namen.

Noch besser.

Als ich ihr das Oberteil über den Kopf zog, griff sie nach mir und zog mich wieder auf sich. Haut traf auf Haut, und ich spürte ihren donnernden Herzschlag an meiner Brust, ein Echo meines eigenen rasendes Pulses. Aus weit aufgerissenen Augen sah sie mich an, so staunend, dass etwas in mir zerbrach. Wieder flüsterte sie meinen Namen. Ich schluckte schwer, und die Hitze, die sich in meinem Körper gesammelt hatte, verwandelte sich in etwas anderes. Tieferes. Und ich begriff, dass ich auch vollkommen glücklich wäre, wenn wir heute einfach nur nebeneinander einschlafen würden. Wenn nichts weiter zwischen uns laufen würde.

Sanft drückte ich meinen Mund erneut auf ihren, ließ meine Hände wieder über ihren Oberkörper wandern und hätte es dabei belassen, hätte Tessa mir nicht ihre Hüften entgegengehoben, als ich am Bund ihrer Jeans ankam.

»Cole, bitte«, wisperte sie, ein leises, aber nachdrückliches Flehen. Ihr Blick war verhangen, die Augen noch dunkler als sonst. Ich wusste genau, was sie wollte, und ich würde es ihr geben. Ich würde ihr gerade alles geben.

Langsam streifte ich ihr die Jeans von den Beinen, entblößte zum zweiten Mal Stück für Stück ihre helle Haut. Ihr Atem ging schneller, genau wie mein eigener. Ich hatte das Gefühl, jeden Moment zu explodieren, jede Faser meines Körpers stand unter Strom. Trotzdem konzentrierte ich mich nur auf sie.

Ich ließ meine Finger über ihre Beine gleiten, erst die Unterschenkel entlang, dann weiter nach oben, bis ich die Innenseiten ihrer Oberschenkel erreichte. Tessa erbebte, als ich meine Hand in ihren Slip wandern ließ und bog den Rücken durch. Ihr Blick war fiebrig, hungrig, als sie mich ansah, dann mein

Gesicht umfasste und mich wieder enger an sich zog. Heiß traf ihr Atem auf meine Haut, ihre Lippen waren geschwollen, ebenso wie meine, als wir uns küssten. Unsere Zungen tanzten umeinander, während ich meine Finger in ihr zu bewegen begann. Behutsam und langsam zuerst, schneller, als sie mir verlangend ihr Becken entgegenkippte. Tessa stöhnte auf, gab wieder diesen kleinen, verführerischen Laut von sich, der mich beinahe um den Verstand brachte.

Ich spürte, wie sie kam, spürte es in jeder Faser meines eigenen Körpers und verschluckte ihren Schrei, als sie wieder und wieder erbebte. Erst nachdem sie ganz ruhig geworden war, rollte ich mich von ihr herunter und zog sie an meine Brust. Sie hatte die Augen geschlossen, ein friedlicher Ausdruck, den ich noch nie bei ihr gesehen hatte, lag auf ihrem Gesicht.

»Tess?«, flüsterte ich. Ich wollte wissen, ob es ihr gut ging, ob alles in Ordnung war, aber ich brachte die Frage nicht über die Lippen.

Flatternd öffneten sich ihre Augen. Ihr Blick war klar, ein strahlendes Lächeln erschien auf ihrem Gesicht.

Dann erlosch ihr Lächeln. »Kannst du … Würdest du heute hierbleiben?«, fragte sie, und die Unsicherheit in ihrer Stimme brach mir fast das Herz.

21. KAPITEL

Tessa

»Ja.«

Die Erleichterung, die mich bei diesem einen Wort durchflutete, ließ mich aufseufzen. Ich wollte nicht allein sein. Nicht heute. Nicht nach dem, was gerade zwischen uns geschehen war. Bei dem Gedanken daran, wie Cole mich berührt hatte, begann mein Körper wieder zu kribbeln. Ich konnte mich nicht erinnern, mich je so gut gefühlt zu haben. Meine Glieder fühlten sich ganz schwer an. Gleichzeitig aber auch unwirklich leicht.

»Gut.«

Coles Lippen strichen sachte über meine Stirn, und ich schmiegte mich enger an ihn. »Ich gehe nirgendwohin.« Seine Stimme war nur ein Hauch, doch ich verstand jedes Wort deutlich, und obwohl er es nicht aussprach, wusste ich, dass er auch dann geblieben wäre, wenn ich ihn nicht darum gebeten hätte.

Mein Herz hatte inzwischen in einen gleichmäßigen Rhythmus zurückgefunden, doch als Cole jetzt sanft über meine Seite strich, machte es einen Satz. Eine Gänsehaut überzog meinen Körper.

»Ist dir kalt?« Cole wollte die Decke über uns ausbreiten, aber ich schüttelte den Kopf.

»Nein, alles gut. Es ist nur ...« Ich brach ab, weil ich keine Ahnung hatte, was *es* war. Irgendwo tief in mir drin, versuchte eine leise Stimme, meine Aufmerksamkeit zu erregen. Ich ignorierte sie. Ich hatte keine Lust, mich jetzt damit auseinanderzusetzen, was das, was gerade zwischen uns passiert war, zu bedeuten hatte. Jetzt wollte ich bloß Coles Nähe genießen. Seine Hände auf meinem Körper, seine Stimme, sein Lächeln. Alles andere war gerade nicht wichtig.

»Was ist?«, fragte Cole sanft.

»Gar nichts. Ich bin einfach nur froh, dass du hier bist.« Die Worte platzten ungefiltert aus mir heraus. Es war das Ehrlichste, was ich seit Langem gesagt hatte. Cole atmete scharf ein, und als ich den Kopf hob, um ihn anzusehen, war sein Blick so weich, so liebevoll, und ich spürte, wie mir das Blut ins Gesicht schoss.

»Ich auch.« Er lächelte mich an. Gott, ich liebte dieses Lächeln.

Oh shit. Wo kam das denn jetzt her?

Verlegen setzte ich mich auf. Cole beobachtete jede meiner Regungen, und auch wenn ich genau wusste, dass mir meine Gefühle gerade viel zu deutlich ins Gesicht geschrieben standen, fragte er nicht nach. Ich war froh darüber, denn ich war mit einem Mal total verunsichert.

»Hast du … Hast du Hunger?«, stammelte ich und sprang auf. Was geschah mit mir? Meine Hände zitterten, als ich mir eine Haarsträhne hinters Ohr strich. Ich sah mich hektisch nach meinen Klamotten um.

Ich merkte erst, dass Cole ebenfalls aufgestanden war, als ich mich umdrehte und direkt in ihn hineinlief.

»Tess«, sagte er sanft. Warum nannte er mich so? Warum klang mein Name so anders, wenn er ihn aussprach? Warum klang Tess so viel weicher als Tessa? Warum –

Meine Gedanken verstummten, als er seine Hände behutsam auf meine Schultern legte.

Ich schluckte schwer und blickte zu ihm auf. Noch immer spielte dieses verdammte Lächeln um seinen Mund. »Mach dir nicht so viele Gedanken. Was hältst du davon, wenn wir Pizza bestellen und uns einen Film ansehen?«

Seine Daumen malten kreisende Bewegungen auf meine Schultern, und allmählich entspannte ich mich wieder.

Ich räusperte mich. »Klingt gut.«

Pizza und ein Film. Das war harmlos, damit konnte ich umgehen.

»Erzähl mir was, das niemand über dich weiß«, forderte Cole mich auf, als er den Pizzakarton auf dem Tisch ablegte und sich dann neben mich aufs Bett warf. Nachdem er seine Pizza verschlungen hatte, hatte er auch noch ein Drittel von meiner verdrückt.

Gegen meinen Willen breitete sich ein Lächeln auf meinem Gesicht aus. Ich konnte nichts dagegen tun. »Etwas, das niemand über mich weiß? Ich glaube, es gibt nichts, das *niemand* über mich weiß.«

»Du hast keine Geheimnisse?«, fragte er ungläubig.

»Das hab ich nicht gesagt. Aber meine Tante weiß so ziemlich alles über mich.«

»Ernsthaft? So alles alles?«

Ich nickte, und Coles Augen wurden größer.

»Du warst aber schon in der Pubertät so wie jeder andere von uns auch, oder? Gehört es dann nicht dazu, Geheimnisse vor seiner Familie zu haben?«

»Nicht bei uns«, erwiderte ich schulterzuckend und versuchte, mir nicht anmerken zu lassen, wie nervös mich dieses Thema machte.

»Sie weiß echt alles über dich?« Cole sah mich so fassungslos an, dass ich lachen musste. Meine Nervosität verflog. Von einer Sekunde zur anderen fühlte ich mich so leicht wie lange nicht. Ich konnte mich nicht daran erinnern, mich überhaupt jemals so leicht gefühlt zu haben.

»Wenn ich es dir sage, glaub es mir doch einfach!«

»Aber das geht nicht.«

»Doch, das geht. Komm drüber weg.« Grinsend stupste ich ihn an. Cole fing meine Hand ein und verflocht unsere Finger miteinander, als wäre es das Selbstverständlichste auf der Welt.

Und ich ließ es zu.

»Okay, dann erzähl mir was, das *ich* nicht über dich weiß.« Sein Daumen strich über meinen Handrücken, und für einen Moment verlor ich den Faden, vergaß, worum es eigentlich gerade ging, und erinnerte mich erst wieder daran, als Cole mir ein freches Grinsen schenkte.

Ich sagte das Erste, was mir in den Sinn kam. »Ich stricke.«

Sein Kopf ruckte zurück, er blinzelte verwirrt. »Du … tust was?« Damit hatte er offensichtlich nicht gerechnet.

»Ich stricke«, antwortete ich und lachte. »Hauptsächlich Socken.«

»Das ist ein Scherz, oder?«

»Nein, ist es nicht!« Ich warf ihm einen pikierten Blick zu und versuchte, ihm meine Hand zu entziehen, aber Cole hielt mich fest.

»Tut mir leid, das war nicht fair. Ich wollte mich nicht über dich lustig machen.«

Mit weit aufgerissenen Augen starrte ich ihn an und schlug mir für den dramatischen Effekt noch die freie Hand vor den Mund. Wennschon, dennschon. »Warte kurz. Ich glaube, ich hab mich verhört, ich muss mich kurz sammeln. Hast du dich gerade bei mir entschuldigt?«

»Haha«, machte Cole beleidigt.

Ich kicherte. »Komm schon, das kannst du mir nicht übel nehmen. Ich habe nicht damit gerechnet, jemals eine Entschuldigung von dir zu hören zu kriegen, nachdem Ella und Jamie doch sehr deutlich gemacht haben, dass du dich nie bei jemandem für irgendetwas entschuldigst. Zumindest nicht mit Worten.«

»Ich könnte mich ja auch auf eine andere Weise bei dir entschuldigen.« Wieder strich sein Daumen über meine Haut, dieses Mal über meine Pulsader. Mein Herz überschlug sich fast, und Coles Mund verzog sich zu einem verschlagenen Lächeln, weil er es wohl bemerkte.

»Absolut«, brachte ich atemlos hervor. Ich schnappte nach Luft.

»Also, du strickst«, kehrte Cole zum Thema zurück, während ich mit aller Macht gegen das Verlangen ankämpfte, das erneut in mir aufstieg. Unschuldig blinzelte er mich an, doch der schalkhafte Ausdruck in seinen Augen zeigte mir deutlich, dass er genau wusste, was in mir vorging. Was er mit mir anstellte. Mit nur einer einzigen winzigen Berührung.

Ich war verloren.

»Ja, ich stricke.«

»Okay, ich meine das nicht böse oder herablassend oder sonst wie, aber wie kommt eine zwanzigjährige Schauspielerin aus Hollywood zum Stricken?«

Gedankenverloren bewegte ich den Kopf von einer Seite zur anderen. »Ich brauchte eine Beschäftigung. Und ich bin nicht gerne draußen. Beim Lesen werde ich meistens unruhig, dafür liebe ich Filme und Hörbücher. Aber ich kann nicht gut still sitzen und muss meinen Händen etwas zu tun geben. Also habe ich angefangen, zu stricken.«

»Und du strickst Socken?«

»Mehr, als ich je tragen könnte. Die meisten Paare spende ich an Obdachlosen- oder Kinderheime.« Ich merkte, wie ich rot wurde, und hätte die Worte am liebsten zurückgenommen.

Cole zog die Augenbrauen hoch und drückte meine Hand. »Hör auf, so eine beschämte Miene zu ziehen! Das ist doch super. Warum hat das noch keiner fürs Marketing ausgenutzt? Das wäre doch prädestiniert für … Keine Ahnung, was.«

»Weil es niemand weiß. Außer Susan. Nicht mal meine Agentin weiß davon.« Verlegen zupfte ich mir eine Haarsträhne aus dem Gesicht. »Ist doch auch egal. Du bist an der Reihe. Verrat mir ein Geheimnis.«

Cole zögerte kurz, als wollte er noch was dazu sagen, ließ das Thema zu meiner Erleichterung dann aber doch fallen. »Ich hab Angst vor Enten«, gab er todernst zurück.

»Enten?« Ich runzelte die Stirn. Das kam mir seltsam bekannt vor.

»Ja, Enten. Warum ist das so schwer zu glauben? Unglaublich viele Menschen haben Angst vor Mäusen oder Spinnen, dabei sind die meistens völlig harmlos. Enten hingegen können bösartig sein. Übrigens sind Gänse noch schlimmer. Das sind so richtig üble Viecher. Ich bin allgemein kein Fan von Vögeln, egal welcher Art.«

Mir ging ein Licht auf. »Es gibt da eine Buchreihe, da hat der Protagonist auch Angst vor Enten. Du hast dir das nicht zufällig da abgeguckt?«

Cole schnaubte und warf mir einen abfälligen Blick zu. »Nein. Das ist eine sehr rationale Angst.«

»Na, klar doch.« Lächelnd tätschelte ich seine Wange. Doch mein Lächeln erlosch bei seinen nächsten Worten.

»Wovor hast du denn Angst?« Es war eine ganz unschuldige Frage, vor allem in diesem Kontext, aber sie warf mich trotzdem aus der Bahn.

Ich hatte vor viel zu vielen Dingen Angst.

»Warum bist du eigentlich hergekommen?«, fragte ich unvermittelt, anstatt seine Frage zu beantworten. Angestrengt starrte ich auf unsere noch immer ineinander verschränkten Hände. Ich schaffte es nicht, ihn anzusehen. In meinem Kopf herrschte ein einziges Chaos. Ich konnte mich nicht erinnern, wann ich das letzte Mal so durcheinander gewesen war wie heute. Es war viel zu viel passiert. Erst das Gespräch mit Mallory, dann mit Susan und Ella. Logan. Und jetzt Cole.

Ich hätte ihn nie bitten dürfen, bei mir zu bleiben.

Und ich hätte erst recht nicht zulassen dürfen, dass er mich so berührte.

»Ich wollte wissen, ob alles okay ist. Ich hab gehört, was mit Logan passiert ist.« Cole zögerte kurz. »Und dass du ihn gefunden hast.«

»Mir geht's gut«, sagte ich leise, obwohl sich jeder Muskel meines Körpers verkrampfte, als ich zuerst an Logans reglosen Körper und dann an unser Gespräch zurückdachte. Seine Worte vermischten sich mit der Erinnerung an das, was Mom zu mir gesagt hatte. Ich hörte wieder die Vorwürfe und Schuldzuweisungen, hörte Dr. Philipps, die versuchte, dem zerbrochenen Mädchen, das ich gewesen war, zu helfen.

Das zerbrochene Mädchen, das ich gewesen war?

Ich war immer noch zerbrochen.

Die Leichtigkeit, die ich gerade eben noch empfunden hatte, verflog so schnell, als wäre sie nie da gewesen.

»Das hast du vorhin auch schon gesagt.« Ein vielsagender Unterton lag in seiner tiefen Stimme, und meine Wangen röteten sich. Es war nicht gut, dass ich vorhin derartig die Fassung verloren hatte. »Du weißt aber, dass es okay wäre, wenn es dir nicht gut geht, oder? Immerhin warst du mal mit Logan zusammen«, fuhr er fort.

Ich schüttelte den Kopf, nicht als Antwort auf seine Frage, es war vielmehr ein Reflex. »Für einen kurzen Moment habe ich gedacht, er wäre tot, als ich ihn gefunden habe«, sagte ich, ohne zu wissen, warum ich ihm ausgerechnet das erzählte. »Ich war heute bei ihm. Im Krankenhaus. Und er hat Dinge gesagt … Dinge, die er nicht hätte sagen dürfen. Deswegen war ich so wütend vorhin. Nicht deinetwegen.«

Ich spürte, wie Cole sich neben mir versteifte. »Ich hab schon geahnt, dass wir keine Freunde werden. Wenn ich mal mit ihm reden soll …« Er ließ den Satz unvollendet, und ich musste lächeln.

»Danke, das ist lieb von dir. Aber ich glaube, das ist nicht nötig.«

Cole drückte meine Hand, und jetzt sah ich ihn doch wieder an, ich konnte nicht anders. Er lächelte. Es war kein spöttisches Grinsen, nicht einmal herausfordernd, sondern einfach nur sanft und verständnisvoll.

Ein wohlig warmes Gefühl durchströmte mich. Keine Leidenschaft.

Sondern Geborgenheit.

Das Gefühl, vollkommen sicher zu sein.

Ich schauderte, und in die Geborgenheit mischte sich Angst. Lähmende, alles verschlingende Angst.

Cole war der Letzte, bei dem ich mich auch nur ansatzweise sicher fühlen sollte. Doch obwohl wir uns erst vor ein paar Wochen das erste Mal begegnet waren, war es, als würde ich ihn schon ewig kennen.

Ich verstand dieses Gefühl nicht, verstand mich selbst nicht mehr. Ich war nur noch lebendes, atmendes Chaos, mit verwirrten Gedanken und einem noch verwirrteren Herzen.

»Aber ihm geht's gut, oder? Also, abgesehen davon, dass er ein Arschloch ist.«

»Er kommt auf jeden Fall wieder in Ordnung. Wann hängt davon ab, wie lange es dauert, bis die Brüche verheilt sind.« Und davon, ob er einen Entzug machen würde. Das behielt ich allerdings für mich.

»Und was passiert bis dahin? Also, wie geht's mit den Dreharbeiten weiter?«

»Wir können erst weitermachen, wenn Logan wieder fit ist. Also wird morgen alles abgebaut und zurück nach L. A. gebracht«, erklärte ich und verzog den Mund zu einem gezwungenen Lächeln. »Dann kannst du dich auch mal wieder mit anderen Themen beschäftigen.«

Coles Augen weiteten sich, er presste kaum merklich die Zähne aufeinander, bevor er fragte: »Dann gehst du auch zurück nach Los Angeles?« Er gab sich alle Mühe, einen unbeteiligten Gesichtsausdruck aufzusetzen, aber ich hörte den angespannten Ton in seiner Stimme.

Mein Herz schlug schneller, und mir brach kalter Schweiß aus. »Nein. Ich bleibe noch ein bisschen.«

Für einen Sekundenbruchteil wurde sein Griff um meine Hand fester, dann ließ er mich los. Er bedachte mich mit einem forschenden Blick, und ich spürte ein nervöses Flattern in meinem Bauch.

»Warum?«

Ich schwieg. Was sollte ich ihm sagen? Ich wusste doch selbst nicht so genau, warum ich in Faerfax bleiben wollte. Jeder Ort auf der Welt wäre besser für mich als diese Stadt. Trotzdem drängte alles in mir danach, zu bleiben.

Nicht nur wegen Ella, Julian, Cassidy und Jamie. Auch nicht wegen Cole.

Es fühlte sich an wie eine Sehnsucht nach … Freiheit? Ich war mir nicht sicher. Der Gedanke, zu bleiben, machte mir Angst, gleichzeitig war da aber auch eine drängende Neugierde. Ich musste herausfinden, was die Rückkehr in diese Stadt mit mir machte, wenn ich nicht den ganzen Tag damit beschäftigt war, in die Rolle eines anderen Mädchens zu schlüpfen. Ich musste *ich* sein, um das herauszufinden.

»Tess?«

»Ich will nicht zurück nach L.A.«, platzte es aus mir heraus. »Ich hasse L.A.! Ich hasse alles an dieser Stadt, und ich hasse, wer ich dort bin.« Die Worte stolperten aus meinem Mund, bevor ich mich aufhalten konnte, ich verschluckte mich fast an ihnen, so schnell sprach ich.

Cole richtete sich auf, tiefe Sorge war in seine Augen getreten. »Wer bist du denn dort?«

Sag's ihm. Sag's ihm nicht. Sag's ihm. Sag's ihm bloß nicht. Sag's ihm …

»Ich bin …« Voller Entsetzen brach ich ab, als mir klar wurde, dass ich drauf und dran war, ihm alles zu erzählen. Ausgerechnet Cole.

Ich bin nicht Tessa Thorn. Nicht wirklich. Ich bin eine Lügnerin.

Wieder und wieder wirbelten die Worte durch meinen Kopf. Wurden lauter und verschwanden, bis schließlich nur noch eins übrig war.

Lügnerin.

Ich *war* eine Lügnerin. Durch und durch. Die letzten sechs Jahre hatte ich so gut wie nie die Wahrheit gesagt. Meine Wahrheit. Ich war Tessa Thorn geworden und hatte vergessen, wer ich in Wirklichkeit war.

Mein Herz hämmerte so schmerzhaft gegen meine Rippen, als wollte es aus mir ausbrechen. Ich bekam kaum noch Luft. Panik schnürte mir die Kehle zu. Nach Atem ringend sprang ich auf. Plötzlich war mir speiübel.

Susans Worte klingelten mir in den Ohren. *Wenn die Presse Wind davon bekommt …*

Cole war blass geworden. Ihm war anzusehen, dass er die Welt nicht mehr verstand, und ich konnte es ihm nicht verdenken. Aber ich konnte ihm mein Verhalten auch nicht erklären. Krampfhaft versuchte ich, mich wieder unter Kontrolle zu bekommen, und versagte kläglich.

Ich wollte ihm die Wahrheit sagen, wollte es so sehr.

Aber ich durfte nicht.

Mir wurde schwindelig.

Er würde darüber schreiben, schließlich war er Journalist. Er *war* die Presse, und er würde mir jedes Wort im Mund umdrehen, bis daraus seine eigene Wahrheit entstand. Ich *konnte* Cole nicht vertrauen.

»Tess, was ist los?« Cole klang jetzt nicht mehr nur besorgt, sondern ängstlich. Er stand auf und kam langsam auf mich zu, doch ich wich vor ihm zurück.

Tränen brannten in meinen Augen. »Nicht. Fass mich nicht an«, wisperte ich, meine Stimme brach. »*Bitte!*«

Ich verstand mich selbst nicht mehr, verstand den Stimmungsumschwung nicht, die Panik, die mich so plötzlich zu überwältigen drohte.

Alles drehte sich.

»Ich sollte noch nicht mal mit dir reden«, sagte ich leise. Sprach ich mit ihm oder mit mir selbst? Ich war mir nicht sicher. Silbrige Sterne tanzten vor meinen Augen.

»Wahrscheinlich bist du nur wegen dieses dämlichen Porträts hier, und ich bin so bescheuert und ... Du bist der Letzte, den ich hätte bitten dürfen, zu bleiben. Du solltest nicht hier sein.«

Er trat noch einen Schritt auf mich zu, vorsichtig, abwägend und völlig verwirrt. Zu Recht. Er hob eine Hand, doch ich wich weiter zurück. »Warum hast du mich dann gebeten, zu bleiben?«

»Keine Ahnung!« Meine Stimme überschlug sich. »Ich habe keine Ahnung mehr, wer ich bin, und wer ich sein möchte, und ich weiß auch nicht, warum ich mich nicht einfach von dir fernhalten kann! Ich kann dir nicht vertrauen.«

»Tess.« Das leise Flüstern ließ mich erschauern. »Was ist los mit dir?« Eine tiefe Falte hatte sich zwischen seine Augenbrauen gegraben.

Tränen lösten sich aus meinen Augenwinkeln, rannen meine Wangen herab. »Geh. Bitte geh«, flehte ich, obwohl mein Herz rebellierte.

Entschieden schüttelte Cole den Kopf, Wut blitzte in seinen Augen auf. »Vergiss es, ich lass dich jetzt nicht allein!«

Zitternd schlang ich die Arme um meinen Körper und warf ihm den kühlsten Blick zu, den ich gerade zustande brachte. »Doch, du gehst!«

Er stieß ein Schnauben aus und war so schnell bei mir, dass ich ihm nicht ausweichen konnte. Dafür, dass er so wütend war, legte er seine Hände sehr vorsichtig auf meine Schultern. »Das kannst du sofort wieder vergessen! Ich will wissen, was hier los ist!« Sein Blick wurde weich. »Ich bin deinetwegen hier. Nicht wegen dieses dämlichen Porträts. Nur deinetwegen, okay? Du kannst mir vertrauen.«

»Nein.« Ich schnappte nach Luft, schüttelte seine Hände ab und entfernte mich so weit von ihm, wie das Zimmer es zuließ. »Kann ich nicht. Und jetzt geh.«

Cole zögerte, er kämpfte mit sich, setzte zu einem Protest an und gab schließlich doch nach.

Mein Herz zerbrach in tausend Stücke, als er schließlich ging. Aber es war richtig. Er musste gehen. Trotzdem tat es weh. So sehr, dass ich nicht wusste, wohin mit mir.

Cole

Schweißtropfen brannten in meinen Augen, als ich wie ein Besessener auf den Boxsack eindrosch. Julian hielt schweigend dagegen.

Meine Arme waren inzwischen bleischwer, mein Atem ging rasselnd. Ich hatte keine Ahnung, wie lange wir uns schon im Fitnessstudio der Uni auspowerten, aber draußen war es inzwischen stockdunkel. Es war später Nachmittag gewesen, als Julian mich aus meinem Zimmer gezerrt und hierhergeschleift hatte, damit ich Dampf ablassen konnte, nachdem ich ein faustgroßes Loch in die Tür meines Kleiderschranks geschlagen hatte.

»Willst du drüber reden?«, fragte Julian irgendwann.

Ich schüttelte den Kopf und schlug ein weiteres Mal auf den Sandsack ein. Jeder Muskel in meinem Körper schmerzte.

Der Schmerz fühlte sich gut an. Ich konzentrierte mich voll und ganz auf das Ziehen in meinen Muskeln, das Hämmern meines Herzens und meinen Atem.

Einatmen. Ausatmen. Einatmen. Ausatmen.

Nicht an Tessa denken. Nicht an Tessa denken.

Mein Magen verkrampfte sich.

Nicht an Tessa denken.

»Cole, es reicht!« Julian trat einen Schritt zur Seite und legte mir eine Hand auf die Schulter, als ich für eine Sekunde innehielt.

Ich schüttelte den Kopf und wollte weitermachen, doch Julian schob mich energisch nach hinten. Er musste sich nicht einmal anstrengen. Ich stolperte und ließ mich dann auf den Boden fallen. Für einen Moment schloss ich die Augen.

Julian setzte sich neben mich. »Was ist passiert?«, wollte er wissen.

»Gar nichts.« Stöhnend richtete ich mich auf.

Jules schnaubte. »Klar. Ich kann mich nicht daran erinnern, wann du dich jemals so abreagieren musstest. Nicht einmal, als Maddie dich damals mit einem deiner dämlichen Cousins betrogen hat.«

»Das ist fast zwei Jahre her.«

»Und du warst komplett fertig.«

»Ich war komplett betrunken«, stellte ich klar. »Das ist übrigens eine ganz hervorragende Idee. Kommst du mit?« Ich machte Anstalten, aufzustehen, doch Julian packte mich am Arm und zog mich unsanft wieder zurück. Alkohol könnte helfen. Vielleicht könnte ich mich dann in Tessa hineinversetzen und verstehen, was eigentlich mit ihr los war.

»Cole, jetzt sag doch endlich, was los ist!« Besorgt sah Julian mich an, und etwas in mir brach auf. Wut kochte in mir hoch. Heiße, ungezähmte Wut.

»Gar nichts!«, rief ich und sprang auf. Ich musste hier raus, brauchte frische Luft und vor allem brauchte ich dringend was zu trinken. Und Ruhe. Das Letzte, was ich wollte, war, darüber zu sprechen, was passiert war.

Julian folgte mir. »Okay. Vielleicht ist Alkohol in diesem Fall doch die Lösung«, sagte er trocken.

»Geht doch«, murrte ich und zog mich in die Umkleide zurück. Jetzt hatte er endlich kapiert, dass ich nicht reden wollte. Doch als wir eine halbe Stunde später den Pub betraten, stellte ich fest, dass ich mich geirrt hatte.

Ella saß an unserem üblichen Tisch. Unruhig tippte sie mit den Fingerspitzen auf die Tischplatte, ihr ganzer Körper schien unter Strom zu stehen. Als sie uns entdeckte, hellte sich ihr Gesicht auf. Allerdings nur so lange, bis sie mir in die Augen sah.

»Du willst mich wohl verarschen!«, fuhr ich Julian an, doch er blieb vollkommen ruhig.

»Setz dich. Ich besorge uns was zu trinken.«

»Ich hab gesagt, ich will nicht reden.«

Ungerührt zuckte er mit den Schultern. »Pech gehabt.«

Ich war drauf und dran, einfach auf dem Absatz kehrtzumachen und zu verschwinden, doch ich bekam gar keine Gelegenheit dazu. Wie aus dem Nichts tauchte Ella an meiner Seite auf, hakte sich bei mir unter und zog mich zu unserem Tisch. Es war erstaunlich, wie viel Kraft in dieser kleinen Person steckte.

»Was machst du hier?«, fragte ich seufzend, als Ella mich auf einen der Stühle drückte.

»Jules hat mich angerufen. Er meint, mit dir stimmt was nicht, und so, wie du aussiehst, wundert es mich kein bisschen, dass er sich Sorgen macht.«

»Mir geht's gut.«

»Natürlich.« Sie tätschelte meine Wange. »Und den Weihnachtsmann gibt's auch. Du kannst mich nicht verarschen, Cole. Ich kenne dich.«

Genervt verdrehte ich die Augen und schwieg. Doch falls ich gedacht hatte, dass mein Schweigen Ella davon abhalten würde, mich auszuquetschen, irrte ich mich gewaltig.

»Geht's um Tessa?«, fragte sie geradeheraus.

Mein Kopf ruckte hoch, Adrenalin pumpte durch meine Adern. »Was?«

Hatte Tessa mit ihr geredet? Wusste Ella, was mit ihr los war?

Ein triumphierendes Grinsen breitete sich auf ihrem Gesicht aus. »Also ja. Was ist nur los mit euch?«

Ich sackte in mich zusammen. Sie hatte keine Ahnung.

»Die beiden sind bescheuert. Das ist los«, sagte Julian und stellte drei Flaschen Bier auf den Tisch. Er ließ sich neben Ella auf einen Stuhl fallen, und ich fühlte mich plötzlich wie ein Verbrecher, der von der Polizei verhört wurde.

Die beiden auf der einen Seite des Tisches, ich auf der anderen. Sie würden Fragen stellen, und ich sollte antworten und ihnen die Wahrheit sagen.

Nur dass ich die beschissene Wahrheit gar nicht kannte! Ich hatte ihnen nichts zu sagen.

Also hielt ich die Klappe und trank stumm mein Bier. Die beiden ließen mich ganze sieben Minuten in Ruhe, warfen sich dafür aber gefühlt alle zehn Sekunden bedeutungsvolle Blicke zu. Sie versuchten es auszusitzen. Mich so lange anzustarren, bis ich ihnen endlich erzählte, was los war.

Darauf konnten sie allerdings lange warten.

Schließlich knickte Ella als Erste ein. Sie verlor ihr eigenes Spiel jedes Mal. »Sagst du uns echt nicht, was los ist?«

»Nope«, erwiderte ich knapp, und Ella kniff die Augen zusammen.

»Ich könnte Tessa fragen.«

Ich schnaubte und verschluckte mich fast an meinem Bier. »Viel Glück dabei«, gab ich krächzend zurück. »Wenn du was aus ihr rauskriegst, gebe ich dir einen aus.«

Wieder sahen Ella und Julian sich an. Gott, waren die zwei nervig.

»Also, was wissen wir über Tessa und Cole?«, fragte sie Julian und tat so, als würde ich ihnen nicht mehr gegenübersitzen. Runde zwei von Ellas Spielchen *Wie bekommen wir Cole dazu, uns zu sagen, was wir wissen wollen?* Auch die würde sie verlieren.

»Also, Cole steht eindeutig auf Tessa und sie …«

»Sie mag ihn auch«, beendete Ella Julians Satz.

Mein Herz stolperte, doch ich starrte stur auf die Tischplatte, folgte der Maserung des Holzes mit meinen Augen und versuchte, auszublenden, worüber die beiden sprachen. Leichter gesagt als getan.

»Weißt du schon, dass die beiden sich vorgestern geküsst haben? Und dass Tessa während der Drehpause hierbleibt?«

Ich spürte, wie Jules mich überrascht musterte, und hätte Ella am liebsten den Hals umgedreht.

»Nein, wusste ich noch nicht. Ich dachte, Cole würde noch mit sich hadern, ob er das Porträt schreibt oder ob er lieber was mit ihr anfängt.«

»Hast du schon eine Entscheidung getroffen, Cole?«, fragte Ella mit einem süßlichen Unterton in der Stimme, und ich warf ihr einen bösen Blick zu. »Also nein.«

»Und damit wären wir dann wohl beim Kern des Problems. Cole muss eine Entscheidung treffen.« Jules Worte bohrten sich wie Nadelstiche in meine Haut, und mir platzte der Kragen.

»Das ist nicht das Problem!«, explodierte ich, und bevor ich mich aufhalten konnte, erzählte ich ihnen doch, was gestern passiert war. Nicht im Detail, aber genug, damit sie es verstanden.

Die Runde ging dann wohl an Ella und Julian.

Ella wurde blass, während ich sprach, eine tiefe Falte grub sich zwischen ihre Augenbrauen. Schweigend hörten die beiden mir zu. Sie unterbrachen mich kein einziges Mal, als ob sie befürchteten, dass ich gar nichts mehr sagte, wenn ich einmal damit aufhörte.

Als ich schließlich verstummte, fühlte ich mich seltsam leer.

»Das ist nicht gut«, meinte Ella und verzog nachdenklich das Gesicht. Sie biss sich auf die Unterlippe, als wollte sie etwas sagen, schaffte es aber nicht, es auszusprechen.

»Was du nicht sagst.« Frustriert legte ich meinen Kopf auf der Tischplatte ab.

»Ich kann sie verstehen.« Julians Worte ließen mich sofort wieder hochfahren. »Sie hat Angst. Es ist egal, dass du nur für unsere kleine Unizeitung schreibst. Du bist Journalist, und wenn der Artikel auch auf dem Blog veröffentlicht wird, kann alle Welt lesen, was du über sie geschrieben hast. Kannst du es ihr da verdenken, dass sie ein Problem damit hat, dir zu vertrauen? Du musst endlich entscheiden, was dir wichtiger ist. Das Porträt oder Tessa.«

»Wie soll ich das entscheiden? Ich kenne sie kaum!«, erwiderte ich aufgebracht, während sich ein flaues Gefühl in mir ausbreitete.

Er wischte meinen Einwand mit einer Handbewegung zur Seite. »Na und? Deine Familie kennst du schon dein ganzes Leben lang, sie behandeln dich wie Dreck, und trotzdem ist es dir aus irgendwelchen mysteriösen Gründen wichtig, was sie von dir denken.«

»Also soll ich meinen Traum für eine Frau aufgeben, die ich kaum kenne?« Mein Inneres wehrte sich gegen meine Worte. *Fuck!* Vielleicht kannte ich Tessa nicht so gut wie meine Freunde oder meine Familie. Aber ich *kannte* sie. Und wenn es nur ein Teil von ihr war. Es reichte, um meine Welt komplett auf den Kopf zu stellen.

»Ach, hör doch auf! Du träumst nicht davon, für deinen Onkel zu schreiben. Du hasst diesen Mann.« Ella stieß ein bitteres Lachen aus. »Glaubst du ernsthaft, du wirst glücklich, wenn du für ihn arbeitest? Ich kenne dich seit Jahren, Cole, und ich weiß, dass dieser Job dich früher oder später kaputtmachen wird. Du willst was beweisen, das sind zwei völlig verschiedene Dinge! Ich weiß nicht, was du für Tessa empfindest, und ich bin mir ziemlich sicher, dass du das nicht einmal selbst weißt. Aber stell dir doch vor, was aus euch werden könnte, wenn du der ganzen Sache eine Chance gibst. Sie soll dir vertrauen? Schön, dann beweis ihr, dass sie keinen Fehler macht, wenn sie es tut. Sie kennt dich nämlich auch nicht, Cole. Warum *sollte* sie dir vertrauen?« Erst jetzt fiel mir auf, dass ich sie am Abend unseres ersten Kusses gefragt hatte, ob sie mir vertraute. Und dass sie die Frage nicht beantwortet hatte.

»Weil ich …« Ich brach ab.

Weil ich etwas für sie empfand. Ich hatte keine Ahnung, was genau, aber ich empfand etwas für sie. Zu viel und gleichzeitig viel zu wenig.

»Wenn du dir die Frage nicht einmal selbst beantworten kannst, wie sollte sie es da tun?«, fragte Ella sanft.

22. KAPITEL

Cole

»Cole? Alles in Ordnung?«

Ich schreckte hoch. »Was?«

April musterte mich besorgt. Aus dem Augenwinkel sah ich, wie auch Jo mich unsicher beobachtete. Richard war in ein Gespräch mit seinen Söhnen vertieft, während Marian gelangweilt in ihrem Salat herumstocherte.

»Geht's dir gut«? April stupste mich an, und ich zwang mich zu einem Lächeln.

»Ja, alles okay.« Ich nahm mir die Lüge nicht mal selbst ab, und ich bezweifelte, dass meine Schwester es tat. Sie sah genauso wenig überzeugt aus wie Jo.

»Bist du sicher? Du bist doch sonst nicht so still.«

»Ich bin hier immer still«, gab ich leise und mit hochgezogenen Augenbrauen zurück.

Doch April schien noch immer nicht überzeugt. Sie kniff die Augen zusammen und lehnte sich dann zu mir herüber. Dabei war es so was von überflüssig, dass sie sich die Mühe machte. Abgesehen von Jo kümmerte es ohnehin niemanden, worüber wir uns unterhielten. Das würde schließlich echtes Interesse voraussetzen.

»Wenn du später reden willst, musst du es nur sagen.«

Ich schüttelte den Kopf. »Lass gut sein.«

Meine Antwort machte sie nicht glücklich, aber schließlich

ließ sie es auf sich beruhen. Seufzend wandte April sich ab und verwickelte Jo in ein Gespräch.

Meine Gedanken wanderten sofort wieder zurück zu Tessa. Sie hatte sich nicht bei mir gemeldet, nachdem sie vor drei Tagen so ausgeflippt war, und ich konnte es ihr nicht mal verdenken, egal wie sehr ich mir wünschte, sie würde es endlich tun.

Mehrmals hatte ich mein Smartphone in der Hand gehabt und war kurz davor gewesen, sie anzurufen, nachdem Ella im Pub ihre Nummer in mein Handy eingespeichert hatte. Und dann hatte ich es doch nie getan. Es hatte eine Weile gedauert, bis ich mir eingestanden hatte, dass ich mich davor fürchtete, sie würde mir sagen, dass sie mich nie wiedersehen wollte.

Ein stechender Schmerz zuckte durch meinen Kopf.

War das die wahre Tessa gewesen? Das Mädchen, das ich für das Porträt aus ihr herauskitzeln sollte? Ich sah sie wieder in ihrem Hotelzimmer stehen, blass und am ganzen Körper zitternd. Sie hatte so ängstlich ausgesehen. Und so verzweifelt.

Mir drehte sich der Magen um.

Ich würde das nicht tun. Sicher nicht. Das konnte April so was von vergessen. Tessa verbarg etwas. Eindeutig. Etwas, das ihr zu schaffen machte, und zwar mehr, als gesund für sie war.

Jeder Muskel in meinem Körper spannte sich an. Ich würde den Teufel tun und ausgerechnet für das Porträt herausfinden, was mit ihr los war. Wenn ich es tat, dann für mich. Und für sie.

Ganz bestimmt nicht für die verdammte Zeitung!

Ich war mir nicht einmal mehr sicher, ob ich überhaupt aufdecken wollte, was in ihrer Vergangenheit geschehen war.

Ella hatte recht. Ich musste mit Tessa reden und ihr klarmachen, dass sie mir vertrauen konnte, egal, wie absurd das erscheinen mochte. Leider hatte ich keine Ahnung, wie ich ihr das beweisen sollte. Sie musste sich selbst dafür entscheiden, mir zu vertrauen.

»Cole!« Der harte Klang von Richards Stimme riss mich aus meinen Gedanken. Er warf mir einen herablassenden Blick zu. »In welchem Traumland hast du dich denn jetzt schon wieder herumgetrieben?«

»Vielleicht träumt er von der kleinen Schauspielerin.« Hugh lachte dreckig.

Dieses miese Arschloch!

Unter dem Tisch ballte ich meine Hände zu Fäusten. Meine Zähne knirschten, als ich die Kiefer fest aufeinanderpresste. Es kostete mich viel Kraft, nicht aufzuspringen und ihm eine reinzuhauen.

Ich verkniff mir eine Antwort, weil ich nicht garantieren konnte, dass die Worte, die meinen Mund verlassen würden, keine Beleidigung wären.

»Halt die Klappe, Hugh! Tessa ist total nett!«, platzte es aus Jo heraus. Sie war blass, hektische rote Flecken krochen ihren Hals hinauf, aber ihre Augen glühten vor Wut. Wärme durchflutete mich. Jo war die einzig wirklich Gute in dieser Familie.

»Josephine!« Marian klang so entsetzt, dass Jo unwillkürlich die Schultern hochzog. Gott, wie sehr ich sie alle hasste.

»Wie läuft denn das Porträt? Wo wir gerade schon beim Thema sind.« Richard ignorierte seine Tochter. Er sah Jo nicht einmal an, konzentrierte sich stattdessen voll und ganz auf mich und faltete die Hände, während April sich alarmiert aufrichtete. Sie sah mich warnend an, aber ich tat so, als hätte ich es nicht bemerkt.

Ich hatte die Schnauze voll.

»Ich glaube, April sollte sich einen anderen dafür suchen«, erwiderte ich kalt. Schlagartig breitete sich eine drückende Stille im Raum aus.

April stieß ein ersticktes Lachen aus, das leicht hysterisch klang. »Das meint er nicht ernst. Cole hat eine Spur. Er glaubt, Tessa hat ein Geheimnis und versucht, herauszufinden, worum es geht. Oder, Cole?«

»Nein, eigentlich nicht.« Ich schämte mich dafür, meine Schwester derartig zu überrumpeln, aber das Blut rauschte so laut in meinen Ohren, dass ich mein Gewissen, das mir deswegen Vorhaltungen machte, leicht ausblenden konnte.

»Cole«, sagte April flehentlich, doch ich schüttelte den Kopf und erwiderte Richards Blick. Sein Gesicht hatte einen verkniffenen Ausdruck angenommen, und obwohl die Situation gerade alles andere als witzig war, musste ich grinsen. Der Stuhl gab ein quietschendes Geräusch von sich, als ich ihn zurückschob und aufstand.

»Ihr könnt mich alle mal!« Ich spürte, wie ein Triumphgefühl in mir aufstieg, als ich in die fassungslosen Gesichter meiner Familie blickte. Nur um Jos Mundwinkel spielte ein kaum merkliches Lächeln. Alle anderen sahen aus, als hätte ich den Verstand verloren.

Vielleicht hatte ich das auch.

Aber ich konnte mich nicht erinnern, wann ich mich in Gegenwart meiner Familie jemals so gut gefühlt hatte. Bevor irgendjemand die Chance hatte, mir meinen dramatischen Abgang zu versauen, machte ich auf dem Absatz kehrt und ging. Das Hochgefühl hielt so lange an, bis ich das Haus verließ. Als die kühle Herbstluft auf meine erhitzte Haut traf, kam ich schlagartig wieder zur Besinnung, und ich hätte mich am liebsten an Ort und Stelle übergeben. Am besten auf Marians heiß geliebte Rosenbüsche.

So eine verdammte Scheiße!

Was hatte ich getan?

Meine Karriere konnte ich jetzt vergessen. Das war sicher. Für einen Moment schloss ich die Augen, suchte in meinem Inneren nach Reue und fand keine. Ich wollte kein Journalist sein, der sich am Schmerz anderer bereicherte. Ich hatte zwar keine Ahnung, was ich wollte. Aber das war es definitiv nicht.

Langsam beruhigte sich mein heftig schlagendes Herz wieder. Ich zog mir meine Mütze über den Kopf und machte mich auf den Heimweg. Kurz war ich versucht, zum Hotel zu gehen und Tessa zu besuchen. Aber ich konnte mich nicht dazu durchringen. Ich wusste nicht, was ich ihr sagen sollte, und außerdem war ich mir hundertprozentig sicher, dass ich gerade nicht in der Verfassung war, das Gespräch mit ihr zu führen, das wir führen sollten. Stattdessen lief ich gedankenverloren durch die Stadt Richtung Uni. Doch als ich über den großen Platz zum Wohnheim laufen wollte, blieb ich abrupt stehen.

Er war leer.

Alles, was zu den Dreharbeiten gehört hatte, war verschwunden. Die Wohnwagen und Absperrungen, die Container, in denen die Kameras und das Licht aufbewahrt worden waren. Alles weg.

Nur Tessa war noch in der Stadt. Sie hatte gesagt, sie würde bleiben.

Oder?

Hatte sie sich vielleicht umentschieden? Nach dem, was zwischen uns vorgefallen war?

In meinem Kopf begann sich alles zu drehen.

War sie noch da?

Ich musste mich zwingen, mich nicht sofort umzudrehen und wie ein Irrer zum Hotel zu rennen, um mich zu vergewissern, dass sie wirklich noch da war.

Wenn sie doch gegangen war, dann … Ich wusste nicht, was ich dann tun würde.

Denn was auch immer da zwischen uns war – es hatte gerade erst angefangen.

»Um den Kessel dreht euch rund … Cole?«

Ich hob den Kopf und begegnete Jos fragendem Blick. »Was?«

»Du hörst mir gar nicht zu«, schimpfte sie, sah aber nicht halb so böse aus, wie sie klang. Eigentlich wirkte sie eher besorgt.

Beschämt verzog ich das Gesicht. Sie hatte recht. Seit wir uns vor einer Stunde zusammengesetzt hatten, um ihren Text durchzugehen, war ich mit meinen Gedanken woanders.

Obwohl das nicht ganz stimmte. Ich war seit Tagen mit den Gedanken woanders. Bei Tessa. »Tut mir leid. Ich bin dir heute wohl keine große Hilfe.«

Wie jeden Montag in den vergangenen Wochen saßen wir uns in meiner Wohnung auf dem Sofa gegenüber und übten Jos Text für das Schulstück, das kurz vor Weihnachten aufgeführt werden würde. Normalerweise war ich jedoch deutlich konzentrierter als heute.

»Schon gut. Ich versteh das.« Jo legte das Textbuch von Macbeth zur Seite und biss sich auf die Unterlippe. »Bereust du es?«

»Meinst du das von gestern?«

»Dad war so sauer auf dich.« Sie schüttelte sich, als könnte sie so die Erinnerung an Richards Wut loswerden.

»Ach, echt?« Ich verdrehte die Augen. »Das überrascht mich jetzt gar nicht.«

»Warum hast du es getan? Hingeworfen, meine ich«, wollte sie wissen. Ihre Augen funkelten vor Neugierde.

»Jo –«

»Du bist verliebt in sie, oder?«

Ich zuckte zusammen. »Jo –«, versuchte ich es erneut, doch wieder unterbrach sie mich.

»Schon gut, du brauchst es mir nicht zu sagen.« Sie winkte ab, und ein verschmitztes Grinsen breitete sich auf ihrem Gesicht aus. »Ich weiß es auch so.«

Dann wusste sie schon mehr als ich. »Ich hab dich lieb, Jo, das weißt du. Aber ich möchte mein Liebesleben wirklich nicht mit meiner kleinen Cousine ausdiskutieren.«

Sie stupste mich an. »Schade.« Dann erlosch ihr Lächeln, und ihr Blick wurde ernst. »Ich bin neidisch auf dich, weißt du das? Wegen dem, was du gestern getan hast. Ich wünschte, ich wäre so mutig, Mom und Dad zu sagen, was ich denke.«

Mein Herz zog sich schmerzhaft zusammen. »Du solltest diesen Mut überhaupt nicht haben müssen.«

Sie zuckte mit den Schultern. »Ist auch egal.«

»Ist es nicht.« Wut flammte in mir auf. »Das ist nicht egal!«

»Doch, ist es. Ich kann sie sowieso nicht dazu bringen, sich zu ändern. Oder mich so zu akzeptieren, wie ich bin. Also warte ich, bis ich mit der Schule fertig bin, dann gehe ich aufs College und auf Nimmerwiedersehen.«

Ich brauchte sie nicht zu fragen, ob sie es ernst meinte. Ich kannte Jo gut genug, um zu wissen, dass sie nichts mehr wollte, als diese Stadt und unsere Familie hinter sich zu lassen.

»Solange du mich nicht auch aus deinem Leben streichst, ist das okay für mich.«

»Quatsch. Mit wem soll ich sonst meine Texte üben?« Sie lächelte, doch es erreichte ihre Augen nicht.

»Da würde sich bestimmt jemand finden lassen, aber den Gedanken finde ich gut.« Ich deutete auf ihr Textbuch. »Sollen wir weitermachen?«

Jo nickte. »Ja, es sei denn, du willst mir doch von dir und Tessa erzählen?« Sie blinzelte mich so unschuldig an, dass ich lachen musste.

»Nein. Los jetzt, die erste Hexe wartet auf dich.«

Am Dienstag ging ich zum ersten Mal seit Wochen wieder zu einer Redaktionssitzung, mit der festen Absicht, mir einen neuen Artikel geben zu lassen.

Für mich hatte sich das Porträt erledigt. Ich würde es nicht schreiben, völlig egal, wie viel Mühe April sich dabei geben würde, mich davon abzuhalten, alles hinzuschmeißen. Und sie würde sich sehr viel Mühe geben. Das bewiesen die dreiundzwanzig verpassten Anrufe und unzähligen Nachrichten, die sie mir gestern den Tag über geschickt hatte, sehr deutlich.

Ich hatte sie ignoriert. Das fiel mir leichter, als es sollte, und ich wusste, dass April mir dafür heute den Kopf abreißen würde. Aber ich musste über das alles nachdenken, ohne dass April mir damit in den Ohren lag, was für einen furchtbaren Fehler ich machte.

So falsch fühlte sich das nämlich gar nicht an.

Eigentlich fühlte sich die Entscheidung sogar verdammt richtig an.

Ausnahmsweise war ich früh dran, deswegen war noch kaum jemand da, als ich die Redaktion betrat, außer zwei von den Neuen, deren Namen ich mir beim besten Willen nicht merken konnte. Ich nickte ihnen kurz zu und erntete ein nervöses

Lächeln. Wortlos setzte ich mich an einen Schreibtisch und zog mein Tablet aus der Tasche. Der Laptop, den ich von Eileen bekommen hatte, stand bei mir im Schlafzimmer.

Eileen hatte sich nicht bei mir gemeldet, damit ich ihn zurückgab, und ich war mir fast sicher, dass ich, beziehungsweise der Laptop, in dem Trubel um Logans Sturz und die Drehpause schlichtweg vergessen worden war. Vielleicht durfte ich ihn aber auch behalten, bis die Dreharbeiten offiziell beendet wurden.

Langsam füllte sich der Raum. Amy und Melissa kamen mit neugierigen Mienen auf mich zu und ließen sich breit grinsend neben mir auf zwei Stühle fallen. Gleichzeitig schlugen sie die Beine übereinander und sahen mich aus großen Augen begierig an.

»Also, was weißt du?«, fragte Amy und wackelte mit den Augenbrauen.

Ich runzelte die Stirn und unterdrückte ein genervtes Aufstöhnen. Das hatte mir gerade noch gefehlt. »Worüber?«

»Na darüber, warum die Dreharbeiten unterbrochen wurden«, erklärte Melissa und verdrehte die Augen.

»Ich schätze, jeder hat mitbekommen, dass Logan sich verletzt hat.« Demonstrativ richtete ich den Blick wieder auf mein Tablet, aber so leicht ließen die beiden sich nicht abwimmeln.

»Ja, schon, aber du weißt doch bestimmt, wobei. Oder?« Amy klimperte mit den Wimpern und schob sich eine Haarsträhne hinters Ohr, als müsste das irgendeine Wirkung auf mich haben. Hatte es nicht. Außer dass ich noch ein wenig genervter war.

Kopfschüttelnd legte ich mein Tablet auf den Tisch. »Nein, weiß ich nicht«, erwiderte ich in einem Ton, der diese Diskussion eigentlich beenden sollte, aber Amy schob schmollend die Unterlippe vor.

Mein Gott, was war denn heute nur los mit den beiden?

»Komm schon, Cole. Du weißt bestimmt etwas!«

»Seit wann seid ihr zwei da denn so hinterher? Das Gequietsche ist doch sonst eher Kirstens Sache.«

»Was ist meine Sache?«

Ich stöhnte auf, als Kirsten sich vor mir aufbaute, die Hände in die Seiten gestemmt, einen verkniffenen Ausdruck auf dem Gesicht. Ich hatte gar nicht bemerkt, dass sie gekommen war.

»Also?«, fragte sie und funkelte mich böse an. »Was ist meine Sache?«

Ich öffnete schon den Mund, um ihr einen blöden Spruch reinzudrücken, als April die Redaktion betrat und mir zuvorkam.

»Cole, in mein Büro! Sofort!«, fuhr sie mich an. Ich schluckte. Das konnte ja heiter werden.

»Was hast du jetzt schon wieder angestellt?« Ein gehässiges Grinsen breitete sich auf Kirstens Gesicht aus. Ich stand auf, während Amy und Melissa sich endlich auf ihre eigenen Plätze verzogen.

Wortlos schob ich mich an Kirsten vorbei und musste grinsen, als ich hörte, wie sie hinter mir ein wütendes Schnauben ausstieß. Sie ließ sich sogar davon provozieren, dass ich nicht antwortete. Heute machte es aber nicht so viel Spaß wie sonst, sie zu ärgern.

Betont lässig ging ich durch die Redaktion in Aprils Büro, doch in meinem Bauch breitete sich ein flaues Gefühl aus. Vielleicht hätte ich doch nicht all ihre Anrufe und Nachrichten ignorieren sollen.

»Was zum Teufel ist in dich gefahren?«, schimpfte sie, sobald ich die Tür zu ihrem Schuhkarton von einem Büro hinter mir geschlossen hatte.

Abwehrend verschränkte ich die Arme vor der Brust und blieb vor ihrem Schreibtisch stehen. Sie saß auf der Tischkante und bebte vor Wut. Auf ihren Wangen hatten sich zornige rote Flecken ausgebreitet.

»Was –«, setzte ich an, kam aber nicht weit.

»Wag es jetzt bloß nicht, mich zu fragen, was genau ich meine! Was hast du dir dabei gedacht, ausgerechnet beim Familienessen zu verkünden, dass ich mir jemand anderen für das Porträt suchen soll. Hast du den Verstand verloren?«

Ohne auch nur mit der Wimper zu zucken, erwiderte ich ihren aufgebrachten Blick. Sie würde mich nicht dazu bringen, es mir anders zu überlegen. »Nein, hab ich nicht. Ich hab nur keinen Bock mehr auf die Scheiße!«

»Hast du überhaupt darüber nachgedacht? Weißt du, was das bedeutet?«

Mir entwich ein spöttischer Laut. »Du meinst jetzt aber nicht, was das für das Porträt an sich bedeutet, oder? Darum geht's dir doch gar nicht. Du bist doch nur sauer auf mich, weil Richard«, ich spuckte ihr den Namen quasi vor die Füße, »dich jetzt vielleicht nicht mehr so sieht wie vorher. Immerhin bist du meine Chefredakteurin und –«

»Halt die Klappe!«, fiel sie mir harsch ins Wort. »Sag jetzt nichts, was du später bereuen wirst. Ich mache mir *Sorgen* um dich, Cole! Ich bin nicht sauer!«

»Du klingst aber ziemlich sauer«, stellte ich fest und sprach schon weiter, bevor ich mich aufhalten konnte. »Komm schon, April. Dir geht es doch nur darum, dass Richard das Porträt jetzt nicht mehr in der *Times* drucken wird. Jedenfalls nicht *mein* Porträt. Obwohl er das sowieso nicht gemacht hätte, wenn wir mal ganz ehrlich sind. Dir geht es um deine Karriere, nicht um meine. Was hat er gesagt? Dass du deine Journalisten besser im Griff haben musst?«

Fassungslos schlug April sich die Hände vors Gesicht und lachte auf. »Du hast wirklich den Verstand verloren!«

»Vielleicht. Vielleicht aber auch nicht.« Schulterzuckend ließ ich mich jetzt doch auf den Stuhl vor ihrem Schreibtisch fallen, während ich mich innerlich verfluchte. Ich musste wirklich den Verstand verloren haben. Wo kamen all die Worte her? So hatte ich noch nie mit meiner Schwester gesprochen.

Aber vielleicht war genau das mal nötig. Ich liebte April, aber mir war klar geworden, dass sie mich permanent unter Druck setzte, seit ich für sie arbeitete. Wenn auch auf eine andere Weise als der Rest meiner Familie.

Sie machte sich Sorgen um mich und wollte im Gegensatz zu Richard und – so traurig das auch war – meinen Eltern nur das Beste für mich. Aber keiner von ihnen ließ mich meinen eigenen Weg gehen. Auch sie nicht.

April fuhr sich mit beiden Händen durch die blonden Haare und atmete tief durch. »Okay, bevor wir hier jetzt beide komplett ausrasten, beruhigen wir uns besser erst mal.«

Meine Mundwinkel zuckten, doch ich verkniff mir das zynische Grinsen, als April ihre Hände zu Fäusten ballte. »Ich bin ruhig.«

»Das sehe ich.« Seufzend erhob sie sich vom Schreibtisch, ging um ihn herum und setzte sich auf ihren Stuhl. »Nenn mir einen guten Grund, warum du hinschmeißt.«

»Ich will das Porträt einfach nicht mehr schreiben.«

»Erzähl doch keinen Scheiß! Du hast dich die letzten Wochen kein einziges Mal beschwert. Ich dachte, du wärst da einer Sache auf der Spur und du hättest Spaß daran! Warum –« Sie erstarrte und stöhnte auf. »Oh nein! Sag mir bitte nicht, dass du mit ihr ins Bett gegangen bist!«

»Nein!«, entgegnete ich und gab mir alle Mühe, einen empörten Gesichtsausdruck aufzusetzen, während mein Herz nervös auf und ab hüpfte. Das ging jetzt in eine völlig andere Richtung als geplant. Nicht, dass ich irgendwas an diesem Gespräch geplant hatte. Wenn doch, hätte ich mich wahrscheinlich besser unter Kontrolle gehabt.

Erleichterung malte sich auf Aprils Zügen ab, sie merkte nicht mal, dass ich ihr nicht die ganze Wahrheit sagte. »Okay. Warum dann?«

»Weil ich … Muss es denn einen vernünftigen Grund geben?«

»Nein, du kannst mir auch einen unvernünftigen Grund nennen«, antwortete sie genervt. »Ich will doch bloß wissen, warum du einfach so aufgibst. Dieses Porträt hätte dich weitergebracht! Du hättest – «

»Ich will das aber nicht! Nicht so! Ich will nicht, dass Richard einen Artikel von mir druckt, nur weil ich eine berühmte Schauspielerin interviewt habe. Ich bezweifle nämlich stark, dass es ihm darum geht, dass *ich* das Porträt geschrieben habe. Das ist ihm doch scheißegal! Er würde das Porträt so oder so drucken, ganz gleich, wer es geschrieben hat. Weil er dadurch mehr Leute erreicht. Du glaubst doch selbst nicht, dass er seine Meinung über mich ändert, oder? Ich kann so gut sein, wie ich will, er hat ein Bild von mir, und das wird er auch niemals ändern, denn sonst müsste er ja zugeben, dass er einen Fehler gemacht hat, und das kann er nicht«, explodierte ich.

»Cole«, setzte April an, aber ich ließ sie nicht ausreden. Von einem Moment auf den anderen war ich so wütend, dass ich das Gefühl hatte, jeden Augenblick zu platzen. Ich hatte endgültig genug.

»Vergiss es, April. Ich hab dich lieb, und du weißt, ich würde für dich fast alles tun. Auch wenn ich zugeben muss, dass sich das gerade anders angehört hat. Und das war nicht fair von mir.

Aber bei dieser Sache bin ich raus. Gib das Porträt von mir aus Kirsten, wenn es sein muss. Ich werde es nicht schreiben.«

»Ach was? Es hat sich anders angehört? Was du nicht sagst. Hab ich gar nicht gemerkt«, gab sie schnippisch zurück.

Ich seufzte. »Ich ... Ich hab es nicht böse gemeint, okay? Es ist nur ...« Ich zögerte. Wenn ich es aussprach, ließ es sich nicht mehr zurücknehmen. »Ich weiß nicht mal, ob ich überhaupt noch schreiben will. Schon unser ganzes Leben lang geht es nur um diese dämliche Zeitung. Ich habe angefangen, Journalismus zu studieren, um Richard was zu beweisen und weil ich Dad stolz machen wollte, nicht weil es das war, was *ich* wollte.«

»Aber du liebst es, zu schreiben!« Entsetzen zeichnete sich auf Aprils Gesicht ab.

»Bist du dir da sicher? Ich nämlich nicht! Ich weiß doch nicht mal, worüber ich schreiben will. Selbst unsere Frischlinge da draußen sind in der Hinsicht weiter als ich.« Es tat weh, es auszusprechen. Und gleichzeitig fühlte es sich richtig an. Es war die Wahrheit. Ich hatte mich lange genug selbst belogen.

»Aber keiner von ihnen ist so gut wie du!«, sagte April bestimmt.

»Ja und? Das können sie aber lernen. Du weißt besser als ich, dass Leidenschaft zu diesem Beruf dazugehört. Und die fehlt mir.«

»Das stimmt doch nicht!« April rang die Hände, ihr Blick war derart enttäuscht, dass es mir einen Stich versetzte.

»Doch, das stimmt. April, ich hab noch kein Wort für das Porträt geschrieben.« Das lag zwar nicht unbedingt an meiner fehlenden Leidenschaft, aber das musste sie nicht wissen.

April schwieg, ein nachdenklicher Ausdruck legte sich auf ihr Gesicht. Dann sackten ihre Schultern hinab, als sie endlich einsah, dass sie mich nicht dazu bringen würde, mich wieder umzuentscheiden. »Also hörst du auf? Schmeißt du die Uni auch hin?«

Heftig schüttelte ich den Kopf. »Nein. Ich muss darüber nachdenken. Hab ich nämlich noch nicht besonders viel gemacht.«

Ein zaghaftes Lächeln zog ihre Mundwinkel nach oben. »Du hast schon immer die besten Entscheidungen getroffen, wenn du nicht so viel nachgedacht hast.«

»Das klingt jetzt fast so, als fändest du es doch gut, wenn ich hinschmeiße«, erwiderte ich überrascht.

»Nein, auf keinen Fall. Ich find's scheiße, wenn du hinschmeißt, weil ich davon überzeugt bin, dass du Talent hast. Aber es nützt nichts, dich davon überzeugen zu wollen, wenn es nicht das ist, was du tun willst. Denk darüber nach, was du willst. Und dann schau, wohin dich das führt.«

Ich schenkte ihr ein dankbares Lächeln, setzte zu einer Erwiderung an, doch April kam mir zuvor. »Was ist mit dem Artikel über die Dreharbeiten? Schreibst du den weiter, oder muss ich mir da auch jemand anderen suchen?«

»Nein, keine Sorge, ich schreibe den Artikel. Ich hab schon angefangen, und ehrlich gesagt ist der Text ziemlich gut.«

»Siehst du, du liebst das Schreiben, sonst hättest du den Bericht auch abgegeben. Und du wärst heute nicht hier. Du kannst sagen, was du willst, aber ich weiß, dass du das Schreiben liebst! Auch wenn du das gerade vielleicht anders siehst.« Sie seufzte erneut. »Ich versteh dich nicht, Cole.«

»Falls es dich tröstet: Ich verstehe mich auch nicht«, gab ich schulterzuckend zurück.

»Nein, das tröstet mich nicht. Kein bisschen. Aber Cole, eine Sache wäre da noch.« Sie richtete sich auf, ihr Blick war plötzlich sehr ernst. Von einer Sekunde zur nächsten war sie nicht mehr meine Schwester, sondern meine Chefredakteurin.

»Warst du tatsächlich einer Sache auf der Spur? Hat Tessa ein Geheimnis?«

»Nein. Ich habe absolut nichts gefunden«, log ich, ohne auch nur eine Sekunde zu zögern. Wobei es ja auch irgendwie der Wahrheit entsprach. Ich hatte bisher nichts Konkretes herausgefunden.

»Klasse. Dann hat sich das Ganze ja wenigstens gelohnt.« Der Sarkasmus in Aprils Stimme war kaum zu überhören. Sie seufzte ergeben und stand auf. »Was soll's. Na los, wir sollten rübergehen. Die anderen warten bestimmt schon auf uns, und wir haben einiges zu besprechen.«

Die Redaktionssitzung verlief wie immer – die anderen erzählten, wie es mit ihren Artikeln lief, April machte Druck und erklärte einige Abläufe für die Neuen. Doch dann begann sie, die Artikel für die nächsten Ausgaben zu verteilen, und ich konzentrierte mich wohl etwas zu sehr darauf, einen unbeteiligten Gesichtsausdruck aufzusetzen und auf mein Tablet zu starren.

Ich hatte es ernst gemeint, als ich gesagt hatte, ich müsste erst darüber nachdenken, was ich wollte. Bevor ich das nicht wusste, konnte ich keinen neuen Job übernehmen, auch wenn ich nur deswegen heute hergekommen war. Im Gegensatz zu meiner Schwester war ich mir nämlich nicht so sicher, ob ich das Schreiben selbst wirklich noch liebte.

»Hast du so viel mit deinem Porträt zu tun, dass du nicht mal einen Artikel übernehmen kannst?«, ätzte Kirsten und warf mir einen wütenden Blick zu. Sie war offenbar immer noch sauer, weil ich den Auftrag bekommen hatte. Ich musste mir vielleicht darüber klar werden, was ich wollte, aber sie musste dringend lernen loszulassen.

Mir lag eine spitze Antwort auf der Zunge, aber April kam mir zuvor. »Cole hat genug zu tun. Abgesehen davon, hat er das Porträt gerade abgegeben.« Sie ließ die Bombe einfach so platzen. Als wüsste sie nicht, welches Chaos sie damit heraufbeschwören würde. Obwohl der Blick, den sie mir jetzt zuwarf, keinen Zweifel daran ließ, dass sie sehr genau wusste, was sie tat. Das war ihre kleine, persönliche Rache, weil ich sie hängen ließ. Deshalb konnte ich es ihr nicht einmal übel nehmen.

»Was?« Kirstens Stimme schoss in die Höhe. Sie sprang auf. »Du hast *was* getan? Bist du verrückt geworden?« Hektische rote Flecken krochen ihren Hals hinauf. »Du hättest das Porträt gar nicht erst bekommen dürfen! Gott, du hattest diese Chance kein bisschen verdient! Du bist vollkommen übergeschnappt!«

»Offensichtlich«, erwiderte ich trocken. »Da ihr alle derselben Meinung seid, scheint das wohl so zu sein. Sind wir dann fertig?«

»Nein! Was passiert mit dem Porträt? Wer darf es schreiben?«, rief Kirsten aufgeregt.

April rieb sich die Schläfen und verzog genervt das Gesicht. »Vorerst bekommt niemand das Porträt. Wir sprechen noch einmal über die Sache, wenn die Dreharbeiten fortgesetzt werden. Jetzt können wir ohnehin nichts tun.«

»Bitte, April! Lass mich das machen! Bitte!« Kirsten riss flehentlich die Augen auf, doch meine Schwester schüttelte bestimmt den Kopf.

»Ich würde mich auch anbieten«, mischte Marc sich ein und erntete dafür einen Blick von Kirsten, der jeden anderen in Flammen hätte aufgehen lassen. Marc dagegen schenkte ihr nur ein diebisches Grinsen.

»Nein, ich werde diese Entscheidung jetzt nicht treffen. Ende der Diskussion!«, schob April hinterher, als Kirsten ihr widersprechen wollte. Schmollend ließ sie sich wieder auf ihren Stuhl fallen, während April energisch in die Hände klatschte.

»Los jetzt. Wir haben viel zu tun!«

Eine halbe Stunde später schlich ich mich aus der Redaktion, in der Hoffnung, Kirsten entkommen zu können, aber ich war zu langsam.

»Cole!«, keifte sie, packte mich am Arm und hielt mich mit erstaunlicher Kraft fest, als ich nach der Sitzung den Flur hinuntereilte.

Vermutlich hätte ich mich mühelos losreißen und gehen können, aber ich war mir sicher, dass sie mir hinterherlaufen würde, um mich im Laufschritt weiter fertigzumachen. Und darauf hatte ich absolut keinen Bock.

»Spuck's schon aus«, sagte ich und schüttelte ihre Hand ab.

Kurz presste sie die rot geschminkten Lippen fest aufeinander, die genauso ihr Markenzeichen waren wie die perfekt sitzende Frisur, dann stemmte sie die Hände in die Hüften. Ich rechnete mit Wut, stattdessen war ihr Blick verschlagen.

»Warum hast du das Porträt abgegeben?«

»Kann dir doch egal sein«, erwiderte ich und runzelte die Stirn. Für gewöhnlich war Kirsten leicht zu durchschauen. Es war das erste Mal, dass es mir schwerfiel.

»Ist es nicht. Wenn ich das Porträt bekomme, und du kannst dir sicher sein, dass April es mir am Ende geben wird, will ich wissen, warum du hinschmeißt. Du bist vieles, aber du bist nicht blöd, Cole. Ich mag dich nicht, das ist kein Geheimnis. Aber wir wissen beide, was für eine Wahnsinnschance das für dich war. Wenn du hinschmeißt, hast du einen guten Grund dafür.«

Verdammt. Kirsten sah mehr, als gut für sie war. Und vor allem mehr, als gut für mich war.

Ich antwortete mit hartnäckigem Schweigen, aber Kirsten ließ nicht locker. »Was wollten sie von dir? Dass du in dem Porträt lügst? Ist sie doch nicht so lieb und nett wie alle glauben?«, fragte sie, ihre Stimme zitterte leicht, und sie hatte die Augen weit aufgerissen, als könnte sie den Gedanken nicht ertragen.

Ich auch nicht.

»Nein. Es geht nicht um das Porträt an sich. Und Tessa ist so lieb und nett, wie alle glauben, da musst du dir null Sorgen machen. Ich habe das Porträt abgegeben, weil ich es wollte, okay? Bist du jetzt zufrieden? Ich möchte was anderes schreiben.« Warum erzählte ich ihr das überhaupt alles? Ich hätte sie einfach loswerden sollen, aber dafür war es jetzt zu spät. Allerdings kam ich nicht dazu, den Gedanken weiterzudenken.

Kirsten starrte mich fassungslos an. Dann platzte ihr der Kragen. »Was anderes? Gott, Cole, du bist so ein Versager! Du hast das alles so was von nicht verdient. Nicht dieses Porträt, nicht die Unizeitung und nicht deine Familie. Du weißt ja gar nicht zu schätzen, in was für eine unglaubliche Familie du hineingeboren wurdest!«

»Nein, das tue ich wirklich nicht.«

Und es fühlte sich verdammt gut an.

Aber noch war Kirsten nicht fertig mit mir. »Du könntest mit Tessa Thorn zusammenarbeiten! Sie ist wunderschön und talentiert und hat bestimmt unfassbar viel zu erzählen. Wer schlägt so etwas ab?«

Ein Lächeln huschte über mein Gesicht. Wortlos drehte ich mich um und ließ Kirsten stehen.

Wer schlägt so etwas ab?

Jemand, der mehr wollte, als mit ihr zusammenzuarbeiten. Viel mehr.

23. KAPITEL

Tessa

»Und du hast dich immer noch nicht bei ihm gemeldet?«, wollte Ella wissen und warf mir einen besorgten Seitenblick zu.

Beschämt schüttelte ich den Kopf. »Was soll ich ihm denn sagen?«

»Keine Ahnung. Irgendwas. Dass du ausgeflippt bist, weil … Warum bist du denn ausgeflippt?«, fragte sie unsicher und schob die Hände tiefer in die Taschen ihres grünen Mantels. Ich spürte, dass sie mir einen kurzen Seitenblick zuwarf, aber ich schaffte es nicht, ihren Blick zu erwidern.

Ich fühlte mich furchtbar.

Sechs Tage waren vergangen, seitdem ich Cole das letzte Mal gesehen hatte. Sechs Tage, in denen ich mich in Selbstmitleid und Scham gesuhlt hatte, bis ich schließlich so angewidert von mir selbst gewesen war, dass ich Dr. Philipps angerufen und um Hilfe gebeten hatte.

Dr. Philipps hatte mir fast das Gleiche geraten, was sie mir immer riet. *Öffne dich, vertraue dich jemandem an. Rede mit jemandem.* Es war das erste Mal, dass ich diesen Rat beherzigt hatte.

Vor einer halben Stunde hatte Ella mich im Hotel abgeholt. Wir waren einfach drauflosgelaufen, und auch wenn uns anfangs noch einige Paparazzi gefolgt waren, die ihre Stellung vor dem Hotel in der Hoffnung auf eine interessante Story aufgegeben hatten, schlenderten wir inzwischen allein durch die Straßen.

Nachdem Logan gestern aus dem Krankenhaus entlassen worden war und Faerfax verlassen hatte, waren auch viele der Paparazzi verschwunden. Ohne meinen Ex-Freund in derselben Stadt war ich offenbar nur noch halb so spannend – zu meiner grenzenlosen Erleichterung.

Mittlerweile hatte ich Ella so weit wie möglich auf den neuesten Stand gebracht und ihr erklärt, was passiert war – so gut ich es eben konnte.

Aber das war das Problem. Ich konnte ihr keine vernünftige Erklärung geben. Dafür müsste ich ihr alles erzählen, und egal, wie sehr ich sie mochte und wie sehr ich ihr vertraute, das brachte ich noch nicht über mich. Ganz abgesehen davon, dass ich mein Verhalten Cole gegenüber selbst nicht so genau verstand, auch nicht, nachdem ich zwei Stunden lang mit meiner Therapeutin gesprochen hatte.

»Ich bin nicht besonders gut darin, andere Menschen an mich heranzulassen«, sagte ich leise. Endlich gelang es mir, den Kopf zu heben und sie anzusehen.

Ella lächelte traurig. »Ja, das hab ich schon gemerkt. Aber warum?«

»Es ist kompliziert. Ich weiß nicht, wie ich es erklären soll.« Ich atmete tief durch und sprach den Gedanken aus, bevor ich es mir anders überlegen konnte. »Ich glaube, ich habe Angst, dass mich niemand mag, wenn die Leute sehen, wer ich wirklich bin.« Unsicher verkroch ich mich tiefer im Kragen meiner Jacke.

Ella blieb stehen und griff behutsam nach meinem Arm. »Das ist Quatsch.«

Ich schüttelte den Kopf. »Das kannst du nicht wissen.« Vergeblich suchte ich nach den richtigen Worten. Sie schlummerten tief in mir drin, aber ich bekam sie nicht zu fassen.

»Nein, kann ich nicht. Du aber auch nicht. Nicht, solange du es nicht ausprobiert hast.« Aufmunternd stupste sie mich an.

»Vielleicht hast du recht«, erwiderte ich seufzend.

»Ja, vielleicht. Aber … also … Mein Gott, wieso ist das nur so schwierig?« Sie lachte nervös und gab sich einen Ruck. »Okay. Was ich eigentlich sagen wollte: Ich weiß nicht, was bei dir los ist, und wir kennen uns auch noch nicht lange genug, als dass ich glauben würde, du würdest dich mir anvertrauen, aber … wenn du reden willst, dann bin ich für dich da, in Ordnung?«

Ihre Worte trieben mir Tränen in die Augen. »Danke!«, presste ich erstickt hervor.

»Oh, nicht weinen!« Ella nahm mich in den Arm und strich mir beruhigend über den Rücken.

»Tut mir leid!« Schniefend löste ich mich von ihr und wischte mir die Tränen von den Wangen.

»Hör auf, dich zu entschuldigen! Bei mir muss sich niemand für Tränen entschuldigen. Außerdem … Dafür sind Freunde doch da, oder?« Sie griff nach meiner Hand und zog mich weiter die Straße hinunter.

»Ich hatte noch nie eine Freundin wie dich«, sagte ich irgendwann leise.

»Dann war es wohl an der Zeit.« Ein strahlendes Lächeln breitete sich auf ihrem Gesicht aus, und ein wohlig warmes Gefühl durchströmte mich, das ich erst nach einem Moment als tiefe Zuneigung erkannte. Zuneigung für dieses Mädchen, das mich kaum kannte und sich trotzdem um mich sorgte, obwohl sie im Grunde gar nichts über mich wusste. Trotzdem akzeptierte sie mich, so wie ich war.

Denn ihr spielte ich nichts vor. Ihr nicht, den anderen nicht und auch Cole nicht. Das war irgendwie paradox, aber genau so war es. Ich war Tessa Thorn, und gleichzeitig war ich es nicht.

Ich war einfach ich, wenn ich mit ihnen zusammen war. Und auch wenn sie es nicht wussten, bedeutete es mir die Welt. Langsam setzten wir unseren Weg fort.

»Okay, da wir das geklärt haben: Was ist jetzt mit dir und Cole?«

»Keine Ahnung.« Ich seufzte gequält. »Ich will mit ihm reden, aber was soll ich ihm sagen? Es ist alles so verfahren. Und je mehr Zeit vergeht, desto mehr habe ich das Gefühl, dass er es vielleicht auch gar nicht hören will.«

»Das ist nicht wahr. Ich weiß, dass er es wissen möchte.« Abwägend legte Ella den Kopf zur Seite. Ich runzelte die Stirn. Hatte Cole mit ihr geredet? Doch bevor ich sie danach fragen konnte, fuhr sie bereits fort: »Und selbst wenn ich mir da nicht absolut sicher wäre, ist es dennoch so, dass ich Cole in letzter Zeit nicht besonders oft zu Gesicht bekommen habe.« Sie warf mir einen bedeutungsvollen Blick zu. »Weil er meistens bei dir am Set rumhing. Ich bezweifle also sehr stark, dass er es nicht hören will.«

»Er war nur so oft am Set, weil er diesen Artikel schreibt. Nicht meinetwegen«, widersprach ich, konnte aber nicht verhindern, dass mein Herz einen hoffnungsvollen Satz machte.

»Nein. Echt nicht. Ich kenne Cole. Er ist nicht nur wegen des Artikels so oft am Set gewesen.«

»Hat er dir das gesagt?«, fragte ich zweifelnd.

Ellas Wangen begannen zu glühen. »So … halb.« Sie wand sich und blieb schließlich stehen. »Okay, pass auf. Cole mag dich. Mehr kann ich dir nicht sagen. Ich kann dir nur raten, mit ihm zu reden.«

»Ich weiß aber nicht, wie.« Unglücklich verzog ich das Gesicht. »Ich bin nicht gut in diesen Dingen. Ich kann so was nicht.« Was ich ihr nicht sagte, war, dass ich Angst davor hatte, Cole zu vertrauen. Dass ich nicht wusste, was er von mir wollte, und ob er mir vielleicht nur etwas vorspielte. Und obwohl alles in mir danach drängte, ihm zu erzählen, wer ich war, schaffte ich es nicht. Weil meine Angst stärker war. Stärker als all die anderen wundervollen Gefühle, die auf mich einstürmten, wenn ich mit ihm zusammen war. Stärker als das Herzrasen und stärker als der Wunsch, von ihm berührt zu werden.

Sie schenkte mir ein aufmunterndes Lächeln. »Das bekommen wir hin.«

Wir bekamen es nicht hin. *Ich* bekam es nicht hin.

Stattdessen strickte ich ein Paar Socken nach dem anderen, um meine Hände zu beschäftigen, las mehr als die letzten drei Jahre zusammen und machte so viel Yoga, dass meine Muskeln schließlich protestierend aufgaben. Ich ging spazieren, schlenderte mit aufgesetzter Neugier durch die Stadt und tat, als würde ich mich umsehen, obwohl ich mich eigentlich selbst testete.

Ich ging noch einmal zu dem Spielplatz und zu meiner alten Schule. Neulich hatte mich meine Vergangenheit aufgewühlt, heute fühlte ich nur eine seltsame Leere in mir, während ich vor dem grauen Gebäude auf der Straße stand.

Vielleicht hatte ich mich bei meinem letzten Besuch von diesem Teil meiner Vergangenheit verabschiedet.

Ich stellte mich jedem Flecken der Stadt, der mir von früher in Erinnerung geblieben war. Nur nicht meinem alten Zuhause. Jedes Mal, wenn ich mich in die Nähe des Hauses wagte, spürte ich, wie Panik in mir aufstieg, und ich floh.

So vergingen acht Tage.

Zehn Tage, in denen ich Cole nicht zu Gesicht bekam. Er war wie vom Erdboden verschluckt und erschien nicht einmal bei den gemeinsamen Abenden bei Ella und Jamie. Julian zuckte nur mit den Schultern, wenn einer der anderen ihn nach Cole fragte, und murmelte etwas vor sich hin, das keiner von uns verstand.

Ich sollte ihn anrufen, aber dass er sich gar nicht blicken ließ, verwirrte mich. Vor allem aber verunsicherte es mich. Er wusste bestimmt, dass ich oft mit Ella und Cassidy unterwegs und auch bei den wöchentlichen Kochabenden dabei war.

Ella versuchte, mich dazu zu überreden, ihn einfach anzurufen, aber ich war irgendwann so verunsichert, dass ich mich nicht dazu überwinden konnte.

Vielleicht wollte Cole auch gar nichts mehr mit mir zu tun haben, nachdem ich so ausgeflippt war. Verdenken konnte ich es ihm nicht.

»Tessa!« Ella schnippte mit ihren Fingern vor meinem Gesicht herum, und ich zuckte erschrocken zusammen. »Denkst du schon wieder an Cole?«

»Nein«, log ich, aber Ella durchschaute mich mühelos.

»Tust du wohl.« Mitfühlend sah sie mich an.

»Jetzt rede endlich mal mit ihm! Kann doch so schwierig nicht sein!«, rief Cassidy aus dem Bad und kam einen Moment später bewaffnet mit Schminkutensilien ins Wohnzimmer. »Du könntest zum Beispiel heute Abend mit ihm reden.«

»Cole kommt auch?« Ich verschluckte mich fast an meiner eigenen Spucke.

»Niemand lässt sich die Halloweenparty entgehen«, entgegnete Ella, Cassidy drückte sie gerade auf einen Stuhl.

»Vielleicht sollte ich dann lieber nicht mitkommen.«

»Oh doch, du kommst mit! Was willst du sonst machen? Dich in deinem Hotelzimmer verkriechen und Trübsal blasen?«, fragte Cassidy, ohne mich anzusehen. Ihr Blick war fest auf Ellas Gesicht und den Pinsel in ihrer Hand gerichtet. »Das scheint mir kein besonders guter Plan für Halloween zu sein. Außerdem hast du Cole jetzt wie lange nicht gesehen? Zwei Wochen? Es wird Zeit!«

Ich schwieg. Sie hatte recht.

»Wie lange bleibst du denn jetzt noch in Faerfax?« Nun sah Cassidy mich doch kurz an. »Wenn du nämlich noch eine Weile bleiben willst, wäre es dann nicht sinnvoll, du würdest dir eine Wohnung suchen, oder so? Permanent im Hotel zu wohnen, kann so toll doch nicht sein.«

»Ist es auch nicht«, stimmte ich seufzend zu und biss mir nachdenklich auf die Unterlippe. Die letzten Tage hatte ich viel zu viel Zeit damit verbracht, darüber nachzugrübeln, was ich jetzt eigentlich in Faerfax tun und wie lange ich noch bleiben würde.

Mallory war alles andere als begeistert gewesen, als ich ihr meine Entscheidung mitgeteilt hatte. Ihr Plan war gewesen, mich während der Drehpause in einige Talkshows zu bringen, und ich machte ihr einen gewaltigen Strich durch die Rechnung. Zum Glück hatte sie genug damit zu tun, sich mit der schlechten Presse über Logan und seinen Sturz herumzuschlagen, als dass sie wirklich viel Zeit und Energie dafür gehabt hätte, mich zu einer Rückkehr nach Los Angeles zu überreden.

Zwei Stunden später wusch Cassidy mit einem breiten Grinsen die Pinsel im Waschbecken von Ellas Badezimmer aus, während Ella und ich lachend vor dem Spiegel herumsprangen und ihr Werk bewunderten. Cassidy studierte zwar Kunst, aber als Maskenbildnerin würde sie sich auch gut machen.

Mithilfe einer blonden Perücke und einer Menge Make-up hatte sie mich in Harley Quinn verwandelt. Ella hatte für ihr Kostüm nur einen engen schwarzen Anzug benötigt und gab jetzt eine total heiße Black Widow ab. Cassidy selbst hatte sich als Wonder Woman verkleidet. Sie hatte ganze Arbeit geleistet.

Ich würde heute Abend garantiert nicht die einzige Harley Quinn sein, aber das war auch beabsichtigt. Cassidy hatte sich riesige Mühe gegeben, damit ich selbst so weit wie möglich unter dem Make-up verschwand und man mich nicht sofort erkannte. Nur deshalb hatte ich überhaupt zugestimmt, meine Freunde zu der Party zu begleiten. Ich wollte nur einen Abend außerhalb dieser Wohnung mit ihnen verbringen können, ohne Gefahr zu laufen, stundenlang Selfies mit Fans und fremden Leuten machen zu müssen.

»Mädels, wir sehen super aus!« Cassidy verschwand und kam einen Augenblick später zurück drei Weingläser umständlich in den Händen balancierend, um nichts zu verschütten.

»Für dich gibt es Saftschorle«, erklärte sie, als sie mir ein Glas in die Hand drückte. »Das sieht dann zumindest ansatzweise so aus wie unser Rotwein.« Sie reichte Ella ein Glas, und wir stießen lachend an.

Einen Moment später gab Ellas Handy ein nachdrückliches Piepen von sich. Sie warf einen kurzen Blick auf das Display und lächelte. »Wir sollten gleich mal losgehen. Die Jungs warten schon auf der Party auf uns, wir sind echt spät dran.«

Mein Herz hüpfte aufgeregt in meiner Brust herum, und ein flaues Gefühl breitete sich in mir aus. Die Jungs warteten auf uns. *Cole* wartete dort. Nachdenklich nippte ich an meiner Schorle und wünschte mir zum ersten Mal in meinem Leben, ich hätte Alkohol in meinem Glas. Nur, um mir ein bisschen Mut anzutrinken.

»Tessa? Du übernachtest dann heute bei uns?«, fragte Ella und prüfte erneut den Sitz ihres Anzugs.

Ich nickte, und wir machten uns lachend und Pläne schmiedend auf den Weg. Für ein paar Minuten fühlte ich mich federleicht. Ich hörte auf zu denken, dachte nicht einmal mehr an Cole, sondern genoss einfach nur die Zeit, die ich mit meinen Freundinnen verbrachte.

Der Campus der Faerfax University war in ein wahres Gruselkabinett verwandelt worden. An jeder Ecke standen Kürbisse mit geschnitzten Fratzen, an den Bäumen hingen künstliche Spinnweben, und jeder Student, dem wir begegneten, hätte mühelos in einem Halloweenhorrorfilm mitspielen können. Oder in einem Superheldenfilm. Wir waren auf jeden Fall nicht die Einzigen, die sich von Marvel und DC hatten inspirieren lassen.

Ich war schon auf einigen Partys gewesen, aber das hier war etwas ganz anderes als die glamourösen Premierenpartys, die ich kannte. Staunend sog ich die Atmosphäre in mich auf und sah mich mit großen Augen um.

»Na? Bist du beeindruckt?«, fragte Ella schmunzelnd.

»Und wie«, gab ich ehrlich zu und lachte begeistert. Ich folgte den beiden zu einem großen, flachen Gebäude, das sonst die Mensa der Uni war. Heute allerdings war der Saal mit Spinnweben, Kürbissen und bleichen Knochen geschmückt. Nebel waberte über den Boden, und flackernde Lampen tauchten den großen Raum in ein rötliches Licht. In einer Ecke war ein Büfett aufgebaut worden, in einer anderen stand ein DJ.

Wir waren spät dran, auf der Tanzfläche tummelten sich bereits viele Studenten. Ich merkte erst, dass ich mich nicht mehr neugierig, sondern suchend umsah, als Cassidy mit einem süffisanten Grinsen nach rechts deutete. »Cole ist da drüben.«

Ertappt folgte ich ihrem Blick und entdeckte Cole zusammen mit Julian und Jamie einige Meter von uns entfernt. Sie waren unschwer als Filmfiguren aus *Star Wars* und *Der Herr der Ringe* zu erkennen. Doch während Cassidy uns dreien wenigstens ein paar Wunden aufs Gesicht geschminkt hatte, um zumindest für einen leichten Gruselfaktor zu sorgen, hatten die Jungs darauf völlig verzichtet.

Ich merkte, dass ich Cole anstarrte. Seine Hand lag auf dem Griff eines Schwertes, und auf den ersten Blick wirkte er vollkommen entspannt. Doch je länger ich ihn betrachtete, desto mehr viel mir auf, wie steif er dastand, mit durchgedrücktem Rücken und geraden Schultern, die Lippen zu einem schmalen Strich zusammengepresst.

Mein Mund war plötzlich fürchterlich ausgetrocknet, und das Herz hämmerte so heftig in meiner Brust, als versuchte es, mit dem Bass aus den Lautsprechern mitzuhalten.

»Na los, geh schon.« Auffordernd stieß Ella mir ihren Ellbogen in die Seite.

»Ich kann das nicht.« Panisch schüttelte ich den Kopf. Ich war noch nicht so weit.

Cole

Ich wusste, dass Tessa heute zur Halloweenparty kommen würde. Ich wusste es seit Tagen, und allein der Gedanke, sie wiederzusehen, überforderte mich.

Seit unserer letzten Begegnung hatte ich öfter von ihr geträumt und an sie gedacht, als gut für mich war. Ich bekam sie nicht aus meinem Kopf, ganz egal, wie viel Mühe ich mir gab, nicht an sie zu denken. Und ich gab mir verdammt viel Mühe.

Die Gedanken an sie hatten sogar meine Wut über die Mail meines Dads überlagert, die er mir geschrieben hatte, nachdem April ihm gesteckt hatte, dass ich meine »große Chance« weggeworfen hatte. Nach Wochen, Quatsch, Monaten hatte er sich das erste Mal wieder bei mir gemeldet, um mir mitzuteilen, wie enttäuscht er von mir war. Das hatte mir gerade noch gefehlt. Ich hatte ihm nicht geantwortet.

»Oh shit!«, stieß Julian fassungslos hervor. Mit weit aufgerissenen Augen sah er an mir vorbei. Mir war klar, wen er entdeckt hatte, noch bevor ich mich zu ihr umdrehte.

»Alter, du bist erledigt.« In Jamies Stimme schwang neben Ehrfurcht auch eine Spur Schadenfreude mit.

Ich schluckte schwer. Tessa hatte sich als Harley Quinn verkleidet. Und sie war eine verflucht heiße Harley Quinn. Mit endlos langen Beinen. Wo hatte sie die bisher versteckt? Tessa hatte ihr Kostüm gut gewählt. Wer nicht damit rechnete, dass sie hier war, und nicht genau hinsah, erkannte nicht, wer unter der Schminke steckte. Sie stand zusammen mit Cassidy und Ella ein paar Meter von uns entfernt. Die beiden redeten aufgeregt auf sie ein, während Tessa aussah, als würde sie am liebsten augenblicklich verschwinden.

Das konnte sie sofort wieder vergessen.

So leicht würde sie mir dieses Mal nicht davonkommen. Ich hatte ihr die letzten zwei Wochen Raum gegeben, um was auch immer zu tun. Sich zu beruhigen, abzuhauen oder sich dazu durchzuringen, mit mir zu reden. Ich hatte ihr Zeit gelassen und darauf gewartet, dass sie auf mich zukommen würde. Was sie nicht getan hatte.

Heute würde ich sie nicht einfach wieder ziehen lassen, ohne dass wir endlich darüber sprachen, was mit ihr los gewesen war.

Ich ging auf sie zu, aber ich schaffte nur einen Schritt, bevor ich wieder stehen blieb. Mein Herz schlug mir bis zum Hals, und ich war auf einmal so nervös, dass ich mich keinen Zentimeter mehr nach vorne bewegen konnte.

Tessa Zeit geben zu wollen, war nicht der einzige Grund gewesen, warum ich sie in Ruhe gelassen hatte.

Ich hatte auch eine Scheißangst gehabt. Davor, dass sie nicht mit mir reden wollte, dass das, was zwischen uns war, zu Ende war, bevor es richtig angefangen hatte.

So oft hatte ich mein Handy in der Hand gehabt, um sie anzurufen, oder ihr zu schreiben, und ich hatte es kein einziges Mal durchgezogen.

Ich war ein verdammter Feigling. Aber jetzt nicht mehr. Heute würde ich es machen.

Als hätte sie gespürt, was mir durch den Kopf ging, hob sie den Kopf und blickte mich an. In diesem Moment sah ich Tessa so, wie sie wirklich war. Ich sah weder das Kostüm noch die Schminke.

Stattdessen sah ich das Mädchen darunter. Ein verletzliches Mädchen, mit einem Geheimnis, das sie zerriss. Ich sah sie, wie sie auf meinem Sofa gesessen hatte, mit zerzausten dunklen Haaren. Ungeschminkt und müde. Und trotzdem wunderschön.

Alles, was ich wollte, war, sie in den Arm zu nehmen, mein Gesicht in ihren Haaren zu vergraben und sie so lange zu küssen, bis wir alles andere vergaßen.

»Cole.« Ertappt schnellte mein Kopf in Julians Richtung. Auffordernd stieß er mir gegen die Schulter. »Jetzt geh schon.«

Ich atmete tief durch, drehte mich wieder zu den Mädchen um und musste feststellen, dass sie weg waren.

Das konnte doch jetzt echt nicht ihr Scheißernst sein!

Ohne ein weiteres Wort lief ich los. Ich musste sie suchen. Jetzt. Wenn es noch länger dauerte, bis wir endlich über die ganze Sache sprachen, würde ich durchdrehen.

Doch ich kam nicht weit. Ein donnerndes Geräusch hallte durch den Saal, die Ankündigung für den jährlichen Kostümwettbewerb, und ließ mich erstarren. Ich stöhnte auf. Nicht jetzt. Innerhalb von Sekunden platzte die ohnehin schon volle Mensa aus allen Nähten.

Ich hatte noch nie verstanden, was so toll an diesem dämlichen Wettbewerb war, aber die meisten anderen Studenten hatten tatsächlich Spaß an der Sache. Vielleicht weil der Gewinner sich für den Rest des Jahres keine Gedanken mehr darum machen musste, seine Drinks bei Unipartys bezahlen zu müssen.

Tessa jetzt zu finden, war ein hoffnungsloses Unterfangen. Ich versuchte es trotzdem. Doch es war nicht so leicht, sich durch die Menge zu kämpfen und gleichzeitig Ausschau nach ihr zu halten.

Keine Ahnung, wie viel Zeit verging – eine gefühlte Ewigkeit – und wie viele Harley Quinns ich währenddessen versehentlich anquatschte, bis ich Ella und Cassidy irgendwann endlich auf der Tanzfläche fand. Doch Tessa war nicht bei ihnen.

»Wo ist sie?«, fragte ich ohne Umschweife. Jede Faser meines Körpers stand unter Strom.

»Du bist spät dran, die Party ist schon fast vorbei«, zog Cassidy mich auf und nippte an ihrem Glas, aber ich hatte gerade keinen Bock darauf, mich von ihr ärgern zu lassen. Ich ignorierte Cassidy und wandte mich stattdessen an meine älteste Freundin.

»Ella?«

»Sie wollte zur Toilette.« Ella deutete mit einem zufriedenen Grinsen auf die nächste Tür, und ich machte mich ohne ein weiteres Wort auf den Weg.

Im Flur war es glücklicherweise weniger voll als in der Mensa, ein paar Mädchen saßen mit angezogenen Beinen auf dem Boden, eine heulte. Ein paar Meter entfernt fand ein Pärchen offenbar zueinander, ein anderes schien sich gerade zu trennen.

Ungeduldig lief ich an ihnen vorbei und sah mich suchend um. Statt Tessa entdeckte ich allerdings Kirsten. Sie hatte sich als eine gruselige Version von Mary Poppins verkleidet – ich hatte bis zu diesem Moment nicht einmal gewusst, dass das überhaupt möglich war. Dann fiel mein Blick auf das Mädchen, das ihr gegenüberstand. Sie hatte mir den Rücken zugewandt, und obwohl ich die letzte Stunde unzählige Mädchen in kurzen Shorts und mit zwei weißblonden Zöpfen angesprochen hatte, erkannte ich Tessa jetzt sofort. Sie hatte die Schultern hochgezogen, wirkte irgendwie verkrampft und ich wollte nichts lieber, als sie von Kirsten wegziehen, ihr alles sagen, was ich zu sagen hatte, und dann … Tja, das hing von ihr ab.

Zuerst musste ich allerdings Kirsten loswerden, die aufgeregt auf Tessa einredete und mit beiden Händen vor ihrem Gesicht herumgestikulierte. Dass sie Tessa anscheinend erkannt hatte, war nicht gut. Garantiert versuchte sie gerade, Tessa dazu zu überreden, sich dafür einzusetzen, dass sie das Porträt schreiben durfte.

Fuck! Tessa durfte auf keinen Fall von Kirsten erfahren, dass ich das Porträt abgegeben hatte. Sie musste es von mir hören. Von niemandem sonst.

»Ich bin ein riesiger Fan von dir! Vielleicht können wir zu mir gehen und –«

»Du kannst es nicht lassen, oder?« Betont lässig trat ich zu den beiden und warf Kirsten einen herablassenden Blick zu, während mir das Herz bis zum Hals schlug. Hoffentlich hatte sie Tessa noch nichts gesagt.

Kirsten zuckte erschrocken zusammen, fing sich jedoch schnell wieder. Ärgerlich schaute sie mich an. »Cole, was willst du?«

»Eigentlich wollte ich mit Tessa sprechen.« Ich sah Tessa fragend an und musste mich davon abhalten, die Hand nach ihr auszustrecken und sie einfach an mich zu ziehen.

Ihre Mundwinkel zückten, doch sie lächelte nicht. Durch

das dunkle Make-up wirkten ihre Augen noch größer als sonst. Da lag etwas in ihrem Blick, das ich nicht deuten konnte. Mein Magen verkrampfte sich. Wieso sagte sie nichts? Warum schickte sie mich nicht weg? Oder stimmte mir zu. Scheißegal, was, sie sollte nur irgendetwas sagen!

»Hast du kurz Zeit?« Meine Stimme klang auf einmal viel zu rau, viel zu unsicher.

Ein Zittern zuckte durch ihren Körper. Ich glaubte schon, dass sie mir einen Korb geben würde, als doch ein winziges Lächeln auf ihrem Gesicht erschien, obwohl ihr Blick seltsam abwesend wirkte. »Ja.«

»Dann lass uns verschwinden.« Ich legte ihr eine Hand auf den Rücken und wollte mich gerade in Bewegung setzen, als Kirsten uns aufhielt.

»Du bist so ein Arsch, Cole! Du gönnst mir echt gar nichts.« Sie stellte sich uns in den Weg, doch in ihrem Mary Poppins-Kostüm kam sie nicht ansatzweise so gefährlich rüber, wie sie es wohl beabsichtigte.

»Nope. Heute nicht. Zieh Leine, Kirsten.«

»Das wirst du noch bereuen!«, fauchte sie. Es gab viel, was ich zu bereuen hatte. Tessa von Kirsten wegzuholen, gehörte garantiert nicht dazu.

»Ja, vielleicht, aber wahrscheinlich nicht.« Ich trat einen Schritt auf sie zu und baute mich vor ihr auf. »Wenn du jemandem erzählst, dass sie heute hier war oder sonst was, wirst *du* es bereuen, kapiert?«

Kirsten reckte trotzig das Kinn, sagte aber nichts mehr. Ich wandte mich wieder Tessa zu, die mit einem undeutbaren, seltsam konzentrierten Blick von mir zu Kirsten sah.

Wollte sie doch nicht mehr mit mir reden? Für einen Moment schien es so, doch dann lehnte sie sich gegen meine Hand, die noch immer auf ihrem Rücken lag.

»Wollen wir?«, fragte ich leise, und Tessa nickte. Erleichterung durchflutete mich. Für einen Moment hatte ich befürchtet, mein Verhalten Kirsten gegenüber hätte ihre Meinung geändert.

»Tut mir leid, dass ich ... so war«, sagte ich, als wir uns endlich so weit von Kirsten entfernt hatten, dass sie uns nicht mehr hören konnte. »Kirsten arbeitet auch bei der Unizeitung, und wir verstehen uns nicht besonders gut.« Die Untertreibung des Jahres. »Sie wollte das Porträt haben, das ich über dich schreiben sollte, und war nicht gerade glücklich, dass ich an ihrer Stelle den Job bekommen habe. Ich –« Ich verstummte, als Tessa taumelte. Reflexartig griff ich nach ihrem Arm. »Alles okay?«

»Mir ist ein bisschen schwindelig.« Tessa runzelte die Stirn, und ich hätte schwören können, dass sie unter ihrer Schminke blass wurde.

Besorgt musterte ich sie. »Sollen wir rausgehen?«

Sie nickte, und wir liefen schweigend den Flur entlang.

»Geht's dir wirklich gut?«, fragte ich besorgt, als wir draußen an die frische Luft gelangten und einige Meter von der Mensa entfernt stehen blieben.

Sie atmete tief durch. »Ja, geht schon. Du wolltest ... reden?« Sie schluckte schwer, und ein gleichermaßen hoffnungsvoller wie ängstlicher Ausdruck trat in ihre dunklen Augen.

»Ja, ich ...«, setzte ich zögerlich an und wusste plötzlich nicht mehr weiter.

Einem Instinkt folgend trat ich einen kleinen Schritt auf sie zu und hielt dann wieder inne, wartete ab, ob sie zurückweichen würde, doch sie blieb wie angewurzelt stehen.

Die Musik aus der Mensa war nur noch als gedämpftes Dröhnen im Hintergrund zu hören. Einige Studenten liefen an uns vorbei, lachten fröhlich und schenkten uns keinerlei Beachtung.

»Ich …«, versuchte ich es erneut, als Tessa gleichzeitig »Du hast mir gefehlt« flüsterte.

Sie sprach so leise, dass ich zuerst glaubte, ich hätte mich verhört. Doch dann wiederholte sie es, und bevor ich mich aufhalten konnte, zog ich sie an mich heran, ganz sanft, ganz behutsam. Gab ihr jede Chance, zurückzuweichen und zu gehen. Was sie nicht tat. Stattdessen schloss sie mit flatternden Wimpern die Augen, ein zögerliches Lächeln huschte über ihr Gesicht, und mein Herz zerbrach in unendlich viele kleine Stücke, nur um sich gleich darauf wieder zusammenzusetzen.

Ich nahm ihre Hände in meine, unsere Finger verschränkten sich wie von selbst miteinander. Ich spürte ihren warmen Atem durch den Stoff meines Kostüms hindurch, als sie sich nach vorne lehnte und ihre Stirn an meine Schulter legte.

Mein Herz schlug rasend schnell, sie musste es spüren. Ein Schauer fuhr durch ihren Körper, als wäre es eine Antwort auf meinen hektischen Puls.

Dann fühlte ich ihre Lippen, direkt über meinem Herzen. Und die Worte, alle Worte, die während der letzten Tage und Wochen durch meinen Kopf getanzt waren und nur Chaos hinterlassen hatten, strömten aus mir heraus.

Ich versuchte nicht einmal, mich selbst aufzuhalten. Ich ließ es einfach zu.

»Ich weiß nicht, was das mit uns beiden ist, und im Grunde spielt es auch keine Rolle. Denn ich weiß nur, dass es in den vergangenen zwei Wochen keine Minute gab, in der ich nicht an dich gedacht habe. Und vielleicht macht dir das Angst, und das ist okay, weil es mir auch Angst macht. Scheiße, es macht mir sogar verdammt viel Angst! Ich kenne dich nicht, ich habe keine Ahnung, wer du bist, aber es ist mir auch völlig egal. Ich sehe dich an, und ich will, dass du lächelst. Und ich will dich küssen und dich berühren und … ich bin verwirrt, weil ich mich so nicht kenne und weil ich so was noch nie gefühlt habe. Und ich weiß, dass ich gerade wirres Zeug rede und dass ich vor fünf Sekunden erst gesagt habe, dass ich dich eigentlich nicht kenne, aber ich habe trotzdem das Gefühl, dass ich genau das tue.« Atemlos verstummte ich, wartete auf eine Reaktion, darauf, dass sie den Kopf hob und mich ansah. Darauf, dass sie ihre Lippen auf meine drückte.

Doch anstatt mich zu küssen, taumelte Tessa erneut. Ich fing sie auf, und als sie den Kopf hob, sah ich blanke Angst in ihren weit aufgerissenen Augen.

»Cole«, wisperte sie. »Irgendwas stimmt nicht.«

Tessa

Die Welt um mich herum war aus ihren Angeln gehoben worden. Alles drehte sich.

Mir war schwindelig, und mein Magen rebellierte. Nur mit Mühe konnte ich die Augen offen halten. Blinzelnd versuchte ich, Cole im Blick zu behalten. Ein paar Sekunden lang sah ich ihn doppelt.

Was geschah mit mir?

Angst jagte durch meinen Körper. Irgendwas stimmte nicht. Irgendwas war mit mir nicht in Ordnung. Doch dann verschwand die Angst, und stattdessen fühlte ich mich träge und so, so müde.

»Tessa?« Ich kannte diese Stimme, konnte sie aber nicht zuordnen. Warum klang die Stimme so entsetzt? So ängstlich?

Es war doch alles okay. Ich war nur müde. Schlafen. Ich sollte dringend schlafen.

»Tessa, sieh mich an!«

Mühsam hob ich den Kopf und blinzelte erneut. Mein Herz

machte einen Satz, als ich ihn jetzt doch erkannte. »Cole«, hauchte ich. Erleichterung breitete sich in mir aus, schleichend und viel zu langsam. Er war hier. Was auch immer mit mir los war, er würde es wieder in Ordnung bringen.

Mir knickten die Beine weg, ich taumelte, und Cole legte einen Arm um meine Taille. Oh ja, das fühlte sich gut an. Mit einem Seufzen ließ ich mich in seine Arme fallen.

Mein Herz schlug auf einmal viel zu schnell, und mein Kopf fühlte sich an, als würde er jeden Augenblick platzen. Es tat so weh. Warum tat es so weh?

Ich stieß ein gequältes Wimmern aus. Coles Griff um meine Taille wurde fester, ich konnte seine Sorge spüren. Und seine Wut.

Ich wollte ihm sagen, dass alles okay war, dass ich bloß ins Bett musste. Ich wollte ihm sagen, dass es mir leidtat, weil ich ihn in jener Nacht rausgeworfen hatte. Ich wollte ihm alles sagen. Jedes noch so kleine Geheimnis, das ich in meinem Inneren verschlossen hatte. Doch ich brachte keinen Ton heraus. Vor meinen Augen begannen silberne Punkte zu tanzen, dann wurde alles schwarz.

24. KAPITEL

Tessa

Tiefe Dunkelheit umhüllte mich. Sie hielt mich fest, zog mich immer wieder nach unten, obwohl ich mit aller Kraft versuchte, aus ihr aufzutauchen.

Ich hörte das Blut in meinen Ohren rauschen, fühlte meinen Puls in jeder Faser meines Körpers.

Blinzelnd kämpfte ich gegen die Finsternis an, und als es mir schließlich gelang, die Augen zu öffnen, wünschte ich, ich hätte es gelassen.

Helligkeit stach in meine Augen, mein Kopf pochte nachdrücklich, und mein Mund war so ausgetrocknet, als hätte ich Sand geschluckt. Langsam schloss ich die Augen wieder, aber das Licht ließ sich nicht aussperren. So als wären meine Augenlider von innen rot gefärbt, als könnte ich sie sehen, und dieses Rot, das so sehr an Blut erinnerte, viel zu viel Blut, war schlimmer als die Dunkelheit, schlimmer als die gleißende Helligkeit.

»Tessa?« Die leise, besorgte Stimme an meiner Seite klang vertraut, doch ich konnte sie nicht einordnen.

Erst als ich den Kopf drehte und mein Blick schließlich dem eines grünbraunen Augenpaares begegnete, das mich voller Sorge anschaute, erkannte ich Cole.

Ein erleichtertes Lächeln breitete sich auf seinem Gesicht aus. »Hey. Wie geht's dir?«, fragte er sanft und strich mir vorsichtig über die Wange.

Ich brachte keine Antwort über die Lippen, konnte mich nicht auf Cole konzentrieren. Stattdessen zuckte mein Blick wild umher.

Ich lag in einem weißen, sterilen Raum. Erst jetzt bemerkte ich die Kabel, die aus dem Kragen meines Nachthemdes herauskrochen und zu einem Gerät führten, das ich nach einem kurzen Moment als einen Herzmonitor erkannte. Sämtliche Alarmglocken in meinem Kopf begannen zu schrillen, da mein Verstand jetzt begriff, was meine Augen längst erfasst hatten. Ich war in einem Krankenhaus.

Der Monitor begann hektisch zu piepen, als mein Puls in die Höhe schoss.

»Was ist passiert?«, krächzte ich. Es fühlte sich nicht an, als würde ich selbst sprechen. Mein Hals kratzte entsetzlich, und jedes Wort tat weh.

Coles Gesicht verdüsterte sich, Wut malte sich auf seinen Zügen ab. »So wie's aussieht, hat dir jemand was in dein Getränk gemischt.«

Mir wurde kotzübel. »Was?!«

»Wir wissen nicht, wer es war, und auch nicht, wann genau. Kannst du dich an irgendwas erinnern?«

Ich nickte, doch als ich es versuchte, waren da nur unscharfe Bilder in meinem Kopf. Mehr nicht. Mir wurde schwindelig. Das durfte nicht wahr sein. Das war mir nicht wirklich passiert. Krampfhaft bemühte ich mich, mir den Abend wieder in Erinnerung zu rufen, aber das einzige Bild, das einigermaßen scharf wurde, nachdem ich mit Cassidy und Ella zu der Party gegangen war, war Cole.

»Wir waren auf der Halloweenparty, und ich weiß, dass es einen Kostümwettbewerb gab und ...« Ich brach ab. Da war nur noch Leere.

»Ich wollte mit dir reden. Wegen des Wettbewerbs habe ich

dich aber nicht direkt gefunden, weil es zu voll war«, begann Cole langsam. Mir wurde ganz schwer ums Herz, als ich seinem gequälten Blick begegnete. »Es muss irgendwann währenddessen passiert sein. Als der Wettbewerb vorbei war, habe ich Ella und Cass wieder getroffen und dann auch sehr bald dich. Ich …« Er brach ab und atmete tief durch. »Wir sind rausgegangen und haben geredet. Na ja, ich hab geredet. Du warst … Ich hab nicht gemerkt, wie schlecht es dir geht.« Seine Stimme bebte, und die Schuldgefühle, die darin mitschwangen, brachen mir fast das Herz. »Dir war schwindelig, aber ich war so nervös und wollte dir so viel sagen, dass ich es … Ich hab es einfach nicht geschnallt. Es tut mir leid!«

Ich wollte ihn beruhigen, ihm sagen, dass es nicht seine Schuld war, doch ich brachte kein Wort heraus. Ich war wie gelähmt.

»Du bist umgekippt … und ich habe einen Krankenwagen gerufen. Die Ärzte wissen noch nicht genau, was man dir verabreicht hat, das können sie erst sagen, wenn die Testergebnisse aus dem Labor da sind.«

Das Blut wich mir so plötzlich aus dem Gesicht, dass mir schwindelig wurde. Cole griff nach meiner Hand. »Aber sonst ist alles in Ordnung. Niemand hat dir … wehgetan.« Das letzte Wort schien er nur mit viel Mühe über die Lippen zu bringen.

Schlagartig kam die Welt um mich herum zum Stillstand.

Nichts rührte sich. Ich hörte nur noch ein dumpfes Pochen, fühlte mich auf einmal, als wäre ich metertief unter Wasser. Jeder Muskel meines Körpers verkrampfte sich, während ich begriff, was Cole mir gerade erzählt hatte.

Man hatte mir Drogen oder irgendein anderes Zeug in mein Getränk gemischt. Ich war ohnmächtig geworden. Und ich konnte mich an absolut nichts davon erinnern.

»Tessa, es ist alles in Ordnung. Wirklich.«

»Neinneinneinneinneinnein«, stieß ich hervor und zog panisch an den Kabeln, die zu den Pads auf meiner Brust führten. Ich musste hier raus. Mallory würde mich umbringen.

»Hör auf.« Cole griff nach meinen Händen und hielt sie fest. Beschwörend sah er mich an. »Es ist alles in Ordnung«, wiederholte er.

»Gar nichts ist in Ordnung!« Meine Stimme überschlug sich, sie klang so schrill, dass es sogar in meinen Ohren schmerzte. »Ich muss mit Mallory sprechen! Ich muss das in Ordnung bringen und −« Ich schnappte nach Luft, konnte nicht mehr atmen. Meine Augen brannten, während ein Gedanke den nächsten jagte. Wenn die Presse davon Wind bekam, dass ich in einem Krankenwagen von einer Halloweenstudentenparty abtransportiert worden war, würde das wie eine Bombe einschlagen. Mir brach der kalte Schweiß aus.

Coles Finger verschränkten sich mit meinen. »Du musst atmen, Tessa.«

Aber ich konnte nicht atmen, hatte vergessen, wie es ging. Draußen auf dem Flur hörte ich hektische Schritte näher kommen. Im nächsten Augenblick rauschte eine Krankenschwester ins Zimmer. Resolut schob sie Cole zur Seite, überprüfte meinen Puls und entfernte anschließend die Pads von meiner Brust. Der Monitor gab ein lang gezogenes Piepen von sich, bis sie ihn ausschaltete.

Ich musste hier raus.

»Was geben Sie ihr da?« Der scharfe Klang in Coles Stimme riss mich aus meiner Benommenheit.

»Das ist nur ein Beruhigungsmittel, keine Sorge«, erwiderte die Krankenschwester und wandte sich dann an mich. »Die Polizei wartet draußen. Sie müssen mit ihnen sprechen und sagen, was passiert ist.« Ich spürte einen Stich in meinem Arm. »Verstehen Sie mich?«

Ich nickte, verstand aber eigentlich gar nichts. Langsam beruhigte sich mein rasender Herzschlag, und ich erinnerte mich wieder daran, wie man atmete.

Einatmen. Ausatmen. Einatmen. Ausatmen.

Angestrengt versuchte ich ein weiteres Mal, mich an den Abend zu erinnern, aber ich bekam wieder nur Fetzen zu fassen. Die letzte klare Erinnerung war der Moment, in dem Ella, Cassidy und ich uns während des Kostümwettbewerbs so weit wie möglich an den Rand zurückgezogen hatten. Alles, was danach passiert war, war weg.

Genau das erzählte ich auch den beiden Polizisten, die zuerst einen protestierenden Cole aus meinem Zimmer scheuchten und mir anschließend unzählige Fragen stellten. Wahrscheinlich hatte ich es nur dem Beruhigungsmittel zu verdanken, dass ich gerade nicht völlig durchdrehte.

Als die beiden mich schließlich wieder allein ließen, fühlte ich mich leer. Ich sollte dringend schlafen. Aber zuallererst musste ich hier raus.

Ich konnte nicht hierbleiben. Je länger ich im Krankenhaus lag, desto größer war die Wahrscheinlichkeit, dass die Presse etwas mitbekam. Und dann steckte ich so richtig in der Scheiße.

»Alles okay?« Cole blieb im Türrahmen stehen, die Arme vor der Brust verschränkt. Er trug noch immer sein Halloweenkostüm.

Ich schüttelte den Kopf. »Hol mich hier raus.«

Cole versuchte gar nicht, mich umzustimmen, nickte nur stumm und verschwand. Minute um Minute verging, bis er schließlich zurückkehrte, eine Hose und einen Pullover auf mein Bett warf und ein Paar Schuhe neben der Tür abstellte.

»Zieh dich um. Ich ruf uns ein Uber«, sagte er und war in der nächsten Sekunde schon wieder verschwunden. Leise fiel die Tür hinter ihm ins Schloss. Etwas unsicher stand ich auf. Der Boden fühlte sich unter meinen nackten Füßen kalt an. Zitternd streifte ich mir das Nachthemd über den Kopf und schlüpfte in die Klamotten, die Cole mir gebracht hatte und die vermutlich einer Krankenschwester gehörten.

Mit wackeligen Beinen verließ ich das Zimmer. Cole wartete draußen im Flur. Wortlos reichte er mir eine Mütze, legte mir dann den Arm um die Schultern und führte mich zum Aufzug.

Niemand hielt uns auf.

»Was hast du zu denen gesagt?«, fragte ich leise, als wir den Aufzug verließen und so unauffällig wie möglich durch die Lobby gingen.

Ein schwaches Grinsen blitzte auf seinem Gesicht auf. »Dass ich dein Manager bin und das Krankenhaus in Grund und Boden verklage, wenn sie uns nicht auf der Stelle gehen lassen und auch nur ein Wort über deinen Aufenthalt hier nach draußen dringt. Sie haben zwar Theater gemacht, und dank des Kostüms hat es etwas länger gedauert, aber am Ende haben sie's mir abgekauft.«

Mein erleichtertes »Danke« blieb mir im Hals stecken, als ich draußen vor der Glastür die Fotografen entdeckte. »Zu spät«, wisperte ich.

Abrupt blieb Cole stehen und stieß einen heftigen Fluch aus. Fieberhaft sah er sich um, dann griff er nach meiner Hand und zog mich zur Rezeption. Ich bekam kaum mit, was er sagte, mein Blick war auf die Meute gerichtet, die nur darauf wartete, dass ich das Krankenhaus verließ. Das Beruhigungsmittel ließ langsam nach, ich spürte das Adrenalin, das sich einen Weg durch meinen Körper bahnte. Und die Panik.

»Komm mit.« Cole zog an meiner Hand, und endlich konnte ich mich von der Glastür losreißen. »Es gibt hinten einen

Personaleingang«, erklärte er und führte mich einmal quer durchs Krankenhaus.

Ein hysterisches Kichern stieg in mir hoch. »Du machst das richtig gut. Vielleicht solltest du echt mein Manager werden.«

»Danke, ich verzichte. Mir reicht es, diese Rolle eine Nacht lang zu spielen«, erwiderte er trocken, blieb kurz stehen, um einen Pfleger nach dem Weg zu fragen, und zog mich dann weiter.

Kalte Luft schlug uns entgegen, als wir endlich nach draußen traten. Die Straße vor uns war beinahe leer.

»Okay, wir müssen jetzt ein Stück laufen. Schaffst du das?« Cole musterte mich besorgt.

Ich biss die Zähne zusammen und nickte.

Schweigend liefen wir los. Ohne nachzufragen, wusste ich, dass Cole mich nicht zu meinem Hotel bringen würde. Wenn die Presse bereits hier am Krankenhaus war, würden sie dort garantiert schon auf mich warten.

Ich verlor jegliches Zeitgefühl, während wir durch die Stadt liefen. Es war nicht viel los, und die wenigen Menschen, die unterwegs waren, würdigten uns kaum eines Blickes. Wahrscheinlich hielten sie uns einfach für ein verkatertes Pärchen, das nach der durchzechten Halloweennacht auf dem Weg nach Hause war.

Schon bevor die Gebäude der Faerfax University vor uns auftauchten, begriff ich, dass Cole mich in seine Wohnung bringen würde. Erst wollte ich protestieren, ließ es dann aber doch zu.

Niemand würde mich bei ihm suchen.

Der Campus war so gut wie ausgestorben. Immer mal wieder lief uns vereinzelt ein Student über den Weg, aber jeder von ihnen war zu sehr mit sich selbst beschäftigt, als uns Beachtung zu schenken.

»Ein Hoch auf den After-Halloween-Kater«, murmelte Cole mehr zu sich selbst als zu mir, während wir die Treppen zu seiner Wohnung hochstiegen. Er schloss die Tür auf und schob mich sanft hinein. Dann verschwand er kurz in seinem Zimmer und kam einen Moment später mit einem Sweatshirt, einer Jogginghose und Handtüchern zurück.

»Hier.« Er drückte mir den kleinen Stapel in die Hand. »Du siehst aus, als könntest du eine Dusche vertragen.«

Dankbar nahm ich die Sachen entgegen.

Dampfschwaden füllten das Badezimmer, als ich die Dusche anstellte und darauf wartete, dass das Wasser eine erträgliche Temperatur annahm. Der Spiegel über dem Waschbecken beschlug, und ich stieß ein erleichtertes Seufzen aus. Was auch immer letzte Nacht passiert war, es hatte Spuren hinterlassen. Ich sah grauenhaft aus. Wie eine lebende Leiche, mit fahler Haut und trüben Augen.

Als ich in die Dusche stieg und die Hitze des Wassers auf meine Haut traf, zuckte ich zusammen. Im ersten Moment tat es weh, doch der Schmerz verschwand schnell und machte einer wohltuenden Wärme Platz. Ich legte den Kopf in den Nacken, ließ die Wassertropfen auf mein Gesicht prasseln und wusch die letzten Reste der Schminke von meiner Haut.

Nach einiger Zeit drehte ich das Wasser ab und stieg aus der Dusche. Eine bleierne Müdigkeit hatte sich über mich gelegt. Gähnend schlüpfte ich in Coles Klamotten und seufzte leise, als mir sein ganz eigener Duft in die Nase stieg.

Doch sobald ich das Badezimmer verließ, war ich wieder hellwach. Cole saß an seinem Schreibtisch, das Handy am Ohr. Er rieb sich die Stirn, als hätte er Kopfschmerzen.

»Gott, Ella, wie oft soll ich dir das noch sagen? Es geht ihr gut, sie ist bei mir, und sie bleibt auch hier. Ich –« Er verstummte abrupt, als er mich entdeckte. »Warte kurz, du kannst selbst mit ihr sprechen.« Auffordernd hielt er mir sein Smartphone hin und verschwand in der Küche, nachdem ich es genommen hatte.

»Hey«, begrüßte ich Ella leise.

»Tessa! Geht's dir gut? Ist alles in Ordnung? Wir haben uns solche Sorgen gemacht!«, sprudelte es aus Ella heraus. Ich nickte, auch wenn sie es gar nicht sehen konnte. »Cole hat uns schon erzählt, was passiert ist. Können wir dir irgendwie helfen? Soll ich vorbeikommen?«

»Nein, schon gut. Ich komme schon klar. Mir geht's gut.«

»Bist du sicher? Ich meine, gestern wolltest du nicht mal mit Cole reden und heute – «

»Ich weiß. Das alles ist total verrückt. Aber vielleicht ist es ja auch gut so.«

Nachdenklich drehte ich mich zu Cole um, der vor der kleinen Küchenzeile stand, mit dem Wasserkocher herumhantierte und so tat, als würde er nicht lauschen.

Ella seufzte, klang allerdings immer noch nicht überzeugt, doch sie gab nach. »Na schön. Aber wenn was ist, rufst du sofort an, okay?«

»Versprochen.«

»Oh, eine Sache wäre da noch: Du hast gestern dein Handy hier vergessen. Das Ding klingelt schon den ganzen Morgen. Da scheint dich jemand dringend erreichen zu wollen.«

Mallory.

Ich schauderte. Obwohl ich wusste, dass ich mit ihr reden musste – und zwar bald –, sträubte sich alles in mir gegen dieses Gespräch.

»Kannst du an diese Nummer vielleicht eine kurze Nachricht schreiben, dass es mir gut geht und ich mich später melde?«

»Klar, mach ich. Und dir geht's wirklich gut?«

»Ja«, erwiderte ich und seufzte leise. »Nein, eigentlich geht's mir nicht gut. Aber das wird schon.« Versuchte ich sie oder mich selbst zu überzeugen, oder uns beide?

Bevor wir uns schließlich voneinander verabschiedeten, musste ich Ella noch mindestens ein Dutzend Mal versprechen, dass ich sie sofort anrief, wenn ich sie brauchte. Als ich auflegte, dröhnte mir der Kopf. Ich drehte mich zu Cole um, musste jedoch feststellen, dass er mittlerweile verschwunden war. Dann hörte ich das Rauschen der Dusche und entdeckte eine Tasse Tee auf dem Couchtisch. Ich hatte gar nicht mitbekommen, dass er sie dort hingestellt hatte. Ein warmes Gefühl breitete sich in mir aus.

Erschöpft ließ ich mich in die weichen Polster des Sofas sinken. Ich war so müde.

Cole

Als ich aus dem Badezimmer kam, war Tessa weg. Das konnte doch nicht wahr sein! Nach allem, was passiert war, verschwand sie jetzt einfach?

Aufgebracht stürzte ich zu meinem Handy, das auf dem Couchtisch lag, und hielt perplex inne, als ich sie entdeckte.

Tessa hatte sich auf dem Sofa zu einer kleinen Kugel zusammengerollt und schlief tief und fest.

Die Erleichterung traf mich wie ein Schlag, für einen Moment wurden meine Knie weich.

Sie wirkte unfassbar jung und zerbrechlich, wie sie dalag, eingekuschelt in meinen Pullover. Die Maske, hinter der sie sich immer zu verstecken versuchte, war von ihren Zügen verschwunden.

Das war sie schon lange.

Leise, um sie nicht zu wecken, holte ich eine Bettdecke aus meinem Schlafzimmer und breitete sie behutsam über ihr aus. Sie gab ein kaum hörbares Geräusch von sich und schlug blinzelnd die Augen auf.

»Schlaf weiter«, flüsterte ich und wollte mich zurückziehen, doch Tessas Hand schoss vor und schloss sich um meine.

»Bleib«, bat sie, ihr Blick klarte auf. »Lass mich nicht allein. Bitte.«

Sie rutschte etwas zur Seite. Ich zögerte kurz, setzte mich dann mit einigem Abstand neben sie, obwohl ich mich danach sehnte, sie an mich zu ziehen. Aber sie hatte alles vergessen, was ich gestern zu ihr gesagt hatte, und ich hatte keine Ahnung, wo wir gerade standen.

»Ich weiß, dass du sauer auf mich bist, und du hast auch allen Grund dazu, aber können wir heute einfach nur … Kannst du heute einfach nur bei mir bleiben?«

»Ich bin nicht sauer auf dich.« Vorsichtig strecke ich beide Arme nach ihr aus. Tessa atmete zittrig ein, ihre Augen begannen verdächtig zu glitzern. Einen Moment später lag sie in meinen Armen, und ich zog sie auf meinen Schoß. Sie schmiegte sich mit einem Seufzen an mich, und ich hatte das erste Mal an diesem Tag das Gefühl, wieder genug Luft zu bekommen.

»Du bist nicht wütend?« Tessa malte Kreise auf meine Brust, es war eine kaum spürbare Berührung, trotzdem schauderte ich.

»Nein.« Ich war versucht, ihr einen Kuss auf die Stirn zu drücken, hielt mich jedoch im letzten Moment davon ab. Langsam. Ganz langsam. »Aber lass uns später darüber reden. Du solltest dich jetzt ausruhen.«

Tessa nickte. »Okay. Später klingt gut.«

Die Bewegung ihrer Hand wurde langsamer, immer wieder fielen ihr die Augen zu. Trotzdem schien sie nicht schlafen zu wollen. »Erzählst du mir was Schönes?«

»Was Schönes? Was ist denn was Schönes?« Unwillkürlich musste ich schmunzeln. Trotz dieser verrückten Situation gerade. Obwohl die letzte Nacht eine absolute Katastrophe und jetzt alles seltsam war.

»Ich weiß nicht.« Sie hob den Kopf und sah mich so durchdringend an, dass mein Herz einen Schlag aussetzte. Ihr Mund verzog sich zu einem kleinen Lächeln. »Wie geht's Jo?«

»Jo?« Ich blinzelte überrascht.

»Ja. Wie läuft's mit ihrem Text für das Stück?«

»Ganz gut. Sie wird von Woche zu Woche besser.«

»Also übst du fleißig mit ihr?« Tessa gähnte.

»Klar. Ich hab doch gesagt, dass ich nicht nur angeblich ein guter Cousin bin.«

»Anscheinend habe ich mich in dir getäuscht.« Sie griff nach meiner Hand und verschränkte ihre Finger mit meinen.

»Sieht ganz so aus.« Leise lachend schüttelte ich den Kopf. »Und das war jetzt etwas Schönes?« Mein Daumen strich wie von selbst über ihren Handrücken.

»Es war ein Anfang.«

»Also soll ich dir noch was anderes erzählen?«

Sie nickte auffordernd.

»Okay. Also was Schönes. Hmmm. Ich finde es gerade ziemlich schön, dass du hier bist.«

»Ich auch.« Wieder fielen Tessa die Augen zu.

»Weißt du, ich …« Ich stockte, atmete tief durch und sprach es dann einfach aus. »Weißt du, dass du mich durcheinanderbringst?«

»Tut mir leid«, flüsterte sie.

»Muss es nicht. Ich bin deinetwegen gern durcheinander. Du hast alles verändert.« Meine Stimme brach, ich räusperte mich. »Du hast meine Welt komplett auf den Kopf gestellt.«

Ein Lächeln breitete sich auf Tessas Gesicht aus. Sie seufzte und schien jeden Moment einzuschlafen. Und obwohl ich sie am liebsten nie wieder losgelassen hätte, brauchte sie heute mehr als ein Sofa und mich als Kopfkissen.

»Tess«, sagte ich sanft. »Du bist todmüde. Du solltest schlafen. Leg dich in mein Bett, ich werde auf der Couch schlafen.«

»Nein«, murmelte sie.

»Doch. Komm schon, du solltest dich wirklich ausruhen.« Ich setzte mich vorsichtig auf, und Tessa gab ein unwilliges Geräusch von sich.

Als sie dieses Mal zu mir aufsah, war ihr Blick dunkel. »Ich meinte, nein, du sollst nicht auf der Couch schlafen.« Leicht schwankend stand sie auf und streckte mir eine Hand entgegen. »Kommst du?«

Ich ergriff ihre Hand und folgte ihr in mein Schlafzimmer. Und plötzlich war ich seltsam befangen.

»Bist du sicher, dass ich bei dir bleiben soll?«

Tessa kroch in Sweatshirt und Jogginghose in mein Bett und nickte.

Ich atmete tief durch, schaltete das Licht aus und legte mich neben sie. Jede Faser meines Körpers begann zu kribbeln, und obwohl wir uns auf dem Sofa genauso nahe gewesen waren, fühlte es sich auf einmal anders an.

Doch Tessa kuschelte sich, ohne zu zögern, wieder an mich, ihr Kopf kam auf meiner Brust zu liegen.

»Schlaf jetzt«, wisperte ich und konnte mich jetzt nicht mehr davon abhalten, mit meinen Lippen über ihre weiche Haut zu streichen.

Tessa wehrte sich nicht länger gegen ihre Müdigkeit. Ich konnte ihr dabei zusehen, wie sie einschlief. Ihr Atem ging schwerer. Es ging so schnell, dass sie sich vorher unglaublich angestrengt haben musste, wach zu bleiben.

Tessas gleichmäßiger Atem lullte mich ein. Ich wusste nicht, wie lange wir noch so dalagen, aber irgendwann schlief auch ich ein.

Es war das erste Mal seit Wochen, dass ich nicht von diesem Mädchen mit den braunen Augen träumte. Und das nur, weil sie direkt neben mir lag.

Ein weicher warmer Körper presste sich an mich. Tessas Körper. Grummelnd zog ich sie enger an mich, ließ die Augen geschlossen, um den Tag noch eine Weile auszusperren. Tessa seufzte leise, und ich musste lächeln.

Es war ein Traum. Nur ein Traum. Aber dafür ein verdammt guter.

Meine Hand glitt über ihren Bauch nach oben. Sie griff nach mir, legte meine Hand auf ihre Brust, direkt über ihrem Herzen. Ich konnte ihren Puls fühlen, schnell und hektisch. Als sie ihr Becken kippte und ihr Hintern sich fest gegen meinen Unterleib drückte, keuchte ich. Verlangen raste durch meinen Körper. Echtes, brennendes Verlangen.

Ich riss die Augen auf.

Das war kein Traum.

Tessa lag neben mir, warm und verheißungsvoll und absolut unwiderstehlich. Ihr Atem ging schnell, sie glühte unter meinen Händen.

Ich war mir nicht sicher, ob sie wach war oder schlief, ob sie vielleicht nur in ihrem eigenen Traum nach meiner Hand gegriffen hatte.

Aber sie war hier. Sie lag neben mir. Und ich konnte noch immer ihren hämmernden Herzschlag spüren.

Langsam drehte sie sich in meinen Armen zu mir um. Ein

Blick aus dunklen, unergründlichen Augen traf mich. Sie war wach. Und das Leuchten in ihren Augen strahlte heller als je zuvor.

Ich schluckte schwer, und ein zögerliches Lächeln huschte über ihr Gesicht.

»Hey«, sagte sie leise.

25. KAPITEL

Tessa

Cole sah mich an wie ein Wunder. Sein eigenes, persönliches Wunder.

»Es tut mir leid«, wisperte ich, hob jetzt doch die Hand und ließ meine Finger leicht über seine Wange gleiten. Er erzitterte, und mein Herz zog sich schmerzhaft zusammen.

»Ist schon gut.« Sein Atem strich warm über meine Haut, sein Blick war verständnisvoll. Viel zu verständnisvoll. Ein paar Sekunden lang schloss ich die Augen, konzentrierte mich voll und ganz auf seine Finger, die beruhigend Kreise auf meinen Rücken zeichneten. Aber ich musste ihn ansehen, wenn ich ihm sagte, was ich zu sagen hatte.

»Nein, ist es nicht.« Ich atmete tief ein und setzte mich auf. Cole verzog das Gesicht, als seine Hand von meinem Rücken glitt. Dann folgte er meiner Bewegung. »Es tut mir ehrlich leid, was ich zu dir gesagt habe. Du hast das nicht verdient. Seit wir uns kennen, hast du nie etwas getan, das mir einen Grund gegeben hätte, dir nicht zu vertrauen. Nicht einmal am Anfang, als du dich noch wie ein Arsch benommen hast.« Er grinste schief und setzte zu einer Antwort an, aber ich griff nach seiner Hand und bat ihn mit einem Blick zu warten. »Ich kann dir nicht sagen, warum ich an diesem Abend so ausgeflippt bin und dich rausgeworfen habe. Ich habe gesagt, dass ich dir nicht vertraue. Aber eigentlich habe ich mir die ganze Zeit nur eingeredet, dass ich es nicht kann und nicht darf. Weil du Journalist bist und alles, was du erfährst, gegen mich verwenden könntest.« Die Worte stolperten ungelenk aus meinem Mund. Meine Gedanken rasten, ich wusste nicht, ob das, was ich sagte, wirklich das war, was ich sagen wollte. Ein Schatten legte sich auf Coles Gesicht, sein Blick verschloss sich.

Warte noch, flehte ich ihn stumm an.

»Aber die Sache ist die: Es ist völlig egal, ob ich dir nicht vertrauen sollte, ich will es. Ich will, dass du mich kennenlernst. *Mich*. Nicht Tessa Thorn. Nicht das Mädchen, das alle zu kennen glauben. Einfach nur mich. Ich –«

»Ich kenne dich schon«, unterbrach Cole mich sanft und schob seine Finger zwischen meine.

Ich erstarrte. »Was?«, hauchte ich ungläubig.

»Ich muss nicht alles über dich wissen, um dich zu kennen.« Die Schatten verschwanden aus seinen Augen, machten einem glühenden Leuchten Platz, und mein Herz setzte einen Schlag aus. »Ich weiß, dass du Geheimnisse hast. Dass es etwas gibt, das du vor der ganzen Welt verbirgst. Und das ist okay. Du musst niemandem etwas sagen, was du nicht willst. Ich muss nicht wissen, worum es da geht. Deine Geheimnisse gehören dir, Tessa.« Seine Worte trieben mir Tränen in die Augen, ich rang nach Atem. Aber Cole war noch nicht fertig. »Ich kenne dich trotzdem. Auch ohne deine Geheimnisse. Ich weiß, dass du dir zu viele Gedanken machst, dass du versuchst, es allen recht zu machen und bloß niemandem zu zeigen, dass es dir hundeelend geht. Ich weiß, dass du witzig bist und mitfühlend und dass du eine große Klappe hast, wenn man dich provoziert. Du bist mutig und talentiert und noch so viel mehr. Vielleicht kenne ich dich nicht so wie andere, mit denen du mehr Zeit verbracht hast. Wahrscheinlich auch nicht so wie Ella und die anderen. Aber ich kenne dich. Auch wenn es nur ein kleiner Teil von dir ist. Aber das ist doch ein guter Anfang, oder?« Stumme Tränen rannen über meine Wangen, meine Unterlippe bebte, als ich nickte.

Cole hob die Hand und wischte mir behutsam die Tränen von den Wangen. Er schenkte mir ein warmes Lächeln.

»Ich hab es dir gestern schon gesagt, aber du kannst dich nicht erinnern, also, sag ich es dir noch mal, damit du verstehst, was ich will, okay?« Er wartete meine Antwort gar nicht erst ab. »Ich will dich ansehen, und ich will, dass du lächelst. Ich will Zeit mit dir verbringen und jeden Teil kennenlernen, den du mir von dir zeigen möchtest. Ich will dich küssen und dich berühren und –«

Er verstummte, als ich mich zu ihm hinüberlehnte und mit meinen Lippen über seine strich. Zögerlich. Fragend. Hoffnungsvoll. Für den Bruchteil einer Sekunde erstarrte er, und ich fürchtete schon, er würde mich abweisen, doch dann legte er beide Hände um meine Taille und riss mich so heftig an sich, dass ich einen überraschten Laut ausstieß.

Sein Mund war weich und warm und fordernd. Bereitwillig öffnete ich meine Lippen und kam seiner Zunge mit meiner entgegen.

Hitze jagte durch meine Adern, als der Kuss drängender wurde. Leidenschaftlicher. Heißer. Das Verlangen, ihm so nah wie möglich zu sein, pochte in meinem Unterleib. Ich wollte ihn. Mein Gott, wie sehr ich ihn wollte.

Wir saßen auf seinem Bett, viel zu weit voneinander entfernt, und Cole gab ein frustriertes Stöhnen von sich, weil ich ihm immer noch nicht nah genug war. Kurzerhand zog er mich auf seinen Schoß. Instinktiv schlang ich die Beine um seine Hüften und drängte mich an ihn, was ihm ein atemloses Keuchen entlockte.

Ich lächelte. Oh ja, genau so sollte das sein.

Coles Hände glitten über meinen Körper, über mein Gesicht und gruben sich in meine Haare. Er zupfte daran, eine stumme Aufforderung, der ich nur zu gerne folgte. Ich ließ den Kopf in den Nacken fallen, und Coles Mund wanderte über meinen Hals. Als er die empfindliche Stelle direkt über meinem Schlüsselbein erreichte, hielt er inne und saugte sanft an meiner Haut. Ich stöhnte auf.

Mir wurde schwindelig. Eine ganz andere Form von Schwindel als die, die ich kannte. Ich fühlte mich wie berauscht. Erst nachdem Cole den Kopf gehoben hatte und ein wenig ungeduldig an meinem Pullover zerrte, löste sich meine Benommenheit zumindest so weit, dass ich wieder einen halbwegs klaren Gedanken fassen konnte.

Etwas in mir zerbrach, als ich seinem Lächeln begegnete.

»Ich finde ja, dass dir mein Pulli hervorragend steht, aber ich fürchte, ich muss ihn dir leider wieder abnehmen«, sagte er mit rauer Stimme und schob seine Hände unter den weichen Stoff. Neckend strichen seine Finger über meinen Bauch, bahnten sich ihren Weg weiter nach oben, und ein Kribbeln breitete sich in mir aus, während sein Blick mich gefangen hielt.

Er beobachtete mich, jede noch so kleine Regung in meinem Gesicht, und ich tat das Gleiche, als ich meine Hände ebenfalls unter sein T-Shirt schob. Seine Augen weiteten sich, als ich meine Finger über seine Haut tanzen ließ und die Muskeln nachzeichnete. Ganz leicht. Es war nur eine hauchzarte Berührung, aber ich wusste genau, was diese Berührung bei ihm auslöste, als er zischend den angehaltenen Atem ausstieß und ich die Gänsehaut auf seinem Körper spürte.

Stumm betrachteten wir uns, die einzigen Geräusche waren unser schneller Atem und das Rauschen in meinen Ohren.

Alles, was passiert war, was zwischen uns gewesen war, verblasste. Es zählte nur noch das Hier und Jetzt.

Ich sah ihn weiter an, während ich mich aufrichtete und aus dem Bett kletterte. Cole gab einen protestierenden Laut von sich und wollte mir folgen, doch ich hielt ihn mit einem Kopfschütteln zurück. Mein Herz schlug viel, viel, viel zu schnell.

Ich zog seinen Pulli über meinen Kopf, verlor ihn für einen Sekundenbruchteil aus den Augen, und für ebendiese Sekunde kamen die Zweifel zurück. Ob es richtig war, was ich hier tat.

Aber dann erschien Cole wieder in meinem Blickfeld, und die Zweifel und die Unsicherheit verschwanden so schnell wieder, wie sie aufgetaucht waren. Noch nie im Leben war ich mir einer Sache so sicher gewesen wie in diesem Moment.

Ich trug keine Unterwäsche, meine lag zusammen mit den Klamotten der Krankenschwester in Coles Bad, und als Coles Jogginghose über meine Hüften zu Boden rutschte, stieß er einen lautlosen Fluch aus. Splitterfasernackt stand ich vor ihm. Ich hätte unsicher sein müssen, denn auch wenn ich mit Logan zusammen gewesen und mit ihm geschlafen hatte, war das hier etwas ganz anderes.

Weil ich etwas für Cole empfand. Weil ich mehr für ihn empfand als jemals für irgendjemanden zuvor.

Coles Blick glitt über meinen Körper, auskostend und bewundernd. Ich machte einen kleinen Schritt auf ihn zu, und das schien alles gewesen zu sein, worauf er gewartet hatte. Er murmelte meinen Namen, als er nach meiner Hand griff, zog mich zurück aufs Bett und drückte mich behutsam auf die Matratze. Dann beugte er sich über mich, setzte eine Spur von Küssen auf meine Wangen, auf meine Nasenspitze und auf meinen Mund.

Flatternd schloss ich die Augen, während seine Lippen sich über meinen Hals ihren Weg nach unten bahnten. Als erst seine Zunge und dann seine Zähne über die empfindlichen Spitzen meiner Brüste strichen, stieß ich ein atemloses Keuchen auf. Ich konnte spüren, dass er lächelte, und meine Augen flogen auf.

Ich zitterte am ganzen Körper, so sehr sehnte ich mich danach, ihn zu spüren, seine Haut auf meiner und er in mir. Doch als ich nach seinem Shirt greifen wollte, schüttelte er nur mit einem diebischen Grinsen den Kopf und erstickte meinen Protest mit einem Kuss, der mir den Atem raubte, bevor er sich wieder dem Rest meines Körpers widmete.

Seine Küsse hinterließen heiße Spuren auf meiner Haut, ich wand mich unter seinen Händen, während das Verlangen in meinem Unterleib immer heftiger, immer drängender wurde.

»Cole«, flehte ich leise und streckte die Hand nach ihm aus. Er hob den Kopf, und der Blick, mit dem er mich ansah, löste eine Welle aus Gefühlen und Emotionen in mir aus, die ich kaum bewältigen konnte.

Endlich kam er wieder zu mir hoch und legte seine Lippen sanft auf meine. Seine Brust hob und senkte sich viel zu schnell, ich konnte sein Verlangen spüren, es drückte sich hart gegen meine Seite. Sein Herz schlug genauso heftig wie meins.

»Wir müssen das nicht tun«, murmelte er. Seine Worte jagten kleine, glückselige Schauer durch meinen Körper.

»Nein, müssen wir nicht. Aber es ist das, was ich möchte.« Ich legte meine Hände an sein Gesicht, brachte ihn so dazu, mich anzuschauen, und was immer er in meinen Augen sah, ließ jeden Zweifel in seinen verschwinden. Auffordernd zupfte ich an seinem Shirt, und einen Moment später landete es neben den Klamotten, die ich gerade eben noch getragen hatte, auf dem Boden. Seine Hose folgte zusammen mit seinen Boxershorts eine Sekunde später.

Cole stützte sich auf einem Unterarm ab und beugte sich erneut über mich. »Du bist ziemlich ungeduldig«, sagte er mit einem zärtlichen Lächeln und strich mir eine Haarsträhne aus dem Gesicht, bevor seine Finger meine Seite hinunterglitten und mich erbeben ließen.

»Du –«, setzte ich an und verstummte abrupt, als er seine Hand zwischen meine Beine schob.

Ich vergaß alles um mich herum, als er mich berührte. Mein Denken setzte vollständig aus. Alles, was noch existierte, war Cole. Cole und all die Gefühle, die ich für ihn hatte. Es spielte keine Rolle mehr, wer er war, wer ich war.

Ich bog den Rücken durch und vergrub meine Hände in seinen Haaren. Keuchend wisperte ich seinen Namen und spürte ihn an meinen Lippen lächeln.

Er glitt mit einem Finger in mich hinein, ganz vorsichtig, ganz behutsam.

Aber ich wollte mehr. Mehr und mehr.

Er schien es zu ahnen, ließ dem einen Finger einen zweiten folgen und rieb mit dem Daumen sanft über meine empfindsamste Stelle, während ich seinen Berührungen mit meinem Becken entgegenkam.

Ich sah es nicht kommen. Ein Schrei entrang sich mir, als sich sämtliche Muskeln in meinem Körper verkrampften und das Verlangen in meinem Unterleib explodierte.

Ich schloss die Augen, konzentrierte mich voll und ganz auf das Pochen in mir und die Trägheit, die sich in mir ausbreitete, als es langsam abebbte, während Cole mich streichelte. Wieder sehr sanft und behutsam, als hätte er Angst, mich zu zerbrechen.

Dabei hatte er mich doch gerade erst zusammengesetzt.

Lächelnd drehte ich mich auf die Seite und begegnete einem verschmitzten Grinsen. Ich rechnete mit einem frechen Spruch, doch stattdessen gab er mir einen zärtlichen Kuss.

»Geht's dir gut?«, fragte er leise und legte eine Hand an meine Wange.

Ich nickte, brachte aber kein Wort heraus, weil ich plötzlich einen dicken Kloß im Hals hatte. Ein bestürzter Ausdruck trat auf sein Gesicht, als eine einzelne Träne sich aus meinem Augenwinkel löste.

»Tess?«

»Alles in Ordnung«, wisperte ich, drückte ihn vorsichtig nach hinten, sodass er jetzt auf dem Rücken lag, und schob mich über ihn.

Ich erstickte seine nächste Frage mit einem Kuss und ließ meine Zunge zwischen seine Lippen gleiten. Cole spannte sich unter mir an, ich spürte, wie sehr er mich wollte. Als ich mich aufrichtete, war die Frage aus seinen Augen verschwunden. Mit beiden Händen strich ich über seinen Oberkörper, ertastete jeden Knochen und jeden Muskel, streichelte das Muttermal unter seinem linken Schlüsselbein und wanderte mit meinen Händen langsam weiter nach unten, während seine sich um meine Hüften legten.

Ich hatte diese Stellung nie gemocht, hatte mich immer entblößt und verletzlich gefühlt, obwohl ich doch eigentlich die Kontrolle haben sollte.

Bei Cole fühlte es sich aber richtig an. Ich wollte, dass er mich ansah. Und Cole sah mich an, als würde er direkt in mich hineinschauen. Ich ließ es zu. Ließ ihn alles sehen, jedes noch so kleine Stück Dunkelheit, die sich über meine Seele gelegt hatte und langsam, aber sicher verschwand.

»Hast du ...«, flüsterte ich, aber ich brauchte meine Frage gar nicht ganz stellen. Umständlich angelte Cole bereits nach der Schublade seines Nachttischs, öffnete sie und holte ein Kondom heraus.

Wortlos nahm ich es ihm aus der Hand, riss die Verpackung auf und streifte es ihm über. Cole stöhnte auf, als sich meine Hand um ihn schloss, und ich musste lächeln. Dann ließ ich mich behutsam auf ihn sinken. Im ersten Moment fühlte es sich seltsam an, ein kurzer stechender Schmerz schoss durch meinen Körper.

Cole griff nach meiner Hand, er war vollkommen still, sah mich einfach nur an und ließ mir Zeit, mich an ihn zu gewöhnen, obwohl ihm anzumerken war, wie schwer es ihm fiel. Schweißtropfen sammelten sich in der Kuhle zwischen seinen Schlüsselbeinen, glänzten auf seiner Haut.

Langsam begann ich mich zu bewegen, und wieder stöhnte er auf. Das leise Geräusch jagte mir einen Schauer die Wirbelsäule hinunter. Hitze strömte durch meinen Unterleib.

Meine Bewegungen wurden schneller, fordernder.

Ich stieß einen überraschten Schrei aus, als Cole sich aufrichtete, mich packte und herumwirbelte, sodass er jetzt über mir war. Ich wollte protestieren, aber alle Worte in meinem Kopf verstummten, weil Cole seinen Mund begierig auf meinen presste. Er fing an, sich in mir zu bewegen, und ich stöhnte, spürte, wie gleichzeitig ein Beben durch seinen Körper lief.

Meine Hände glitten seinen Körper hinunter, legten sich auf seinen Hintern und zogen ihn noch enger zu mir heran.

»Tess«, brachte Cole keuchend hervor, ich hob mein Becken an und kam seiner Bewegung entgegen. Druck baute sich in meinem Unterleib auf, drängte nach mehr. Coles Stöße wurden schneller. Unser Atem vermischte sich, sein Körper presste sich so perfekt an meinen, als wäre er für mich gemacht worden. Ich gab ihm alles, was ich zu geben hatte, und löste mich schließlich mit einem Schrei in Nichts auf.

Ein weiterer Stoß, dann stöhnte auch Cole laut auf. Ich spürte, wie er sich in mir verkrampfte, wie sich jeder Muskel seines Körpers für eine Sekunde zusammenzog. Ich hielt ihn fest, hielt ihn, bis das Zittern nachließ. Erst dann legte ich sanft beide Hände an sein Gesicht und küsste ihn.

Reglos blieben wir liegen, noch immer auf- und ineinander. Unsere Herzen schlugen im gleichen Takt. Ich wusste nicht, wie lange es dauerte, bis nicht nur unser Atem, sondern auch unser Puls allmählich wieder zur Ruhe kam.

Irgendwann stützte Cole sich auf seine Unterarme und sah mit einem schiefen Lächeln auf mich herunter. Seine Haare fielen ihm wirr in die Stirn. Es juckte mich in den Fingern, sie zurückzustreichen, und als mir klar wurde, dass ich es einfach tun konnte, machte mein Herz einen kleinen, glücklichen Satz.

»Hey, du«, sagte er leise und legte eine Hand an meine Wange.

Mir entwich ein zufriedenes Seufzen. »Hey.«

»Das war …« Er suchte nach Worten und fand keine, weil es keine dafür gab. Aber ich wusste trotzdem, was er meinte.

»Oh ja, das war es«, gab ich grinsend zurück.

»Geht's dir gut?« Er wickelte sich eine meiner Haarsträhnen um den Zeigefinger und zupfte behutsam daran.

»Ging mir nie besser.«

»Mir auch nicht«, flüsterte er, hauchte einen Kuss auf meine Lippen und löste sich dann von mir, um das Kondom zu entsorgen.

Ich richtete mich leicht auf, damit ich ihn beobachten konnte.

Ich hatte mit einem Mann noch nie das Wort schön assoziiert, aber Cole war schön. Für mich. Vielleicht nur für mich. Aber das war alles, was in diesem Moment zählte. Begierig saugte ich seinen Anblick auf und speicherte das Bild, das er gerade abgab, nackt und zufrieden lächelnd, in einem sicheren Winkel meines Gedächtnisses ab. Dann wurde mir klar, dass ich ihn immer so sehen wollte.

Mein Herz setzte einen Schlag aus, nur um dann doppelt so schnell weiterzuschlagen.

Das hier war das, was ich wollte. Ich wollte ihn, und ich wollte das Mädchen sein, das ich war, wenn ich mit ihm zusammen war. Stärker. Glücklicher.

Cole wirkte ebenso glücklich und entspannt, als er zurück zu mir ins Bett kletterte und mich in seine Arme zog. Er drückte mir einen Kuss auf die Schläfe, und ich kuschelte mich mit einem leisen Seufzen an ihn.

Schweigend lagen wir da, träge und berauscht, bis Cole die Stille schließlich brach. »Da wäre noch eine Sache, die ich dir sagen muss. Eigentlich wollte ich es dir gestern schon erzählen, aber … Na ja, dann ist uns was dazwischengekommen und …« Er brach ab, ein leicht besorgter Unterton schwang in seiner Stimme mit, und ich verkrampfte mich sofort.

Doch dann bemerkte ich das Lächeln, das seine Mundwinkel nach oben zog, und das Funkeln in seinen Augen, als ich mich zu ihm umdrehte, und ich entspannte mich wieder ein wenig.

»Was ist denn los?«

Er holte tief Luft. »Ich habe das Porträt abgegeben.«

26. KAPITEL

Tessa

»Du hast *was* getan?«, stieß ich fassungslos hervor und löste mich von Cole, damit ich ihn richtig ansehen konnte.

Eine leichte Röte überzog seine Wangen, er rieb sich verlegen über die Nase. »Ich habe das Porträt abgegeben. Jemand anders wird es schreiben, wenn die Dreharbeiten weitergehen.«

»Aber warum? Dir war das Porträt doch so wichtig!«, erwiderte ich und zog die Bettdecke enger um mich. Verwirrt sah ich Cole an, das Herz klopfte mir bis zum Hals. Dieser eine Satz brachte mich so durcheinander, dass ich nicht einmal die Erleichterung wahrnehmen konnte, die sich in mir breitmachte.

Coles Wangen wurden noch eine Spur röter. »Manchmal gibt es Wichtigeres.«

Ich öffnete den Mund und schloss ihn wieder, brachte kein Wort heraus.

Jetzt erschien ein breites Grinsen auf Coles Gesicht, er tastete nach meiner Hand und drückte sie fest. »Ich meinte damit dich.«

Es dauerte viel zu lange, bevor seine Worte bei mir ankamen. Doch in dem Moment, in dem ich realisierte, was er mir damit sagen wollte, schossen mir Tränen in die Augen. »Du hast das *meinetwegen* getan?«

Cole zog an meiner Hand und ich ließ mich wieder neben ihn sinken. »Ich hab in letzter Zeit einige Dinge deinetwegen getan. Und das war die beste Entscheidung überhaupt.« Er lachte leise. »Okay, das klang jetzt etwas kitschig. Aber ... Tessa, hör auf zu weinen.«

»Aber du hast gesagt –«

»Ich weiß, was ich gesagt habe«, unterbrach er mich und umfasste mein Gesicht. »Und wir können jetzt lang und breit darüber reden, warum ich diese Entscheidung getroffen habe, nur damit ich dir am Ende noch mal sage, dass ich es deinetwegen gemacht habe, oder ...« Er zog vielsagend die Augenbrauen hoch und ließ seine Hand über meinen Körper wandern. Meine Haut begann zu kribbeln, Wärme stieg in mir auf.

Ein Lächeln breitete sich auf meinem Gesicht aus. Ich wollte wirklich wissen, was ihn dazu verleitet hatte, das Porträt aufzugeben, aber manchmal gab es auch Wichtigeres, als zu reden.

»Du hast ernsthaft *Ihr könnt mich alle mal* gesagt?« Ungläubig sah ich ihn an. Cole zuckte nur mit den Schultern, er hatte eine gleichgültige Miene aufgesetzt, aber ich sah ihm an, dass er die ganze Sache nicht so leichtfertig wegsteckte, wie er vorgab.

Wir saßen inzwischen im Wohnzimmer, ich trug wieder einen von Coles Pullis und als Unterwäscheersatz eine seiner Boxershorts. Ich rutschte etwas tiefer gegen die Armlehne und schob meine Füße unter Coles Pulli. Während ich mehr oder weniger auf dem Sofa lag, saß er gerade, aber ziemlich entspannt, da und strich mit einer Hand über meine nackten Beine. Eine wohlige Wärme breitete sich in mir aus. Es fühlte sich seltsam an, einfach so auf dem Sofa zu sitzen und über alles und nichts zu reden. So normal. Als wäre es das Selbstverständlichste auf der Welt. Dieses Gefühl war so neu für mich, dass es wohl eine Weile dauern würde, bis ich mich daran gewöhnte. Nicht, dass ich mich darüber beschweren wollte.

»Das hört sich alles dramatischer an, als es war«, gab er zurück.

»Glaub ich nicht«, entgegnete ich und runzelte die Stirn. »Du hast gesagt, ich dürfte meine Geheimnisse haben. Das Gleiche gilt natürlich für dich, aber wenn du darüber reden möchtest –«

»Dann mache ich das«, beendete er meinen Satz und seufzte.

»Früher oder später werde ich mich damit auseinandersetzen müssen. Aber ich hoffe eher auf das Später. Jetzt bin ich nämlich gerade viel zu zufrieden, um mehr über meine Familie nachzudenken als nötig.« Er streckte sich, schob meine Beine sanft zur Seite und stand auf. »Hast du auch Hunger?«

Ich nickte und beobachtete wortlos, wie er in sein Zimmer ging und einen Moment später in Jeans statt Jogginghose zurückkam. Wenn er jetzt nicht darüber reden wollte, würde ich ihn mit Sicherheit nicht dazu überreden, es doch zu tun. Trotzdem war ich neugierig. Nie im Leben hätte ich ihn darum gebeten, den Artikel aufzugeben. Dass er es von sich aus getan hatte, bedeutete mir mehr, als ich je in Worte würde fassen können.

»Ich hole uns was beim Asiaten, okay? Ich glaube, wir brauchen mal etwas anderes als Pizza.« Er grinste verschmitzt.

»Klar. Kannst du mir vielleicht dein Handy leihen? Ich sollte Susan und Mallory endlich zurückrufen.« Allein der Gedanke mit meiner Tante über meinen kurzen Aufenthalt im Krankenhaus zu reden, ließ eine nervöse Unruhe in mir aufsteigen. Doch es war höchste Zeit, dass ich mich bei ihr meldete, wahrscheinlich drehte sie vor Sorge allmählich durch.

Cole reichte mir sein Smartphone und strich mir eine Haarsträhne hinters Ohr. Diese kleine Geste hatte etwas so Vertrautes an sich, dass ich schlucken musste. Er gab mir einen zärtlichen Kuss und verließ dann die Wohnung.

Gedankenverloren blickte ich ihm hinterher. Wir hatten bisher nicht darüber gesprochen, was das mit uns jetzt genau war, und ich war mir auch nicht sicher, ob das überhaupt nötig war. Er hatte das Porträt meinetwegen abgegeben und damit die Chance, endlich die Anerkennung seiner Familie zu bekommen, um die er so lange gekämpft hatte. Ich kannte keinen von ihnen außer Jo, und nachdem, was Cole mir über seine Familie erzählt hatte, hatte ich auch absolut kein Bedürfnis danach. Aber es war nun mal seine Familie. Würde er es nicht bereuen, dass er diese Möglichkeit für mich aufgegeben hatte? Nein, würde er nicht. Ich brauchte ihn nicht einmal danach fragen, ich wusste es. Es hatte in seinem Blick gelegen, in jeder Berührung und in jedem Kuss.

Er hatte sich für mich entschieden.

Und ich musste mich für ihn entscheiden.

Ich vergaß, dass ich eigentlich mit meiner Tante sprechen wollte und dass ich das Smartphone schon in der Hand hielt, um sie anzurufen. Stattdessen musste ich an Logan denken.

Nicht an die Worte, die er mir an den Kopf geworfen hatte, als ich ihn im Krankhaus besucht hatte, sondern daran, warum unsere Beziehung nicht funktioniert hatte.

Ich hatte ihm nie eine echte Chance gegeben, mich kennenzulernen. Die ganze Zeit über, angefangen mit unserer ersten Begegnung bis hin zu dem Moment, als ich mit ihm Schluss machte, hatte ich ihm etwas vorgespielt. Nicht aus einer bösen Absicht heraus. Es war einfach Gewohnheit gewesen. Zu lange hatte ich mich darum bemüht, niemanden mein wahres Ich sehen zu lassen, niemandem meine Geheimnisse anzuvertrauen. Ich hatte mich meiner Rolle entsprechend benommen, und Logan hatte auf Tessa Thorn reagiert, nicht auf das Mädchen unter der Maske.

Er hatte nie den Teil von mir kennengelernt, den ich Cole gezeigt hatte.

Wir hatten nie eine Chance gehabt, das begriff ich jetzt. Weil ich ihm nie vertraut hatte. Nicht so, wie ich Cole vertraute. Ich hatte immer nur versucht, das Mädchen zu sein, das Logan brauchte, das Mädchen, das zu ihm passte.

Ich hatte nie das Bedürfnis gehabt, Logan von meiner Vergangenheit zu erzählen, hatte mich deswegen nicht gefühlt, als würde ich mich selbst zerreißen.

Cole hingegen … Ihm wollte ich alles sagen. Ungeachtet der Konsequenzen, egal wie viel Angst mir allein der Gedanke machte, ihn so weit in meine Seele eindringen zu lassen, dass er die tiefe Dunkelheit in mir zu sehen bekam.

Vielleicht war es ein Fehler, ihm die Wahrheit zu sagen. Aber ich hatte es so satt zu lügen. Ich hatte es so satt, vorzugeben jemand zu sein, der ich gar nicht war, nur damit … ja, was eigentlich? Damit niemand die Wahrheit erfuhr und ich mir nicht selbst die Karriere ruinierte?

War das Sinn und Zweck des Ganzen? Wollte ich mein Leben lang so tun, als wäre ich jemand anders? Als wäre nichts passiert? Als hätte ich nicht die Hölle durchlebt? Nein.

Nein, das wollte ich nicht.

Wenn wir eine Chance haben sollten, musste er wissen, auf wen er sich einließ.

Erst dann konnte er sich *wirklich* für mich entscheiden. Es spielte keine Rolle, dass er mir meine Geheimnisse lassen wollte. Ich liebte ihn dafür, dass er mir diese Freiheit gab, aber letzten Endes musste er es wissen.

Ich *wollte*, dass er es wusste.

Cole

Als ich in meine Wohnung zurückkehrte, stand Tessa am Fenster und telefonierte leise. Die dunklen Haare fielen in weichen Locken über ihren Rücken, sie trug nur meinen Pulli und meine Boxershorts. Allein der Anblick ihrer langen, nackten Beine weckte in mir den Wunsch, sie in den Arm zu schließen und in mein Bett zu tragen.

Es war verrückt, wie viel in den letzten vierundzwanzig Stunden passiert war. Ich musste mich immer noch kneifen, um sicherzugehen, dass ich das alles nicht nur geträumt hatte.

Aber nein, ich war hellwach, und Tessa stand halb nackt in meiner Wohnung und schenkte mir ein winziges Lächeln, als sie sich jetzt zu mir umdrehte, das Telefon nach wie vor am Ohr.

Ich stellte die Tüte mit unserem Essen auf die kleine Arbeitsfläche in der Küche und gab mir alle Mühe, nicht zu lauschen. Doch es war verdammt schwer, von dem Gespräch nichts mitzukriegen, weil Tessa kurz darauf zu mir herüberkam und einen Arm um meine Taille schlang, während ich das Essen auf zwei Teller verteilte.

»Suzie, es geht mir gut! Ich werde Dr. Philipps noch anrufen, versprochen, aber du brauchst dir keine Sorgen um mich machen, okay? Ich habe schon mit Mallory telefoniert, sie wird sich um alles kümmern. Außerdem halte ich mich vom Internet fern und …«, sie drückte mir einen Kuss auf den Nacken, den ich bis in meine Zehenspitzen fühlen konnte, »… ich habe jemanden, der auf mich aufpasst.« Ich erstarrte, als Tessas Hand unter meinen Pulli kroch und meinen Oberkörper entlangstrich. Lust stieg in mir auf, und ich musste mich regelrecht zusammenreißen, um ihr das Telefon nicht sofort aus der Hand zu nehmen und da weiterzumachen, wo wir vor ein paar Stunden aufgehört hatten. Gott, das Mädchen machte mich fertig.

»Wir reden morgen wieder, Suzie, okay? Ich … Ich hab dich lieb.« Tessas letzte Worte waren nur noch ein leises Flüstern, ihre Stimme klang erstickt.

Als ich mich zu ihr umdrehte, sah ich Tränen in ihren Augen schimmern. Bestürzt starrte ich sie an. Sie schüttelte den Kopf, ein Lächeln erschien auf ihrem Gesicht. Und ich verstand auf einmal gar nichts mehr.

»Bis morgen«, wisperte sie, dann legte sie auf und atmete schniefend ein.

»Alles in Ordnung?« Ich streckte beide Arme nach ihr aus und zog sie an mich, als sie ihre Hände in meine legte. Tessa nickte und schmiegte sich an mich, warm und weich, jede ihrer Rundungen passte perfekt zu den Kanten meines Körpers.

»Wir haben noch gar nicht über gestern gesprochen.« Ich presste meine Zähne so fest aufeinander, dass es beinahe wehtat. Wut schoss durch mich hindurch, glühend heiße Wut. Wenn ich den Scheißkerl je zu fassen bekam, der ihr das angetan hatte, würde ich ihn umbringen. Tessa versteifte sich, löste sich ein Stück von mir, ließ mich aber nicht los.

»Eigentlich will ich nicht einmal über die letzte Nacht nachdenken, geschweige denn darüber reden«, murmelte sie und blickte mit gefurchter Stirn nachdenklich zu Boden. »Wahrscheinlich sollte ich mir Sorgen machen und Angst haben, aber Mallory hat versprochen, dass sie mit der Polizei reden und sich um alles kümmern wird. Außerdem, was würde es bringen, darüber zu reden? Mir geht es gut, es ist ja nichts passiert. Nicht wirklich. Und wenn ich darüber nachdenken würde, was hätte passieren können, dann … Ich will nicht … Es geht mir gut. Echt. Ich will mir das nicht kaputtmachen. Das klingt bescheuert, ich weiß, und ich weiß auch, dass ich eines Tages darüber reden muss, und das werde ich auch. Aber nicht jetzt. Jetzt möchte ich einfach nur glücklich sein.«

»Bist du sicher?« Ich musterte sie besorgt und ließ eine Hand in ihren Nacken wandern.

»Ja. Bin ich.« Sie hob den Kopf, und jetzt war ihr Lächeln so strahlend und glücklich, dass mein Herz sich schmerzhaft zusammenzog. Sie war so unfassbar schön. Ich schnappte nach Luft, und die Wut verschwand so schnell, wie sie gekommen war. Was geschah mit mir?

»Okay«, sagte ich mit rauer Stimme. »Aber wenn du doch drüber reden willst …«

»Erfährst du es als Erster«, führte sie meinen Satz zu Ende und gab mir einen sanften Kuss.

»Ich hab dir was mitgebracht.« Ich nickte zu der Tasche hinüber, die ich direkt neben der Tür abgestellt hatte. Mit einem neugierigen Funkeln in den Augen löste Tessa sich von mir und griff nach der Tasche.

»Ich war kurz bei Ella und habe deine Sachen abgeholt. Deine Schlüsselkarte war in deiner Tasche, und dann bin ich zum Hotel gegangen, damit –«

»Du hast mein Strickzeug geholt«, unterbrach sie mich verblüfft.

»Ich hoffe, das ist in Ordnung?« Verlegen fuhr ich mir mit einer Hand durchs Haar. »Ich wollte deine Privatsphäre nicht verletzen, aber ich dachte, du würdest die Sachen vielleicht hier haben wollen.«

Mit weit aufgerissenen Augen starrte Tessa mich an. So lange, dass ich allmählich nervös wurde und mich fragte, ob meine Idee nicht doch absolut bescheuert gewesen war. Doch als ich Tessas Tasche aus Ellas und Jamies Wohnung geholt hatte, hatte ich mich daran erinnert, wie sie mir erzählt hatte, sie würde stricken, um sich abzulenken und zu beruhigen, weil sie nicht lange still sitzen konnte. Und nach allem, was während des letzten Tages passiert war, hatte es sich irgendwie richtig angefühlt, ihre Sachen zu holen. Jetzt war ich mir allerdings nicht mehr so sicher.

Unruhig trat ich von einem Fuß auf den anderen, als ein Beben durch ihren Körper lief. Sie ließ die Nadeln und die Wolle fallen und warf sich in meine Arme.

»Danke!«, flüsterte sie.

Ich wollte gerade etwas erwidern, als die Wohnungstür aufging und Julian hereinkam. Er blieb wie angewurzelt stehen, als er uns entdeckte. Tessa ließ mich los, ihre Wangen glühten vor Verlegenheit. Dann breitete sich ein Grinsen auf Julians Gesicht aus, er nickte uns zu und verschwand, ohne auch nur ein Wort zu sagen.

»Er wird es sofort Ella und Cassidy erzählen, oder?«, fragte Tessa.

Ich seufzte. Als ich vorhin bei Ella gewesen war, war ich all ihren Fragen erfolgreich ausgewichen. Das hätte ich mir wohl sparen können.

»Auf der Stelle.«

Zwei Tage verkrochen Tessa und ich uns in meinem Zimmer. Jules ließ sich nur hin und wieder in unserer Wohnung blicken, um seine Klamotten zu wechseln, ansonsten hatten wir unsere Ruhe. Dass nicht einmal Ella sich meldete und sich nach Tessa erkundigte, bewies deutlich, dass Julian nicht für sich behalten hatte, was er gesehen hatte.

Ich meldete mich krank, ließ die Uni links liegen und ignorierte die Nachrichten meiner Schwester, die mich anflehte, das Porträt doch zu schreiben und aus Tessa herauszulocken, was Halloween geschehen war.

Du kennst sie doch schon. Vielleicht vertraut sie dir an, was passiert ist. Wieder und wieder hatte ich Aprils Nachricht gelesen und sie dann gelöscht.

Ja, Tessa vertraute mir, und es gab absolut nichts auf der Welt, was mich dazu bringen würde, ihr Vertrauen zu missbrauchen.

Drei Mal telefonierte Tessa mit ihrer Agentin. Mallory Highsmith hatte allerdings keine besonders guten Nachrichten. Es gab keinen Hinweis darauf, wer Tessa etwas ins Getränk gemischt hatte, vor allem deshalb, weil sie sich nicht erinnern konnte, ob sie den Becher zwischendurch irgendwo abgestellt hatte. Immerhin hatte sie die Presse so weit in den Griff bekommen, dass Tessa weder ein Drogen- noch ein Alkoholproblem angedichtet wurde.

Wir verbrachten diese Tage größtenteils im Bett und auf dem Sofa. Tessa erzählte mir von ihren Anfängen in Hollywood und von dem Druck, der permanent auf ihr lag, vor allem, was ihre neue Rolle betraf, weil die Autorin des dazugehörigen Romans so eine riesige Fangemeinde hatte.

Ich erzählte ihr mehr von meiner Familie, hauptsächlich von Jo und April, weil die beiden nun mal die Einzigen waren, die mir etwas bedeuteten. Übers Schreiben sprach ich nicht, und nachdem ich auf ihre Fragen nur vage Antworten gab, ließ Tessa das Thema schließlich ruhen.

Am dritten Tag änderte sich etwas.

»Ich möchte dir was zeigen«, sagte Tessa, wand sich aus meinen Armen und stand auf.

Sie griff nach ihrer Hose, und ich gab einen protestierenden Laut von mir, als sie sie über ihre nackten Beine zog.

»Und dafür müssen wir rausgehen?«

Sie nickte, die Lippen zu einem schmalen Strich zusammengepresst. Ihre Augen flackerten, und ich setzte mich alarmiert auf.

»Alles in Ordnung?«

Ein nervöses Lächeln huschte über ihr Gesicht, sie war blass geworden. »Wird sich noch zeigen.« Als sie eine Hand nach mir ausstreckte, fiel mir auf, dass sie kaum merklich zitterte. »Kommst du?«

Ohne zu zögern, legte ich meine Hand in ihre und ließ mich von ihr hochziehen. Mein Herz pochte unbehaglich. Irgendwas stimmte nicht.

»Tess …«, setzte ich besorgt an, aber sie schüttelte so energisch den Kopf, dass ihre dunklen Haare wild umherflogen.

»Ich erklär dir alles, versprochen. Aber nicht hier.«

»Du machst mir ein bisschen Angst.« Es sollte wie ein Scherz klingen, um den aufgewühlten Ausdruck aus ihren Augen zu vertreiben. Stattdessen klang es viel zu ernst.

»Nicht nur dir«, gab Tessa murmelnd zurück, und ich war mir nicht sicher, ob sie es zu mir oder zu sich selbst sagte. Ein paar Minuten später verließen wir die Wohnung.

Tessa strahlte eine angespannte Unruhe aus, die mich mehr als nur ein bisschen nervös machte. Sie hatte ihre Mütze tief in die Stirn gezogen, der Kragen ihres Mantels verbarg den größten Teil ihres Gesichts.

Ich traute mich nicht, sie zu fragen, ob das, was sie vorhatte, wirklich so eine gute Idee war, wenn es immer noch einen Haufen Paparazzi in der Stadt gab, die für ein Foto von ihr töten würden.

Schweigend lief ich neben ihr her, ihre Hand in meiner fühlte sich kalt und sehr klein an.

Als wir den Campus verließen, hielt Tessa kurz inne, sah sich um, als suchte sie etwas, und setzte sich dann zielstrebig wieder in Bewegung.

Die Straßen waren weitestgehend leer, es war erst Mittag. Die meisten waren noch in der Uni oder bei der Arbeit. Je weiter wir uns von der Uni entfernten, desto unruhiger wurde ich.

Die bunten kleinen Häuser, die Geschäfte und Restaurants verschwanden nach und nach, wichen Gebäuden und Straßen, die definitiv schon bessere Zeiten erlebt hatten, auch wenn die Stadt sich offenbar Mühe gab, alles instand zu halten. Schweigend liefen wir nebeneinanderher. Ich bemerkte, wie Tessa sich verspannte, als wir an einem Spielplatz vorbeiliefen, der vor einiger Zeit umgebaut worden war. Ich konnte mich nicht erinnern, wann ich das letzte Mal in diesem Viertel von Faerfax gewesen war, und mir fiel kein Grund ein, warum Tessa ausgerechnet hierher wollte. Eine dunkle Ahnung stieg in mir auf.

»Tessa, wo willst du hin?«

Sie warf mir einen kurzen Blick zu, antwortete aber nicht. In ihren Augen war Panik zu erkennen, und mein Magen krampfte sich schmerzhaft zusammen. Abrupt blieb ich stehen.

»Okay, es reicht. Was ist hier los?«

Tessa wurde noch eine Spur bleicher und zog an meiner Hand. »Es ist nicht mehr weit. Bitte, komm einfach mit!« Ich wollte protestieren, aber sie sah mich so flehentlich an, dass ich nicht anders konnte, als ihr widerstrebend zu folgen.

Zwei Straßen weiter blieben wir vor einem kleinen, nichtssagenden Haus stehen. Das rote Dach war ausgeblichen, die weiße Farbe blätterte ab, und der Rasen des Vorgartens war kaum noch existent.

»Tessa, was machen wir hier?«, wollte ich wissen. Allmählich kam ich mir bescheuert vor, weil ich sie schon wieder fragte. Doch bei ihren nächsten Worten trat alles andere in den Hintergrund.

»Ich bin hier aufgewachsen.«

27. KAPITEL

Tessa

Mir war so übel, dass ich befürchtete, mich jeden Moment übergeben zu müssen.

Cole starrte mich an. Starrte und blinzelte. Ungläubigkeit zeichnete sich auf seinem Gesicht ab.

»Was?«, stieß er hervor.

Das ist ein Fehler. Ein riesengroßer Fehler. Fehler. FEHLER.

»Ich bin hier aufgewachsen«, wiederholte ich leise. Meine Kehle fühlte sich an wie zugeschnürt, das Atmen fiel mir schwer.

Das Haus sah noch genauso aus wie vor acht Jahren. Nichts hatte sich geändert. Fast meinte ich, Mom hinter dem Küchenfenster zu entdecken. Aber das war unmöglich. Mom war tot. Ich bekam Panik. Ein Schrei stieg in mir auf, blieb mir jedoch im Hals stecken. Ich hätte nicht herkommen dürfen.

Bilder jagten durch meinen Kopf, eins grausamer als das vorherige. Da waren wieder die Angst und Hoffnungslosigkeit. Und der Schmerz. Meine eigenen schrillen Schreie, die irgendwann die Nachbarn alarmiert hatten.

Einatmen. Ausatmen. Einatmen. Ausatmen.

Meine Haut fing an zu jucken, so sehr, dass ich sie mir am liebsten vom Körper gekratzt hätte. Verschwommen sah ich, wie Coles Mund sich bewegte, aber ich konnte ihn nicht verstehen. Ich hörte nur noch ein lautes Rauschen.

Ich hätte nicht herkommen dürfen.

Silbrige Sterne tanzten vor meinen Augen. Um mich herum begann sich die Welt zu drehen, ich hatte das Gefühl, jeden Moment den Boden unter den Füßen zu verlieren.

Ich hätte mit Dr. Philipps sprechen sollen, sie fragen, ob sie das für eine gute Idee hielt. Hatte ich aber nicht. Weil ich mich eindeutig überschätzt hatte.

Cole fing mich auf, als ich stürzte.

Mein Kopf prallte gegen seine Schulter, er fluchte lautstark. Doch der Schmerz brachte mich wieder zur Besinnung.

Keuchend richtete ich mich in seinen Armen auf. Er war kreidebleich, blanke Angst stand ihm ins Gesicht geschrieben, als ich ihn anblickte. Ihn so zu sehen, zerriss mir das Herz. Aber auch noch dafür verantwortlich zu sein, dass er mich so ansah, brachte mich beinahe um.

»Tessa?«, wisperte er. Seine Stimme brach.

Ich spürte meinen Puls in jeder Faser meines Körpers, während ich auf das Haus starrte, in dem ich die ersten zwölf Jahre meines Lebens verbracht hatte.

»Bring mich hier weg.«

Obwohl ich protestierte, rief Cole ein Uber. Er hatte recht, ich war eindeutig nicht in der Verfassung, zum Wohnheim zurückzulaufen, aber in meinem Kopf herrschte gerade so ein Chaos, dass für vernünftige Gedanken kein Platz mehr war.

Bleierne Stille breitete sich zwischen uns aus, während uns das Uber zurück zu Coles Wohnung brachte. Ich zitterte am ganzen Körper, und nur Coles Hand, die immer noch fest um meine geschlossen war und mich keine Sekunde losgelassen hatte, seit wir uns auf den Weg gemacht hatten, half mir da-

bei, nicht auf der Stelle vollkommen den Verstand zu verlieren.

Was hatte ich mir nur dabei gedacht, ihn dorthin zu bringen? Ohne jede Vorwarnung. Ohne ihn darauf vorzubereiten,
dass ich durchdrehen könnte.

Ich hätte wissen müssen, dass ich eine Panikattacke bekommen würde. Im Grunde hatte ich es gewusst, die ganze Zeit,
deswegen hatte ich mich nie in die Nähe des Hauses gewagt,
während ich die anderen Orte meiner Kindheit längst auf-
gesucht hatte. Ich hätte ahnen müssen, dass dieses Haus nicht
mit dem Spielplatz oder meiner alten Schule vergleichbar war.

Doch tief in meinem Inneren war mir klar, dass ich früher
oder später auf jeden Fall dorthin gegangen wäre, um mich
meiner Vergangenheit zu stellen. Wenn ich ehrlich zu mir
selbst war, war ich vor allem deswegen in Faerfax geblieben.

Und heute hatte ich Cole mitgenommen, weil ich gehofft
hatte, dass er mich vor dem Schlimmsten bewahren würde. Nicht, weil ich wollte, dass er die Wahrheit erfuhr. Nicht
nur. Ich hatte ihn mitgenommen, weil ich ihn gebraucht hatte.
Doch wenn ich es richtig hätte machen wollen, wären wir bei
ihm geblieben und ich hätte ihm dort alles erzählt.

Das Schweigen zwischen uns hielt an, bis die Tür zu Coles
Wohnung hinter uns ins Schloss fiel. Das Klicken klang unnatürlich laut in meinen Ohren.

»Was zur Hölle war das gerade?«, fuhr er mich an und warf
seine Jacke achtlos zu Boden. Er war noch immer kreidebleich.

»Es tut mir leid!«, platzte es aus mir heraus. »Ich habe einen
Fehler gemacht. Ich –«

»Meinst du damit, dass du mir nicht hättest sagen sollen,
dass du in Faerfax aufgewachsen bist?«, unterbrach Cole mich.
Ein scharfer Unterton schwang in seiner Stimme mit, doch
sein Blick war so verletzt, dass ich bestürzt den Kopf schüttelte.

»Nein! Ich wollte es dir sagen, ich will dir immer noch die ganze Geschichte erzählen. Aber die Art und Weise, wie ich das angegangen bin, war vollkommen falsch.«

Coles Schultern sackten herab. »Das kannst du laut sagen.« Er streckte eine Hand nach mir aus. »Was ist da passiert?«

Ich nahm einen tiefen Atemzug und legte meine Hand in seine. Diese Frage zu beantworten, würde wahrscheinlich das Einfachste bei diesem Gespräch werden. »Ich hatte eine Panikattacke.«

»Eine Panikattacke?« Er wurde noch eine Spur bleicher.

Als er mich jetzt anschaute, hatte ich das Gefühl, er würde durch mich hindurchsehen. Und auch wenn ich nicht wusste, woher, war ich mir absolut sicher, dass er an den Abend bei Ella und Jamie zurückdachte, an dem ich mich an jene Nacht auf dem Polizeirevier erinnert hatte.

»Ja, das passiert manchmal. Vor ein paar Jahren war es ziemlich schlimm, aber ich hab eine Therapie gemacht, na ja, eigentlich mache ich die immer noch. Jedenfalls ist es besser geworden. Für eine Weile. Aber seit ich in Faerfax bin, ist es wieder öfter passiert.«

»Warum? Weil du hier aufgewachsen bist? Gott, Tessa, ich verstehe das alles nicht!« Er raufte sich die Haare. Mir blutete das Herz. Ich war diese Sache völlig falsch angegangen.

»Ich erklär dir alles, versprochen!« Ich deutete auf das Sofa. »Können wir uns setzen? Dieses Herumstehen macht mich wahnsinnig nervös«, bat ich mit einem unsicheren Lächeln und zog Cole Richtung Sofa. Er ließ es widerstandslos zu.

»Ich weiß nicht, wo ich anfangen soll«, gab ich leise zu, nachdem wir uns gesetzt hatten.

Cole drückte meine Hand und schenkte mir ein aufmunterndes Lächeln, das jedoch leicht schief geriet. Er sah genauso überfordert aus, wie ich mich fühlte. »Wie wär's mit dem Anfang?«, schlug er vor, und ich seufzte.

Wenn der nur so leicht zu bestimmen wäre.

Es gab ein Ende und alles, was davor passiert war. Doch dann wurde mir klar, dass ich der Anfang war. Das war meine Geschichte, und bevor ich ihm alles andere erzählte, musste Cole zuallererst erfahren, wer ich war.

Mein Herz schlug mir bis zum Hals, da war immer noch die Stimme in meinem Kopf, die mich warnte und anschrie, dass ich einen Fehler machte. Doch ich schloss sie aus. Sperrte sie hinter eine Tür und sprach es einfach aus: »Mein Name – mein richtiger Name – ist nicht Tessa Thorn, sondern Holly Whitcomb.«

Womit auch immer Cole gerechnet hatte, das war es nicht. »Holly Whitcomb?«, fragte er irritiert und sah für einen Moment aus, als glaubte er, ich würde ihn verarschen. Dann veränderte sich sein Gesichtsausdruck. Ihm war anzumerken, dass er den Namen kannte. Er konnte ihn jetzt vielleicht noch nicht zuordnen, aber er hatte ihn schon mal irgendwo gehört. Jeder in Faerfax hatte das.

»Ja, ich bin in Faerfax geboren und aufgewachsen.« Ich schluckte schwer, in meinem Hals bildete sich ein dicker Kloß, und plötzlich fiel mir das Atmen schwer. Da war sie wieder, die Panik, altbekannt und vertraut. Aber ich würde nicht zulassen, dass sie ein weiteres Mal gewann. Heute nicht. Nicht jetzt.

Cole ließ mich los, sein Blick war nicht zu deuten, und mir wurde das Herz schwer. »Warum hast du deinen Namen geändert, und wieso weiß niemand davon?«

Gleich, wenn ich ihm meine ganze Geschichte erst erzählt haben würde, würde er sich wieder daran erinnern, wer Holly Whitcomb war. Dass er es jetzt noch nicht tat, war kein Wunder. Er war damals nur wenig älter gewesen als ich. Immerhin waren acht Jahre vergangen, seit ich einen neuen Namen bekommen hatte. Einen neuen Namen, ein neues Leben. Alles hatte sich geändert, und gleichzeitig hatte sich nichts verändert. Meine Erinnerungen waren immer noch dieselben und würden mir immer wieder zeigen, dass ich nicht die war, die ich vorgab, zu sein.

»Weil etwas passiert ist«, antwortete ich stockend. »Ich habe bei meiner Mom gewohnt, bis ich zwölf war. Sie hatte ... Probleme. Sie hat Drogen genommen und zu viel getrunken. Meinetwegen. Hat sie immer gesagt. Weil sie sich sonst zu viele Sorgen um mich machen würde. Ich habe erst Jahre später verstanden, was sie mir damit eigentlich angetan hat. Und sie hatte einen Freund. Mike. Weißt du, es ist verrückt, an das Gesicht meiner Mutter kann ich mich kaum noch erinnern. Aber Mike sehe ich immer noch vor mir, als könnte er jeden Moment wieder direkt vor mir stehen.« Mein Blick ging ins Leere, als bruchstückhafte Bilder vor mir aufstiegen, und ich schauderte. Cole versteifte sich, ich konnte spüren, wie sein Körper sich anspannte, und ich wusste genau, was er jetzt dachte.

Nur, dass es so nicht gewesen war.

»Hat er dir wehgetan?«, fragte er gepresst. In seinen Augen funkelte grenzenlose Wut.

»Nein.« Ich schüttelte den Kopf, und Cole entspannte sich ein klein wenig. »Er hat mir das Leben zur Hölle gemacht, aber er hat mich nie angerührt.« Tränen brannten in meinen Augen, ich schnappte nach Luft. »Ich habe nie verstanden, warum Mom mit ihm zusammen war, und das tue ich bis heute nicht. Er hat sie geschlagen und angeschrien. Die beiden haben sich dauernd gestritten, und es wurde von Mal zu Mal schlimmer.« Ich hatte gar nicht gemerkt, dass ich auf meine

Hände starrte, bis Coles Finger sich zwischen meine schoben. Erleichterung durchströmte mich. Die Berührung gab mir Sicherheit. Sicherheit, dass es richtig war, ihm alles zu sagen. »Ich bin aufgewacht, als die beiden sich eines Nachts wieder gestritten haben. Es war furchtbar. Ich wollte weglaufen, raus aus diesem Haus und so weit weg wie möglich. Also habe ich mich runtergeschlichen, um abzuhauen. Aber als ich an der Küche vorbeiging, habe ich Mike gesehen. Er hat meine Mutter gewürgt, ihr Gesicht war schon ganz rot.« Und plötzlich war ich wieder dort. Erlebte alles noch einmal. Mein Magen rebellierte gegen meine Worte, aber ich zwang mich weiterzusprechen. »Auf dem Boden lagen überall Scherben. Eine Schüssel muss kaputtgegangen sein. Da war überall Blut. Moms Blut. Sie hatte sich an den Scherben geschnitten. Und ich habe … Ich habe … gezögert«, wisperte ich, und auch wenn ich inzwischen wusste, dass es in Ordnung war, fühlte es sich nach all den Jahren trotzdem immer noch irgendwie falsch an. »Ich bin bloß stehen geblieben und habe ihr nicht geholfen. Ich wollte nur weg.« Mein Blick verschwamm, heiße Tränen liefen mein Gesicht herab. Ich rang nach Atem.

»Du warst ein Kind!« Cole sprach zwar leise, aber eindringlich. Die Knöchel seiner Hand traten weiß hervor, so fest umklammerte er meine.

»Ich weiß nicht mehr genau, was danach passiert ist. Die Ärzte haben gesagt, das würde am Schock liegen und dass meine Erinnerungen schon wiederkommen würden. Sind sie aber nicht. Ich erinnere mich aber noch an das Geräusch, das meine Mom ausgestoßen hat. Es war das schlimmste Geräusch, das ich je in meinem Leben gehört habe. Das Nächste, woran ich mich erinnere, ist der Messerblock, der jahrelang ungenutzt auf der Kücheninsel stand, und dann irgendwie in meiner Hand lag. Ich glaube nicht, dass Mike mich gehört hat, oder dass er mich gesehen hat. Vielleicht hat er es aber doch getan, es hat ihn halt nur nicht interessiert. Ich war ein kleines Mädchen. Was hätte ich schon gegen ihn ausrichten können.« Inzwischen hatte ich das Gefühl, mich jeden Moment übergeben zu müssen. Mir war heiß, meine Haut juckte entsetzlich, und mein Herz schlug so schnell, dass mir schwummrig wurde. Coles Daumen rieb über meinen Handrücken, sanft und beruhigend. Für einen kurzen Moment schloss ich die Augen, konnte den Messerblock wieder fühlen, schwer und zu groß für meine kleine Hand. »Aber ich habe ihn damit geschlagen, und Mike ist gestorben.«

Ich merkte, dass ich am ganzen Körper zitterte, als Cole mich in seine Arme zog. Ich vergrub das Gesicht an seiner Brust und schluchzte auf. »Ich wollte das nicht. Ich wollte nur, dass er aufhört. Er sollte meine Mom in Ruhe lassen.«

Cole drückte mich noch mehr an sich, presste mich so fest an seine Brust, dass ich seinen hämmernden Herzschlag spüren konnte. Er sagte kein Wort, sondern ließ mich einfach in seinen Armen weinen.

Es dauerte lange, bis ich mich wieder beruhigte, und erst als mein Schluchzen allmählich leiser wurde und schließlich versiegte, lockerte sich Coles Umarmung zumindest so weit, dass ich den Kopf heben und ihn anschauen konnte. Sanft wischte er mir die Tränen von den Wangen.

Sein Blick, zärtlich und voller Mitgefühl, brach mir das Herz. »Du warst ein Kind!«, wiederholte er bestimmt und strich mir die wirren Haare aus dem Gesicht.

»Stimmt, das war ich. Ich war zwölf und nicht mal ansatzweise stark genug, um einen Mann wie ihn durch einen Schlag … umzubringen.«

Cole runzelte die Stirn. »Also steckt noch mehr dahinter?«

Erschöpft nickte ich. »Sie haben eine Autopsie gemacht,

weil ich so klein war und sich niemand vorstellen konnte, wie ich das mit einem einzigen Schlag hätte schaffen können. Dabei haben sie festgestellt, dass Mike ein Gehirnaneurysma hatte, das bei dem Schlag geplatzt ist. Deswegen ist er gestorben.«

»Also ist es nicht deine –«

»Nein, nicht direkt«, unterbrach ich ihn. »Er hätte auch auf Dutzend andere Arten sterben können. Aber es war mein Schlag, der letztendlich dafür verantwortlich war, dass er gestorben ist.«

»Trotzdem ist es nicht deine Schuld!«, beharrte Cole, als hätte ich mir gerade selbst Vorwürfe gemacht. Damit hatte ich allerdings schon vor langer Zeit abgeschlossen.

Ich schüttelte den Kopf. »Nein, ist es nicht. Ich habe auch keine Schuldgefühle deswegen.« Es hatte mich aber sehr viele Therapiestunden gekostet, mich nicht dafür fertigzumachen, dass ich mich *nicht* schlecht fühlte, weil Mike tot war. Am Ende hatte ich dank Dr. Philipps akzeptiert, dass es in Ordnung war, keine Schuldgefühle oder gar Trauer über Mikes Tod zu empfinden. Er hatte Mom, und gemeinsam hatten sie mir das Leben zur Hölle gemacht.

»Was ist dann passiert?«, fragte Cole vorsichtig und riss mich aus meinen Gedanken.

»Die Nachbarn müssen uns gehört und die Polizei gerufen haben. Ich bin ins Krankenhaus gekommen und musste der Polizei später alles erklären. Mom und Mike waren beide high in dieser Nacht. Meine Mom wurde auch ins Krankenhaus gebracht, aber sie war so zugedröhnt, dass sie kaum mit den Polizisten sprechen konnte. Sie war übel zugerichtet, und nachdem ich alles erzählt hatte, hieß es, es wäre Notwehr gewesen.«

»Das war es auch!«, sagte Cole entschieden, und ich schenkte ihm ein mattes Lächeln.

»Ja. Trotzdem hätte ich Probleme deswegen bekommen können. Aber ich hatte Glück. Meine Tante hat mich gerettet. Sie hat sich um alles gekümmert und um mich gekämpft. Sie hat sich mit Polizei, Staatsanwaltschaft und Jugendamt angelegt. Ich weiß immer noch nicht, wie sie es angestellt hat, doch es hat nicht lange gedauert, bis ich zu ihr nach L.A. ziehen durfte.«

»Und deine Mom?«

Für einen kurzen Augenblick zog sich mein Inneres schmerzhaft zusammen. »Ich hab sie nie wiedergesehen. Sie kam in eine Entzugsklinik, aber sie ist nicht lange dageblieben. Ich wollte sie nicht sehen, und sie hat sich nie bemüht, mit mir Kontakt aufzunehmen. Ein paar Jahre später ist sie an einer Überdosis gestorben. Und das war's.«

Cole zog mich wieder enger an sich, ich saß jetzt fast auf seinem Schoß.

»Warum erzählst du mir das alles?«, fragte er leise und sah mir direkt in die Augen. Sein Blick war offen, aber gleichzeitig so unsicher, dass eine zaghafte Wärme in mir aufstieg. Er verstand nicht, warum ich ausgerechnet ihm alles erzählte – womit er es verdient hatte, die Wahrheit zu erfahren –, und genau deswegen war es so richtig. Ich hatte ihm meine Seele gezeigt, meine kaputte Seele und mein gebrochenes Herz, dem es so schwerfiel, Vertrauen zu fassen. Und anstatt mich voller Abscheu anzusehen und mich wegzuschicken, war er bei mir geblieben, hatte mir zugehört, mich getröstet und war einfach *da* gewesen.

Ich legte meine Hand an seine Wange, strich behutsam über seine weiche Haut, während meine Augen schon wieder zu brennen begannen.

»Weil ich dir vertraue. Und weil ich möchte, dass wir eine Chance haben. Eine echte Chance! Ich möchte nichts vor dir verheimlichen, ich möchte bei dir sein, wer ich bin. Ohne Angst zu haben, mich zu verraten.«

Tief einatmend richtete Cole sich auf. »Bin ich der Einzige, der davon weiß?«

Ich nickte abgehackt. »Außer meiner Tante, meiner Therapeutin und dir weiß niemand davon. Nicht einmal Mallory. Es war meine Entscheidung. Ich habe mir einen Neuanfang gewünscht. Deswegen habe ich mir auch einen neuen Namen ausgesucht. Ich wollte nie, dass jemand weiß, was passiert ist. Bis jetzt.« Ich rang nach Atem, schwankte kurz, ob ich die Worte, die in mir schlummerten, wirklich aussprechen sollte. Und tat es dann einfach. »Vielleicht habe ich die ganze Zeit nur auf dich gewartet.«

Cole schluckte schwer, er brachte keinen Ton heraus. Aber ich konnte sehen, wie viel ihm meine Worte bedeuteten.

So viel wie mir.

»Ich weiß nicht, was ich sagen soll«, flüsterte Cole, ein gequälter Ausdruck trat in seine Augen. »Nichts von dem, was ich sagen könnte, wird dem gerecht, was du gesagt hast. Ich kann nur … Danke!«, brach es aus ihm heraus. »Danke, dass du mir alles erzählt hast. Dafür, dass du mir vertraust. Dein Geheimnis ist bei mir sicher, versprochen!«

»Ich weiß.« Ein Lächeln breitete sich auf meinem Gesicht aus, und ich fühlte mich plötzlich so leicht wie noch nie. Als wäre dadurch, dass mein Geheimnis nicht mehr ganz so geheim war, eine schwere Last von meinen Schultern genommen worden. Gleichzeitig tat mein Herz weh. So weh. Nicht, weil Coles Worte mich verletzten oder weil ich mehr erwartet hätte. Sondern weil Cole mich heilte. Ohne große Worte oder Gesten setzte er mein Herz wieder zusammen. Einfach nur, indem er für mich da war. Er setzte *mich* wieder zusammen. Das zerbrochene Mädchen, das ich all die Jahre gewesen war.

Cole

Tessa lag still neben mir im Bett. Sie schlief tief und fest. Ich dagegen war hellwach. Und ich bezweifelte stark, dass ich in nächster Zeit zur Ruhe kommen würde. Tessas Geschichte hatte mich aufgewühlt und völlig durcheinandergebracht. Nicht, weil ich sie für das, was passiert war, verurteilte, sondern weil ich nicht begriff, wie jemand einem kleinen Mädchen so wehtun konnte. Wir hatten nicht mehr viel über ihre Kindheit gesprochen, bevor Tessa in meinen Armen eingeschlafen war und ich sie schließlich ins Schlafzimmer getragen hatte. Aber sie hatte mir ein paar Dinge erzählt und vage Andeutungen gemacht, wie das Leben mit einer Mutter gewesen war, der man einerseits nichts zu bedeuten schien und die einen andererseits für den eigenen Drogenkonsum verantwortlich machte.

Allein der Gedanke machte mich krank. Und so wütend, dass ich am liebsten auf jemanden eingeprügelt hätte. Vorzugsweise diesen Dreckskerl, wenn er damals nicht gestorben wäre.

Tessa dagegen war erstaunlich gefasst gewesen, während sie darüber geredet hatte.

»Das liegt an der Therapie«, hatte sie mit einem erschöpften Lächeln erklärt, als ich sie darauf angesprochen hatte. Ich hatte noch etliche Fragen, doch Tessa war müde, und wir hatten es ja auch nicht eilig. Wir hatten alle Zeit der Welt.

Trotzdem konnte ich nicht schlafen. Mein gesamter Körper stand unter Strom, ich brauchte Bewegung, aber ich konnte und wollte Tessa nicht allein lassen.

Vorsichtig, um sie nicht zu wecken, stand ich auf und ging ins Wohnzimmer. Ich setzte mich an meinen Schreibtisch und fuhr meinen Computer hoch, bevor ich mir überhaupt erlaubte, darüber nachzudenken, was ich im Begriff war, zu tun.

Ich redete mir ein, dass es nur darum ging, das Chaos in meinem Kopf zu ordnen. Darum, das, was passiert war, von den Gefühlen zu trennen, die ich für Tessa entwickelt hatte. Ich tippte zögerlich ihren richtigen Namen in die Leiste der Suchmaschine.

Holly Whitcomb.

Nichts.

Ich versuchte es erneut, dieses Mal reihte ich mehrere Suchbegriffe aneinander: das Jahr, den Ort und das Geschehen.

2012 – Faerfax – Tod von Drogenabhängigen.

Innerhalb von Sekunden gab es etliche Treffer. Die meisten Links führten zum Archiv der *Faerfax Times*. Tessas Geschichte – Hollys Geschichte – war die ganze Zeit für alle einsehbar gewesen, wenn man danach gesucht hätte. Ausgerechnet bei meiner Familie. Die Ironie war nicht zu übersehen.

April und Richard hatten von mir verlangt, Tessas Geheimnis herauszufinden, dabei hatte es direkt vor ihrer Nase gelegen.

Es gab viele Berichte. Wenn eine Zwölfjährige in Notwehr den Freund ihrer Mutter umbringt, war das kaum verwunderlich. Ich klickte mich von einem Artikel zum nächsten. In manchen wurde in einer Fußnote bemerkt, dass die Angehörigen nicht zu einer Stellungnahme bereit waren.

Fassungslos klickte ich weiter. Was hatten sie denn erwartet? Dass Holly imstande gewesen wäre, über alles zu sprechen? Sie war *zwölf* gewesen. Ein *Kind*. Ein traumatisiertes Kind, auf das sich diese sensationsgeilen Journalisten stürzen wollten, die nach der besten Story geiferten.

In meinem Inneren breitete sich ein drängendes Kribbeln aus. Ich verbannte es in den hintersten Winkel meines Kopfes.

Niemand berichtete davon, dass dieses Kind nur zwei Jahre später berühmt geworden war. Niemand hatte je eine Verbindung zwischen Holly Whitcomb und Tessa Thorn hergestellt. Niemand, abgesehen von ihren allerengsten Vertrauten, wusste davon.

Außer mir.

Mein Herz begann zu rasen, pumpte Adrenalin wie Feuer durch meine Adern, und ich sprang auf. Rastlos tigerte ich durchs Wohnzimmer, immer wieder huschte mein Blick Richtung Bildschirm. Meine Finger zuckten.

Ich wusste, dass es falsch war. Aber ich konnte nicht anders. Ich musste es tun.

Weil mein Kopf dröhnte und meine Gedanken ein riesiges, wirbelndes Chaos waren und es mir schon immer geholfen hatte, niederzuschreiben, was mich beschäftigte.

Weil es mir immer noch schwerfiel, Tessa und Holly als ein und dieselbe Person zu sehen. Vor allem aber, weil ich es nicht ertragen konnte, dass sie so etwas hatte durchmachen müssen.

Ich atmete einmal tief ein und wieder aus, setzte mich an meinen Schreibtisch und ließ meine Finger über die Tastatur fliegen.

In dieser Nacht schrieb ich Tessas Geschichte auf, und als ich schließlich damit fertig war, stellte ich mit Entsetzen fest, dass es der beste Text war, den ich jemals zustande gebracht hatte.

28. KAPITEL

Tessa

Mit einem Buch in der Hand saß ich in eine Decke gekuschelt auf dem Sofa in Coles Wohnzimmer. Allerdings war es deutlich spannender, Cole beim Lesen zu beobachten, als mich selbst in meinen Roman zu vertiefen. Cole schien gar nicht zu merken, dass ich ihn die ganze Zeit anschaute, er war tief in sein Buch versunken, hatte die Stirn gerunzelt und die Unterlippe zwischen die Zähne gezogen. Die dunkelblonden Haare fielen ihm zerzaust in die Stirn. Es war das erste Mal seit Tagen, dass er wieder seine Brille trug, und dieser Anblick war vertraut und fremd zugleich.

Cole blätterte die Seite um, und ich versuchte wieder, mich auf mein Buch zu konzentrieren, aber es wollte mir einfach nicht gelingen. Dauernd schweiften meine Gedanken ab. Es kam mir nach wie vor irgendwie unwirklich vor, dass ich Cole tatsächlich anvertraut hatte, wer ich war und was ich getan hatte. Was mir widerfahren war. Das hatte Dr. Philipps mir oft genug gesagt. *Versteif dich nicht darauf, dass du etwas falsch gemacht hast.* Das war allerdings leichter gesagt als getan. Genauso, wie es sich leicht angehört hatte, wenn sie mir dazu geraten hatte, mich den Menschen zu öffnen, die mir wichtig waren: Mallory und – eine Zeit lang – auch Logan. Es ging nicht darum, der ganzen Welt mitzuteilen, was mir passiert war. Nur den Menschen, die mir etwas bedeuteten. Aber völlig egal, wie leicht und auch logisch dieser Rat klingen mochte, ich hatte es nicht über mich gebracht. Jetzt fragte ich mich, ob mir vielleicht nur die richtigen Menschen gefehlt hatten. Ich hatte Logan nie so vertraut wie Cole, und Mallory war in erster Linie meine Agentin, da spielte es keine Rolle, dass ich sie auch als Teil meiner Familie ansah.

Doch jetzt, nachdem Cole alles wusste, kam mir zum ersten Mal der Gedanke, dass die letzten Jahre so viel besser hätten sein können, wenn ich mich nicht so vor den Menschen verschlossen hätte. Wie wäre ich heute, wenn ich mich früher jemandem anvertraut hätte? Wäre ich jemand anders? Weder Holly noch Tessa? Wäre ich glücklicher, freier?

Denn Cole hatte so anders reagiert, als ich angenommen hätte, hätte ich mich getraut, vorher groß darüber nachzudenken. Im Nachhinein betrachtet, hätte ich mit Fassungslosigkeit gerechnet, vielleicht auch Ablehnung. Obwohl ich es von Anfang an besser hätte wissen müssen. So war Cole nicht. Trotzdem waren Trost und Verständnis das Letzte, was ich von ihm erwartet hätte.

Wir hatten während der letzten beiden Tage viel geredet, und ich merkte, wie gut es mir tat, alles rauszulassen. Nur zu reden. Über alles und nichts, ohne mir Gedanken darüber zu machen, was ich sagte. Ohne immer auf der Hut sein zu müssen, damit ich mich nicht versehentlich verplapperte. Mich bloß darauf besinnen, wer ich war.

Ich.

Nicht Tessa Thorn. Nicht das Mädchen, in dessen Rolle ich die letzten Jahre geschlüpft war. Auch nicht Holly, die die Hölle durchlebt und daran zerbrochen war. Einfach nur ich. Ich konnte mich nicht daran erinnern, wann ich mich das letzte Mal so sehr wie ich selbst gefühlt hatte. So leicht.

Plötzlich fiel mir das Atmen schwer, meine Kehle fühlte sich an wie zugeschnürt, und mein Herz drängte mit aller Macht in Coles Richtung.

»Ich liebe dich.« Meine Stimme klang so leise, dass ich mich selbst kaum hörte. Die Worte verließen meinen Mund zögerlich, als müsste ich sie erst testen, schmecken, ob sie sich richtig anfühlten. Und das taten sie.

Ruckartig hob Cole den Kopf. Mit weit aufgerissenen Augen sah er mich ungläubig an. Ungläubig, aber mit einem nicht zu übersehenden Staunen in seinem Blick. »Was?«, flüsterte er.

Ein Lächeln breitete sich auf meinem Gesicht aus, ich konnte nichts dagegen tun. Wollte ich auch gar nicht. »Ich liebe dich«, wiederholte ich sanft, krabbelte zu ihm, nahm ihm das Buch ab und griff nach seinen Händen, nachdem ich es auf dem Couchtisch abgelegt hatte.

Coles Mund klappte auf und wieder zu. »Tessa, ich –«, setzte er hilflos an, doch ich brachte ihn mit einem Kuss zum Schweigen.

Er erwiderte ihn, ohne zu zögern, löste seine Hände aus meinen, um eine an meine Wange zu legen und mich mit der anderen enger an sich heranzuziehen. Ich presste mich an ihn, schlang die Beine um seine Hüften – wie so oft in den letzten Tagen – und spürte, wie sehr er mich wollte.

Schwer atmend löste ich mich von ihm und strich ihm die wirren Haare aus der Stirn.

»Sag nichts«, wisperte ich, während mir das Herz bis zum Hals schlug. »Du musst nichts sagen, okay? Ich will dich zu nichts drängen, ich will keinen Druck machen. Ich wollte es dir nur sagen, weil es genau das ist, was ich gerade empfinde.«

Cole schluckte schwer und nickte dann. Wieder hob er eine Hand an meine Wange, ließ seinen Blick über mein Gesicht schweifen, über jeden Millimeter meiner Haut. Als wollte er sich genau dieses Bild einprägen. Wie ich mit zerzausten Haaren auf seinem Schoß saß und ihm sagte, dass ich ihn liebte.

Ein zaghaftes Klopfen riss mich aus meinem Dämmerschlaf. Dann flog die Tür auf und schlug mit einem Knall gegen die Wand dahinter.

»Das ist auch meine Wohnung«, sagte Julian und betrat mit einem säuerlichen Gesichtsausdruck die Wohnung. »Ich muss nicht anklopfen.«

»Ich wollte sie ja auch nur kurz vorwarnen!«, gab Ella, die Julian folgte, verschnupft zurück. Nach den beiden kamen auch Cassidy und Jamie in die Wohnung. Alle vier blieben abrupt stehen, als sie Cole und mich auf dem Sofa entdeckten. Ich saß zwischen Coles Beinen, er hatte die Arme um mich gelegt und las immer noch sein Buch, das halb auf meinem Bauch lag.

»Warum? Hast du etwa gedacht, die beiden würden es mitten im Wohnzimmer treiben?« Julian zog die Augenbrauen hoch, während Ella knallrot anlief und Cassidy ihr Lachen gar nicht erst zu unterdrücken versuchte. Jamie dagegen grinste nur frech in unsere Richtung.

»Haben wir schon«, erwiderte Cole ungerührt.

Ich schnappte nach Luft, mein Gesicht brannte. Dieser Mistkerl. Aber als ich Julians entgeistertem Blick begegnete, musste ich lachen. Er machte ein würgendes Geräusch und beäugte dann misstrauisch das Sofa.

»Kann man sich da noch hinsetzen?«, fragte er und deutete auf das Polster direkt neben der Armlehne.

Ich neigte den Kopf. »Mhm, ich glaube schon. Lass mich kurz nachdenken.«

»Gott, Julian, stell dich nicht so an! Die beiden verarschen dich sowieso nur«, rief Cassidy und ließ sich auf den freien Platz fallen, bevor Julian es über sich brachte, eine Entscheidung zu treffen.

Argwöhnisch beäugte Julian uns, murmelte irgendwas in seinen Bart und hockte sich dann auf Coles Schreibtischstuhl, während Ella und Jamie vor dem Couchtisch auf dem Boden Platz nahmen.

»Seid ihr aus einem bestimmten Grund hier?«, fragte Cole und zog mich enger an sich heran, als ich von ihm wegrücken und mich richtig hinsetzen wollte, weil es mir auf einmal seltsam vorkam, dass unsere Freunde uns so zusammen sahen. Warum eigentlich? Cole schien damit nämlich keinerlei Probleme zu haben, und die anderen störte es offenbar auch nicht.

Dann begriff ich, dass ich mich einfach deshalb so seltsam fühlte, weil es ungewohnt für mich war, jemandem so nahe zu sein, wenn andere Leute dabei waren. Aber das hier waren meine Freunde. Meine Freunde und Cole. Und bei keinem von ihnen musste ich mir wegen irgendwas Sorgen machen, musste nicht darauf achten, wie ich Cole ansah, wann und wie ich ihn berührte. Nicht so, wie es damals bei Logan gewesen war. Jetzt war alles anders. Also ließ ich mich wieder gegen Coles Brust sinken und entspannte mich.

Ich blieb still, während die anderen anfingen, über die Uni zu plaudern, über anstehende Projektarbeiten, Kommilitonen und Dozenten. Ella unterhielt uns alle mit kleinen Geschichten über die Gäste im Café ihrer Schwester, und Cassidy bekam deshalb so einen Lachkrampf, dass sie sich schließlich nach Luft schnappend auf den Boden fallen ließ und sich den Bauch hielt. Tränen liefen ihr übers Gesicht, und wir beobachteten sie amüsiert.

Und während ich von einem zum anderen sah, in die Gesichter der Menschen, die mir in den letzten Wochen so viel wichtiger geworden waren, als ich je für möglich gehalten hätte, stellte ich fest, dass ich zum ersten Mal in meinem Leben vollkommen glücklich war.

»Ich könnte eure Hilfe gebrauchen«, mischte ich mich ein, nachdem Cassidy sich allmählich wieder beruhigt und ihr Lachen sich in einen leisen Schluckauf verwandelt hatte.

Coles Arme verkrampften sich um meinen Oberkörper, ich konnte seine Anspannung spüren. Aber er hatte keine Ahnung, was ich vorhatte. Schließlich hatte ich das bis gerade eben selbst nicht gewusst.

»Wobei?« Ella musterte mich aus ihren großen, grünen Augen besorgt.

Ich lächelte. »Ich brauche eine eigene Wohnung. Vielleicht könntet ihr mir bei der Suche helfen?«

Für einen Augenblick war es totenstill, dann stieß Cassidy ein schrilles Quietschen aus. »Du bleibst also wirklich hier!«

»Sieht ganz so aus«, erwiderte ich, während eine wohlige Wärme sich in mir ausbreitete. Es spielte keine Rolle, was vor acht Jahren passiert war. Nicht mehr. Ich gehörte hierher. Nach Faerfax. Zu meinen Freunden. Und zu Cole.

»Ist unsere Wohnung etwa nicht mehr gut genug für dich?«, zog Julian mich auf, seine Augen blitzten mich fröhlich an.

»Ich dachte, du würdest vielleicht auch gerne mal wieder nach Hause kommen.«

»Also, ich hätte kein Problem damit, dich gegen Julian einzutauschen«, murmelte Cole leise an meinem Ohr und erntete dafür einen vernichtenden Blick von seinem Freund.

In seinen Armen drehte ich mich halb zu ihm um und hauchte ihm einen Kuss auf die Wange. »Wenn ich eine eigene Wohnung habe, darfst du mich vielleicht besuchen kommen.«

Coles Protest ging im Lachen der anderen unter.

»Ihr seht glücklich aus«, sagte Jamie irgendwann unvermittelt und schenkte uns ein warmes Lächeln. In seinen Augen lag etwas, das mich für eine Sekunde stutzen ließ. Wenn ich es nicht besser gewusst hätte, hätte ich es für Wehmut gehalten.

Doch jede Idee, was hinter seinem Blick stecken könnte, wurde im Keim erstickt, als ich an meinem Rücken spürte, wie Cole tief Luft holte. Ich hörte das Lächeln in seiner Stimme. »Sind wir auch.«

»Wo willst du hin?«, fragte ich neugierig, während ich mich von Cole über den Campus schleifen ließ.

Er lächelte verschmitzt. »Du hast mir einen Ort gezeigt, der für dich wichtig war, deswegen möchte ich mich heute revanchieren.«

»Auf dem Campus?«

»Hinter dem Campus«, berichtigte Cole und führte mich an den Sportplätzen vorbei.

Als ich die Bäume sah, wusste ich sofort, wohin er wollte. »Du zeigst mir den Wald?«

Sein Lächeln wurde breiter. »Ein bisschen frische Luft schadet uns beiden nicht. Wir haben zu viel Zeit in der Bude verbracht.« Ein anzügliches Funkeln trat in seine Augen. Dann wurde er wieder ernst. »Ich war als Kind oft hier, wenn ich meine Ruhe brauchte. Eigentlich bin ich immer noch oft hier, wenn ich nachdenken muss. Sonst kommt fast niemand her, ich glaube, die anderen Studenten sehen den Wald als zu selbstverständlich an. Er ist da, aber nicht wert, dass man in ihm spazieren geht. Die einzigen Leute, denen man ab und an begegnet, sind Hundebesitzer. Jedenfalls dachte ich, wenn du hin und wieder einen Ort brauchst, an den du dich zurückziehen kannst, wäre dieser vielleicht der richtige für dich.«

Ich blieb stehen, auf einmal wieder den Tränen nahe. Wie so oft in den letzten Tagen. »Du schenkst mir deinen Rückzugsort?«

»Na ja, genau genommen gehört mir der Wald nicht, also kann ich ihn dir auch nicht schenken. Aber ich möchte ihn mit dir teilen.«

Ich schaffte es nicht, meine Gefühle in Worte zu fassen, blieb stattdessen stehen, zog Cole an mich und küsste ihn. Er erwiderte meinen Kuss mit einer Heftigkeit, die mir ein Keuchen entlockte. Cole vergrub die Hände in meinen Haaren, seine Zunge strich lockend über meine Unterlippe. Ich öffnete den Mund, ließ mich in seine Umarmung sinken und wünschte, uns würden nicht diverse Schichten Kleidung trennen.

Als wir uns schließlich voneinander lösten, atmeten wir beide schwer.

Cole grinste mich frech an, verwob unsere Finger dann wieder miteinander und zog mich tiefer in den Wald hinein.

Eine seltsame Stille umgab uns, eine Stille, die ich so nicht kannte. Es war so ruhig. So ruhig, dass es beinahe etwas Magisches an sich hatte.

Die Bäume hatten fast all ihre Blätter verloren, die einzigen Geräusche, die zu hören waren, waren unsere Schritte auf dem raschelnden Laub und das gelegentliche, sanfte Rauschen des Windes.

Es war der perfekte Rückzugsort, um nachzudenken und zur Ruhe zu kommen.

»Mir fällt es gar nicht schwer, zu glauben, dass es dir hier so gefällt.« Lächelnd blickte ich zu ihm auf.

»Bin ich so durchschaubar?«, fragte Cole belustigt.

»Nein. Aber ich habe die letzten Tage in deiner Wohnung verbracht. Und da stehen wirklich sehr viele Bücher, in denen es um Natur und Reisen geht. Du bist gerne draußen«, stellte ich fest.

»Stimmt. Im Sommer bin ich meistens mit Julian in den Bergen unterwegs. Nur während des Semesters komme ich nicht so oft raus, wie ich es gern würde.«

Ich legte den Kopf schief. Genug vorgetastet, es wurde Zeit, dass ich ihn endlich danach fragte. Seit ich das erste Mal mit ihm in seiner Wohnung gewesen war, beschäftigte mich diese Frage. »Wenn du so gerne draußen bist und so viel über die Natur liest … Warum schreibst du dann nicht darüber? Schließt du das Thema nur aus, weil es schwieriger ist, da Erfolg zu haben? Obwohl es dich so sehr interessiert?«

Cole wand sich, und ich war kurz davor, zurückzurudern, als er antwortete. »Ich glaube, ich habe einfach Angst, dass ich es nicht kann. Zwischendurch habe ich gedacht, dass ich nicht mehr schreiben möchte, dass mir die Leidenschaft dafür fehlt. Aber jetzt weiß ich, dass das gar nicht das Problem ist. Ich kann schreiben, ich liebe es, zu schreiben. Mir hat bisher nur das richtige Thema gefehlt. Etwas, worauf ich mich spezialisieren kann.« Er machte eine Handbewegung, die den Wald und jedes Tier, das hier lebte, einschloss, und seufzte. »Ich hab total Schiss. Deswegen habe ich mich da nie herangewagt. Der Erfolg ist mir egal. Na ja, vielleicht nicht ganz egal. Aber er ist nicht wichtig.«

Aufmunternd drückte ich seine Hand. »Du musst aber keine Angst haben. Ich weiß, dass du gut bist. Und dass du das hinbekommst, wenn du dich erst mal darauf einlässt.«

Er schenkte mir ein kleines Lächeln. »Woher? Du hast doch noch nie etwas von mir gelesen.«

»Ich weiß es trotzdem«, gab ich vollkommen überzeugt zurück. »Und ich finde, du solltest echt darüber nachdenken, ob es das Richtige für dich wäre. Versuch es einfach, sonst wirst du es nie herausfinden.«

»Danke«, sagte er leise.

Ich drückte ihm einen schnellen Kuss auf die Wange, und wir liefen schweigend weiter durch den Wald. Ich wusste nicht, wie lange wir über den weichen Boden stapften, Cole hing seinen Gedanken nach und ich meinen. Irgendwann durchbrach ich die Stille zwischen uns.

»Ich habe die letzten Tage ziemlich lange über etwas nachgedacht«, begann ich, unsicher, wie ich anfangen sollte.

Coles Hand verkrampfte sich um meine. »Muss ich mir Sorgen machen?«

Ich schüttelte den Kopf und atmete tief durch. »Nein, es ging nicht um dich oder um uns. Es ging um mich. Meinen Namen.«

»Okay«, erwiderte Cole gedehnt und hob fragend die Augenbrauen.

»Ich habe darüber nachgedacht, wer ich bin. Weißt du, was ich meine?« Ich warf Cole einen unsicheren Blick zu, doch er nickte und drückte aufmunternd meine Hand. »Es war nicht schwer, festzustellen, dass ich nicht mehr Holly bin. Holly habe ich vor langer Zeit hinter mir gelassen. Und Tessa Thorn habe ich immer als eine Rolle gesehen, so als wäre ich nicht wirklich sie. Und eine Zeit lang war das auch so. Tessa war nur eine Rolle. Aber ich glaube, auf eine Art bin ich doch zu ihr geworden. Ich bin nicht die Schauspielerin, nicht nur, sondern das Mädchen, das ich geworden bin, seit ich nach Faerfax zurückgekehrt bin. Ich bin als Tessa Thorn hierhergekommen, und ich weiß nicht … Ich bin Tessa. Irgendwie. Das ist keine Rolle mehr. Ich verstecke mich nicht mehr hinter ihr. Das will ich auch nicht. Nicht hier und nirgendwo sonst. Das heißt nicht, dass ich möchte, dass alle die Wahrheit erfahren. Nur, dass ich mich nicht mehr so verstellen möchte, wie ich es die letzten Jahre getan habe. Aber ich weiß nicht …« Ich rang nach Worten. »Ich weiß nicht, wie ich es anfangen soll.«

Dieses Mal war Cole derjenige, der stehen blieb. Er zog mich an sich, aber nur so weit, dass er mir noch tief in die Augen blicken konnte. »Das bekommen wir hin, okay? Wir werden uns was überlegen. Wir schaffen das. Zusammen. Und mir ist völlig gleich, wie du heißt. Für mich bist du du. Ob du Tessa oder Holly oder einen anderen Namen trägst, ist mir egal. Du bist einfach nur du.«

Ich nickte. Er hatte recht. Ich war ich. Niemand sonst. Und das bedeutete, ich hatte in Faerfax nicht nur Freunde und Cole gefunden. Sondern auch mich selbst.

Zwei Tage später beschloss ich, dass ich mich lange genug in Coles und Julians Wohnung verschanzt hatte. Ich musste zurück zum Hotel, mein Zeug holen, und dann würde ich nach einer Wohnung für mich suchen.

Ich wollte nichts Großes, nur eine Wohnung für mich ganz allein. Ein Zuhause. Vollkommen leer und mit weißen Wänden, damit ich alles genau so einrichten konnte, wie ich es mir wünschte. Wenn ich irgendwann herausgefunden haben würde, welcher Stil zu mir passte.

Ich hatte Cole heute noch nicht gesehen, weil er sich endlich mal wieder in seinen Kursen blicken lassen wollte, nachdem wir uns die letzten Tage von der Außenwelt abgeschottet hatten. Ich hatte noch geschlafen, als er gegangen war.

Deshalb war ich allein, als ich vormittags die Wohnung verließ und mich auf den Weg zum Hotel machte. Ich hatte mir

Coles Mütze tief in die Stirn gezogen, trug einen seiner Hoodies und dazu nur eine Yogahose. Das perfekte Outfit, um an der Uni nicht aufzufallen. Ich fühlte mich sicher, vor allem, weil wohl niemand damit rechnen würde, mir ausgerechnet hier zu begegnen, nachdem die Dreharbeiten unterbrochen worden waren.

Aber ich irrte mich. Ich war nicht sicher. Kein bisschen.

Studenten liefen lachend über den Hof, einige standen in kleinen Grüppchen zusammen und unterhielten sich. Auf ein paar Bänken saßen Leute und lasen. Alles wirkte so friedlich, und ich musste unwillkürlich lächeln.

Doch dann veränderte sich die Atmosphäre. So wie an dem ersten Tag meiner Rückkehr nach Faerfax, und ich wusste, dass man mich erkannt hatte. Instinktiv straffte ich mich, drückte den Rücken durch, reckte das Kinn und wollte gerade mein strahlendes Tessa-Thorn-Lächeln aufsetzen, da sagte irgendwo vor mir jemand meinen Namen. Was nicht weiter überraschend gewesen wäre. Wenn derjenige halt Tessa Thorn gesagt hätte – und nicht Holly Whitcomb.

Mein Herz begann zu rasen. Mir war mit einem Mal so übel, dass ich reflexartig würgte.

Ich wusste nicht, wer meinen Namen gerufen hatte, aber jeder hatte diese Person gehört. Zumindest fühlte es sich so an.

Ich spürte, wie Köpfe sich in meine Richtung wandten und wie eine Gänsehaut über meinen Körper kroch, als für einen winzigen Augenblick alles um mich herum verstummte. Es war, als wären alle Laute verschluckt worden, jedes noch so kleine Geräusch.

Mir war gar nicht bewusst gewesen, dass ich stehen geblieben war. Auf einmal war mir eiskalt, jeder Muskel war zum Zerreißen gespannt. Ich taumelte.

Und dann lief ich einfach los.

Ich vergaß jede Regel, die ich mir in den letzten Jahren selbst auferlegt hatte – immer ruhig bleiben, nicht mehr Aufmerksamkeit erregen als nötig, freundlich sein – und rannte so schnell ich konnte. Kopflos hastete ich über den Campus, die Straße hinunter und Richtung Hotel. Mehrmals stolperte ich, drohte zu stürzen und fing mich in der letzten Sekunde wieder. Mein Herz hämmerte so schmerzhaft in meiner Brust, dass ich kaum Luft bekam. Ich konnte nicht atmen, nicht denken, bemerkte zuerst gar nicht die Panik, die längst von mir Besitz ergriffen hatte. Ich wusste nur, dass ich wegmusste.

Jemand hatte meinen Namen gesagt. Den Namen, mit dem ich geboren worden war.

Das war nicht möglich. Das konnte nicht sein.

Das *durfte* nicht sein.

Den Haupteingang des Hotels ließ ich direkt links liegen und rannte stattdessen blindlings zum Hintereingang. Zwei Fotografen standen auf der Straße und unterhielten sich. Sie waren so in ihr Gespräch vertieft, dass sie mich zunächst nicht erkannten. Sie sahen zwar auf, begriffen aber zu spät, dass das Mädchen mit dem panischen Gesichtsausdruck und den fliegenden Haaren genau diejenige war, auf die sie warteten. Nach Luft schnappend stürmte ich an ihnen vorbei, knallte mit der Schulter gegen die Tür, die nicht schnell genug aufschwang, und eilte die Treppe nach oben, ohne irgendwen auch nur eines Blickes zu würdigen.

Mit zitternden Fingern fischte ich nach der Schlüsselkarte in der Tasche des Hoodies und stieß dabei gegen mein Handy. Ich zog es heraus, nachdem die Tür hinter mir ins Schloss gefallen war, und wischte über das Display.

37 Anrufe von Susan, 23 von Mallory, insgesamt 17 von Ella, Jamie und Cassidy. Sogar Julian hatte mehrmals versucht mich anzurufen.

Um mich herum begann sich alles zu drehen. Ich hatte vor zwei Tagen den Ton ausgeschaltet, weil ich meine Ruhe haben wollte. Hätte ich das nicht getan, hätte ich früher etwas mitbekommen. Stattdessen hatte ich gar nichts mitgekriegt, hatte nicht einmal etwas geahnt.

Mein Magen rebellierte, als ich die Nummer meiner Tante wählte. Sie ging sofort beim ersten Klingeln dran.

»Tessa?« Die Angst in ihrer Stimme trieb mir Tränen in die Augen.

»Suzie? Ich …« Ich brach ab, schluchzte auf und hörte, wie Susan gequält aufseufzte.

»Sie wissen es.«

»Ich weiß«, wisperte ich erstickt.

»Es tut mir so leid!«

»Woher … Wie …« Wieder verstummte ich, aber meine Tante wusste auch so, wonach ich eigentlich fragen wollte.

»Keine Ahnung. Heute Morgen ist auf *Starz* ein Artikel über dich erschienen.« Sie zögerte kurz. »Und das, was damals geschehen ist.«

Starz. Ein Blog, der in den letzten Jahren mit schmutzigem Klatsch und Tratsch berühmt geworden war. Ein Blog, dem Millionen folgten. Und der jetzt meine Geschichte aufgedeckt hatte. Ich musste nicht einmal fragen, um zu wissen, dass es kein schmeichelhafter Artikel war. *Starz* hielt sich nicht mit der Wahrheit auf. Nicht mit der ganzen Wahrheit. Sie benutzten ein Fünkchen davon, um die Leute anzulocken, und schrieben dann ihre eigenen Vermutungen drum herum. Was sie damit den Menschen antaten, über die sie berichteten, interessierte sie nicht.

Meine Beine gaben nach, und ich landete unsanft auf dem Boden.

Mir war schwindelig und kotzübel.

»Tessa? Sag doch was!« Angst schwang in Susans Frage mit. Ich schaffte es nicht, zu antworten, die Worte blieben mir im Hals stecken. Mein Geheimnis – mein altes Leben, das ich so lange vor aller Welt verborgen hatte, weil ich genau gewusst hatte, dass es mich zerbrechen würde, wenn jemals die Wahrheit herauskäme – war keins mehr.

»Tessa, hast du jemandem davon erzählt?«, fragte Susan, als ich noch immer nichts erwiderte. Sie sagte noch irgendwas, aber ihre Worte kamen nicht bei mir an. Ich hörte nur ein Rauschen und dahinter ein unerträgliches Piepen, das wie Nadeln in meinen Kopf stach. Das Handy fiel mir aus der Hand.

Und die Welt stand still.

Nur für einen Moment.

Dann drehte sie sich viel zu schnell weiter.

Cole.

Ihm hatte ich alles erzählt. Und er … Nein. Nein, das konnte nicht sein. Das hatte er nicht getan. Nicht Cole.

Er konnte mich nicht derartig hintergangen haben. Nicht nachdem … Ich hatte ihm gesagt, dass ich ihn liebte.

So ein guter Schauspieler war er nicht. Er konnte mir nicht alles vorgemacht haben. Ich hatte ihm in die Augen geschaut und gesehen, was er für mich empfand.

Es war unmöglich, dass er so etwas gemacht hatte. Oder? War es wirklich unmöglich? Kannte ich Cole gut genug, um mir dessen vollkommen sicher zu sein?

Nein. Tat ich nicht. Ich kannte nur Teile von ihm, Bruchstücke, die für mich den Cole ergeben hatten, den ich sehen wollte. In den ich mich verliebt hatte.

Ein Schluchzen entrang sich meiner Kehle. Ich hörte gedämpft, wie Susan meinen Namen rief, hilflos, weil sie nicht bei mir, sondern in L.A. war, und übers Telefon mit anhörte, wie ich zusammenbrach.

Die Welt kippte, und ich fiel in einen Abgrund.

Ich hatte niemandem sonst von meiner Vergangenheit erzählt. Außer ihm hatte niemand die Wahrheit gekannt.

Und er hatte sie verkauft. Er hatte *mich* verkauft. Meine Geschichte.

Ich schaffte es nicht mehr ins Bad, bevor ich mich übergab. Würgend und schluchzend kniete ich auf dem Boden, während mein Herz zerbrach.

Und ich mit ihm.

29. KAPITEL

Cole

Ich liebe dich.

Auch jetzt noch hallten Tessas Worte in meinen Ohren wider, hörte ich diese Faszination in ihrer Stimme, während sie es ausgesprochen hatte. Ich konnte das Funkeln in ihren dunklen Augen genau vor mir sehen, und das Lächeln, das sich zögerlich auf ihrem schönen Gesicht ausgebreitet hatte.

Mein Herz überschlug sich vor Glück, als ich an heute Morgen zurückdachte. An den Moment, als ich neben Tessa aufgewacht war, ihren warmen Körper an meinem spürte und begriffen hatte, dass ich sie auch liebte. Dass ich genau das hier wollte. Sie in meinem Bett, jeden Morgen.

Dieses Gefühl hatte mich so unvorbereitet, so unerwartet getroffen, dass ich eine Weile einfach nur reglos dagesessen und versucht hatte, meine Gedanken und Gefühle zu ordnen, während ich Tessa stumm betrachtet hatte. Ihre dunklen Locken, die ausgebreitet auf dem Kopfkissen gelegen hatten, die fein geschwungenen Augenbrauen und das leichte Lächeln auf ihren Lippen, als würde sie etwas Schönes träumen.

Ich liebte sie.

Dieses Mädchen, das so viel durchgemacht hatte, das sich vor aller Welt versteckt und dabei vergessen hatte, sie selbst zu sein. Das Mädchen, das niemandem vertraut hatte und sich schließlich dafür entschieden hatte, ausgerechnet mir zu vertrauen. Mir. Obwohl ich doch der Letzte war, dem sie sich hätte anvertrauen sollen.

Vorsichtig hatte ich eine Hand nach ihr ausgestreckt, ihr Gesicht berührt, und sie hatte sich mit einem leisen Geräusch an mich geschmiegt, war jedoch nicht aufgewacht.

Ich liebte sie.

Ich wusste nicht, wann es passiert war, und ob das überhaupt eine Rolle spielte. Aber ich tat es, und ich hatte plötzlich den Drang verspürt, es ihr zu sagen. Es ihr endlich und immer wieder zu sagen. Aber sie hatte so friedlich ausgesehen, dass ich es nicht übers Herz gebracht hatte, sie zu wecken. Außerdem hatten wir doch noch alle Zeit der Welt, oder? Es gab nichts, was uns hetzte.

»Cole!« Aprils scharfe Stimme riss mich aus meinen Gedanken, und ich schreckte hoch, genau in dem Moment, in dem sie zusammen mit Richard direkt vor meinem Schreibtisch stehen blieb. Mit einem Schlag war es in der Redaktion totenstill, alle Gespräche verstummten, man konnte nicht einmal mehr jemanden atmen hören.

Ein mulmiges Gefühl breitete sich in mir aus, eine dunkle Ahnung, dass hier etwas ganz und gar nicht stimmte. Richard hatte sich noch nie dazu herabgelassen, unsere Redaktion zu besuchen. Dass er jetzt hier aufkreuzte, war definitiv kein gutes Zeichen.

»Alles okay?«, fragte ich gedehnt.

»Ob alles *okay* ist?«, blaffte Richard und sah mich so durchdringend an, dass ich instinktiv die Arme vor der Brust verschränkte. April sah auch nicht besonders glücklich aus, kochte aber immerhin nicht so vor Wut wie mein Onkel.

Ich zog die Augenbrauen hoch. Obwohl ich keine Ahnung hatte, was eigentlich los war, hatte ich das Gefühl, als müsste ich mich verteidigen. »Was ist denn los?«

April reichte mir wortlos ihr Handy, und als mein Blick auf die Überschrift fiel, die mir in einem grellen Orange entgegenleuchtete, drehte sich mir der Magen um.

BREAKING NEWS! Tessa Thorn tötet Freund ihrer Mutter! Fassungslos starrte ich auf das Display. Der Beitrag war sechs Stunden alt. Heute Morgen um neun Uhr war er veröffentlicht worden. Kurz nachdem ich mich auf den Weg zu meinem ersten Kurs gemacht hatte.

Panik stieg in mir auf.

Tessas Geheimnis war keins mehr. Die ganze Welt wusste jetzt Bescheid. Jemand hatte herausgefunden, wer sie war, und ihre Geschichte verkauft.

Wie war das möglich? Die Worte verschwammen vor meinen Augen, während ich den Text überflog. Selten hatte ich etwas so Abartiges und Widerwärtiges gelesen. Im Kern war es die Wahrheit, aber der Text war so verdreht geschrieben worden, dass nichts davon auch nur ansatzweise so dargestellt wurde, wie Tessa es mir erzählt hatte. Oder was ich in den Berichten gelesen hatte, die ich ihm Internet gefunden hatte.

Wer auch immer das geschrieben hatte, hatte sich nur auf den Fakt konzentriert, dass der Freund ihrer Mutter durch Tessas Schlag gestorben war. Alles andere spielte keine Rolle. Dann blieb mein Blick an einem Bild hängen, das Tessa vor dem Haus zeigte, in dem sie aufgewachsen war. Sie sah völlig fertig aus. Ihr gegenüber stand jemand mit dem Rücken zur Kamera und hielt ihre Hand. Ich.

Jemand war uns an diesem Tag gefolgt. Und wir hatten nichts davon gemerkt.

So eine Scheiße!

Reflexartig tastete ich nach meinem Handy in der Hosentasche, um Tessa anzurufen, und hielt fluchend inne, als ich mich daran erinnerte, dass ich es am Morgen in der Wohnung liegen gelassen hatte. Ausgerechnet heute.

»Warst du das?« Richards Frage kam nur gedämpft bei mir an, als wäre ich unter Wasser. Ich konnte mich nicht bewegen.

»Cole! Hast *du* das geschrieben?«

Mit einem Ruck fuhr ich hoch. Mein Stuhl knallte scheppernd zu Boden, Aprils Handy landete auf dem Tisch, und meine Schwester zuckte zusammen.

»Was?« Entsetzt starrte ich ihn an, doch das Gesicht meines Onkels war nur noch eine wütende Fratze. In meinem Kopf begann sich alles zu drehen. Ich verstand nicht, was hier vor sich ging. Ich spürte die Blicke der anderen, fragend, neugierig und ein bisschen schadenfroh.

April trat einen Schritt nach vorne, stand jetzt direkt vor meinem Tisch. Sie stemmte die Hände in die Seiten, und in diesem Moment war sie nicht mehr meine Schwester, sondern meine Chefredakteurin. »Du warst immerhin derjenige, der mit ihr zusammengearbeitet hat. Du warst der Einzige, der überhaupt so nah an sie herangekommen ist. Du hast mir gesagt, du hast so ein Gefühl, als würde mit ihr etwas nicht stimmen. Und den Bildern nach zu urteilen, die in letzter Zeit von Tessa im Netz aufgetaucht sind, scheint sie sich mit Ella angefreundet zu haben. Hat sie Ella etwas gesagt und die hat dir dann erzählt, was damals passiert ist? Hast du deswegen den Artikel hingeschmissen, weil du mehr wolltest? Mehr als die *Faerfax News* und mehr als die *Faerfax Times*?«

Ich erstarrte, blinzelte April ungläubig an, während mir das Blut in den Ohren rauschte. »Habt ihr völlig den Verstand verloren?!«, schrie ich, meine Stimme überschlug sich vor Zorn. Am ganzen Körper bebend ballte ich meine Hände zu Fäusten. Hitze loderte in mir auf, fraß sich durch mich hindurch, bis ich vor Wut in Flammen stand.

»Warst du das, Cole?«, fragte Richard erneut. Ungerührt von meinem Ausbruch stand er da, die Hände in die Taschen seines grauen Wollmantels geschoben, eine Augenbraue leicht hochgezogen. Doch da war etwas in seinen Augen, etwas Berechnendes. Und ohne ihn fragen zu müssen, wusste ich, dass er zwar wütend wäre, wenn ich den Artikel an dieses beschissene Klatschblatt verkauft hätte, anstatt seiner Zeitung die Möglichkeit zu geben, ihn zu veröffentlichen, ich dafür aber die Anerkennung bekommen würde, um die ich all die letzten Jahre so armselig verzweifelt gekämpft hatte. Weil ich dann den Mut gehabt hätte, ihn zu hintergehen. Das mochte paradox erscheinen, doch so war Richard. Einfach ein Arschloch.

»Nein!« Ich spuckte ihm das Wort vor die Füße. »Ich hätte Tessas Geschichte nie verkauft.«

Richard schnalzte mit der Zunge, dann fragte er: »Hast du gewusst, was sie getan hat?«

»Ja«, fuhr ich ihn an, obwohl es ihn eigentlich nichts anging. Aber spielte das jetzt noch eine Rolle? Spielte *irgendwas* jetzt noch eine Rolle? »Ich wusste, was *passiert* ist.«

Ein fassungsloser Aufschrei ging durch die Redaktion. Meine Schwester sah so entsetzt aus, dass mich ein schmerzhafter Stich durchfuhr. Es tat weh, dass sie annahm, ich könnte so etwas tun. Jemanden derartig verletzen.

Alle starrten mich an. Aber es war mir egal. Ich musste hier raus. Ich musste zu Tessa.

»Du bist ein Versager, Cole.« Vernichtend sah Richard mich an, doch seine Verachtung prallte an mir ab.

Ich griff nach meiner Tasche und schob mich an ihm vorbei. »Fick dich.«

Dann rannte ich los.

Noch nie war mir der Weg von der Redaktion zu meiner Wohnung so unendlich lang vorgekommen. Mehrmals rempelte ich Kommilitonen an, die mir Beleidigungen hinterherschrien, als ich an ihnen vorbeihastete. Ein paar sprangen fluchend zur Seite.

Ich achtete auf keinen von ihnen. Alles, woran ich denken konnte, war Tessa. Meine Gedanken rasten, hämmernde Schmerzen pochten gegen meine Stirn.

Hatte sie den Artikel gelesen? Wusste sie vielleicht noch gar nichts davon? Ich machte mir jedoch keine großen Hoffnungen, dass diese Möglichkeit überhaupt bestand. Wie ging es ihr? Und ... Ich blieb mitten im Flur reglos stehen, als mir zum ersten Mal der Gedanke kam, dass sie das Gleiche denken könnte wie April und Richard. Dass ich diesen Text geschrieben hatte.

Mir war plötzlich so schlecht, dass ich mich an der Wand abstützen musste. Keuchend atmete ich ein und aus.

Nein. Das würde sie nicht. Das durfte sie nicht.

Aber wenn ich ehrlich zu mir selbst war, konnte es gar nicht anders sein. Trotzdem klammerte ich mich an einen letzten Funken Hoffnung. Der Hoffnung, dass sie mir vertraute und dass sie wusste, ich würde ihr so etwas nie antun können.

Mit wackeligen Beinen lief ich weiter, und als ich schließlich bei meiner Wohnung ankam, zitterten meine Hände so sehr, dass ich mehrere Anläufe brauchte, bis ich endlich den Schlüssel ins Schloss der Tür stecken konnte.

Stille empfing mich, als ich die Wohnung betrat.

Ich registrierte Tessas Stricksachen, die noch immer auf dem Couchtisch lagen, als ich hastig zuerst zum Bad und dann zu meinem Schlafzimmer ging und die Türen aufriss. Leer.

Tessa war weg.

Reglos blieb ich mitten im Raum stehen, starrte auf mein Bett. Das Bett, in dem sie vor ein paar Stunden noch neben mir gelegen hatte. In dem Moment, als mir klar geworden war, dass ich sie liebte.

Ich hätte es ihr sagen sollen, hätte sie wecken und es ihr einfach sagen sollen.

Hatte ich aber nicht.

Ich wusste nicht, wie lange ich dastand und ins Leere schaute, bis mir wieder einfiel, dass sie heute ihre restlichen Sachen aus dem Hotel hatte holen wollen. Vielleicht war sie noch da.

Hoffentlich war sie noch da.

Ich schnappte mir mein Handy vom Couchtisch, und einen Moment später fiel die Wohnungstür mit einem lauten Knall hinter mir ins Schloss. Im Gehen wischte ich über das Display. Unzählige Anrufe meiner Freunde, aber kein einziger von Tessa.

Ich versuchte trotzdem, sie zu erreichen, landete aber sofort in der Mailbox. Ein schmerzhafter Stich durchfuhr mich, obwohl ich nicht überrascht war.

Dann rief ich Ella an.

»Ist sie bei dir?«, fragte ich ohne Begrüßung, als Ella nach dem dritten Klingeln endlich das Gespräch entgegennahm. Ich bebte vor Ungeduld.

»Nein, ich hab keine Ahnung, wo sie ist. Sie geht nicht ans Telefon. Scheiße, Cole! Was hat das alles zu bedeuten?« Ellas Stimme brach.

»Erklär ich dir später. Glaubst du, sie ist noch im Hotel?« Ich wusste selbst nicht, warum ich sie das fragte, sie konnte es genauso wenig wissen wie ich.

»Gut möglich. Hier ist die Hölle los.«

Ich schnappte nach Luft, Erleichterung durchflutete mich, aber ich konnte sie nicht zulassen. Noch nicht. Nicht, solange ich nicht tatsächlich wusste, dass Tessa noch in Faerfax war. »Bist du etwa da?«

»Zusammen mit Jamie.«

»Okay, bis gleich.« Ich legte ohne ein weiteres Wort auf und hetzte los.

Wieder kam mir der Weg unnatürlich lang vor, obwohl es eigentlich nur ein paar Minuten dauern konnte, bis ich schließlich in die Straße einbog, in der das Hotel war. Entgeistert starrte ich auf die Masse an Menschen, die sich davor versammelt hatte. Jeder Einzelne hatte eine Kamera oder ein Handy in der Hand.

»Cole!« Ich sah mich suchend um und entdeckte Ella und Jamie ein paar Meter rechts von mir, die eilig auf mich zukamen. Ella war noch blasser als sonst, als sie mich kurz umarmte. Tiefe Sorge war in ihrem Gesicht zu erkennen. Jamie legte mir eine Hand auf die Schulter, er hatte die Lippen zu einem schmalen Strich zusammengepresst.

Einen Augenblick lang blickten wir drei stumm zum Hotel. Ich hatte mich noch nie so hilflos gefühlt wie in diesem Moment.

Schließlich brach Jamie das Schweigen. »Das ist widerlich«, stieß er grimmig hervor. »Wer macht so was?«

Sprach er von dem Artikel oder von den Fotografen, die wie Geier auf der Straße lauerten, als warteten sie auf ihre Beute? Was auch immer er meinte, beides war schlichtweg abartig.

»Keine Ahnung.« Ella schüttelte sich und verzog das Gesicht. Plötzlich begannen ihre Augen verdächtig zu schimmern. »Warum hat sie uns nichts davon erzählt?«, fragte sie mit bebender Stimme.

Ich verkrampfte mich. »Weil sie Angst davor hatte, dass genau das passiert.«

»Also wusstest du Bescheid?« Jamie legte Ella einen Arm um die Schultern und zog sie an sich.

»Sie hat's mir vor ein paar Tagen gesagt.«

»Aber wir sind doch ihre Freunde!« Ella wischte sich die Tränen vom Gesicht. Aber es rollten immer wieder neue hinterher.

»Es geht auch nicht darum, dass sie euch nicht vertraut. Sie hatte einfach Angst.«

»Das verstehe ich ja! Aber –«

»El, ich meine das nicht böse, aber können wir später darüber sprechen? Wir müssen jetzt zu Tessa«, unterbrach ich sie. Panik schwang in meiner Stimme mit. Mir war kotzübel, und alles, woran ich denken konnte, war, dass ich sie unbedingt sehen wollte. Mich vergewissern musste, dass es ihr gut ging. Gott, hoffentlich ging es ihr gut!

»Ich glaube nicht, dass die heute irgendjemanden ins Hotel lassen«, warf Ella vorsichtig ein, während ich mich in Bewegung setzte und rücksichtslos durch die Menge schob. Die Arschlöcher hier hatten jeden Rempler verdient.

»Ist mir scheißegal!« Sie würden mich reinlassen. Ich hatte keine Ahnung, wie ich das anstellen sollte, aber sie würden mich reinlassen. Ich musste zu ihr.

»Cole, warte! Wir brauchen es gar nicht erst versuchen.« Der mitfühlende Klang in Jamies Stimme ließ mich innehalten. Langsam drehte ich mich zu ihm um. Jamie hielt mir sein Handy unter die Nase, und mein Herz setzte einen Schlag aus. Auf einem etwas verschwommenen Bild erkannte ich Tessa. Sie trug noch immer meinen Pulli. »Sie ist zurück in L.A.«

Mir blieb die Luft weg. Ich rang nach Atem, während mir ein stechender Schmerz durch die Brust fuhr. Sie war weg. Sie war weg, und ich bezweifelte, dass sie je wieder zurückkommen würde. Oder mir sonst irgendeine Gelegenheit geben würde, ihr zu versichern, dass ich das nicht getan hatte.

Ein Schrei stieg in mir auf, Wut und Verzweiflung mischten sich in meinem Inneren zu einem Wirbelsturm, der alles mit sich reißen würde, wenn er hervorbrach.

»Hey, bist du nicht der Typ vom Foto?« Jemand packte mich unsanft am Arm und riss mich herum.

Ein junger Mann stand mir gegenüber, vielleicht ein paar Jahre älter als ich, und musterte mich mit gerunzelter Stirn. In seiner anderen Hand hielt er eine Kamera.

»Scheiße, du bist es wirklich!«, rief er und riss seine Kamera hoch. Ich reagierte zu langsam, hörte das leise Klicken des Auslösers unnatürlich laut.

»In welcher Beziehung stehst du zu Tessa Thorn? Wer bist du? Warum ist sie vor dem Haus zusammengebrochen? Was …« Der Rest seiner Fragen ging in dem Rauschen unter, das durch meine Ohren dröhnte. Kameras richteten sich auf mich, jetzt begriffen auch die anderen, wer hier war. Ich taumelte, als mehr und mehr Fotografen in meine Richtung drängten, sich gegenseitig schubsten, um mir so nah wie möglich zu kommen.

Übelkeit stieg in mir auf, es war zu laut und zu voll. Die einzigen Stimmen, die ich erkannte, waren die von Ella und Jamie. Doch sie waren viel zu weit weg. Hektisch drehte ich mich um, entdeckte schließlich Ellas leuchtend rote Haare, die von mir wegtrieben. Sie rissen uns auseinander.

Ich wirbelte herum, versuchte, wegzukommen, und prallte gegen eine undurchdringliche Wand aus Journalisten und Fotografen. Ich war gefangen und verstand plötzlich mehr denn je, warum Tessa ihr Geheimnis so sehr geschützt hatte.

Das hier war das reinste Haifischbecken. Voll von Haien, die ihr neues Opfer umzingelt hatten. Ich musste hier weg. Sonst würde nichts von mir übrig bleiben.

Tessa

Hinter meiner Stirn pochte es schmerzhaft. Ich griff nach dem Wasserglas, das vor mir auf dem Tisch stand, führte es an den Mund und stellte es dann mit einem angewiderten Seufzen wieder zurück. Mein Magen rebellierte schon allein bei dem Gedanken, etwas zu trinken. Oder zu essen. Oder überhaupt irgendwas zu tun.

Mein Leben war die Hölle. Meine ganz persönliche Hölle, und ich hatte absolut keine Kontrolle über sie.

Susan und Mallory saßen im Esszimmer und berieten gerade wahrscheinlich darüber, wie mit dem Drama zu verfahren war. Sie taten seit meiner Rückkehr nichts anderes.

Mallory hatte meine Vergangenheit besser aufgenommen, als ich erwartet hatte. Sie war zwar immer blasser geworden, während Susan ihr alles erzählt hatte, doch sie war weder ausgeflippt noch hatte sie rumgeschrien. Als Susan verstummt war, hatte Mallory sich langsam erhoben, sich ein großes Glas Scotch eingeschenkt und mit einem Zug heruntergekippt.

Ich hatte sie seltsam distanziert beobachtet. Als wäre es gar nicht um mich gegangen, als hätte Susan nicht meine Geschichte, sondern die von jemand anderem erzählt.

Erst als Mallory sich zu mir umgedreht und mich mit glühenden Augen angeschaut hatte, war ich aus meiner Erstarrung erwacht.

»Okay, wir brauchen einen Plan«, hatte sie gesagt, tief durchgeatmet und die Hände in die Seiten gestützt.

»Du bist nicht sauer?« Ich hatte mich fast nicht getraut, die Frage zu stellen, so viel Angst hatte ich vor ihrer Antwort gehabt.

»Oh doch, ich bin stinksauer! Ich versuche nur, es nicht persönlich zu nehmen, weil ich verstehen kann, dass du mir nicht erzählt hast, wer du wirklich bist. Je weniger Leute davon wussten, desto größer war deine Chance, dass die Wahrheit niemals ans Licht kommen würde. Trotzdem wünschte ich, ich hätte schon vorher alles gewusst, weil ich dann vorbereitet gewesen wäre. Ich hätte jetzt besser reagieren können. Nichtsdestotrotz brauchen wir einen Plan. Und zwar einen verdammt guten. Wir werden dieses Chaos wieder in Ordnung bringen, und danach fangen wir noch mal von vorne an, einverstanden?«

Ihr Blick war weich geworden. Ich hatte nur ein stummes Nicken zustande gebracht. Doch das schien Mallory gereicht zu haben, denn anschließend hatte sie sich hinters Telefon geklemmt und meine Anwälte angerufen.

Seitdem schmiedete sie zusammen mit Susan Pläne. Ich war ihnen dabei bisher allerdings keine große Hilfe. Vor zwei Tagen hatte ich mich aufs Sofa verkrochen und war bisher nicht wieder aufgestanden. Stattdessen starrte ich stumm an die Decke. Ich konnte nicht klar denken, und ich fühlte mich entsetzlich leer.

Seit meiner Flucht von Faerfax nach L.A. gaben Susan und Mallory sich alle Mühe, irgendwie an mich heranzukommen, aber ich hatte kaum ein Wort gesprochen. Eigentlich weinte ich die meiste Zeit.

Ich hatte verdrängt, wie genau ich vor drei Tagen in die Stadt der Engel gekommen war, wie viele Paparazzi vor dem Hotel gelauert hatten, als ich mich in einem dunklen Wagen davon entfernt hatte, nachdem mich das Sicherheitspersonal des Hotels rausgeschmuggelt hatte. Jemand hatte mich am Flughafen in L.A. abgeholt und zu meiner Villa gebracht, wahrscheinlich Simon, aber sicher war ich mir da nicht. Allerdings war ich mir ziemlich sicher, dass es Mallory zu verdanken war, dass ich ohne größere Zusammenstöße mit der Presse von Faerfax hierhergelangt war. Ich wusste zwar nicht, wie sie es angestellt und wen sie dafür bestochen hatte, aber sie war dafür verantwortlich, und das würde ich ihr nie vergessen.

Vielleicht hätte sie verhindern können, dass mein Leben in seine Einzelteile zerfiel, wenn sie die Wahrheit über mich gewusst hätte. Vielleicht wäre alles anders gekommen, wenn ich ihr vertraut hätte.

Ich dachte lange darüber nach. Zu lange. Es war passiert, und Fragen nach dem *Was wäre wenn* würden nichts wieder rückgängig machen. Aber sie lenkten mich ab. Davon, dass mit nur einem Klick mein ganzes Leben aus den Fugen geraten war. Alles, was ich mir aufgebaut hatte, der Mensch, der ich gewesen war – das alles war jetzt weg. Und ich wusste nicht, was von mir noch übrig geblieben war.

Für den Bruchteil einer Sekunde dachte ich an Cole, aber der Schmerz, der mich dabei durchfuhr, ließ mich jeden Gedanken an ihn in den hintersten Winkel meines Kopfes verdrängen. Es tat zu weh.

Als es klingelte, zuckte ich erschrocken zusammen. Trotzdem rührte ich mich nicht vom Fleck. Ich hörte, wie Susan zur Tür ging und einen Moment später zusammen mit Dr. Philipps das Wohnzimmer betrat.

Dr. Philipps sah aus wie immer. Ihre aschblonden Haare waren zu einem seitlichen Zopf geflochten, sie trug ein hellblaues Maxikleid und lächelte mich sanft, aber besorgt an. So hatte sie mich noch nie angeschaut. Ich musste grauenhaft aussehen. Sie setzte sich zu mir, und Susan zog leise die Tür hinter sich zu, als sie zu Mallory zurück ins Esszimmer ging.

»Wir haben uns lange nicht gesehen. Wie fühlst du dich, Tessa?«

Ich öffnete den Mund, um zu antworten, aber mir blieb die Stimme weg. Tränen schossen mir in die Augen. Wortlos reichte Dr. Philipps mir ein Taschentuch.

30. KAPITEL

Cole

Das wirst du bereuen!

Keuchend fuhr ich aus dem Schlaf, Kirstens Worte immer noch im Ohr. Innerhalb von Sekunden war ich hellwach.

Fuck! Sie war das gewesen. Wie hatte mir das entgehen können?

Ich fiel eher aus dem Bett, als dass ich aufstand, knallte mit dem Knie gegen die Ecke des Fußteils, als ich versuchte, mich abzufangen, ignorierte jedoch den Schmerz, der durch mein Bein schoss.

Dieses elendige Miststück!

Ich warf einen kurzen Blick auf mein Handy. Halb zwölf. Ich hatte den halben Vormittag verschlafen. Gut für mich, denn so wusste ich genau, wo ich sie jetzt finden würde.

Ich zog mir Jogginghose und Hoodie an, schlüpfte in meine Schuhe und rannte los. Die Wohnungstür fiel mit einem Knall hinter mir ins Schloss.

Eine Woche war seit Tessas Abreise vergangen. Eine Woche, in der ich mich in meiner Wohnung verschanzt hatte, weil unzählige Paparazzi auf dem Campus auftauchten und nach mir Ausschau hielten, bis der Direktor nach vier Tagen das Sicherheitspersonal der Uni aufgestockt hatte, um die Aasgeier fernzuhalten.

Eine Woche, in der ich drauf und dran war, den Verstand zu

verlieren. Gut, ich tat auch nichts dagegen. Stattdessen quälte ich mich selbst, indem ich permanent am Handy hing und nach neuen Bildern und Berichten über Tessa suchte.

Ich konnte sie nicht erreichen. Sie reagierte weder auf Anrufe noch auf Nachrichten oder E-Mails. Ich wusste nicht, wo sie in L.A. wohnte und wie ich sie finden sollte. Sie war weg, und es fühlte sich an, als würde mir plötzlich ein Teil meines Körpers fehlen.

Bisher hatte es keine Stellungnahme gegeben, keinen Kommentar, weder von Tessa selbst noch von ihrer Agentin und ihrem Management. Seit dem Bild, das man von Tessa am Flughafen geknipst hatte, war sie wie vom Erdboden verschluckt.

Ich schrieb sogar Eileen an, die junge Frau, von der ich an meinem ersten Tag am Set den Laptop bekommen hatte. Er war nie zurückgefordert worden, obwohl ich ihn nur für die Zeit der Dreharbeiten bekommen hatte. Doch Eileen war nicht bereit, mir zu helfen, stattdessen drohte sie mir mit einer Klage, sollte sich herausstellen, dass ich diesen Artikel verfasst hatte.

Ich löschte zuerst ihre Mail und warf dann den Laptop gegen die Wand. Das Geräusch, mit dem das Teil zersprang, war außerordentlich befriedigend. Wenn auch nur für einen kurzen Moment.

Immerhin wurde *Starz*, diese elendige Klatschseite, in den sozialen Medien von Tessas Fans auseinandergenommen. Nachdem ihr richtiger Name bekannt geworden war, fand jeder die Artikel, die vor acht Jahren geschrieben worden waren. Die wurden Tessas Geschichte zwar nicht gerecht, waren aber immer noch besser als die Scheiße, die *Starz* verzapfte.

Eine Woche lang hatte ich kein Wort von Tessa gehört. Eine Woche lang hatte ich mich in meiner Wohnung eingeschlossen und mich versteckt.

Dass ich mich nur deshalb hinauswagte, um Kirsten zur Rede zu stellen, war sehr bezeichnend.

Ich verließ das Wohnheim durch den Hintereingang und hetzte mit hochgezogenen Schultern über den Campus zum *Hemingway*. Ich betete, dass mich niemand erkannte. Doch entweder hatten die Paparazzi ihr Interesse an mir inzwischen wieder verloren oder der Direktor hatte mehr in die Campussicherheit investiert, als ich gedacht hätte. Niemand hielt mich auf, und ob mich jetzt jemand fotografierte, war mir scheißegal.

Die Redaktionssitzung hatte schon angefangen, als ich in den Raum platzte.

»Cole!«, stieß April überrascht hervor und sprang von ihrem Stuhl auf.

Ich würdigte meine Schwester keines Blickes, obwohl sie mich seit einer Woche mit Anrufen und Nachrichten bombardierte. Ich hatte jeden einzelnen ihrer Versuche, mich zu kontaktieren, abgeschmettert. Es würde dauern, bis ich April verzeihen konnte, dass sie mir unterstellt hatte, diese Scheiße geschrieben zu haben. Wenn ich überhaupt jemals dazu in der Lage sein würde.

Ich zitterte vor Wut, als ich mich vor Kirsten aufbaute. »Warst du das?«

Sie zog eine Augenbraue hoch und musterte mich herablassend. »War ich was?«

Meine Hände ballten sich zu Fäusten. Ich würde sie niemals schlagen, auch wenn sie es vielleicht verdient hatte und das Bedürfnis in mir, auf irgendwas einzuprügeln, riesengroß war. Stattdessen stützte ich mich auf Kirstens Tisch ab und kam ihr näher. Sie wollte mir ausweichen, doch weil sie saß und ich stand, hatte sie nicht besonders viele Möglichkeiten. Gut für mich, Pech für sie.

»Hast du diesen Artikel über Tessa geschrieben?«, knurrte ich.

Fassungslos riss sie die Augen auf. »Was? Das ist nicht dein Ernst.«

»Du weißt genau, wovon ich rede. Du hast gesagt, ich würde es bereuen.« Mir war bewusst, dass alle Blicke auf uns gerichtet waren, genauso wie ich wusste, dass wir dieses Gespräch besser unter vier Augen geführt hätten. Aber ich war zu wütend, um über die Konsequenzen nachzudenken, die es nach sich ziehen würde, dass ich mit Kirsten vor einem Dutzend angehender Journalisten über das alles sprach.

Mit einem unerträglichen Quietschen schob Kirsten ihren Stuhl zurück und erhob sich. Sie war immer noch kleiner als ich, musste jetzt aber nicht mehr ganz so sehr zu mir aufschauen. Aus zusammengekniffenen Augen musterte sie mich.

»Und deswegen glaubst du, dass ich diesen Artikel geschrieben habe?«

»Hast du?«, presste ich hervor und richtete mich auf.

Beschwichtigend hob Kirsten die Arme, doch da lag etwas in ihren Augen, das mich erstarren ließ. Meine Gedanken jagten zurück zu Halloween. Zu Tessa, den Drogen, die ihr jemand in den Drink gemischt hatte. Zu dem, was Kirsten in dem Moment gesagt hatte, als ich die beiden gefunden hatte. Dass sie Tessa gefragt hatte, ob sie mit zu ihr kommen wollte, um … Ja, um was zu tun? Ich hatte sie unterbrochen und verfluchte mich jetzt im Stillen dafür.

»Glaubst du ernsthaft, ich würde so eine Scheiße schreiben? Selbst du müsstest zugeben, dass ich das besser kann.«

»Dir traue ich alles zu, nachdem du Tessa Halloween mit Drogen vollgepumpt hast.« Es war nur eine Vermutung, ich hatte absolut keine Beweise, aber die Art und Weise, wie Kirsten zusammenzuckte, war für mich Beweis genug.

»Cole!« Aprils Hand schloss sich fest um meine Schulter. »Lass das!«

Unwillig schüttelte ich sie ab, ignorierte das resignierte Seufzen, das sie ausstieß. »Sag es«, forderte ich Kirsten auf. »Hast du es getan, ja oder nein?«

Sie hob trotzig das Kinn. »Ich hab gar nichts gemacht, und du hast keinerlei Beweise.«

Das nahm mir für den Bruchteil einer Sekunde den Wind aus den Segeln. Dann schnaubte ich verächtlich. »Du warst es tatsächlich, oder? War dir dieses Scheißporträt echt so wichtig? Kommst du wirklich so wenig damit klar, zu verlieren, dass du so etwas tust?«

Kirsten trat einen Schritt auf mich zu und schürzte ihre rot geschminkten Lippen. »Cole, der Einzige, der hier verloren hat, bist du. Du hast den Respekt deiner Familie verloren, du hast deine Integrität verloren und offensichtlich hast du sogar das Mädchen verloren, das du gevögelt hast. Du bist hier der Verlierer. Nicht ich.«

Jedes ihrer Worte traf mich wie ein Schlag, ein stechender Schmerz jagte durch meinen Körper. Ich schnappte nach Luft, zwang mich, nicht die Fassung zu verlieren.

Jeder Muskel meines Körpers spannte sich an, Worte krochen in mir hoch, hässliche Worte. Sie lagen mir auf der Zunge, doch bevor ich Kirsten diesen Hass entgegenschleudern konnte, schob meine Schwester sich zwischen uns.

»Kirsten!« Aprils scharfe Stimme schallte durch den Raum. »Ihr haltet jetzt beide die Klappe, sonst werfe ich euch raus!« Mit funkelnden Augen wandte sie sich an mich, doch obwohl sie vor Wut bebte, lag auch Sorge in ihrem Blick. »Cole, du gehst jetzt nach Hause und kommst erst wieder, wenn es dir besser geht.« Sie drehte den Kopf in Kirstens Richtung. »Sollte sich herausstellen, dass du was mit diesem Artikel bei *Starz* zu tun hast, oder damit, was Tessa auf der Halloweenparty zugestoßen ist, hast du ganz andere Probleme als einen Rausschmiss aus der Unizeitung, klar?«

»Ich habe nichts getan!«, brauste Kirsten auf.

»Habe ich auch nicht behauptet. Ihr zwei solltet dringend erwachsen werden.« Sie warf uns beiden einen bösen Blick zu. »Und jetzt alle raus hier! Und wehe einer von euch verliert auch nur ein Wort über diesen Vorfall!«

Ich wartete nicht ab, wie die anderen auf Aprils Befehl reagierten, sondern wirbelte herum und stürmte aus der Redaktion. Was für ein beschissener Reinfall! Ich war keinen Schritt weitergekommen. Kirsten hatte recht, ich hatte keine Beweise dafür, dass sie getan hatte, was ich ihr unterstellte. Es war nur ein Gefühl. Das Gefühl, dass es einfach *passte*.

Ein frustrierter Schrei entwich mir, meine Faust donnerte mit voller Wucht gegen die Wand. Ich hieß den Schmerz willkommen, spürte, wie die Haut an meinen Knöcheln aufplatzte und warmes Blut über meinen Handrücken lief.

Studenten wichen vor mir zurück, als ich mich wieder in Bewegung setzte.

Mein Kopf war ein Chaos, mein Herz war ein Chaos, *ich* war ein einziges Chaos.

Ich erinnerte mich später nicht mehr genau daran, wie ich zurück in meine Wohnung gelangt war, doch ich hatte es noch nicht einmal wieder in mein Bett geschafft, als es an der Tür klopfte.

»Cole, ich weiß, dass du da bist, ich hab dich gesehen. Mach die verdammte Tür auf!« Die Stimme meiner Schwester war mehr als deutlich zu verstehen. Ich stöhnte auf. War ja klar, dass sie mir hinterherlief. Ich hätte wissen müssen, dass sie sich nicht ewig ignorieren lassen würde. Schon gar nicht, wenn ich mich traute, in der Redaktion aufzukreuzen.

»Was willst du?«, fragte ich dumpf, als ich die Tür öffnete.

»Ich mache mir Sorgen um dich, du Idiot!« Sie fauchte mich an, aber ihr Blick war so besorgt, dass ich beinahe ein schlechtes Gewissen bekam. Aber nur beinahe.

»Hast du dir auch Sorgen gemacht, als du mir unterstellt hast, ich hätte den Scheiß über Tessa geschrieben?«

»Ich gebe zu, das war nicht fair von mir«, räumte April ein und schob sich an mir vorbei in die Wohnung. »Ich hätte wissen müssen, dass du so was nie tun würdest. Ich hätte auch schnallen müssen, dass du den Artikel abgegeben hast, weil du dich in Tessa verliebt hast.«

Ich zuckte zusammen und schwieg.

»Warum hast du mit mir nicht darüber geredet?«

Seufzend schloss ich die Tür und verschränkte die Arme vor der Brust. »Du weißt, warum.«

Sie nickte, ein trauriger Ausdruck huschte über ihr Gesicht. »Du hast recht. Aber vielleicht willst du jetzt darüber reden?«

Ich schüttelte den Kopf, zögerte aber. Wenn ich sie jetzt wegschickte, würde sie gehen und in nächster Zeit wahrscheinlich nicht zurückkommen. Ich war mir noch immer nicht sicher, ob ich bereit war, April zu verzeihen, aber sie war meine Schwester.

»Nein, ich will nicht reden. Aber vielleicht kannst du trotzdem bleiben?«

Ein erleichtertes Lächeln huschte über Aprils Gesicht. »Natürlich.« Sie streckte beide Arme nach mir aus, und ich ließ zu, dass sie mich in eine feste Umarmung zog.

»Lasst mich doch endlich in Ruhe!«, schrie ich und warf mein Handy gegen die Wohnzimmerwand. Mit einem dumpfen Geräusch landete es auf dem Boden.

»Cole?« Jules Stimme drang besorgt aus seinem Zimmer, einen Moment später stand er neben mir. »Alles okay?«

»Nichts ist okay«, stieß ich hervor. Kalte Wut durchströmte mich. Ich war kurz davor zu platzen.

Julian hob mein Handy auf und legte es auf den Couchtisch. Das Display war gesplittert, aber das war mir egal. Hauptsache mich konnte niemand mehr erreichen.

»Das war's. Ich besorge dir eine neue Nummer. Und eine neue Mailadresse solltest du dir auch zulegen.«

»Was du nicht sagst«, gab ich zurück, obwohl ich wusste, dass Julian nicht nur meine Wut nicht verdient hatte, sondern dass er auch recht hatte. Auf unerklärliche Weise waren die Paparazzi an meine Handynummer und meine Mailadresse gekommen. Nicht nur an meine Uni-Mailadresse, sondern auch an meine private.

Seitdem wurde ich mit E-Mails, Nachrichten und Anrufen bombardiert. Ob ich nicht über Tessa sprechen wollte, darüber, was zwischen uns gelaufen war. Ob ich von ihrer Geschichte gewusst hatte, was ich davon hielt.

Ein paar von ihnen hatten mir Geld geboten. Es war widerlich.

Sie hatten ihr Interesse an mir nicht verloren. Wäre auch zu schön gewesen. Sie durften nur den Campus nicht betreten, dafür hatte der Direktor gesorgt. Ein paar von ihnen waren erwischt worden, als sie versucht hatten, sich in unser Wohnheim einzuschleichen. Die Polizei hatte sie abgeführt, und seitdem ließen sie sich auf dem Campus nicht mehr blicken. Das hielt sie jedoch nicht davon ab, mir auf jede andere Weise nachzustellen.

Inzwischen machte ich mein Mailpostfach gar nicht mehr auf. Doch mein Handy konnte ich nicht permanent ausgeschaltet lassen. Irgendwie musste ich ja mit der Außenwelt beziehungsweise meinen Freunden kommunizieren.

»Bin gleich wieder da.« Julian warf sich seine Jacke über und verließ die Wohnung. Er würde mir jetzt also ein neues Handy mit einer neuen Nummer besorgen, die außer meinen Freunden niemand bekommen würde. Tief in mir drin war ich ihm dankbar. Der weit größere Teil von mir fühlte sich allerdings bloß scheiße. Und leer. Vor allem leer.

Julian war nicht lange weg, und als er zurückkehrte, hatte er Jamie im Schlepptau.

»Los, komm mit. Du musst mal an die frische Luft«, bestimmte Jamie, während Julian ein nagelneues Smartphone auf den Couchtisch legte.

»Ich kann nicht rausgehen, falls ihr es vergessen haben solltet«, ätzte ich, obwohl meine Freunde wirklich nichts dafürkonnten, dass ich so mies drauf war. Sie versuchten lediglich, mir zu helfen. Ich war mir nur nicht sicher, ob ich mir helfen lassen wollte.

»Halt die Klappe und zieh dich an.« Julian packte mich unsanft am Arm und zog mich vom Sofa hoch. »Wir verlassen den Campus ja nicht, wir gehen in den Wald. Da wird ja wahrscheinlich keiner auf uns warten.«

Ich wollte protestieren, mich weigern. Ich war seit einer gefühlten Ewigkeit nicht mehr im Wald gewesen. Das letzte Mal mit Tessa.

»Denk nicht mal dran!«, drohte Julian, noch bevor ich überhaupt den Mund aufgemacht hatte. »Du kommst mit.« Sein Ton duldete keinen Widerspruch, und obwohl ich eh seit Tagen gereizt war ohne Ende, hatte ich jetzt keinen Nerv darauf, mich mit ihm zu streiten.

Also schlüpfte ich in Jacke und Schuhe, zog mir zur Sicherheit eine Mütze tief ins Gesicht und folgte den beiden nach draußen. Wir verließen das Wohnheim durch den Hintereingang. Niemand schenkte uns Beachtung, die meisten waren noch bei ihren Vorlesungen, und wer nichts mehr für die Uni zu tun hatte, hatte Besseres zu tun, als sich bei dieser Eiseskälte draußen herumzutreiben.

Doch ich merkte mit jedem Schritt, den wir uns Richtung Wald bewegten, wie das Gewicht auf meinen Schultern ein kleines bisschen leichter wurde. Wie das erdrückende Gefühl, das mir die unzähligen Anrufe und Nachrichten bescherte, langsam verschwand. Sie sollten mich doch bloß in Ruhe lassen. Mehr wollte ich nicht. Es war mir egal, was sie über mich schrieben. Hauptsache sie ließen mich in Ruhe.

Kalte Luft strömte durch meine Lungen, Nebel hing zwischen den Bäumen, die Sicht war nicht besonders gut. Trotzdem lief ich unbeirrt weiter. Immer weiter und weiter. Weiter und weiter. Nicht nachdenken. Einfach nur laufen.

Hinter mir hörte ich Julian und Jamie leise reden. Ich blendete ihre Stimmen aus, so gut es ging.

Doch obwohl ich mich hier draußen etwas besser fühlte als in der Wohnung, gelang es mir auch hier nicht, zur Ruhe zu kommen. Meine Gedanken waren ein einziges Durcheinander, das sich nicht entwirren ließ, und auch wenn ich versuchte, nicht an Tessa zu denken, führte am Ende jeder Gedanke wieder zu ihr.

Erst gestern war ich kurz davor gewesen, nach L.A. zu fliegen und sie zu suchen. So verzweifelt war ich. Sie musste erfahren, dass ich diesen Artikel nicht geschrieben hatte. Und ich musste wissen, wie es ihr ging. Es brachte mich fast um, dass ich keine Ahnung hatte, ob mit ihr alles in Ordnung war. Aber wie sollte es das? Ich hatte erlebt, wie sie vor ihrem früheren

Zuhause zusammengebrochen war. Und irgendein Wichser hatte diesen Moment ausgenutzt. Nur meine Freunde hatten mich davon abgehalten, nach L.A. zu fliegen. Sie hatten mit Engelszungen auf mich eingeredet, und letztendlich hatte auch ich eingesehen, wie aussichtslos es war, Tessa in dieser Millionenstadt finden zu wollen. Meine Laune hatte sich dadurch allerdings kein Stück gebessert. Was für eine Überraschung.

»Cole«, rief Jamie hinter mir, doch ich blieb nicht stehen, sondern stapfte weiter. Der Boden unter meinen Füßen war weich, das Laub inzwischen eine dunkelbraune Masse.

»Ich will nicht reden«, erwiderte ich gerade so laut, dass sie mich hören konnten. Wir hatten genug geredet. Ich hatte ihnen schon kurz nach ihrem Verschwinden Tessas Geschichte erzählt – die richtige Version davon. Weil ich es wollte, und weil ich mir sicher war, es wäre auch in Tessas Sinn, dass sie die Wahrheit kannten. Nicht diesen Scheiß, der im Internet kursierte. Danach hatte ich beinahe jedes Gespräch abgeblockt. Darüber zu reden, würde mir jetzt nicht helfen. Es tat nur weh.

Aber so leicht ließen Julian und Jamie sich nicht abschütteln, sie schlossen zu mir auf.

»Sie wird zurückkommen«, sagte Julian bestimmt.

Ich presste die Zähne so fest aufeinander, dass es wehtat. »Wird sie nicht.«

»Sie liebt dich. Natürlich kommt sie zurück.« Jamie warf mir einen eindringlichen Blick zu, als könnte er mich so von seinen Worten überzeugen. Konnte er nicht.

Ich hatte sie verloren. Und ich wusste nicht, wie ich sie zurückbekommen sollte.

31. KAPITEL

Tessa

Während der nächsten Wochen verbrachte ich viel Zeit mit Dr. Philipps. Wir redeten über Faerfax, über meine Vergangenheit, darüber, wie ich mich damit fühlte, dass mein Geheimnis keins mehr war. Auch nach drei Wochen wusste ich immer noch nicht, wie ich damit umgehen sollte. Man wartete auf eine Reaktion von mir, darauf, dass ich mich erklärte. Doch allein der Gedanke, mich der Öffentlichkeit zu stellen, brachte mich einer Panikattacke viel zu nahe. Schließlich erlaubte ich Mallory eine Pressemitteilung herauszugeben, dass ich mich zu meiner Vergangenheit äußern würde, wenn ich so weit war. Wann auch immer das sein würde.

»Tessa? Erinnerst du dich noch an unsere Gespräche vor drei Jahren, in denen es darum ging, warum du deine Vergangenheit für dich behalten wolltest?« Mit übereinandergeschlagenen Beinen saß Dr. Philipps mir gegenüber und musterte mich ruhig. Hinter ihr schien die Sonne ins Wohnzimmer, so strahlend hell, dass sie mich zu verhöhnen schien. Zu meiner Stimmung hätten eher dunkle Wolken und Nieselregen gepasst.

Stirnrunzelnd erwiderte ich ihren Blick. »Ja«, antwortete ich gedehnt. Worauf wollte sie hinaus?

»Damals hattest du Angst, was man über dich sagen würde, stimmt's?«

Ich nickte zögerlich. »Ich hatte aber auch Angst davor, dass es dann nur noch darum geht, was passiert ist.«

»Okay. Hast du davor immer noch Angst? Vor beidem?«

»Es dreht sich doch alles nur noch darum«, gab ich schnaubend zurück und verschränkte die Arme vor der Brust. »Ich kann an nichts anderes denken. Was die Leute von mir halten, will ich gar nicht wissen. Ich weiß, es sollte mich nicht kümmern, aber das tut es, scheißegal, wie dämlich es ist!« Ich hatte einen schlechten Tag, war mies drauf und gereizt. Nicht die besten Voraussetzungen für meine heutige Therapiesitzung.

Dr. Philipps neigte bedächtig den Kopf und schürzte die Lippen. »Was müsste passieren, damit es dir besser geht?«

Genervt verdrehte ich die Augen. »Keine Ahnung. Am besten wäre es, wenn alle ganz schnell vergessen würden, was passiert ist.«

»Also meinst du, dass es dir besser ging, bevor dieser Artikel erschienen ist?«

Ich wollte Ja schreien, aber ich arbeitete lange genug mit Dr. Philipps zusammen, um zu wissen, dass ihre Frage nicht so leicht zu beantworten war, wie es auf den ersten Blick erscheinen mochte. Also dachte ich darüber nach.

Ging es mir vorher besser? Nicht in Hollywood. Definitiv nicht. In Faerfax dagegen schon. Aber wenn ich ehrlich zu mir selbst war, hatte ich mich die letzten Jahre bloß versteckt. Wirklich gut hatte ich mich erst gefühlt, nachdem ich Cole alles erzählt hatte. Danach hatte ich mich für ein paar Tage *frei* gefühlt. Weil ich zumindest vor ihm nichts mehr verbergen musste. Keinen Teil von mir.

Ein stechender Schmerz fuhr mir durchs Herz, als ich an Cole dachte. Ich vermisste ihn. So sehr. Ich vermisste sein Lachen, vermisste, wie er mich zum Lachen brachte, seine Berührungen und die Art, wie er mich ansah.

Aber ich vermisste nicht nur ihn. Auch meine Freunde fehlten mir. Ich traute mich gar nicht, darüber nachzudenken, was sie jetzt wohl von mir hielten. Und plötzlich wünschte ich mir nichts sehnlicher, als dass ich sie selbst eingeweiht hätte. Dass sie von mir erfahren hätten, wer ich war. Von mir, nicht aus dem Internet.

»Es geht nicht darum, dass mein Geheimnis rausgekommen ist, sondern um die Art und Weise, wie es passiert ist«, murmelte ich gedankenverloren, mehr zu mir selbst als zu Dr. Philipps. Ihre Augen blitzten auf. Hätte ich es nicht besser gewusst, hätte ich den Ausdruck in ihren Augen für Triumph gehalten.

»Verstehe ich das richtig, dass du selbst das Gefühl hattest, es wäre vielleicht an der Zeit, dich der Vergangenheit zu stellen?«

Missmutig verzog ich das Gesicht. »Ich habe mich meiner Vergangenheit gestellt«, erwiderte ich bestimmt. »Ich habe keine Schuldgefühle, und ich weiß, dass meine Mutter sich nicht so um mich gekümmert hat, wie ich es verdient hätte. Ihre Drogenabhängigkeit war nicht meine Schuld, auch wenn sie es behauptet hat, und Mikes … Tod war ein Unfall. Von mir aus auch Notwehr. Was denn noch?«

»Trotzdem hattest du immer Albträume.«

»Und?«

»Tessa, dein Unterbewusstsein möchte dir mit deinen Träumen etwas sagen.« Im Gegensatz zu mir war Dr. Philipps vollkommen gelassen. Gut, sie war schließlich auch meine Therapeutin.

Ich dagegen wurde immer unruhiger. »Und was will mir mein bescheuertes Unterbewusstsein mitteilen?« Ich benahm mich wie die abgehobene Zicke, die ich nie hatte sein wollen. Aber ich konnte gerade nicht anders. Ich hatte genug. Mir war gerade alles zu viel.

Dr. Philipps seufzte. »Deine Träume, dieses ständige Wiedererinnern und Wiedererleben meinen es ja nicht böse mit dir, Tessa. Im Grunde sind deine Träume ein Schutzmechanismus, der dich sensibler für potenzielle Gefahrensignale werden lässt. Damit du nicht erneut in eine ähnliche Lage gerätst. Der Nebeneffekt ist dadurch nur leider ein hohes Maß an Stress und auch an Angst.«

»Ach was, das ist mir ja noch gar nicht aufgefallen.« Ich verdrehte die Augen und schnaubte. Mit Stress und Angst kannte ich mich bestens aus.

Dr. Philipps schaute mich an, als wollte sie noch etwas dazu sagen, aber sie schien mir anzusehen, dass sie da bei mir gerade nicht weiterkommen würde und wechselte das Thema. »Warum hast du Cole die Wahrheit gesagt?«

Warum konnte sie nicht endlich aufhören, Fragen zu stellen? Ich wollte nicht mehr reden, ich verstand den Sinn und Zweck hinter ihrer Fragerei nicht. Ich wollte nur noch meine Ruhe. Aber ich wusste, dass sie mich nicht einfach so entlassen würde, nur weil ich mich wie ein bockiges Kleinkind aufführte.

»Weil es sich richtig angefühlt hat«, fuhr ich sie an, spürte aber den dicken Kloß im Hals und wie meine Augen zu brennen begannen. »Ich wollte mich nicht mehr verstecken.« Meine Stimme brach.

Dr. Philipps beugte sich vor, sie schenkte mir ein sanftes Lächeln. »Vielleicht war Cole ja nur der Anfang. Vielleicht bist du bereit, dein Versteck zu verlassen, Tessa.«

Ein leises, vorsichtiges Klopfen an meiner Schlafzimmertür holte mich ins Hier und Jetzt zurück. »Komm rein.«

Susan steckte den Kopf herein. »Brauchst du vielleicht Gesellschaft?«

Ich hob meine Decke an, und Susan schlüpfte mit einem zaghaften Lächeln zu mir ins Bett. Sie nahm mich in den Arm und hielt mich fest.

»Wie fühlst du dich?«, fragte sie nach einer Weile, während der ich schweigend in ihren Armen gelegen hatte, als wäre ich wieder zwölf und nicht zwanzig Jahre alt.

»Müde. Leer. Allein«, murmelte ich. Susan atmete scharf ein, und erst jetzt wurde mir bewusst, was ich da gerade gesagt hatte. »Tut mir leid. So hab ich das nicht gemeint. Ich weiß, dass ich nicht allein bin. Du bist für mich da, und ich bin so froh, dich zu haben, aber …«

»Du vermisst deine Freunde«, beendete Suzie meinen Satz.

»Ja.« Ich schluckte die Tränen hinunter, die schon wieder in meinen Augen brannten.

»Und vor allem vermisst du Cole.«

Allein seinen Namen zu hören, ließ mein Herz noch ein Stückchen mehr brechen. Ich hätte nicht gedacht, dass das überhaupt möglich war. Inzwischen hatte ich Susan alles über Cole und mich erzählt, was einerseits eine Erleichterung gewesen war, andererseits aber auch furchtbar wehgetan hatte.

»Ja«, flüsterte ich.

»Dann rede endlich mit ihm.«

Ich zuckte zusammen. »Ich kann nicht.«

»Warum?«

»Weil ich im ersten Moment dachte, er hätte den Artikel geschrieben. Ich habe ihm etwas unterstellt, was er niemals getan hätte.«

»Also denkst du das jetzt nicht mehr?« Susan strich mir übers Haar, ich konnte spüren, wie sie mich prüfend ansah.

»Nein«, sagte ich mit einem Seufzen und setzte mich auf.

Einen Augenblick lang musterte Susan mich schweigend. »Warum hast du es zuerst geglaubt?«

»Weil er der Einzige war, der es wusste. Abgesehen von dir und Dr. Philipps.« Mein Hals kratzte, es fiel mir schwer, es auszusprechen. »Ich dachte wirklich, er wäre es gewesen. Aber das war falsch. Ich kenne Cole. Er hätte mir so etwas nie angetan«, wiederholte ich, und beim zweiten Mal fühlte es sich noch ein bisschen wahrer an. In mir begann etwas zaghaft zu flattern.

Susans Blick wurde weich. »Nach allem, was du mir über ihn erzählt hast, glaube ich auch nicht, dass er dich verraten hat. Vielleicht hätte ich dir nicht immer eintrichtern sollen, dass du aufpassen musst, wem du vertraust. Also natürlich sollst du aufpassen, aber du hast richtig gehandelt, indem du dich Cole anvertraut hast. Ich bin froh, dass du nicht auf mich gehört hast.«

»Ich auch. Er hätte das echt nie getan. Weil Cole halt Cole ist.« Ich rang die Hände. »Er hat immer auf mich aufgepasst. Die ganze Zeit. Er hat am Set gesehen, dass es mir nicht gut ging und mich dann zu einem Abend mit seinen Freunden mitgenommen. Er hat mich immer zurück zum Hotel gebracht, wenn wir zusammen unterwegs waren. Er hat mich vor Logan gerettet, und er hat mich Halloween beschützt. Er hat mich aus dem Krankenhaus geholt, und als ich ihm die Wahrheit gesagt habe, war er so ... so ... Er war einfach Cole.« Ich wusste nicht, wie ich es besser ausdrücken sollte. »Er hat mich nie gedrängt. Er hat immer aufgehört zu fragen, wenn er gemerkt hat, dass ich mich damit nicht wohlfühle, und gleichzeitig hat er mich immer wieder herausgefordert«, sprudelte es aus mir heraus, und jetzt breitete sich ein Lächeln auf Susans Gesicht aus.

Schwer atmend verstummte ich, mein Herz klopfte so schnell, als wollte es aus meiner Brust springen und zurück nach Faerfax fliegen. Zurück zu Cole.

»Du liebst ihn wirklich«, stellte Susan fest, ein warmes Leuchten lag in ihrem Blick.

Meine Augen begannen zu brennen, ich atmete tief ein. »Ja.« Ja, ich liebte ihn. Und ich vermisste ihn. Vermisste ihn so sehr, dass es wehtat, auch nur eine Sekunde zu lange an ihn zu denken.

Susan griff nach meiner Hand und drückte sie fest. »Tessa, was machst du dann noch hier?«

»Ich … Was?« Ich blinzelte perplex.

»Du liebst ihn, und du vermisst ihn. Warum bist du dann noch hier, anstatt nach Faerfax zu fliegen und mit ihm zu reden?«

Mein Magen machte einen nervösen Satz. »Weil ich einfach abgehauen bin. Ich hätte erst mal mit ihm sprechen müssen, das hätte er verdient. Ich hätte mich niemals derartig von meinen Gefühlen überwältigen lassen dürfen und etwas annehmen, von dem ich doch hätte wissen müssen, dass es nicht sein kann. Und jetzt kann ich doch nicht mal eben zu ihm gehen und … Was soll ich ihm denn sagen?«

»Das, was du denkst und was du fühlst, Süße. Er wird verstehen, dass du überfordert warst und Angst hattest.« Susan nickte bekräftigend.

»Würdest du das? Würdest du Verständnis dafür haben, wenn ich dir etwas unterstellt hätte, was du nicht getan hast? Wenn ich mir nichts, dir nichts abgehauen wäre und mich danach nicht mehr bei dir gemeldet hätte? Was ist, wenn er nicht mit mir reden will? Wenn er … *mich* nicht mehr will?« Die letzten Worte brachte ich nur noch als ersticktes Flüstern heraus.

»Dann ist er ein Idiot.« Ein harter Unterton mischte sich in Susans Stimme, doch dann lächelte sie wieder. »Tessa, nach allem, was du mir über Cole erzählt hast, wage ich sehr stark zu bezweifeln, dass er nicht mit dir reden will.«

»Meinst du?« Ein Funken Hoffnung stieg in mir auf.

»Ja.« Sie richtete sich auf und sah mich aus zusammengekniffenen Augen an. »Wann hast du eigentlich das letzte Mal deine Anrufe gecheckt? Deine Nachrichten und Mails?«

Ich wand mich. Kein einziges Mal, seit ich in L.A. war. Ich hatte mein Handy ausgemacht, sobald ich im Flugzeug gesessen hatte, und es danach nicht mehr angemacht. Weil ich ein Feigling war.

»Ich wette mit dir, dass Cole versucht hat, dich zu erreichen. Wahrscheinlich nicht nur er, sondern auch deine Freunde. Du hast mir so viel Gutes über sie erzählt. Tessa, ich glaube, du hast vergessen, dass du nicht mehr allein bist. Du hast Freunde. Menschen, die dich gernhaben und sich um dich kümmern möchten, wenn es dir nicht gut geht. Du musst es nur zulassen«, sagte sie sanft. Ihre Worte berührten etwas in mir, etwas, das ich die letzten Wochen zu unterdrücken versucht hatte. Ich begann zu weinen, und dieses Mal kämpfte ich nicht dagegen an. Suzie strich mir zärtlich die Tränen von den Wangen.

Sie hatte recht. Ich hatte vergessen, dass es Menschen in meinem Leben gab, denen ich etwas bedeutete. Menschen, die gerade wahrscheinlich unfassbar sauer auf mich waren. Aus gutem Grund. Nicht, weil ich ihnen die Wahrheit verschwiegen hatte, sondern weil ich sie von mir gestoßen hatte, als ich sie am dringendsten gebraucht hatte. Weil ich sie nicht um Hilfe gebeten hatte.

Aber ich wusste, wenn ich zu ihnen gehen und sie um Verzeihung bitten würde, würden sie mir vergeben. Weil sie meine Freunde waren.

Und ich … Ich musste endlich aufhören, wegzulaufen.

Ich brauchte drei weitere Tage, bis ich schließlich so weit war, zu akzeptieren, was Dr. Philipps schon viel früher versucht hatte, mir zu verstehen zu geben.

Ich war nicht über meine Vergangenheit hinweg gewesen. Nicht wirklich. Ich hatte meine Vergangenheit verdrängt, gleichzeitig hatte ich sie nicht angenommen, sondern stattdessen verbissen darum gekämpft, dass niemand von ihr erfuhr, und mir damit selbst das Leben schwer gemacht.

Dr. Philipps hätte mir nur helfen können, wenn ich es zugelassen hätte. Was ich nicht getan hatte. Ich hatte so viel Hilfe verweigert, weil ich angenommen hatte, ich bräuchte sie nicht. Wenn ich mich meiner Vergangenheit gestellt hätte, hätte mich vielleicht nicht allein der Gedanke, jemand könnte die Wahrheit erfahren, in Panik versetzt. Vielleicht. Vielleicht auch nicht. Es war müßig, darüber nachzudenken, denn letzten Endes änderte es nichts. Noch immer lag ein langer Weg vor mir, ich würde noch etliche Sitzungen brauchen. Aber ich wusste jetzt, was ich zu tun hatte.

»Bist du so weit?«

Susan strich sich eine dunkle Locke hinters Ohr. Ihre braunen Augen leuchteten vor Aufregung, und mir fiel zum ersten Mal auf, wie ähnlich wir uns sahen. Ähnlicher als Mom und ich. Und ich war froh darüber.

»Ja, ich glaube schon.« Unruhig trat ich von einem Fuß auf den anderen.

Mallory legte den Kopf schief und nickte bedächtig. »Ich denke auch. Du tust das Richtige.«

Ich schluckte schwer. Gott, ich war in letzter Zeit viel zu nah am Wasser gebaut. »Mallory, ich weiß nicht, wie ich dir jemals danken soll.«

»Da wird mir schon was einfallen«, gab sie lachend zurück und nahm mich in den Arm.

Wenn ihr nichts einfiel, würde ich mir definitiv etwas einfallen lassen. Ohne Mallory hätte ich die letzten Tage und Wochen nicht überstanden. Nicht ohne sie, nicht ohne Dr. Philipps und erst recht nicht ohne Susan. Sie hatten mich alle drei aufgefangen, und obwohl Mallory anfangs sauer gewesen war, dass ich sie jahrelang angelogen hatte, hatte sie das nicht davon abgehalten, für mich zu kämpfen und mir den Freiraum zu ermöglichen, den ich brauchte. Ich war mir nicht sicher, ob ich wissen wollte, wie vielen Leuten sie in den letzten Wochen mit einer Klage gedroht hatte.

»Und es ist echt okay für dich, dass ich noch nicht mit der Presse reden will?«, fragte ich zum gefühlt tausendsten Mal in den letzten Tagen.

»Wenn du mich das jetzt noch ein einziges Mal fragst, sage ich Nein«, drohte sie scherzhaft. »Wir kümmern uns um die Presse, wenn du so weit bist. Und bis dahin sollen sie eben schreiben, was sie wollen.« Mallory machte eine wegwerfende Handbewegung und zwinkerte mir aufmunternd zu. »Auf ein paar Tage oder Wochen mehr kommt es jetzt auch nicht an. Sie haben doch eh schon geschrieben, was sie wollten.«

Und wie sie das getan hatten. Vorgestern hatte ich zusammen mit Dr. Philipps zum ersten Mal den Artikel bei *Starz* gelesen. Mir war währenddessen zwar kotzübel geworden, aber ich hatte keine Panik bekommen. Auch danach nicht, als wir uns von Beitrag zu Beitrag geklickt hatten, weil ich wissen musste, was über mich geschrieben wurde, bevor ich etwas dagegen tun konnte. Es war deutlich weniger schlimm gewesen, als ich befürchtet hatte.

Zwar gab es unzählige Artikel, die sich mit meiner Vergangenheit befassten, viele verurteilten mich auch, manche Leute hassten mich vielleicht sogar dafür, dass ich gelogen hatte. Doch damit hatte ich gerechnet. Was mich allerdings überraschte und am Ende dafür gesorgt hatte, dass ich heulend auf dem Sofa saß und gar nichts mehr verstand, waren diejenigen, die sich für mich starkmachten. Die mich verteidigten und forderten, man solle mich in Ruhe lassen, bis ich darüber sprechen wolle.

Und das waren nicht nur Fans, sondern auch Kollegen, mit denen ich zusammengearbeitet hatte. Ganz oben auf dieser Liste standen Paula und – zu meiner grenzenlosen Überraschung – Logan.

Womit ich naiverweise jedoch auch nicht gerechnet hatte, war die Tatsache, dass die Presse Cole in den Fokus gerückt hatte, nachdem ich mich zu keiner Aussage bereit erklärt hatte. Er war mit mir auf dem Foto gewesen, das bei *Starz* veröffentlicht worden war. Mir hätte klar sein müssen, dass ihn irgendjemand erkennen würde. Glücklicherweise war jedoch nicht allzu viel über ihn im Netz zu finden. Wer er war und zu welcher Familie er gehörte, ein paar Kommentare von angeblichen Insidern, die berichteten, dass Cole und ich uns während der Dreharbeiten nähergekommen waren. Kein einziges Mal hatte er sich selbst zu Wort gemeldet. Obwohl so viele Klatschseiten darüber spekulierten, was zwischen uns gelaufen war, ob wir ein Paar waren oder nicht. Cole hatte geschwiegen.

»Tessa, du machst das Richtige. Und während du dich darum kümmerst, deine Geschichte so zu erzählen, wie du es möchtest, wenn du so weit bist, werde ich mich mit der Klage gegen *Starz* befassen. Sie werden sich schon noch dazu äußern, wer ihnen von dir erzählt hat«, fuhr Mallory fort und riss mich aus meinen Gedanken. Ein diabolisches Grinsen breitete sich auf ihrem Gesicht aus. »Wenn wir herausfinden, wer den Artikel geschrieben hat, erfahren wir vielleicht auch, wer dir Halloween die Drogen in den Drink gemischt hat. Da außer dir niemand sonst zu Schaden gekommen ist, glaube ich langsam, dass beides zusammenhängt. Jemand war hinter dir her. Aber ich werde dafür sorgen, dass derjenige es bereut, wer auch immer es war.«

Ich schauderte bei der Erinnerung an Halloween, schob sie dann aber so weit wie möglich in den hintersten Winkel meines Kopfes, griff nach Susans Hand und drückte sie fest.

»Geht's dir gut?«, fragte ich besorgt. »Kommst du klar, wenn ich jetzt gehe?«

Wir hatten während der vergangenen Tage oft darüber gesprochen, dass mit der Wahrheit nicht nur mein, sondern auch ihr Leben auf den Kopf gestellt worden war. Sie musste sich wegen meiner Wahrheit zwar nicht mit der Öffentlichkeit herumschlagen, aber es gab mehr als genug Leute, die ihr deswegen Fragen stellten, sie anders sahen als zuvor. Ihre Freunde, ihre Arbeitskollegen. Suzie war stark, viel stärker als ich. Trotzdem machte ich mir Sorgen.

»Ich werde mir wohl tatsächlich eine Katze zulegen. Oder drei.« Sie schenkte mir ein breites Lächeln, doch ihre Augen glänzten verdächtig. »Mir geht's gut. Jetzt geh schon, sonst verpasst du deinen Flieger!«

Sie zog mich in ihre Arme, und ich atmete tief ihren vertrauten Duft ein. Plötzlich hatte ich einen Kloß im Hals, dabei war es nur ein Abschied auf Zeit.

»Ich hab dich lieb«, flüsterte ich, verabschiedete mich dann von Mallory und machte mich auf den Weg, zurück nach Faerfax.

Es war bereits dunkel, als mein Wagen vor dem Wohnheim hielt. Meine Beine zitterten, als ich ausstieg und über den Campus lief. Heute trug ich keine Mütze, auch keinen übergroßen Schal, hinter dem ich mich verstecken konnte, auch wenn es inzwischen definitiv kalt genug dafür war. Stattdessen trug ich unter meinem Mantel Coles Pullover, in dem ich vor fünf Wochen aus der Stadt geflohen war.

Ich wollte mich nicht mehr verstecken. Vor niemandem.

Aufgeregtes Flüstern folgte mir, als ich durch das Wohnheim ging und schließlich vor der Nummer 417 stehen blieb.

Mein Herz schlug viel zu schnell, nervös trat ich von einem Fuß auf den anderen.

Was, wenn er mich gar nicht sehen wollte? Wenn ich mich geirrt hatte und … Nein, ich musste aufhören, so zu denken. Es würde alles gut werden.

Entschlossen hob ich die Hand und klopfte an die Tür.

32. KAPITEL

Cole

Ich war ein Wrack, so dermaßen neben der Spur, dass meine Freunde sich inzwischen ernsthaft Sorgen um mich machten. Dabei trank ich nicht mal mehr. Nachdem ich mich vor drei Wochen so was von abgeschossen hatte, als mir klar geworden war, dass Tessa nicht zurückkommen würde und sie mich ohne ein Wort aus ihrem Leben gestrichen hatte, hatte ich keinen Tropfen mehr angerührt.

Obwohl es manches erträglicher gemacht hätte.

Stattdessen stürzte ich mich in die Arbeit und schrieb Bewerbungen für Praktikumsplätze bei Reise- und Umweltmagazinen. Ich wusste zwar immer noch nicht genau, ob ich darüber wirklich schreiben konnte, aber das war immerhin ein Schritt in die richtige Richtung. Tessa hatte recht gehabt, ich musste es wenigstens versuchen. Und mir war klar geworden, dass ich nicht zu einer Zeitung wollte. Ich wollte nicht für Leute wie meinen Onkel arbeiten, denen es nur um Profit und die reißerischsten Storys ging. Ich wollte etwas bewirken. Irgendwie. Irgendwo. Ich hatte keinen konkreten Plan, aber das war mir im Moment auch noch nicht so wichtig.

Außerdem holte ich sämtliche Aufgaben nach, die ich noch für die Uni zu erledigen und die ich während der Dreharbeiten vernachlässigt hatte. Ich arbeitete vor und bat um Zusatzaufgaben, obwohl Ella und Julian mehrmals versuchten, mich davon abzubringen, weil sie der Meinung waren, ich bräuchte dringend Ruhe. Es half mir, nicht an Tessa zu denken. Nicht zu viel an sie zu denken.

Gegen die Träume half es jedoch nicht. Ich konnte so viel arbeiten, wie ich wollte, solange ich wollte. Es war egal, wie erschöpft ich war, wenn ich nachts ins Bett fiel, ich träumte trotzdem jedes Mal von ihr. Und jedes Mal wachte ich auf und hasste mich dafür, dass ich ihr nie gesagt hatte, wie viel sie mir bedeutete. Vielleicht wäre sie dann nicht gegangen.

Ein lautes Klopfen an der Tür ließ mich erschrocken zusammenzucken. Ich war kurz versucht, es zu ignorieren, aber ich war mir fast sicher, dass Ella vor der Tür stand, und sie wusste, dass ich zu Hause war. Wahrscheinlich wollte sie wieder was zu essen vorbeibringen. Als ob Julian und ich nach zwei Jahren urplötzlich nicht mehr in der Lage wären, uns selbst zu versorgen.

Ächzend rappelte ich mich vom Sofa auf und schlurfte zur Tür. Doch als ich sie öffnete, stand mir nicht Ella gegenüber. Sondern Tessa.

Blinzelnd starrte ich sie an, saugte innerhalb eines Augenblicks jedes noch so kleine Detail von ihr auf und fragte mich gleichzeitig, ob sie wirklich vor mir stand. Sie war dünn geworden, seit wir uns das letzte Mal gesehen hatten. Die langen Haare fielen in weichen Wellen über ihre Schultern, und sie war ungeschminkt. Unsicher sah sie mich aus ihren großen, braunen Augen an.

Ihr Mantel war offen, und darunter trug sie meinen Pullover.

Ich stolperte einen Schritt zurück.

Sie war keine Einbildung, kein Traum. Sie war hier.

»Tess«, brachte ich krächzend hervor, während mein Herz schmerzhaft schnell in meiner Brust pochte. Einen Augenblick lang bekam ich keine Luft.

Sie deutete hinter mich, ihre Hand zitterte leicht. »Darf ich reinkommen? Ich weiß, dass du mich vermutlich nicht sehen und nicht mit mir reden willst, aber ich muss dir was sagen.«

Wut kochte in mir hoch, und für den Bruchteil einer Sekunde war ich versucht, den Kopf zu schütteln und ihr die Tür vor der Nase zuzuschlagen. Die Wut brannte heiß in meinem Inneren, so heiß, dass ich vergaß, wie besorgt ich ihretwegen gewesen war und wie sehr ich sie vermisst hatte.

Sie war einfach abgehauen und hatte sich danach nicht mehr bei mir gemeldet, nicht einmal eine Nachricht war ich ihr wert gewesen. Sie hatte sich nicht verabschiedet.

Aber dann sah ich den Schmerz in ihren Augen und einen Funken Hoffnung, und meine Wut erstarb so schnell, wie sie aufgelodert war.

Wortlos trat ich zur Seite und ließ sie herein.

»Irgendwie muss ich mich ständig bei dir entschuldigen«, begann sie, als sie mitten im Raum stehen blieb, und stieß ein nervöses Lachen aus. »Weil ich mich immer völlig falsch verhalte, während du alles richtig machst.« Sie fuhr sich mit beiden Händen durch die Haare, rote Flecken breiteten sich auf ihren Wangen aus. »Es tut mir leid, Cole! Ich hätte nicht weglaufen dürfen. Ich hätte mit dir reden müssen. Aber ich dachte …«

»Du dachtest, ich hätte den Artikel geschrieben«, beendete ich ihren Satz und versuchte, den schmerzhaften Stich zu ignorieren, der mich dabei durchfuhr. Die Schlussfolgerung war logisch, egal wie weh es tat.

Ein ruckartiges Nicken folgte. »Hast du aber nicht«, sagte sie voller Überzeugung. »Im Grunde wusste ich es die ganze Zeit. Aber ich war durcheinander, und ich hatte Angst. Es war alles zu viel. Ich hatte den Glauben an mich selbst verloren und … an dich auch. Wie sollte ich dir vertrauen, wenn ich mir nicht einmal selbst vertrauen konnte?«

»Warum bist du dir so sicher, dass ich es nicht war?« Ich verschränkte die Arme vor der Brust, obwohl alles in mir danach schrie, sie an mich zu ziehen und nie wieder loszulassen. Aber ich musste es hören, musste hören, was ich in ihren Augen sehen konnte.

»Weil du du bist.« Ein Lächeln spielte um ihre Lippen. »Du passt auf mich auf und bist für mich da. Du hättest so etwas nie getan.«

»Das hätte ich wirklich nicht.« Zögerlich trat ich einen Schritt auf sie zu. Es gab so viel zu sagen, so viel zu bereden. Doch eigentlich wollte ich nur eins sagen. Bevor es wieder zu spät war. »Ich liebe dich, Tessa.«

Ihre Augen weiteten sich. »Was?«, stieß sie überrascht hervor.

»Ich liebe dich«, wiederholte ich bestimmt und griff nach ihrer Hand. Unsere Finger verschränkten sich wie von selbst.

Es war nur eine winzig kleine Geste, aber mich durchströmte tiefe Erleichterung darüber, dass sie sich mir nicht sofort wieder entzog.

»Das wollte ich dir schon an dem Tag sagen, als du nach L. A. abgereist bist. Ich war nur zu spät dran«, murmelte ich leise.

Tränen liefen ihr übers Gesicht, und ich wischte sie behutsam fort, als ich sie an mich zog. »Es tut mir leid! Alles. Es tut mir furchtbar leid.« Aufschluchzend vergrub sie das Gesicht an meiner Brust, und ich schloss für einen Moment die Augen, als ich meine Lippen gegen ihre Stirn presste und ihren Duft in mich aufnahm.

Sie war wieder da.

Und mehr war nicht nötig, damit ich mich wieder vollständig fühlte.

»Versprich mir eins. Lauf nie wieder weg. Ich bin hier, okay? Ich bin bei dir, und ich lasse nicht zu, dass dir noch einmal jemand wehtut.«

Tessa hob den Kopf und sah mich mit leuchtenden Augen an. Eine seltsame Faszination lag in ihrem Blick. So, als könnte sie es gar nicht glauben. »Ich weiß«, flüsterte sie kaum hörbar.

Tessa

Wir redeten viel an diesem Abend. Darüber, wie wir beide von dem Artikel erfahren hatten. Ich erzählte ihm von den letzten Wochen in L.A. und von meinen Gesprächen mit Dr. Philipps und Susan, ließ nichts aus, weil er alles wissen musste. Nein, er musste es nicht wissen, ich wollte, dass er alles erfuhr. Und Cole erzählte mir, wie miserabel er sich während dieser ganzen Zeit gefühlt hatte, was mir fast das Herz brach, weil ich dafür verantwortlich war, dass es ihm so schlecht gegangen war.

»Hör auf, dich zu entschuldigen!«, sagte Cole, noch bevor ich die Worte über die Lippen gebracht hatte. Also klappte ich den Mund wieder zu und verkniff mir ein weiteres *Es tut mir leid*.

Wir saßen uns auf seinem Bett gegenüber, die Beine ineinander verschlungen, unsere Finger miteinander verwoben. Cole sah müde aus, abgekämpft, weil er während der letzten Wochen zu viel gearbeitet und zu wenig geschlafen hatte.

Seine Haare fielen ihm in wirren Strähnen in die Stirn, und unter seinen Augen lagen so dunkle Ringe, dass sie fast violett wirkten. Doch seine Augen glühten, und jedes Mal, wenn unsere Blicke sich trafen, jagten verheißungsvolle Schauer über meine Wirbelsäule. Jede Faser meines Körpers pochte, weil ich ihm noch näher sein wollte, aber so weit waren wir noch nicht. Da gab es eine Sache, die ich vorher noch klären musste.

»Cole? Kannst du etwas für mich tun?«

»Alles«, sagte er, ohne zu zögern, und brachte mein Herz damit zum Hüpfen.

Ich holte tief Luft. »Ich möchte, dass du einen Artikel über mich schreibst.«

Er wurde kreidebleich. »Das ist nicht dein Ernst.«

»Doch ist es. Es wird Zeit. Ich muss endlich damit abschließen können, und deshalb möchte ich meine Geschichte so erzählen, wie ich sie erlebt habe. Mit deiner Hilfe.« Seine Hand schloss sich so fest um meine, dass es wehtat, und ein gequälter Ausdruck erschien auf seinem Gesicht. Mein Magen verkrampfte sich, und Panik stieg in mir auf. Ich kämpfte sie nieder, konnte aber trotzdem nicht verhindern, dass sich ein flaues Gefühl in mir ausbreitete.

»Ich habe schon einen Text geschrieben. In der Nacht, als du mir alles erzählt hast. Ich hab ihn nur für mich geschrieben, das schwöre ich dir! Ich musste nur … Keine Ahnung, ich musste verarbeiten, was du mir erzählt hast«, platzte es aus ihm heraus. Aus weit aufgerissenen Augen schaute er mich an, sein Blick brach mir fast noch einmal das Herz. Er hatte Angst. Davor, dass ich wieder weglief. Aber das würde ich nicht tun. Niemals. »Niemand hat den Text gelesen und –«

»Kann ich ihn lesen?«, unterbrach ich ihn mit einem zögerlichen Lächeln und überraschte uns damit wohl beide gleichermaßen.

»Du willst ihn lesen?« Fassungslosigkeit malte sich auf Coles Gesicht ab, und mein Lächeln wurde eine Spur breiter.

Ich nickte. »Wenn du mich lässt.«

»Du bist nicht wütend?«

»Nein.« Behutsam strich ich mit dem Daumen über seinen Handrücken, während ich über seine Frage nachdachte. Im Endeffekt war die Antwort aber ganz klar. »Warum sollte ich? Ich rede mit meiner Therapeutin, um Dinge zu verarbeiten, du schreibst sie auf. Das ist nichts Verwerfliches.«

Noch immer schaute Cole mich ungläubig an. Und ein kleiner Teil von mir stimmte ihm da zu. Hätte er mir das vor fünf Wochen gesagt … Ich konnte nicht sagen, wie ich reagiert hätte. Vielleicht wäre das Ergebnis letzten Endes dasselbe gewesen. Vielleicht auch nicht. Jetzt konnte ich verstehen, warum er es aufgeschrieben hatte. So wie ich manche Dinge aussprechen musste, damit sie für mich greifbar wurden, musste Cole sie eben aufschreiben. Und das war vollkommen in Ordnung.

»Also, darf ich deinen Text lesen?« Ich warf ihm einen unsicheren Blick zu, und zu meiner grenzenlosen Erleichterung nickte Cole. Er war noch immer etwas blass um die Nase, schien sich aber wieder gefangen zu haben.

Er löste sich von mir, stand auf und verließ das Schlafzimmer. Kaum eine Minute später kam er mit seinem Tablet in der Hand zurück und reichte es mir.

»Es ist nicht …«, setzte er an, brach ab und versuchte es dann erneut. »Ich hab es so geschrieben, als wäre es das Porträt für die Zeitung. Frag mich bitte nicht, warum, ich weiß es selbst nicht so genau. Aber ich glaube, ich brauchte etwas Distanz. Verstehst du, was ich meine?«

Ich nickte. Er hatte emotionalen Abstand von dem gebraucht, was mir passiert war, um es zu verarbeiten.

Das Display des Tablets leuchtete auf, als ich darüberwischte. Cole hatte das Dokument schon aufgerufen, und ich fing an zu lesen.

Es gab keine Überschrift, und sein Text begann mit einer Frage, die niemand wirklich beantworten konnte: *Wenn dein Leben auseinanderbricht und du nichts dagegen tun kannst, wie würdest du weitermachen?*

Und dann erzählte er meine Geschichte, verwob Gegenwart und Vergangenheit, mischte Fakten und Emotionen auf brillante Weise und zeichnete mich auf Papier. Er schrieb von dem Mädchen, das ich gewesen war, von dem Mädchen, das ich in Hollywood geworden war, und von der jungen Frau, die ich heute war. In die er sich verliebt hatte. Hätte er es mir nicht gesagt, würde es nicht in seinem Blick liegen, jedes Mal, wenn er mich ansah, hätte ich es spätestens jetzt gewusst.

Seine Gefühle für mich waren lesbar. Wahrscheinlich nicht für jeden, aber für mich schon.

Ich merkte erst, dass ich weinte, als meine Tränen auf das Tablet tropften. »Das ist …« Ich fand keine Worte, um beschreiben zu können, wie Coles Text auf mich wirkte. Er war nicht schön, aber dann wiederum doch. Traurig, emotional, aufwühlend und trotzdem voller Hoffnung.

Cole setzte sich wieder neben mich und nahm meine Hand. Er schenkte mir ein schiefes Lächeln, als ich zu ihm aufblickte. »Was denkst du?«

»Dein Text ist perfekt. Aber können wir noch ein paar Dinge ergänzen?«

Cole lachte leise, und bei diesem Geräusch wurde mir ganz warm ums Herz. Gott, wie sehr hatte ich dieses Lachen vermisst. »Es ist deine Geschichte, Tessa. Erzähl sie so, wie du möchtest. Wir können alles ändern, ergänzen, streichen. Was du möchtest.«

Ein strahlendes Lächeln breitete sich auf meinem Gesicht aus, und ich wusste, dass ich dieses Mal die richtige Entscheidung getroffen hatte. Ich würde meine Geschichte erzählen, und Cole würde mir helfen, sie in die Welt hinauszutragen.

Drei Stunden später hatten wir einen Plan. Doch um den durchziehen zu können, brauchte ich nicht nur Cole, sondern auch meine Freunde.

»Und du bist dir ganz sicher?«, fragte Cole. Besorgt runzelte er die Stirn.

»Ganz sicher.« Gähnend ließ ich mich auf sein Bett fallen und klopfte auf die Matratze. Cole folgte meiner Aufforderung und legte sich seitlich neben mich, sodass wir uns immer noch anschauen konnten.

»Julian wird sich nicht so leicht überreden lassen.« Ein Grinsen breitete sich auf seinem Gesicht aus, das die Schatten unter seinen Augen jedoch nicht vertreiben konnte. Es war viel zu spät, eigentlich sollten wir längst schlafen.

»Das bekomme ich schon irgendwie hin«, gab ich zurück. Ich hatte allerdings noch keine Idee, wie genau ich Julian davon überzeugen sollte, ein Foto von mir zu machen. Er fotografierte keine Menschen, und ich war mir nicht sicher, ob er für mich eine Ausnahme machen würde.

»Tess?« Die Unsicherheit in Coles Stimme ließ mich aufblicken. »Wie geht es dann weiter? Wenn das alles vorbei ist.«

Ich brauchte ihn nicht fragen, ich wusste auch so, worauf er hinauswollte. »Wenn wir unseren Plan durchziehen, muss ich wohl für ein paar Wochen zurück nach Los Angeles. Das schulde ich Mallory. Sie hat die letzten Wochen so viel für mich getan. Es ist nur fair, dass ich mich bei ihr revanchiere, also werde ich mit der Presse sprechen. Immerhin gehört das ja auch zum Job.« Cole verzog das Gesicht, aber ich war noch nicht fertig. »Wenn ich damit durch bin, komme ich zurück nach Faerfax, und dann werden wir mir hier eine Wohnung suchen. Schlaf jetzt. Du siehst echt sehr, sehr müde aus. Wir können morgen darüber sprechen. Oder übermorgen. Wir haben Zeit.«

Zärtlich strich ich ihm die Haare aus der Stirn, zeichnete seine Gesichtszüge mit den Fingern nach und lächelte, als er ein wohliges Seufzen von sich gab und mich enger an sich zog. Ich kuschelte mich an ihn, legte eine Hand auf seine Brust und hauchte ihm einen Kuss auf die Lippen.

»Nur, wenn du heute Nacht bei mir bleibst.« Er hatte die Augen schon geschlossen, sein Herz klopfte einen gleichmäßigen Takt unter meiner Hand.

»Immer«, flüsterte ich und beobachtete, wie Cole neben mir einschlief.

33. KAPITEL

Cole

Tessas Nervosität war wahrscheinlich schon bis in Ellas und Jamies Wohnung zu spüren, obwohl wir noch ein paar Minuten bis dahin vor uns hatten. Seit wir das Wohnheim verlassen hatten, zupfte sie nervös an ihrem Pulli oder Schal oder an ihren Haaren herum, bis es mir irgendwann zu viel wurde und ich nach ihrer Hand griff.

»Hör auf, dir Sorgen zu machen.«

»Geht nicht.« Unruhig biss sie sich auf die Unterlippe, und ich musste mich zwingen, sie nicht an mich zu ziehen und sie so lange zu küssen, dass wir beide vergaßen, wohin wir eigentlich wollten und stattdessen zurück ins Wohnheim gingen und da weitermachten, wo wir heute Morgen aufgehört hatten.

Mitten auf dem Gehweg blieb ich so abrupt stehen, dass Tessa einen erschrockenen Laut ausstieß und ein älteres Ehepaar schimpfend um uns herumgehen musste, aber das war mir in diesem Augenblick völlig egal.

»Warum hast du solche Angst? Sie sind nicht böse auf dich!« Tessa warf mir einen dermaßen zweifelnden Blick zu, dass ich einknickte. »Na gut, vielleicht sind sie ein bisschen böse. Aber nur, weil sie sich Sorgen um dich gemacht haben. Und gleich sind sie ganz sicher nicht mehr böse, okay? Gleich werden sie bloß froh sein, dass du wieder da bist.«

»Das kannst du gar nicht wissen.« Sie wich meinem Blick aus und starrte auf den Boden.

Seufzend nahm ich sie in die Arme. »Doch, kann ich. Willst du wissen, wieso?« Ich spürte mehr, als dass ich es sah, wie sie an meiner Schulter nickte. »Weil ich jeden Einzelnen schon seit Jahren kenne. Ich weiß, wie unsere Freunde ticken, und ich weiß auch, dass dir spätestens nach drei Sekunden keiner mehr böse sein wird, also mach dir bitte keine Gedanken mehr.«

Als sie sich von mir löste, wirkte sie zwar immer noch nicht überzeugt, aber sie ließ zumindest zu, dass ich sie hinter mir herzog.

Ich hatte bisher keinen unserer Freunde über Tessas Rückkehr informiert, weil ich sie wenigstens für ein paar Stunden nur für mich haben wollte. Deshalb war es nicht verwunderlich, dass Ella einen spitzen Schrei ausstieß, als sie die Tür öffnete und Tessa erblickte. Eine Sekunde später lagen die beiden sich in den Armen.

»Ella? Alles –« Jamie verstummte abrupt und blieb hinter den Mädchen stehen. Er riss die Augen auf. Dann grinste er mich breit an.

»Ich hab doch gesagt, dass sie zurückkommt.«

Mir blieb eine Antwort erspart, weil inzwischen auch Cassidy und Julian mitgekriegt hatten, wer da gerade aufgetaucht war. Es grenzte fast an ein Wunder, dass Julian nicht früher dahintergekommen war, er musste heute Morgen früh gegangen sein.

Tessa wurde von unseren Freunden in die Wohnung und dann in eine Umarmung nach der anderen gezogen. Ich blieb zwei Schritte hinter ihr, mehr als erleichtert, dass ich recht behalten hatte. Niemand war ihr böse.

Sie konnte es nicht ahnen, weil sie noch nicht so lange dabei war, und weil sie noch nie solche Freunde gehabt hatte, aber sie gehörte jetzt zu uns, und wir waren immer füreinander da. Sie war nicht mehr allein. Irgendwann würde sie das verstehen.

Julian hatte keine andere Wahl, als sich schließlich dazu bereit zu erklären, das Foto zu machen, das Tessa sich als Ergänzung für meinen Artikel wünschte.

Nicht unbedingt, weil Tessa so überzeugend war. Tatsächlich waren Cassidy und Ella schuld, die ihn so lange nervten, bis er schließlich augenrollend nachgab. Er hatte zwei Stunden durchgehalten.

Wir sprachen an jenem Abend nicht über Tessas Vergangenheit, auch nicht über die letzten Wochen. Vielleicht würden wir ein andermal darüber reden. Vielleicht würde jeder einzeln mit Tessa darüber sprechen, vielleicht würden wir dieses Gespräch letzten Endes doch in der Gruppe führen. Es gab zwar viel zu bereden, aber wir hatten alle Zeit der Welt.

Zwei Tage später machten Julian, Tessa und ich uns auf den Weg in den Wald. Nebel hing zwischen den Bäumen, doch der Himmel war klar, und immer wieder setzte die Sonne sich gegen das diesige Novemberwetter durch.

Schweigend liefen wir den ausgetretenen Weg entlang. Jeder von uns genoss auf seine Weise die Stille um uns herum. Die Ruhe, der unweigerlich ein Sturm folgen würde.

Als Julian schließlich stehen blieb, weil er den perfekten Platz für sein Foto gefunden hatte, zog Tessa erst ihre Jacke, dann ihren Pulli aus, obwohl es eiskalt war. Darunter trug sie nur ein hauchzartes, weißes Trägerhemd. Ich sah, dass sie fröstelte, doch sie machte keine Anstalten, den Pulli wieder anzuziehen. Wieder war sie ungeschminkt und trug ihr Haar offen.

Stumm beobachtete ich, wie Julian Tessa dorthin manövrierte, wo er sie haben wollte. Er prüfte das Licht, verschiedene Einstellungen an seiner Kamera, von denen ich ohnehin keinen Schimmer hatte, und machte ein paar Probefotos.

Irgendwann nickte er Tessa zu, und sie setzte sich auf den Boden, den Rücken an einen Baumstamm gelehnt, ein Bein angewinkelt, das andere lang ausgestreckt. Ihre Hände lagen offen in ihrem Schoß. Ohne zu lächeln, blickte sie in die Kamera, und auch wenn ich das Bild noch nicht gesehen hatte, wusste ich, dass es genau das Foto war, das Tessa sich gewünscht hatte. Weil es sie so zeigte, wie sie war.

Jung und verletzlich, eine Spur ängstlich, aber mit Mut in den Augen. Mut und sehr viel Hoffnung. Ganz sie selbst.

Es fiel mir nicht leicht, Tessa zum Flughafen zu bringen. Scheiße, es war verdammt schwer. Ich wollte sie nicht gehen lassen. Nicht noch einmal.

»Du hättest einfach Ja sagen sollen, als ich gefragt habe, ob ich mitkommen soll«, grummelte ich.

Tessa strich mir lächelnd über die Wange. »Ja, ich weiß. Aber das ist etwas, das ich allein machen muss.«

Ich seufzte. Sie hatte recht, dennoch passte es mir nicht. »Dann sehen wir uns in zwei Wochen?«

»In zwei Wochen«, versprach sie, beugte sich über die Mittelkonsole des Autos zu mir herüber und küsste mich. Es war ein sanfter Kuss, ein Abschied, wenn auch nur vorübergehend. Trotzdem zog sich mein Inneres wehmütig zusammen, als sie sich von mir löste und ausstieg. Sie schenkte mir noch ein letztes Lächeln und verschwand. Ich ließ sie gehen, auch wenn alles in mir danach schrie, sie aufzuhalten.

Aber dieses Mal wusste ich, dass sie zurückkommen würde.

Tessa

Meine Zeit in L. A. war aufwühlend. Großartig und furchtbar anstrengend zugleich.

Coles Artikel war nicht bei einer Zeitung erschienen, auch nicht bei einem Blog. Stattdessen hatten wir beschlossen, die Macht der Sozialen Netzwerke zu benutzen. Mit einem mulmigen Gefühl im Bauch erstellte ich mir einen Instagram-Account, und bevor ich es mir noch einmal anders überlegen konnte, postete ich Coles Text zusammen mit Julians Foto. Ich wusste nicht so ganz, was ich erwartete, doch was es auch war, meine Erwartungen wurden übertroffen.

Als ich in L. A. ankam, wartete Mallory mit Dutzenden Einladungen zu Interviews und Talkshows. Vier davon wählten wir aus, die anderen bekamen Absagen. Ich hatte immer Angst davor gehabt, dass sich alles nur noch um meine Vergangenheit drehen würde, sollte sie jemals ans Licht kommen, und in gewisser Weise war das auch so. Aber genauso viele Fragen drehten sich auch um meine Zukunft. Um meine Pläne für die nächsten Jahre und die Dreharbeiten von *Blue Dreams*, die in drei Wochen fortgesetzt werden würden. Wir würden die letzten Szenen im Studio in L. A. drehen. Alle Aufnahmen, die unsere Anwesenheit in Faerfax erforderten, waren bereits im Kasten, und wir hatten durch Logans Unfall und mein ganz persönliches Drama bereits genug Zeit verloren. Der Film musste fertig werden. Zwar war ich nicht unbedingt glücklich darüber, Faerfax so bald schon wieder verlassen zu müssen, aber ich hatte längst beschlossen, dass ich Cole diesmal bitten würde, mich zu begleiten.

Die häufigste gestellte Frage in den Interviews war, wie es mir damit ging, dieses Geheimnis nicht länger hüten zu müssen. Meine Antwort war immer dieselbe: Besser.

Nicht gut. Aber besser. Ich musste immer noch lernen, damit umzugehen. Ich brauchte immer noch Dr. Philipps, weil ich mich allein mit der Situation überfordert fühlte.

Aber es wurde von Tag zu Tag besser.

Und als ich nach dreizehn Tagen in L.A. endlich wieder nach Faerfax kam, ging es mir richtig gut. Ich war einen Tag früher als geplant da, weil ich es nicht länger ausgehalten hatte, von Cole getrennt zu sein. Wir hatten zwar oft telefoniert und geschrieben, aber ich hatte ihn trotzdem unfassbar vermisst. Es fehlte mir, neben ihm einzuschlafen und wieder aufzuwachen.

Ich rannte fast, als ich aus dem Wagen sprang, der mich hergebracht hatte, und stürmte Richtung Wohnheim. Zwei Treppenstufen auf einmal nehmend und die Studenten ignorierend, die mich perplex anstarrten, hetzte ich durch die Flure, bis ich schwer atmend vor Coles Tür stehen blieb.

Dieses Mal machte mir Julian auf. Er blinzelte kurz, dann grinste er. »Du bist zu früh.«

»Besser zu früh als zu spät«, erwiderte ich schulterzuckend und schob mich an ihm vorbei.

»Cole sitzt in seinem Zimmer und bläst Trübsal, weil er dich so sehr vermisst«, rief Julian mir lachend hinterher. Ich hörte ihn kaum.

Als ich leise Coles Zimmertür öffnete und hineinspähte, entdeckte ich ihn auf seinem Bett. Er hatte Kopfhörer auf den Ohren und ein Magazin in der Hand, auf dessen Cover ich einen Schneeleoparden erkennen konnte. Er bemerkte mich nicht, und ich blieb einen Moment lang still in der Tür stehen und sah ihn an. Nahm jedes Detail seines Körpers in Augenschein. Die dunkelblonden Haare, die ihm wie immer wirr in die Stirn fielen, die braungrünen Augen hinter der Brille. Ich speicherte seinen Gesichtsausdruck ab, die feinen Lachfältchen und die gehobenen Mundwinkel. Die Hände, deren Berührungen ich kaum noch erwarten konnte.

Lächelnd betrachtete ich ihn, und mein Herz schien platzen zu wollen vor Glück. Weil er zu mir gehörte und ich zu ihm. Als hätte er meine Gedanken gehört, blickte er plötzlich auf, legte Kopfhörer und Zeitschrift zur Seite und streckte die Arme nach mir aus.

Lachend warf ich mich auf ihn. Sein Kuss raubte mir den Atem, ließ meinen ganzen Körper glühen und vor Verlangen pochen. Ich wollte ihn. So sehr.

»Du bist wieder da«, stellte er mit einem breiten Lächeln fest, als er sich schließlich so weit von mir löste, dass er mich anschauen konnte.

»Offensichtlich.«

»Geht's dir gut?«, fragte er zwischen zwei Küssen.

»Jetzt schon.« Ohne ein weiteres Wort zog ich ihn wieder zu mir herunter, ließ meine Hände unter seinen Pulli und in seine Hose wandern. Als er aufstöhnte, musste ich lächeln. Oh ja, er hatte mich genauso vermisst wie ich ihn.

Lachend und ohne einander loszulassen, befreiten wir uns von unseren Klamotten. Haut traf auf Haut, und ein köstlicher Schauer kroch mir über den Rücken. Doch mein Lachen erstarb, als ich in Coles plötzlich ernst gewordenes Gesicht blickte. Sehnsucht und Entschlossenheit lagen in seinen Augen. Behutsam legte er eine Hand in meinen Nacken und zog mich so nah zu sich heran, dass unsere Lippen sich beinahe berührten.

»Ich bleibe bei dir, egal, was noch passiert. Egal, was kommt, ich werde immer bei dir sein. Weil ich dich liebe. Vergiss das nie, Tess«, murmelte er sanft, und mein Herz quoll über vor Glück und Liebe. Jetzt schien es *wirklich* zu platzen.

Epilog

Tessa

Dicke, weiße Flocken wirbelten durch die Luft. Es war kurz vor Weihnachten, der Schnee kam also nicht allzu überraschend. Da ich Weihnachten die letzten Jahre jedoch in L.A. verbracht hatte, war es für mich etwas ganz Besonderes.

»Wieso sagst du mir nicht, was du vorhast?«, schimpfte Cole und versuchte sich an einem genervten Unterton, der ihm völlig misslang. Ich wusste genau, wie neugierig er war.

»Weil es viel mehr Spaß macht, es dir nicht zu sagen.« Ich blieb stehen und drückte ihm einen Kuss auf die kalte Nasenspitze, bevor ich weiterging.

»Wenn du es mir sagst, kann ich uns schon mal ein Uber bestellen, damit wir nicht zu spät zu Jos Vorstellung kommen.«

Ich verdrehte die Augen wegen seines mehr als armseligen Versuchs, mir ein schlechtes Gewissen zu machen. Jos Vorstellung begann erst in drei Stunden, und so groß war Faerfax auch nicht, dass wir so lange brauchen würden, um pünktlich bei ihrer Schule zu sein.

»Wir kommen nicht zu spät, und jetzt hör auf, mir die Überraschung verderben zu wollen.«

Wir hatten den Campus vor ein paar Minuten hinter uns gelassen, weit war es nicht, doch je näher wir meinem Ziel kamen, desto unruhiger wurde ich. Ich hatte keine Angst, nicht wirklich. Ich war nur sehr nervös.

Schließlich erreichten wir über eine Seitenstraße den Ort, den ich Cole zeigen wollte. Er war nicht weit vom Campus entfernt, nur knapp zwanzig Minuten. Ziemlich perfekt eigentlich.

»Was genau wollen wir hier?«, fragte Cole skeptisch und sah sich um.

Häuser säumten die Straße, die in einer Sackgasse endete. Am Ende der Straße befand sich, umgeben von einer Mauer, ein kleines steinernes Haus, das mich sehr an das englische Cottage erinnerte, in dem mal einer meiner Filme gedreht worden war.

Ich hatte es entdeckt, als Susan mich vor einer Woche besucht hatte und wir durch die Stadt spaziert waren. Eigentlich hatte ich mir eine Wohnung suchen wollen. Eigentlich.

Aber dann hatte ich dieses Haus gesehen und mich sofort verliebt.

Ich zog den Schlüssel aus meiner Jackentasche und öffnete das schmiedeeiserne schmale Tor, hinter dem ein gepflegter Weg zum Haus führte. Hinten gab es einen Garten, der direkt an den Wald grenzte. Auch das war ziemlich perfekt.

»Tess?«

Coles Griff um meine Hand wurde fester, als ich ihn hinter mir herschleifte. In der Tür blieb ich stehen und drehte mich zu ihm um.

Ich atmete tief durch. »Das Haus gehört mir«, platzte es aus mir heraus. »Ich hab es vor zwei Tagen gekauft.«

»Du hast *was*?« Ungläubig starrte Cole mich an.

Vor Nervosität rutschte mir fast das Herz in die Hose. »Ich habe dieses Haus gekauft.« Ich schloss die Tür auf und zog ihn hinein. Es würde einiges renoviert werden müssen, vor allem oben im ersten Stock. Trotzdem hatte ich mich hier von Anfang an wohlgefühlt. Dieses Haus war auf eine seltsame Art einfach richtig.

Unten gab es eine geräumige Küche, einen Wohn- und Essbereich, ein Arbeitszimmer und ein kleines Bad. Oben befanden sich die Schlafzimmer, drei insgesamt, und ein deutlich größeres Badezimmer.

»Du hast dieses Haus gekauft?« Mit großen Augen schaute Cole sich um, als wir den Wohnbereich betraten. Eine Wand bestand fast vollständig aus Glas, man hatte einen fantastischen Blick auf die Terrasse, den Garten und den angrenzenden Wald.

»Ja, habe ich. Ich … Erinnerst du dich noch daran, als ich dir gesagt habe, ich würde L. A. hassen? Und wer ich dort bin?«

Ein Schatten huschte über Coles Gesicht, für einen Moment presste er die Lippen zusammen, dann nickte er.

»L. A. war gar nicht das Problem. Also schon, aber es ging nicht um die Stadt an sich. Sondern um die Person, die ich dort war. Ich habe mich nicht wohlgefühlt. L. A. war nicht mein Zuhause, ist es nie gewesen, egal, wie sehr ich Susan liebe. Das hier«, ich machte eine ausholende Handbewegung, »fühlt sich allerdings so an, als könnte es mein Zuhause werden.« Ich atmete tief durch. Jetzt kam der Teil, der mich am meisten nervös machte. »Wenn … Wenn du mit mir hier einziehen würdest.«

Stumm starrte Cole mich an. Fassungslos. Verwirrt.

Und ich geriet in Panik. Es war zu früh. Wir waren noch nicht so lange zusammen. Ich hatte es übereilt, er war noch nicht so weit. Nach dem ganzen Drama war das auch total verständlich. Ich hätte nicht –

»Ja.«

Coles Antwort brachten die Gedanken, die gerade durch meinen Kopf wirbelten, zum Stillstand. Sein Blick war noch immer voller Unglauben, aber das Lächeln, das sich jetzt auf seinem Gesicht ausbreitete, war so strahlend, dass ich unwillkürlich ebenfalls lächeln musste.

»Wirklich?«, hauchte ich. Tränen schossen mir in die Augen, mein Herz schlug auf einmal so schnell, dass mir für einen Augenblick schwindelig wurde.

»Wirklich.« Cole trat auf mich zu, legte beide Hände an mein Gesicht und strich mit seinen Lippen über meine.

Ich schloss die Augen, erwiderte seinen Kuss langsam, zärtlich. Weil wir jetzt alle Zeit der Welt hatten. Doch wir hatten nicht nur Zeit, wir hatten auch ein Zuhause.

Und ich war endlich angekommen.

Danksagung & Nachwort

Diese Danksagung zu tippen, fühlt sich unwirklich an. Genauso wie alles an diesem Buch. Unwirklich und magisch.

Als ich angefangen habe, Tessas und Coles Geschichte zu schreiben, hätte ich niemals damit gerechnet, da anzukommen, wo ich jetzt stehe.

Dass ich jetzt genau da bin, wo ich immer hinwollte, habe ich auch vielen, lieben Menschen zu verdanken.

Mein allererster Dank geht an meine wunderbare Agentin Kathrin Nehm, die von *Keeping Secrets* sofort begeistert war. Deinetwegen habe ich angefangen zu glauben, dass mit dieser Geschichte ein großer Traum in Erfüllung gehen könnte.

Ich danke dem gesamten LYX-Team dafür, dass ihr mich so herzlich bei euch aufgenommen habt. Ihr habt nicht nur meinen Büchern, sondern auch mir ein Zuhause gegeben. Besonderer Dank gilt dabei meiner wunderbaren Lektorin Katharina Larue, die zusammen mit der grandiosen Steffi Janek geholfen hat, die Geschichte zu dem zu machen, was sie heute ist. Danke, Simone Belack, für deinen Zuspruch, fürs Mutmachen und für deine langen E-Mails. Ich habe jedes Mal Spaß, sie zu lesen!

Danke, Alina, die mir mit ihren Anmerkungen im Sensitivity Reading sehr geholfen hat. Ich bin so froh, dass du Tessas und Coles Geschichte gelesen hast.

Danke an meine Freundinnen Ann-Kathrin und Nika – nur euretwegen wird in Faerfax ein Film gedreht.

Danke, Julia, Johanna, Jana, Lisa und Vivi dafür, dass ihr immer für mich da seid, mich aufbaut und an mich glaubt. Danke, dass ihr euch mit mir freut, ich über alles mit euch reden kann. Ihr seid einfach toll!

Elena, wenn ich anfange, alles aufzuzählen, wofür ich dankbar bin, sitze ich da die nächsten Tage noch dran. Also mache ich es kurz: Danke, dass du meine beste Freundin bist, dass wir die letzten Jahre so viel gemeinsam erleben durften und du von Anfang an an Cole und Tessa geglaubt hast. Auf die nächsten Jahre!

Ich danke meiner Familie. Meiner Mama, meiner Schwester und meinem Bruder. Ihr seid immer für mich da. Ohne euch wäre ich nicht ich.

Benedikt, ich bin unendlich dankbar, dass du es mit mir aushältst, wenn ich mal wieder kurz vor einem Nervenzusammenbruch stehe. Danke, dass du immer an mich glaubst, selbst wenn ich es mal nicht tue.

Ich möchte allen Buchhändler:innen und Blogger:innen danken, die *Keeping Secrets* empfehlen, darüber reden und es wundervoll präsentieren. Ihr seid großartig!

Und zu guter Letzt möchte ich *dir* danken. Weil du jetzt dieses Buch in der Hand hältst. Weil du dich darauf gefreut, es gelesen und vielleicht auch geliebt hast. Das bedeutet mir die Welt.

Mir ist bewusst, dass viele Dinge, die ich in diesem Buch geschrieben habe – vor allem in Bezug auf die Filmbranche – nicht ganz der Realität entsprechen, aber ich habe mein Bestes gegeben und manchmal muss die Realität für eine Geschichte etwas abgewandelt werden. :)

Triggerwarnung

Dieses Buch enthält Elemente, die triggern können.

Diese sind:
*Familientragödie, häusliche Gewalt,
Panikattacken und Traumata*